EVA HOFFMANN-LINKE

ZWISCHEN NATIONALISMUS UND DEMOKRATIE

GESTALTEN DER FRANZÖSISCHEN VORREVOLUTION

MÜNCHEN UND BERLIN 1927
VERLAG VON R. OLDENBOURG

BEIHEFT 9 DER HISTORISCHEN ZEITSCHRIFT

Vorwort.

Die ursprüngliche Absicht dieses Buches war, in der Staatsphilosophie des vorrevolutionären Frankreich die Grundlagen der Idee vom Selbstbestimmungsrecht der Völker bloßzulegen. Wie sich nun dieses als offenbares Korrelat des Volkssouveränitätsprinzips für das Gebiet der Außenpolitik enthüllte und somit die stärkste Waffe des modernen Nationalismus als ein unmittelbares Produkt des demokratischen Gedankens erschien, rückte mir das Problem der Beziehungen zwischen Nationalismus und Demokratie — heute in Deutschland so fühlbar gegenwärtig — nach und nach in den Vordergrund. Jene Gestalten einer längst abgetanen Zeit sind darüber seltsam lebendig geworden. Liberale oder Demokraten, Philosophen oder Politiker, Baumeister alle am Ideal des heutigen Volksstaats, tun sie mit beschwörender Eindringlichkeit dar, wie innig nationales und demokratisches Denken einander verbunden sein kann.

Man hat in der Welt der modernen Demokratien den Imperialismus, höchstgesteigerten Nationalismus, groß werden sehen. Sollte er zum Erliegen kommen, so wird doch sein Untergang noch den Sieg des nationalen Gedankens bezeugen, zu dem — wiederum im Gefolge der Demokratisierung — eine Schar neuer Völker erwacht ist, um nun heraufzudrängen mit dem Anspruch auf gleiche Geltung der Nationen an den Tischen der Welt. Diese Entwicklung, charakteristisch in ihrem Vermögen der Selbstregulierung, hat den Besten des 18. Jahrhunderts als Ideal und Hoffnung vor Augen gestanden. Sie wußten, welch mächtige Kraft den Staaten aus der Hingabe ihrer Völker an den demokratischen Gedanken erwachsen würde und haben diese Stärkung des nationalen Einzelstaats um so freudiger bejaht, als sie glaubten, daß die fortschreitende Demokratisierung der Welt dereinst jeden Nationalismus unmöglich machen werde, der sein Wesen in die Mißachtung der Rechte anderer Völker setzt.

Möchte es diesem Buch gelingen, die Gedankenwelt jener Männer noch einmal aufglänzen zu lassen vor dem Leser, um des Zaubers der Synthesen willen, die ihr Denken und Fühlen so mutig vollzog und die uns heute wieder so viel bedeuten könnten.

Sehr habe ich Herrn Geheimrat Friedrich Meinecke zu danken. Nicht nur für die Aufnahme meiner Arbeit in die Reihe der Beihefte. Seine Bücher sind es gewesen, die die Liebe zu diesem Stück ideengeschichtlicher Forschung in mir angeregt und wach gehalten haben.

Leipzig, im Februar 1927.

Dr. Eva Hoffmann-Linke.

Inhaltsverzeichnis.

Einleitung.

Es ist ein eignes Kapitel zur Geschichte der Überlegenheit des Stoffes über die Idee oder der historischen Wirklichkeit über die Philosophie, wie selbstverständlich es uns geworden ist, den lebendigsten Ideengehalt der europäischen Aufklärung als Erbe der französischen Revolution zu betrachten. Mit wie leidenschaftlichem Stolz auch immer die Franzosen sich als das Volk der Revolution gefühlt haben: das ihr zugrundeliegende Gedankensystem war das geistige Eigentum aller Nationen. Eine allein unter den Ideen von 1789, das Selbstbestimmungsrecht der Nationen, erscheint als französisches Sondergut, und vielleicht war es kein Zufall, daß darum zuerst viel Herzblut geflossen ist bei diesen Franzosen, bei denen nach Joseph de Maistre jeder Gedanke „ganz leidenschaftlich ist und ganz national". So lebendig war diesem Volke, das als erste Richtlinie äußerer Politik in seiner Verfassung gelobt hatte, nie einen Angriffskrieg zu führen, der Gedanke der Unveräußerlichkeit der nationalen Unabhängigkeit geblieben, daß es sich im Frühjahr 1792 nach fast einem Jahrhundert europäischen Weltbürgertums und Universalismus ohne Bedenken und innere Konflikte einem Strom patriotischsten Fühlens überließ, um sein gefährdetes Selbstbestimmungsrecht einem europäischen Tribunal gegenüber mit der Waffe in der Hand zu schützen. Wunderbar ist es zu sehen, wie auch mit diesem Schritte in keiner Weise der bewußte oder unbewußte Zusammenhang mit dem Geist der Revolution verloren ging, der von den großen Toten des ausgehenden „Ancien Régime" so viel mehr als von den Tagespolitikern der Nationalversammlung bestimmt war.

Auch hier läuft einer jener so leicht zu übersehenden Fäden, die das „Ancien Régime" mit der Revolution verbinden und für deren hauptsächlichste uns Alexis de Tocqueville als erster die Augen geöffnet hat. So wenig wie 1789 eine neue Nation, hat 1792 einen absolut neuen Patriotismus in Frankreich geschaffen.

Tausendfach ist das 18. Jahrhundert wegen seines einseitigen Kosmopolitismus, seines Mangels an Nationalgefühl gescholten worden, am wenigsten zu Recht in Frankreich, dessen führende Geister — bei allem Zugehörigkeitsgefühl zur internationalen Gelehrtenrepublik und Eifer für die Sache der Menschheit als solcher — nie zu auch nur annähernd so großer Gleichgültigkeit gegenüber nationalpolitischen Fragen herabgesunken sind, wie z. B. die deutschen Klassiker. Wenn Emile Faguet das völlige Verlöschen des Vaterlandsgedankens als eins der beiden wesentlichen Kennzeichen des 18. Jahrhunderts der französischen Literatur hinstellt und von einer „wunderbaren, nach fünf oder sechs Jahrhunderten nationaler Kultur geradezu unverständlichen Gleichgültigkeit der Denker und Gelehrten gegenüber der Größe Frankreichs" spricht, ja, das Vorhandensein einer nationalen Literatur für dieses Zeitalter überhaupt leugnen möchte, so heißt das einer Epoche, deren feinste Köpfe mit leidenschaftlicher Hingabe an der Regeneration ihres Volkes und Vaterlandes gearbeitet haben, wahrlich bitteres Unrecht tun[1].

Es wird ein Teil unsrer Aufgabe darin bestehen, in dem Werk der hervorragendsten Denker des vorrevolutionären Frankreich die Eigentümlichkeit der Struktur jener Kultursituation bloßzulegen, die trotz allen zweifellos und beinahe a priori in reichem Maße vorhandnen kosmopolitischen und universalistischen Tendenzen auf ihrem Grunde dennoch eine tiefe und ruhige Unterströmung von Nationalbewußtsein und Staatsgefühl enthielt, die sich später als stark genug erweisen sollte, das Bett des gesamten politischen Lebens der Nation zu erfüllen und mit überschäumender Kraft ein Prinzip von übernationaler Geltung in die Welt hinauszutragen.

Und hier, in diesem eigentlich gefärbten vaterländischen Gedanken, liegt ein wesentliches Moment für die Beleuchtung der geistigen Grundlagen des Nationalitätsprinzips: ruht es doch im tiefsten Sinne gerade auf jener Mischung von Weltbürgertum und Vaterlandssinn, wie sie in den am weitesten fortgeschrittenen Persönlichkeiten des Jahrhunderts anzutreffen ist; ich möchte sagen, jenem von Kosmopolitismus versittlichten Patriotismus, der das Selbstbestimmungsrecht der eignen Nation eine Grenze finden läßt an dem der andern Völker und die Selbstbeschränkungspflicht als sein notwendiges Korrelat empfindet[2]. Nur daß diese Grundstimmung vielleicht bis heute nicht recht fühlbar geworden ist in der geschichtlichen Wirklichkeit! Nicht sie war es, die man als neu und im schönsten Sinne revolutionär empfand in dem wieder erwachten Nationalismus des erobernden Frankreich, sondern seine Rechtfertigung und Motivierung aus der Erkenntnis des Für- und Ineinanderseins von Staat und Nation, der Verantwortlichkeit des Staates für die Nation, von deren Leben er lebt, der Nation für den Staat, in dem allein sie den höchsten Ausdruck ihres Daseins gewinnen kann.

Dieser staatsbürgerliche Gedanke, wie ich ihn nennen will, stellt den zweiten Pfeiler dar, auf dem der Gedanke vom Selbstbestimmungsrecht der Völker errichtet ist, und den Anteil der vorrevolutionären Staatsphilosophie an seinem Aufbau festzustellen, ergibt sich so als zweite Seite unsrer Aufgabe.

Wieder steht uns ein entmutigendes Urteil Faguets entgegen: „Die Männer des 18. Jahrhunderts haben sehr vieles gewußt; den Begriff einer Nation haben sie nicht fassen können“[3]. Ähnlich hat Wilhelm Dilthey gemeint, daß jeder Begriff „innerer Verbindung von Personen“, also auch der Beziehungen zwischen Staat und Nation dem Jahrhundert fehlen[4]. Aber wer möchte zweifeln, daß jene Geister, die den Gedanken der Volkssouveränität, des heute noch höchsten Ausdrucks der Beziehungen zwischen Staat und Nation, zu eigentlichem Leben erweckten, Fluch und Segen des Staates nicht zum tiefsten in sich gespürt hahen? Auch hier gibt eine eigentümliche Mischung der Zeit das Gepräge, die zwischen zwei Höhepunkten in der französischen Geschichte stand und darum notwendig selbst halb epigonen-, halb prophetenhaft bleiben mußte. Staatsmüdigkeit und -fremdheit stehen oft in derselben Persönlichkeit der lebendigsten Staatsauffassung und intensivstem Wissen von Staatsbürgertum gegenüber, ein Gegensatzpaar, das uns in engster Verflechtung mit dem ersten von Weltbürgertum und nationalem Denken begegnen wird.

Erst die Lösung beider Konflikte allerdings unter dem Druck der Wirklichkeit schuf das Prinzip freier Selbstbestimmung der Völker; die geistige Grundlage aber, auf der es erwuchs, bilden die Überzeugungen und Probleme jener Gestalten der französischen Vorrevolution, die noch mitten inne standen zwischen Nationalismus und Demokratie — ein Zeugnis von der lückenlosen Arbeit der geschichtlichen Mächte.

A. Philosophische und historische Grundlegung.

I. Die philosophischen Grundüberzeugungen des Jahrhunderts und der Gedanke eines nationalen Volksstaats.

Keine Genialität befreit von der historischen Gebundenheit. So eigenwillig Männer wie Diderot und Rousseau ihre Stellung zu Staat und Nation suchten, ihre Probleme und Autoritäten, ihre Interesseneinstellung und ihre Hilfsmittel trugen so gut wie die des alten Feudalherrn Mirabeau oder des Volkstribunen Siéyès den Stempel des Geistes der Aufklärung. Gerade aber von seinen allgemeinen Tendenzen aus läßt sich dem Jahrhundert nur sehr wenig Sinn für Vaterland und den Eigenwert der Nation zutrauen. „Das Nationale ist ja innere Notwendigkeit. Darum kann es nicht vernunftgemäß bewiesen und gerechtfertigt werden. Das macht der Aufklärung Beschwerden und sie gibt sich nicht damit ab.“[1] Das nicht Rationalisierbare mußte jener vernunftseligen Zeit in seinen letzten Tiefen unzugänglich bleiben. Das Wirken des Nationalcharakters eines Volkes und der Tradition, wie überhaupt das Verbundenheitsbewußtsein auf Grund gemeinsamer Kultur und Geschichte oder uralter naturhafter Faktoren widersprach wie alle Imponderabilien dem naturwissenschaftlich-mathematisch geschulten Gesetzessinn der Modephilosophie. Es war nur natürlich, daß das unbewußte Werden der Nationen und ihrer Staaten keinen Raum fand in einem Gedankensystem, das jede Einrichtung vernünftig und künstlich entstanden, alles aus zweckvollem Handeln hervorgegangen glaubte[2]. Niemand wußte, daß die

Geschichte auch Formen unbewußter Vernunft hervorbringe; „wie man damals das Weltall und den Menschen selbst als einen kunstvollen Mechanismus erklären zu können glaubte, so wie Gott aus Natur und Geschichte, so ward der Genius des Staates aus seinen Formen hinausgetrieben“[3]. Mit dem ungeahnten Aufschwung der Naturwissenschaften brach sich eine Art mechanistisch-teleologischer Betrachtungsweise auf allen Gebieten des Denkens und Lebens Bahn, die für unsre Probleme unmöglich fruchtbar werden konnte. Nur allzunahe lag die Gefahr, daß unter den Händen dieser selbstsichern Intellektualisten, denen nichts so kompliziert erschien, als daß die Kraft ihres Denkens sich nicht daran erproben und daran bessern sollte, der Staat zur Maschine herabsank. Was man von ihm forderte, faßte sich ungefähr in sachgemäßem Funktionieren zusammen, an dem nichts Irrationales und Eigentümliches dem stets auf Allgemeines und Gesetzlichkeit gerichteten Verstand Schwierigkeiten bereitete. Hier tritt sofort eine der nationalen Sonderausprägung der Staaten feindliche Tendenz zum Universalistisch-Normativen hervor: man vereinfacht zu leicht und zu viel. „Dem verallgemeinernden und konstruktiven Geist der Aufklärung mußte alles, was Eigenart, auf Überlieferung beruhendes Sonderleben war, nur als krause Anomalie erscheinen, als eine beständige Beleidigung der Vernunft.“[4] Friedrich Meinecke hat denselben Vorwurf erhoben: „Durch einige zweckmäßig gewählte Institutionen will man das Leben der Staaten regulieren und ihre immanenten naturhaften Sondertriebe korrigieren“, die „dem rationalisierenden Denker als Pudendum erscheinen“[5]. Wir werden sehen, daß er damit nur wenige unsrer Staatsdenker im einzelnen trifft; wie überhaupt alles, was hier zur allgemeinen Charakterisierung des „Geistes der Zeit“ dargelegt wird, in den zu betrachtenden Einzelpersönlichkeiten starke Modifikationen erleidet. Aber bei unsrer jetzigen Einstellung auf die allgemeinen Grundzüge des Jahrhunderts muß es zugegeben werden, daß die Liebe zur Verallgemeinerung und Uniformierung der Aufklärung an sich innewohnte. Niemand hat diesen Zug mit mehr Schärfe und vielleicht Übertreibung betont als Taine, bei dem ja Abstraktheit und Allgemeinheit als wesentliche Kennzeichen des in seiner Auffassung so wichtigen „esprit classique" erscheinen. „Man sieht im Menschen nur eine denkende Vernunft, dieselbe zu jeder Zeit, dieselbe an jedem Ort. Es scheint, daß Klima, Einrichtungen, Zivilisation, die den Geist des Ganzen im Ganzen verwandeln, einfache, äußere Umstände sind, zufällige Hüllen, die kaum seine Oberfläche, geschweige denn seinen Kern berühren. Die wundersame Verschiedenheit, die die Menschen aus zwei Jahrhunderten oder zwei Rassen scheidet, entgeht ihnen". Bis in die Sprache und Charakterzeichnung hinein will Taine diese Abstraktheit und Ideologie verfolgen. „Niemals haben die Menschen bis zu diesem Grade den Sinn für die realen Dinge verloren"; für „den Menschen an sich, denselben unter allen Bedingungen, in allen Lebenslagen, in allen Ländern, in allen Jahrhunderten" hat man die passende Gesellschaftsform gesucht; „man setzt Menschen voraus, die mit einundzwanzig Jahren geboren werden, ohne Eltern, Überlieferung, Verpflichtungen und Vaterland!"[6]

Wie leicht hätte es dieser individualistischen Zeit geschehen können, gleichsam ahnungslos alle wahre Individualität der Menschen und Völker zu töten! Es war nur natürlich, daß man, da die Vernunft als Wertvollstes und Wesentlichstes am Menschen angesehen wurde, viel eher betonen lernte, was die Völker einte, als was sie trennte! Die Allgemeingültigkeit der Vernunft schien alle Nationen zu umspannen, Ausgangspunkt und Ziel ihrer aller Entwicklung zu bestimmen und „eine dauernde Quelle der Gemeinsamkeiten für die Menschheit" zu bilden. Von dieser Grundüberzeugung aus, daß der gesunde Menschenverstand und die Vernunft in allen gleich sei, erzeugte sich zwanglos jene Art kosmopolitischer Gesinnung, die auch angesichts aller Machtkämpfe der Völker an dem Gedanken der Solidarität der Kulturnationen und der internationalen Geisterrepublik festhielt;

von ihr aus entwickelte sich weiterhin ein so starker Popularisierungs- und Propagandatrieb der Aufklärung, daß es schien, als führe sie den Kampf gegen die Kirche nur deshalb, um selbst Weltreligion zu werden. Wie selbstverständlich drängte nun auch von hier aus alles zum Abstrahieren, zum Abstreifen aller nationalen Wertungen oder sonstigen bodenständigen Elemente, die der schnellen und allgemeinen Verbreitung ihrer Lehren etwa hindernd im Wege stehen konnten! Nicht zum letzten wegen der ihr innewohnenden nivellierenden Tendenz fügte sich die naturrechtliche Lehre so glatt in den Rahmen des Jahrhunderts: der Sieg des Naturrechts über das positive Recht war zugleich ein Sieg des Internationalismus! An dem Problem allgemeingültiger Menschenrechte waren ungleich mehr Herzen zu erwärmen und Proselyten zu machen als mit den französischen Bürgerrechten!

Nie hat eine Zeit mehr den Blick auf die Menschheit als Ganzes gerichtet, nie hat der Begriff der Menschheit als solcher eine bezauberndere Wirkung ausgeübt! Wenn etwas das 18. Jahrhundert und die Lektüre der rationalistischen Literatur menschlich anziehend macht, so ist es diese opferfreudige Menschenliebe und der Glaube an die Zukunft und Würde des Menschengeschlechts, die über die trockensten naturrechtlichen Konstruktionen einen warmen, belebenden Schein werfen. Friedrich Jodl hat Recht, wenn er in seiner Geschichte der Ethik behauptet „der Idealismus und zwar ein hochgespannter, begeisterter, bilde das Lebenselement der Zeit“ [7]. Er beschränkte sich nicht darauf, das Glück der eignen Nation zu schaffen und zu sichern; auf nichts Geringeres richteten sich seine Forderungen, als die gesamte zivilisierte Menschheit zu befreien. Und „die Menschheit hat kein Vaterland. Diejenigen, die diesen Kultus ausüben, kennen keine Grenze mehr: sie sind Kosmopoliten“ [8]. Auch das Feinste und Beste an den Menschen des 18. Jahrhunderts, ihre Humanitätsreligion, scheint wie von selbst zur Überwindung des nationalen Gedankens zu führen.

Verhängnisvoll stellt sich in ihrem Gefolge eine blinde Verständnislosigkeit und Verkennung gegenüber jeglicher Machtentfaltung der Staaten ein. Seit dem Tode Ludwigs XIV. kennt man keine größeren Verbrechen als Eroberung und Krieg; Krieg, die „Geißel der Menschheit", das ist die Lieblingsmetapher des Jahrhunderts. Nur eines sehe ich, das ihm in gleicher Weise verhaßt ist: den Despotismus, und es hat beide in seinem Denken aufs engste miteinander verknüpft. Die Theorie vom „gerechten Kriege", wie sie seit den Tagen des Hugo Grotius mehr oder minder leidenschaftlich von allen Staatsdenkern diskutiert wurde, „hatte eine ausgesprochen friedliche Tendenz, indem sie jeden kriegerischen Angriff für unerlaubt erklärte, so oft der Waffenkampf nicht als eine Form der internationalen Justiz angesehen werden konnte"[9].

Pazifismus und Internationalismus hängen eng zusammen. Die Zeit ist reich an Projekten für den ewigen Frieden und eine große internationale Organisation[10]. Selbst wo diese — wie die meisten französischen Pläne dieser Art — aufhören, weltbürgerlich zu sein und nur schlecht ihre einseitige Einstellung auf die Suprematie Frankreichs zu verhehlen vermögen, sprechen sie gegen den nationalen Staat, indem sie den alten Traum der Universalmonarchie erneuern. Zwar hätte niemand gewagt, sich öffentlich dazu zu bekennen; zu tief hatte sich bereits die Überzeugung von der Gleichberechtigung aller Nationen festgesetzt, nachdem seit dem 16. Jahrhundert der Gedanke des „imperium mundi" bei den Naturrechtlern dem der „societas gentium" mehr und mehr gewichen war.

Die physiokratische Wirtschaftsphilosophie tat ein Übriges, den Glauben an die Interessenharmonie zwischen den einzelnen Völkern zu stützen: sie warf das Schlagwort der Weltökonomie in die breiteste Öffentlichkeit, das fortan unveränderlich zum geistigen Inventar des „aufgeklärten" Weltbürgers gehörte. „Alle Physiokraten betonen die friedenstiftende Wirkung des Handels und kritisieren die internationale

Politik des Merkantilismus, der das Gedeihen einer Nation auf den Untergang ihrer Nachbarn gründen wollte." [11]

Und nicht nur im ökonomischen, sondern im allgemein politischen Sinne bedeutet diese Erkenntnis geradezu eine Offenbarung für das Jahrhundert, die man nicht müde wird, zu wiederholen und anzupreisen. War sie doch mit den heiligsten Überzeugungen der Epoche unlöslich verbunden, der beinahe religiösen Gewißheit, daß der Menschheit ein gemeinsames Ziel vorschwebe, zu dem sie gemeinsam oder doch, ein Volk auf den Schultern des andern stehend, fortschreiten solle. Wir haben gelernt, über diesen Fortschrittsoptimismus zu lächeln, aber für jene Menschen bedeutete er eine Lebensmacht und fügt sich reibungslos in ihr Denken. Bezeichenderweise schließt auch er das Gefühl der Verbundenheit mit der Menschheit über die Grenzen des eignen Volkes hinaus in sich ein, ja er lebt geradezu von ihm. „Der Fortschrittsgedanke hat keinen wahrhaften Bestand, solange er von der sinnlichen Vereinzelung eines einzelnen Volkes abhängig gedacht wird. Seiner Natur ist es angemessen, daß er über die Idee der Nation weit hinausgreift und mit dem Begriff der Völkergemeinschaft und eines allgemeinen Kulturganzen sich verbindet." [12] Es war nur logisch, wenn Condorcet als Träger der Entwicklung ein Menschheitsvolk erfand und ebenso charakteristisch für die Reinheit seines Weltbürgertums, daß er vermied, dieses fingierte Volk der eignen Nation gleichzusetzen, wie Fichte es später tat. Wie er am Ende des Jahrhunderts in Frankreich hervortrat, war und blieb der Glaube an den Fortschritt die schönste Blüte des Humanitätsgedankens. Dieser aber konnte dem Staate nicht geben, was des Staates ist. Höchstens, daß er und viel mehr noch die ihm zugrundeliegende Überzeugung von der Vervollkommnungsfähigkeit des Menschen dazu angetan war, über den Staat etwas vom eignen Glanz zu werfen; sie adelte ihn, indem sie ihn selbst in den Dienst der Humanitätsidee stellte.

So sehr die utilitaristische Ethik der französischen Aufklärer, die nie ihren englischen Ursprung verleugnen konnte, nur das Glück des Individuums im Auge gehabt hat, so sehr versuchte sie dieses höchste erreichbare und wahrhaft wertvolle Glück als nur in Staat und Gesellschaft möglich, als Dienst an der Gesamtheit hinzustellen. Bei aller individualistischen Betrachtungsweise ist sie — im engen Sinne von altruistisch — wahrhaft sozial gewesen. Schon bei Locke und Hobbes ist das Motiv der Sittlichkeit die Selbstliebe, ihr Zweck das Gesamtwohl. Dies gehört zu den durchgehenden philosophischen Überzeugungen des Jahrhunderts[18]. Kaum, daß hier und da jemand wagt, auch eine natürliche Tendenz zum Altruismus im Menschen anzunehmen; im allgemeinen wird der Egoismus als selbstverständliche Grundlage der Tugend vorausgesetzt. Staat und Gesellschaft erscheinen als seine notwendigen Erzieher. Da außer dem Glücksstreben nichts von Ideen oder Charakterzügen dem Menschen angeboren ist, wird der Erziehung und äußeren Einflüssen unbegrenzte Macht zugetraut. Durch ein einfaches System von Belohnungen und Strafen kann der Staat seine Bürger leichtlich zu der Einsicht führen, daß ihr wahres, d. h. dauerndes Glück in der Erfüllung ihrer Pflichten gegenüber der Gesellschaft besteht. So sieht in Wahrheit aus, was die Zeit als „natürliche Politik" verehrte.

Man könnte diese Erfüllung des Staates mit ethischen Zwecken als eine Verinnerlichung und Verfeinerung gegenüber jenem extremen Liberalismus ansehen, der auch in der Zeit vertreten ist und den Staat zur bloßen äußeren Sicherungsanstalt für Leben und Eigentum seiner Bewohner stempeln möchte! Aber es bestand die Gefahr, daß diese Aufgaben, in deren Erfüllung sein Wesen gesetzt wird, heterogen und losgelöst von seinem Eigenwerte bleiben und daß seinen Forderungen alle verpflichtende Kraft fehlt, sobald der Egoismus des Einzelnen dabei nicht mehr auf seine Rechnung kommt! Dem ganzen Jahrhundert ist Patriotismus und Hingabe an den Staat zunächst nur für den denkbar, der in ihm glücklich ist. Man kann nicht erwarten, daß sie ein gefühlsmäßiges Aufgehen des Ich im Vaterlande kennen, weil das

Verhältnis zwischen Individuum und Nation nicht als innerlich notwendig, sondern utilitaristisch, als unter Umständen Vorteil bringend und nur dann vernünftig zu rechtfertigen und dauerhaft betrachtet wird. Wie oft kehrt die mit Selbstverständlichkeit vorgetragene Schlußfolgerung wieder, daß jeder ein Recht habe, auszuwandern und sich sein Vaterland dort zu suchen, wo es ihm besser gefalle als in der Heimat. Sie ahnen nichts von jenem schmerzlichtiefen Patriotismus, der um so heißer liebt, je unglücklicher er Volk und Vaterland sieht! Der Materialismus, der seit der Mitte des Jahrhunderts überall siegreich vorgedrungen war, schien jeden Gedanken an die Möglichkeit einer tieferen Verbundenheit mit ideellen Werten auszulöschen. Liebe und Interesse ist nur solchen Dingen gegenüber denkbar, die irgendwie zum Eigentum eines Menschen gehören. So entsteht einmal jene sonderbare Überzeugung, die im 18. Jahrhundert selbst Allgemeingut und noch später von nachhaltigster Wirkung gewesen ist, daß nur beim Grundbesitzer patriotisches Fühlen und Staatsbürgersinn vorauszusetzen sei, ja, daß er allein überhaupt ein Vaterland habe; zum andern jene eigentümliche Verbindung von Patriotismus und Staatsform, die in einer Zeit, von der an sich jede Staatsform als gleich legitim und natürlich hingenommen wurde, geradezu befremdlich erscheinen muß. So wenig die Demokratie an sich Vertrauen genießt und empfohlen wird, so wird es doch von Montesquieu an wieder und wieder gläubig behauptet, daß sie allein imstande sei, Vaterlandssinn zu erzeugen, mit der charakteristischen Begründung, daß in der Demokratie allein der Staat das Eigentum der Bürger und ihr Interesse mit dem seinen unlöslich verknüpft sei. Ich sehe nicht einen der Staatsdenker des revolutionären Frankreich, der nicht aus diesem Grunde bewundernd auf die Schweiz geblickt und gedeutet hat! Gewiß verbarg sich hinter diesen Gedankengängen die tiefere Wahrheit, daß von der — inneren und äußeren — Teilnahme der Nation an der Regierung das eigentliche Leben der Staaten abhänge. Aber wie wir diese hier in ihren äußeren groben Anfängen verfolgen, verrät sie nur zu deutlich den Schoß, in dem sie getragen ward, den Geist der utilitaristischen Reflexionsmoral des Jahrhunderts: Patriotismus kann nur erwachsen aus befriedigtem Egoismus, und der Staat hat keine höheren Zwecke als die des Individuums. Wir stehen hier vor dem tiefen Irrtum jeder individualistischen Periode, „daß alle Einflüsse der Gemeinschaft auf das geistige Leben des Einzelnen nur von einer Vielheit an sich isolierter Individuen ausgingen und daß es keine andern Zwecke gebe als solche, die der einzelne auch abgesehen von jeder Verbindung mit andern erstreben müßte“[14].

Zwar war die Zeit noch mit einer höheren Zielsetzung für den Staat beschäftigt: dem Ideal des Rechtsstaats, das von dem vorangehenden Jahrhunderte gewissermaßen als ein Erbe übernommen worden und mehr als je bei den Naturrechtlern lebendig war. Nur schade, daß seine Verwirklichung so einseitig das Interesse der Staatsdenker zu absorbieren begann: Was uns als nur eine der Daseinsaufgaben des Staates erscheint, drohte für sie seinen Sinn und Zweck überhaupt zu bedeuten. Daher diese seltsam doktrinäre Festlegung auf innerpolitische Probleme, von der aus sie die Politik sich in Verwaltung und Gesetzgebung erschöpfen ließen, als ob der Staat ein isoliertes, von allen Einflüssen der internationalen Machtverhältnisse unabhängiges Gebilde sei. Daher aber auch eine gewisse Schwächung des Staatsgedankens selbst! Die Allmacht des Naturrechts trat an Stelle der Allmacht des Staates, und sein Leben wurde in die naturrechtliche Gebundenheit hineingezwungen. „Man bestritt jeden Beruf des Staates zur Förderung von Wohlfahrt und Kultur“, behauptet Gierke, „wehrte den Untergang des Rechts durch den Satz salus publica suprema lex esto ab, gab aber zugleich den mühsam errungenen Staatsgedanken vollkommen preis. Durch die unaufhaltsame Steigerung der Individualrechte schrumpften die Aufgaben des Staates zu den Funktionen einer Versicherungsanstalt für Person und Eigentum ein.“[15]

Wir werden diesen Vorwurf nicht aufrecht erhalten können, aber von unserm Problem des nationalen Gedankens in seiner zweifachen Ausprägung gesehen, bleibt es ein Unglück, daß die Naturrechtler juristisch und nicht politisch-historisch dachten! Auch Macchiavell hat den Staat naturalistisch aufgefaßt und die Zusammensetzung und Leitung seiner Kräfte der menschlichen Vernunft ausgeliefert. Aber mit der ihm eigenen Kraft der Abstraktion ließ er mehr als irgend jemand vor oder nach ihm das staatliche Leben ausschließlich von seinen eigenen Gesetzen der Macht und Freiheit beherrscht sein. Sie aber, indem sie das Naturrecht in bewußter Feindschaft gegen den allmächtigen Staat als ein Recht vor und außer und über dem Staate dem positiven d. h. nationalen Recht gegenüberstellen, entkleiden ihn rücksichtslos seines Eigenwertes und stempeln ihn zu einem Erzeugnis der Willkür, das von Willkür zu ändern und zu bessern ist. Indem sie nach einem allgemeingültigen Rechtsgrund des Staates außerhalb seiner selbst fragen, verfallen sie zugleich einer nivellierenden Betrachtungsweise, die alle geistig-individuellen Tendenzen der Staaten auslöscht. Darum empörte sich Ranke gegen die Lehre vom Vertrag, „aus der sich flüchtige Konglomerate wie Wolkengebilde ergeben", wo er „geistige Wesenheiten, originale Schöpfungen des Menschengeistes, Gedanken Gottes sah". Einzig Montesquieu steht unter den Naturrechtlern und hat es fertig gebracht, sich liebevoll in die besonderen Wurzeln der eigenen Nation zu versenken. Und auch er tat es vielleicht nur, um in den Einrichtungen der alten fränkischen Monarchie die Grundzüge und die Vortrefflichkeit jenes Verfassungsapparates aufzuweisen, dem er soviel Kraft zutraute für die Erhaltung eines lebendigen Staatswesens. Das Naturrecht ist für alle gleich. Das Schutzbedürfnis des Einzelnen und die Heiligkeit der Verträge genügten, um prinzipiell die Entstehung aller Staaten zu erklären; gewisse vernünftige Formen der Verfassung, die dem Geist der geschlossenen Verträge entsprachen, wurden als ausreichend erachtet, seine Dauer zu verbürgen. Nicht gegen den Staat selbst, sondern nur gegen seine gegebene Form richtete sich ja die Kritik der Naturrechtler! Nie hat eine Zeit mehr erwartet von der Wirksamkeit bloßer Verfassungsformen und allgemeiner Rechtsvorschriften, und niemand stand, ihr zuzurufen: „Ihr werdet euch keinen Staat erklügeln!" Zu nahe lag die Gefahr — und man muß staunen, wie oft und glücklich sie überwunden wurde —, am individuellen Geist und Prinzip vorüberzugehen, an dem, was den Formen den Inhalt gibt, „wodurch jeder Staat nicht eine Abteilung des Allgemeinen, sondern wodurch er Leben ist, er selber Individiuum".[16]

Der Normalstaat, wie ihn die Naturrechtler ersannen, tötet die geschichtliche Individualität. In diesem Sinne wird der Vorwurf unhistorischen Denkens für jenes Zeitalter der Vernunft immer zu Recht bestehen. „Man sucht den besten Staat, ohne den zu begreifen, den man vor Augen hat."[17] Ihr modernes Bewußtsein liefert ihnen den Maßstab für die geschichtlichen Erscheinungen, von derem Eigenwert ihnen meist das Gefühl fehlt. Kaum einer unter den Staatsphilosophen des Ancien Régime, der nicht mit den Ausdrücken gröbster Verachtung über die „barbarische, vernunftwidrige" Einrichtung des Lehnsrechts schilt; so meilenfern ist ihnen jedes andere Argument als das der modernen Vernunfteinsicht! Spottend von der Höhe ihrer Aufgeklärtheit wie Voltaire oder anklagend mit der Bitterkeit eines leidenschaftlichen Kulturpessimismus wie Rousseau, untergraben sie die Achtung vor dem Historisch-Gewordnen. Alle revolutionären Geister werten logischerweise rationalistisch; denn die historischen Argumente sind für die Besitzenden. Man muß sich wundern, wieviel Gefühl im großen und ganzen jene durch und durch revolutionäre Denkungsart dafür behielt, daß ihrem Reformeifer natürliche Schranken gesetzt waren. So pietätslos und selbstsicher, wie es gewöhnlich hingestellt wird[18], als ob sie in trunkenem Optimismus gemeint habe, alle dunkeln und irrationalen Gewalten durch die fortschreitende Erkenntnis bald gänzlich aus der Geschichte verbannen zu können, ist sie in Wahrheit nie gewesen. Klima, Nationalcharakter, Sitten und Lebensweise eines Volkes erscheinen fast durchweg als vom Gesetzgeber nicht zu überwindende und daher für seine Arbeit bestimmende Elemente. Von diesem Gesichtspunkte aus haben sich die Philosophen den Begriff des Volksgeistes überhaupt erst zum Problem gemacht. Es war verhängnisvoll, daß, da Volk und Staat dem Naturrecht als ursprünglich gegebene Größen und „die innere Begründung der Annahme eines Nationalgeistes"[19] fehlen, man nicht dazu fortschreiten konnte, den einen als Ausdruck der Lebensnotwendigkeiten des andern zu sehen, wie es die Idee des nationalen Staates im höchsten Sinne verlangt. Ihrem mechanistisch-naturwissenschaftlichen Geist entsprechend, wäre das Höchste, was die Aufklärung für die Bedeutung des nationalen Elements im Staatsleben zu setzen hatte, der Begriff der „Triebfeder" oder des „Prinzips" gewesen, wenn nicht der Gedanke der Volkssouveränität das Zeitalter schließlich über sich selbst erhoben hätte.

Dem nüchternen Denken der Naturrechtler blieb das Individuum und seine planmäßige Tätigkeit Schöpfer und Träger des Staates im konkretesten und handfestesten Sinne. Es war die unvermeidliche Konsequenz aus dem Gedanken des Gesellschaftsvertrags. Das isolierte Individuum stand vor der Gemeinschaft; aus seinem Willen allein wurde die Gesellschaft hergeleitet, ja die Hoheitsrechte des Staates selbst „erschienen als das Produkt freiwillig hingegebener und vergemeinschafteter Individualrechte"[20]. Auch wo die Theorie der Volksouveränität eingriff und die gesammelte ursprüngliche Staatsgewalt in die Nation verlegte, verband man mit dem Begriff des Volkes zunächst nicht die Vorstellung einer wirklichen einheitlichen Macht; für die allermeisten war es nichts anderes als eine Summe von Individuen, das Ergebnis einer Addition, nicht eine Potenz. Welche Schwierigkeiten mußte es für diese atomisierende Betrachtungsweise haben, den Gedanken einer Gemeinschaft zu erfassen! Nicht zu Unrecht ist ihr vorgeworfen worden, sie sei gezwungen, prinzipiell jedes „Aggregat von Menschen, die sich vereinigen, um ihre Rechte zu schützen, als Staat anzuerkennen“[21]. Auch die Renaissance wurde von individualistischen Tendenzen getragen, sie, die den Einzelmenschen und den Einzelstaat überhaupt entdeckt hatte; aber sie war gleichzeitig so stark erfüllt vom Begriff der Persönlichkeit und ihrer durch einen einheitlichen und selbständigen Willen bestimmten Eigengesetzlichkeit, daß sie nie in Gefahr geriet, das eigentlichste und wesentlichste Kennzeichen des Staates: seine Souveränität und die unbedingte Pflicht zur Selbsterhaltung zu vergessen. Jetzt dagegen erschien er vielfach den Zwecken des Individuums dienstbar gemacht, sein Machtegoismus beschnitten; kaum daß man sich bemühte, seine Einheitlichkeit zu retten, wie Rousseau in seiner Polemik gegen das liberale Grunddogma von der Teilung der Gewalten es tat. Schon die Scheidung von Herrschafts- und Gesellschaftsvertrag allein bedeutete beinahe die Spaltung der Staatspersönlichkeit. Die Anhänger der Volkssouveränität ließen sie im Volk, die Anhänger der Herrschersouveränität in der Persönlichkeit des Fürsten aufgehen; wenn sie nicht hinter den Trägern der Gewaltbefugnisse verschwand, so schloß doch andrerseits in keinem Falle der Begriff des Volkes den des Herrschers in sich ein[22].

Es ist bezeichnend, wie im Sprachgebrauch des 18. Jahrhunderts diese Überzeugungen einen Niederschlag gefunden haben. Von Leben, Interessen, Rechten und Pflichten des „Staates“ ist wenig zu hören; man spricht von der „Gesellschaft“ oder der „Regierung“, und wo man beide zusammenfassen will, setzt man die Zweiheit „le roi et la nation“. Bei alledem geht der Vergleich des Staates mit einem Organismus in tausend Auflagen und manchmal bis ins einzelnste ausgeführt durch die Literatur, aber er ist nicht mehr als ein sehr äußerliches Hilfsmittel der Anschauung, und ebenso bleiben die Konstruktionen der „personne morale“ oder „civile“ juristisch, blutleer und leblos.

Dennoch war die naturrechtliche Gedankenarbeit des Jahrhunderts für das Problem des nationalen Staates nicht verloren. Zwar hatten ihre individualistischen Grundtendenzen verhindert, daß man sich bis zu der Idee der Staatspersönlichkeit erhob und die Beziehungen zwischen Staat und Nation im tiefsten Sinne zu Ende dachte. Jedoch wenn nicht für die Intensität, so war doch für die Extensität des Gedankens vom nationalen Staat viel gewonnen. Es war die schönste Bedeutung der Volkssouveränitätstheorie, daß die Gesamtheit der Staatsangehörigen fortan die Nation bilden, sich mit Staatsgefühl und -bewußtsein erfüllen und so zu Trägern des staatlichen Lebens heranwachsen sollte. In der Tat will das Wort „national" für das 18. Jahrhundert meist nichts anderes besagen als „volkstümlich", die Gesamtheit oder wenigstens die Mehrheit der Volksgenossen umfassend. In diesem Sinne ist die Arbeit der Staatsphilosophen des „Ancien Régime" recht eigentlich national gewesen; sie empfanden aber auch darüber hinaus, wie es der Kraft und Geschlossenheit des Staates zugute kommen würde, wenn er wahrhaft in der Masse des Volkes wurzele, und nannten den Reformfreund, ja den Revolutionär mit Vorliebe: patriotisch.

Der Begriff des Volkes schillert außerordentlich im Sprachgebrauch der Zeit: verschiedentlichst werden die Worte „nation" und „peuple" unterschiedslos für einander gesetzt. Gewiß läßt sich — wie Fr. Jul. Neumann will — beobachten, daß das letztere eine politische, das erstere eine naturhafte Einheit zu bezeichnen gebraucht wird; aber ebenso ist das Umgekehrte zu belegen[23]. Spezialbedeutungen beider Begriffe sind überaus häufig; so z. B. „nation" im denkbar engsten Sinne für einen Berufsstand[24], etwas weiter gefaßt für Stämme oder religiöse Gemeinschaften innerhalb eines Volkes[25], im weitesten Sinne dagegen für eine Rasse[26]; „peuple" in der bekannten Einschränkung auf die niedrigen, ungebildeten Klassen des Volkes, wovon aber mit Vorliebe noch die „populace" abgesondert wird, um die Hefe des Volkes zu bezeichnen. Denn Bürger und Bauern rechnen als volle Staatsbürger, während niemand der „populace" ein politisches Recht gewähren würde[27].

Für die französischen Verhältnisse gilt meist als „peuple" der dritte Stand schlechthin, dem Adel und Geistlichkeit gegenüberstehen[28]; manchmal wird aber nur ein Teil des dritten Standes als „peuple" gefaßt, wie in der „Encyclopédie", die den Tiers aus „den städtischen Beamten, den hervorragenden Bürgern und dem peuple" zusammensetzt. Letzteren beschränkt sie dann in Anlehnung „an einen Mann von sehr viel Geist" auf die Arbeiter und Bauern[29]. Für unser Problem ist es wichtiger zu sehen, wie mit der fortschreitenden Demokratisierung der Anschauungen auch das Wesen der Nation in den zahlenmäßig größten Teil des Volkes, den dritten Stand, gesetzt wird, bis schließlich Siéyès mit seiner Flugschrift: „Was ist der dritte Stand?" unwiderleglich in seinen rationalistischen Argumentationen die vollkommene Identifikation von „tiers" und „nation" vollzog[30].

Die Bezeichnung „peuple" war durch das Priviligiertenwesen so gründlich diskreditiert worden, daß der dritte Stand geradezu darum kämpfte, nicht zum „peuple" gerechnet zu werden. Im zweiten Drittel des Jahrhunderts schon beginnen die Klagen, daß der Begriff „Volk" entwertet sei und daß diejenigen Klassen der Nation, die ihm natürlicherweise angehören, aus ihm herausstreben[31]. Je mehr man sich aber bemühte, durch gefühlvolle Schilderungen Wohlwollen und Interesse der Regierung auf „jenen zahlreichsten und notwendigsten Teil der Nation" zu lenken, desto mehr widerstrebte es dem Bürgertum, das sich viel zu stark fühlte, um sich mit mitleidig gespendeten Erleichterungen der Staatslasten an Stelle von verbrieften Rechten abzufinden, zum Volk zu gehören. So wurde es mehr und mehr eine Notwendigkeit, den Begriff der Nation zu wählen, um die Gesamtheit der Staatsbürger zu treffen, und wie von selbst erhielt er jenen politischen Akzent, der ihn während der Revolutionszeit auszeichnet[32]. So sehr man im Fahrwasser der Einheit und Gleichheit segelte, auf die „populace" blickte man von der Höhe seiner Bildung nach wie vor mit aristokratischer Verachtung herab[33]; das „Volk", dessen Tugenden, dessen idyllische Einfachheit man in sentimentaler Schäferstimmung bewunderte, betrachtete man halb in Rührung, halb in Mitleid[84]; Rechte gab es allein für die Nation. Zu keiner Zeit hat die vorrevolutionäre Staatsphilosophie ernstlich an das allgemeine Stimmrecht gedacht; selbst Rousseau nicht. Die Scheidung in Aktiv- und Passivbürger, wie sie die erste Verfassung von 1791 einführte, liegt deutlich in der Literatur vorgebildet. Theoretisch fundiert finden wir nur das Wahlrecht des Grundbesitzers; die staatsbürgerliche Reife des Gebildeten war diesem bildungsfrohen Jahrhundert und diesem Volke, wo der Geist vor allem geschätzt wurde, selbstverständlich. So sammelt der Begriff „nation" zuletzt die Summe der Aktivbürger; „la nation" sagt Aulard, „c'ést la France riche ou lettrée"[85].

Für unser Problem ist es wesentlich, daß man dem Begriff einen höheren, gewissermaßen aristokratischen Sinn erhielt, indem man ihn nur auf diejenigen Bürger anwandte, bei denen wirkliche Hingabe für den Staatsgedanken vorauszusetzen war: das allein konnte die Grundlage für das Werden des nationalen, d. h. des „Volksstaates" sein. Es wird immer eine eigentümliche Leistung der Aufklärung bleiben, dies eine Gemeinschaftsverhältnis bestimmtzu haben. Und es ist zu verstehen, daß die gesamte Kraft dieser humanitätsgläubigen Zeit, in der alles zunächst auf abstraktes Weltbürgertum wies, davon absorbiert wurde, den Menschen und den Staatsbürger zu versöhnen, so daß das Problem völkischer Pflichten nicht in ihren Gesichtskreis trat. „Ihr Nationalgedanke ist immer nur politisch, nie vital orientiert."[86] Stets die nicht realisierten Werte drängen an die Oberfläche der Kultur. Der staatsbürgerliche Gedanke erwuchs in dem geistigen Kampfe, den die Staatsphilosophie des vorrevolutionären Frankreich gegen greifbarste Wirklichkeit, den heimischen Absolutismus, führte. Das Problem war, aus den Franzosen eine politische, eine ihren Staat bewußt tragende Nation zu machen; nie ist ihr ein Zweifel gekommen, wie ihn noch Lessing, der große Zeitgenosse des großen Königs, über die Deutschen hegte: ob sie überhaupt eine Nation seien.

Und ebenso selbstverständlich unangefochten, wie das Bewußtsein ihres eignen Wertes unter den Völkern der Erde, stand das Bild Frankreichs vor ihrer Seele als des Staates der Franzosen. In diesem Sinne die Idee des nationalen Staates zu schaffen, brauchte es keine theoretischen Begründungen. Die Philosophie konnte ihnen auf diesem Gebiete nicht mehr taugen, als sie das Recht fremder Nationen auf einen eignen Staat achten zu lehren; der französische Nationalstaat war den Franzosen längst lebendig erlebtes Leben, das ohne Überlegung hingenommene Geschenk einer glücklichen Geschichte.

II. Die praktische Politik des Jahrhunderts und der nationale Gedanke.

Staat und Nation waren in Frankreich zusammen groß geworden. „Das Lehnswesen zerstückelte den Staat und das Vaterland, die Nation wollte sich einen, das Königreich faßte sie zusammen. Der König sah in den Lehnsherren Nebenbuhler oder Empörer, der Bürger und Bauer: Bedrücker. Der Abscheu der Franzosen gegen das Lehnswesen bildet den Kern der nationalen Geschichte und macht ihre Einheit aus vom Mittelalter bis zur Revolution.“[1] Indem das französische Königtum den Einheitsgedanken nach innen und außen fortgesetzt vertrat, verband es zugleich die Nation unlöslich mit dem Staat. Nie hat der Franzose sein Herz an Zwischengewalten oder an fremde Schutzmächte gehängt: er war gewohnt, den Staat und immer den französischen Staat als einzige und unbestritten höchste Macht über sich zu sehen. Selbst seine sprichwörtliche Liebe zu dem angestammten König war im tiefsten Grunde Staatsgefühl; als er dessen Denken und Handeln nicht mehr als national empfand, riß er sie aus seinem Herzen und besaß die Abstraktionskraft, das Königtum zu stürzen, ohne seine höchste Schöpfung, den Staat selbst, zu zertrümmern.

So lange die Interessen der Nation und des Königtums sich deckten und noch eine beträchtliche Zeit darüber hinaus, war das französische Volk gewöhnt, die Seele des Staates und das Glück Frankreichs in seinen Königen zu sehen.[2] Sein Vaterlandsgefühl war identisch mit seiner Liebe zur Dynastie, die Nation selbst hatte ihren Mittelpunkt im König. Es ist bezeichnend, daß im Zeitalter Ludwigs XIV., jener Epoche, die den französischen Nationalstolz erst recht eigentlich geschaffen hat, sogar die natürlichen Gemeinschaftsbeziehungen zwischen den Volksgenossen nur über dem Umweg der gemeinsamen Verbundenheit mit dem König erfaßt wurden: „Statt von Mitbürgern sprach man von Untertanen unseres Königs"[3].

Eine leise Gefahr für den staatsbürgerlichen Gedanken liegt hier unverkennbar eingeschlossen. Montesquieu wußte wohl, warum er der Monarchie das persönliche Lebensprinzip der Ehre und nicht das sachliche der Vaterlandsliebe zuerteilte. Je besser das Volk seine Sache bei dem angestammten Königtum aufgehoben wußte, desto leichter vermochte sich jene privatrechtliche Auffassung der Herrschergewalt Bahn zu brechen, die in ganz Europa dem nationalen Gedanken so sehr geschadet hat. „Die Könige sind die Souveräne des Volkes, nicht seine Beamten. Frankreich gehört ihnen wie irgend eine Domäne ihrem Herrn. Aus der Lehnshoheit erwachsen, ist das Königtum wie sie ein Besitz und ein Erbteil. Der König ist nicht nur nach der Tradition des Mittelalters Oberbefehlshaber und Eigentümer der Franzosen und Frankreichs, sondern, nach der Theorie der Legisten, wie Cäsar der einzige und ewige Repräsentant der Nation. Es war der allgemeine Standpunkt, daß es ebenso seltsam sei, sich in die Angelegenheiten des Königs einzumischen wie in die eines Privatmannes".[4] Sobald die gefühlsmäßige Gleichsetzung von Staat und Volk und König, die zweifellos unter dem Eindruck offenbarer Interessengemeinschaft erwachsen war, in jener Epoche des Absolutismus, die auf Formen und Formeln so viel Gewicht legte, zu einer Art formellrechtlicher Geltung gelangt war, stand zu befürchten, daß das schöne Verantwortlichkeitsbewußtsein schwand, von dem die früheren Könige ausgezeichnet waren, die ihre Stellung im Herzen des Volkes tatsächlichen Leistungen für die Nation verdankten. Seit der Aufhebung des Edikts von Nantes sind solche Trennungen des persönlichen oder dynastischen Interesses des Staatsoberhauptes von dem nationalen nichts Seltenes gewesen. Mehr als je ein König vor ihm hat Ludwig XV. den nationalen Traditionen entgegengehandelt und durfte doch wagen zu behaupten, daß die Rechte und Interessen der Nation einzig in seinen Händen ruhten[5].

Freilich hat Adalbert Wahl den Nachweis zu führen versucht, daß man von einem „von oben gepredigten orientalischen Königspantheismus" meilenweit entfernt blieb. „Der Monarchie und ihren obersten Beamten ist der Gedanke, daß der König der erste Diener des Staates sei, nicht fremd gewesen. Nichts erinnert an das unhistorische, aber als gut erfunden beibehaltene: l'Etat, c'est moi".[6] Eifersüchtig hüteten die Parlamente den Gedanken von den Grundgesetzen des Königreichs, an die auch der Herrscher gebunden sei. Dennoch ist gegen Wahl zu bemerken, daß die einflußreichsten Männer der Zeit gerade den Parlamenten jedes Recht abgesprochen haben, die Nation zu vertreten. Die Revolution hat gezeigt, wie wenig ihre Ansprüche in der Nation wurzelten. Montesquieu, den sie mit Recht als einen der ihren in Anspruch nahmen, blieb der einzige von den bedeutenderen Staatsphilosophen des Jahrhunderts, der diese Zwischengewalt anerkannte. Die Polemik der andern richtete sich gegen die privatrechtliche Auffassung des Königtums, ohne den Parlamenten die Kraft zuzutrauen, es in den erforderlichen Schranken zu halten.

Sei dem wie es sei, so viele Verdienste der Absolutismus um den vaterländischen Gedanken hat, indem er das Staatsganze unanfechtbar über alle Sonderinteressen stellte, soweit er „die politische Macht als Privateigentum des jedesmaligen Inhabers" betrachtete[7], war er für das Erwachsen des staatsbürgerlichen Gedankens kein günstiger Boden. Rankes Scharfblick hat hierin den „größten Unterschied unsres Zeitalters zu dem 18. Jahrhundert" beschlossen gesehen. Der Staat war von dem eigentlichen Körper der Nation abgetrennt, „je weiter das Jahrhundert vorschreitet, um so mehr gelangt das Prinzip der Gewalthaber zum Siege, sich von den Stimmungen und dem Willen der Masse, über die sie gesetzt sind, und in die sie, wenn es ihnen gutdünkt, mit unbedingter Willkür hineingreifen, unabhängig zu erhalten. Gebannt liegt die Tiefe, über der der Staat sich aufbaut, unfähig sich zu regen, so scheint es, und jedem Einfluß von oben unterworfen."[8] Der Fürst setzte die staatlichen Zwecke, die politische Gewalt, die man fühlte, war nicht die Staatsgewalt; nie war der König ein Bürgerkönig.

Es wollte viel heißen, daß er in Frankreich fast stets ein Nationalkönig war. Der alte Nationalstaat hatte bedeutende Leistungen aufzuweisen: seit den Tagen der Capetinger hatte er gearbeitet, „im Innern eine in sich gleichartige Nation und einen geschlossenen Staat zu bilden, nach außen durch gute Grenzen die Unabhängigkeit der Nation und die Macht des Staates zu sichern"[9]. Wir gedachten bereits des Kampfes gegen die Lehnsherren, der im Interesse der Einheitlichkeit der Nation und der Festigung der Königsgewalt mit rücksichtsloser Schärfe und großem Glück geführt worden war. Als das Hugenottentum sich später mit der Opposition der Großen verband, zeigte es sich, daß auch religiöse Gesichtspunkte den leidenschaftlich unitarischen Geist des französischen Staates nicht zu unterdrücken vermochten. Und wie er die drohende Spaltung durch die Reformation überwand, widerstand er der Gefahr, die auf der andern Seite, im Lager des allzeit universalistisch gerichteten Papismus lauerte. Einzig unter den Völkern des europäischen Festlands gelang es Frankreich, einen nationalen Klerus zu erziehen und in den „gallikanischen Freiheiten" allen unberechtigten Eingriffen des „pontife étranger" in die Souveränität der heimischen Staatsgewalt einen Wall entgegenzusetzen; ja der allerchristlichste König fand nichts dabei, ihn seiner einzigen Hochburg auf französischem Boden gewaltsam zu berauben und nach dem Vorbild von Spanien, Portugal und Neapel die Jesuiten des Landes zu verweisen (1773).

Der Absolutismus mit seiner zentralistischen Tendenz, alle Kräfte der Nation im Königtum zusammenzufassen, tat ein Übriges, durch verwaltungstechnische Maßnahmen die geistige Aus- und Angleichung der Nation, die sich unmerklich vollzog, zu verstärken und zu dokumentieren. Richelieu zog die Demarkationslinien für die Grenzen seiner Intendanturbezirke ohne Rücksicht auf die alten Grenzen der Provinzen und nahm allen etwaigen Sonderbestrebungen den Boden, indem er die Funktionen der Gouverneure zu tatsächlicher Bedeutungslosigkeit herabsinken ließ. Ein halbes Jahrhundert später fielen auf einen Federstrich Colberts alle Zollschranken innerhalb des Königreichs, um im Sinne des Merkantilismus ein einziges großes Wirtschaftsgebiet zu schaffen. Vor allen Völkern Europas erwies sich an den Franzosen die ungeheure assimilierende Kraft staatlicher Einrichtungen; ähnlich wie in Spanien und England war es der Staat, der so die Nation im eigentlichsten erzeugte. Alle Lebensgebiete des Volkes bezog er auf sich; ihre geistige Blüte rief er an den Hof, um den Glanz des Königtums zu erhöhen und zu dokumentieren, daß das Genie seine Talente dem Vaterlande schulde und dieses das Verdienst zu ehren wisse.

Seele und Selbstbewußtsein aber kam diesem ehrgeizigen Volke von jeher von seiner äußeren Machtstellung, und nirgends überließ es sich der Führung des nationalen Königtums williger, als wo es sah, daß dieses alle Kräfte im Dienste des französischen Machtstaates anspannte. Dies ist der eigentliche Ansatzpunkt für das französische Nationalbewußtsein und Staatsgefühl, das inniger als bei irgend einem Volke Europas in der politischen Geltung seines Vaterlandes wurzelte. Erst von hier aus lernt dies Volk sich als Nation und Individualität erfassen und seine eigentümliche Kultur, die es bald mit seiner politischen Macht zugleich Europa aufprägen sollte, mit Stolz erkennen. Die Erinnerung an Karl den Großen war ewig wach in Frankreich und trieb seine Könige vorwärts[10] und ebenso der „große Plan“ Sullys von einer Universalmonarchie Europa, deren Krone Frankreich gehören sollte. Von den abenteuerlichen Zügen Franz I. nach Italien bis zu den Bemühungen Ludwigs XIV. um die spanische Erbschaft sind diese Träume nicht ausgeträumt worden. Die großen und klassischen Politiker hatten keinen Teil an ihnen; aber auch ihnen war die Vergrößerung Frankreichs bis auf seine natürlichen Grenzen ein selbstverständliches Ziel, und Krieg mindestens gegen Norden und Osten bedeutete für sie keinen Entschluß. Die Rechtfertigungen dieser nationalen Machtpolitik, für die man gerade in Frankreich viel Mühe und Geschicklichkeit aufwandte und besaß, klingen erstaunlich modern. In den Kämpfen um die Erbfolge in Burgund sagte Ludwig XI. in Flandern: „Si ma cousine était bien conseillée, elle épouserait le Dauphin. Vous autres Wallons, vous parlez français, il vous faut un prince de France, non pas un Allemand“, und 1601 Heinrich IV. zu den Gesandten seiner neuen Untertanen in Bresse und Gex: „Il était raisonnable que puisque vous parlez naturellement français, vous fussiez sujets à un roi de France. Je veux bien que la langue espagnole demeure a l'Espagnol, l'allemande a l'Allemand, mais toute la française doit être à moi.“[11] In Richelieus Testament findet sich folgende Zusammenfassung seines politischen Systems: „Le but de mon ministère a été de rendre à la Gaule les frontières que lui a destinées la nature, de rendre aux Gaulois un roi gaulois, de confondre la Gaule avec la France et partout où fut l'ancienne Gaule d'y rétablir la nouvelle.“[12] Man kann sich nicht deutlichere Formulierungen für den nationalen Gedanken wünschen; das Nationalitätsprinzip selbst scheint im wesentlichen angedeutet in jenen Worten des größten Königs, den Frankreich vielleicht besessen hat.

Aber in Wahrheit waren sie alle weit davon entfernt, ihre Politik irgendwelchen Prinzipien oder Dogmen zu unterwerfen;

einzig das Staatsinteresse war für sie maßgebend, und bei jenen drei Großen, die vor allem am Aufstieg Frankreichs gearbeitet haben: Heinrich IV., Richelieu und Mazarin, darf man wohl sagen im Sinne jenes Bismarckwortes aus der Olmützrede, daß es eines großen Staates unwürdig sei, eine Sache zu tun, die nicht in seinem Interesse liege.

Frankreich hatte zuerst den Bann gebrochen, den konfessionelle Rücksichten und Prinzipien seit der Mitte des 16. Jahrhunderts auf die auswärtige Politik der europäischen Staaten zu legen drohten. Heinrich II. paktierte mit dem prostestantischen Moritz von Sachsen und Richelieu stellte gar „das katholische Frankreich an die Seite der protestantischen Schweden und Norddeutschen gegen das katholische Österreich, Spanien und Bayern auf den Plan“[18]. Unter diesem Zeichen aber, einzig und allein von dem Gesichtspunkt des nationalen Interesses, der traditionellen Feindschaft gegen Österreich gelenkt, schritt Frankreich jener Höhe zu, auf der es die tatsächliche Vormachtstellung innehielt und Europa Gesetze gab. Soweit ich sehe, wird im 18. Jahrhundert der westfälische Friede als das stolzeste Werk französischer Staatskunst angesehen und bewundert. Auf den Verträgen von Osnabrück und den durch sie gegebenen Bündnisverhältnissen, begünstigt durch die positive Schwäche Englands, ruhte bis 1688 die Größe Frankreichs; sie erklären König Ludwigs des Vierzehnten Glück und Ende. Mit der Verfälschung der Prinzipien von 1648, als man deutsche Fürsten mit dem Kaiser verbündet, unterstützt von Europa gegen Frankreich marschieren sah, war die französische Hegemonie gebrochen. Der Tod Kaiser Josephs I. und der allgemeine Haß gegen die Universalmonarchie, die man dem Habsburger ebensowenig gönnte wie dem Bourbonen, retteten Ludwig; aber die feinsten Köpfe der Zeit sahen, daß er ein verzweifeltes und verantwortungsloses Spiel mit den Kräften der Nation gespielt hatte und daß der Ruhm seines eignen Namens ihm höher stand als das Glück seines Volkes. Fast das ganze Jahrhundert zieh ihn jener beiden Verbrechen, die es nicht vergeben konnte und nannte ihn einen Despoten und einen fluchwürdigen Eroberer.

Doch ebensowenig konnte man seinem Nachfolger verzeihen, daß er den Glanz des französischen Namens in der Welt nicht aufrechtzuerhalten vermochte. Nur die Allerweisesten fanden sich ab mit dem Bewußtsein, Epigonen zu sein; die meisten grollten über den Niedergang des französischen Ansehens und spotteten, wo sie nicht mehr verehren konnten. Während der Regierungszeit des „vielgeliebten" Ludwig XV. mit ihren vielfachen nationalen Demütigungen schien der Skeptizismus auch das Nationalgefühl dieses verwöhnten Volkes verschlingen zu wollen. Die Literatur ist erfüllt von bitteren Klagen über die Interesselosigkeit und den Leichtsinn der Nation den politischen Angelegenheiten gegenüber. Aber es war nicht Vaterlandslosigkeit, die mit einem Scherzwort auf den Lippen die Bedeutung der Ereignisse Lügen strafte, sondern verratene und enttäuschte Liebe. Heinrich von Treitschke und Ranke vor ihm haben wohl gesehen, wie das Sinken der politischen Machtstellung Frankreichs als eine der Hauptursachen zur Revolution einzuschätzen ist. „Das Nationalbewußtsein eines großen Volkes fordert eine angemessene Stellung in Europa."[14] Immer und immer wieder werden wir das im Denken und Fühlen der geistigen Führer der Zeit bestätigt finden.

Das neue Problem, auf das sich die französische Politik seit Anfang des 18. Jahrhunderts einzustellen hatte, war die französisch-englische Rivalität außerhalb Europas, in den Kolonialreichen Nordamerikas und Vorderindiens. Es ist der Kummer aller einsichtigen Franzosen, daß der Kampf gegen England nicht mit der genügenden Schärfe geführt und das einzige Machtmittel, mit dem ihm wirklich beizukommen gewesen wäre, die französische Flotte, so gröblich vernachlässigt wurde. Statt dessen faszinierte noch immer die traditionelle Feindschaft gegen das Haus Habsburg das Denken der französischen Politiker. Bei erster günstiger Gelegenheit stürzte man sich in einen Krieg, das Erbe

Karls VI. zu schmälern. Nicht deutlicher konnte zum Ausdruck kommen, wie fremd Frankreichs eigentlichem Interesse dieser Feldzug war, als in den Phrasen des Marschalls Belle-Isle, der auszog, „einen Kaiser zu machen und Königreiche zu erobern“[15]. Die Koalition hatte kein anderes Resultat, als Preußen zu vergrößern. Zudem war die schwächliche Kriegführung und unsichere Bundesgenossenschaft, die Frankreich gezeigt hatte, nicht dazu angetan, seinen Kredit für neue Allianzen zu erhöhen. Auch der Laie mußte sehen, daß die französische Politik nicht mehr führte, sondern sich immer häufiger vor fertige Tatsachen gestellt fand. Seine Kolonialinteressen machten es zum natürlichen Gegner Englands auch in Europa: durch die Westminsterkonvention wurde das Bündnis mit Preußen, das im Volke sehr populär war, zur Unmöglichkeit. Von der französisch-österreichischen Allianz von 1756 aber, besonders in ihrer zweiten Form von 1757, empfand man in Frankreich sehr bald, wie der Vorteil einzig auf österreichischer Seite liege. Der unglückliche Ausgang des Krieges mit England tat ein Übriges, es verhaßt zu machen. Denn es gab sehr viele Stimmen in der öffentlichen Meinung, die die Preisgabe der Kolonien nicht als das schlimmste Unglück ansahen, das Frankreich geschehen konnte, um so mehr als man verzweifelte, Kolonien überhaupt ewig beim Mutterlande halten zu können[16]. Auf die kontinentale Machtstellung aber wollte niemand verzichten. Von vornherein hatte die Abneigung der Franzosen gegen die Österreicherin Marie-Antoinette einen stark nationalen Beigeschmack. Es entsprach nicht dem Selbstgefühl der Nation, daß der Mittelpunkt der Politik mehr in Wien lag als in Versailles, und die französischen Interessen hinter österreichischen zurückstanden, wie offensichtlich in der orientalischen Frage und gelegentlich der Teilung Polens. Man sah, wie alte Klienteln der französischen Monarchie ohne Unterstützung gelassen wurden und die deutschen Fürsten beim König von Preußen Hilfe suchen gingen gegen den Bruder der französischen Königin. Niemals war Friedrich der Große populärer in Frankreich, als zur Zeit, da er den österreichischen Ansprüchen auf Bayern entgegentrat!

Die Ausbreitung der Dynastie in Spanien und Italien bot für alle diese Demütigungen keinen Trost: sie fiel nicht mehr mit der Größe der Nation zusammen. Nur die Einmischung in den amerikanischen Unabhängigkeitskrieg, das Zustandekommen eines allgemeinen europäischen Bündnisses gegen England und dessen endliche Niederlage bildeten einen Lichtblick, der denn auch dies leidenschaftliche Volk sofort wieder mit den größten Hoffnungen zu Ludwig XVI. emporschauen ließ. Der Vertrag von Fontainebleau, der den Holländern ihre Rechte gegen Belgien sicherte, die Handelsverträge mit Rußland und England erweckten allgemeine Befriedigung; aber tiefe Enttäuschung lauerte dicht dahinter. Als Frankreich 1787 vor den britischen Drohungen und preußischen Bajonetten in Holland zurückwich und zusehen mußte, wie auf Kosten der von ihm begünstigten Patrioten die oranische Erbstatthalterpartei an Einfluß gewann, bemächtigte sich das Gefühl furchtbarer Demütigung der Nation.

Das Königtum, das selbst eine so starke Machttradition geschaffen hatte, durfte sie am wenigsten verletzen. Die Nation, deren moralische Energie in dem Bewußtsein der Macht ihres Staates gelegen hatte, wäre zerbrochen, hätte sie sich nicht durch den Glauben verjüngt, daß der Staat fortdann nur bestehen könne, wenn sie selbst mit frischer, unverbrauchter Kraft sein Schicksal in die Hand nehme. Aber welche Kühnheit und Kraft des Fühlens und Denkens war nötig, diese Erkenntnis zu fassen, nachdem seit mehr als 150 Jahren durch den wachsenden Absolutismus und Zentralismus die Nation mit Vorbedacht dahin gebracht worden war, alles vom Staat und und von Paris zu erwarten! So begann die Regierung selbst eine neue Praxis, und mit Eifer versuchte Turgot den Plan einer staatsbürgerlichen Erziehung für die französische Nation in die Tat umzusetzen. Die unter Ludwig XVI. überhand nehmenden unruhigen und uneinheitlichen Reformversuche beweisen, daß der Staat das

Vertrauen zu sich selbst verloren hatte. Er glaubte nicht mehr an sich, „als den alleinigen Rechtsspender und das erhabene Institut, das nur seine eignen Bahnen wandelt und doch seinem inneren Wesen nach Segen nach allen Seiten spendet und spenden muß". So begegnete sich die Regierung mit den revolutionärsten Denkern der Zeit, indem sie den Gedanken ins Volk trug, daß der Staat die Nation brauche, um überhaupt zu bestehen. Eine Etappe auf diesem Wege ist die Errichtung der Provinziallandtage, die letzte, „die subsidiarische Anrufung des Gedankens der Volkssouveränität", wie Ranke es genannt hat: die Berufung der Generalstände.

Im Wertvollsten aber, was die Nation zu dem großen Werke mitbrachte und was sich in der Folgezeit als wahrhaft staatserhaltend erwies, ließ sich die ungeheure Leistung des Ancien Régime für den nationalen Gedanken in Frankreich erkennen. Zweierlei blieb dem französischen Volke selbstverständlich, während das gesamte Staatsgebäude bereits um und umgewühlt war: der Wille zur nationalen Freiheit und zur nationalen Einheit. „Es genügte", sagt Albert Sorel, „daß die beiden Übel, für die es kein Heilmittel gab, Eroberung durch die Fremden und der Bürgerkrieg vor den Augen der Franzosen erschienen, damit sie sich selbst wiederfanden und zur Vernunft kamen. Es blieb ihnen die Seele der Völker, das eigentliche Prinzip des öffentlichen Wohls: die Liebe zum Vaterland."[18]

Wie die Nation aus dem alten Staate hervorging, war sie kein schattenhaftes Gebilde: Schicksalsgemeinschaft hatte sie zur Charaktergemeinschaft verknüpft: sie empfand sich als homogen und eigentümlich individuell. Freilich müssen wir uns immer jenen aristokratischen Charakter des Begriffs vor Augen halten, den wir bereits kennen lernten. Die Kluft zwischen reich und arm, gebildet und ungebildet war nicht wegzuleugnen, und der Vorwurf bleibt bestehen, daß das alte Frankreich wohl nationale Politik getrieben habe, aber nicht zur Entwicklung der g e s a m t e n Nation. Dennoch: was die Zeit, die vielleicht nicht zu Unrecht glaubte, daß in denen, die nichts zu verlieren haben und Kraft und Wert einer Idee nicht an sich zu spüren imstande sind, Vaterland und Volkstum kaum lebendig werden, als Nation faßte, verdiente diesen Namen und war ein Einheitliches trotz allen Schranken, die äußerlich zwischen Adel und Bürgertum bestanden. Tocqueville hat die Aufmerksamkeit auf jenes eigenartige Phänomen gelenkt, „daß Frankreich das Land war, wo die Menschen einander am ähnlichsten geworden waren und wie diese einander so ähnlichen Menschen dabei getrennter waren als je. Es bedurfte nichts, als daß die künstlichen Scheidewände fielen, um die Nation auch äußerlich als eine geschlossenere und in sich gleichartigere Gemeinschaft darzustellen, als man je in der Welt gesehen hatte.“[19]

Das 18. Jahrhundert bereits stand unter diesem Eindrucke. Montesquieu hatte mit seiner stolzen Betonung der germanischen Abstammung des französischen Adels mehr Heiterkeit und Spott als Überzeugung geerntet; Siéyès zu guterletzt gab es lachend der Nation anheim, jene ihre Glieder, die sich fremden Ursprungs fühlten, in die germanischen Wälder zurückzuschicken: sie werde darum nicht ärmer sein![20] In Übereinstimmung mit Helvétius spricht Diderot den Franzosen einen einheitlichen Geist und Charakter zu. „Diese gemeinsame und gleichartige Physiognomie ist eine Folge einer außerordentlichen Gesellungsfähigkeit, sie sind Münzen, deren Prägung sich in unaufhörlicher Reibung abgenutzt hat. Keine Nation, die mehr einer einzigen und selben Familie ähnelt!“[21] Zwar war das Bewußtsein der einstigen Verschiedenheit der Volkselemente, aus denen die Nation erwachsen war, nicht verloren gegangen, und es lebte ein immerhin wacher Sondergeist der Provinzen. Aber dies glückliche Volk konnte ihn bereits als Reichtum und freundliche Mannigfaltigkeit seines Landes empfinden, da der große Staatsgedanke unangefochten darüber schwebte, dessen nationalbildender Kraft man schon lange innegeworden war. „Frankreich schließt in seinem Schoß eine Menge verschiedener Nationen ein, die durch die lange Gewohnheit, eine gleiche Herrschaft anzuerkennen und zu denselben Zwecken zusammenzuwirken, vereint sind, die aber trotzdem unter sich nach Geist, Temperament und Eigentümlichkeiten abweichen. Einerseits verbrüdert durch die Regierung und die unvermeidliche Vermischung zwischen den verschiedenen Teilen desselben Staates, haben sie doch an den Eigenheiten der fremden Nationen teil. So hat der Provençale Feuer und Lebhaftigkeit des Italieners, dem Bewohner des oberen Languedoc eignet eine gewisse spanische Würde, der Bretone hat etwas vom Engländer, der Flame vom Deutschen, der Bewohner der Comté vom Schweizer usw. Diese verschiedenen Nationen läutern sich im „Schmelztiegel" (creuset) der französischen Sanftheit und Höflichkeit, die das Temperament der Nationen aus der Mitte des Königreichs bilden. Sie sind eine der unerschöpflichsten Hilfsquellen des Staates. Wer allen Teilen des Staates dieselben Sitten geben will, macht einen Tausch von zwanzig gegen eins.[22] Wie das Jahrhundert fortschritt und der Geist der Uniformierung mit ihm, verschwand das Gefühl für die provinzialen Unterschiede mehr und mehr, das bei dem alten Landedelmann Mirabeau, der selbst mit Leib und Leben seiner engeren Heimat angehörte und den Wasserkopf Paris haßte, noch einen Stich ins Partikularistische besaß. Um der Einheitlichkeit des Staatsganzen willen, aber den tatsächlichen Verhältnissen durchaus entsprechend, forderte schon Voltaire gleiche Gesetze für die Provinzen des Königreichs und spottete zu Ausgang des Ancien Régime Condorcet über den Aberglauben, daß „zwischen Bretonen und Poitevinern eine solche Verschiedenheit der Sitten und des Klimas bestehe, daß sie nach verschiedenen Gesetzen regiert werden müßten"[23]. Die Zukunft gab den Gleichmachern recht: in der Tat war die Assimilation der einzelnen Teile Frankreichs auf staatliche Gesichtspunkte und Einrichtungen hin soweit vorgeschritten, daß ihr schlechthin alles zugemutet werden konnte! Keine andere Nation als die französische hätte jene barbarische Zerstückelung des Landes, wie sie die Constituante mit ihrer Departementseinteilung vornahm, ertragen! Die innere Einigung der Nation als solcher war kein Problem.

Ihr eigentümliches Charakterbild steht fest in der Literatur des Zeitalters und ist so selbstverständlich geworden, daß man bereits zu klagen beginnt, sie habe überhaupt keinen Charakter mehr. Offen und tätig, aber unbeständig und leichtsinnig, unruhig, ohne Ausdauer und Selbstständigkeit, gesellig, höflich und edelmütig, eitel und ehrgeizig, geistreich, aber ohne Tiefe, als „Schlagsahne von Europa" erscheinen die Franzosen des 18. Jahrhunderts in den Schilderungen ihrer größten Landsleute[24]. Seltsamerweise werden ihr gerade als einer politischen Nation wichtige Fähigkeiten abgesprochen: kaum einer, der seinem Volke den Vorwurf der Frivolität erspart hat! „Es liebt nichts so sehr wie seine Heiterkeit und vergißt den Verlust einer Schlacht, wenn es ein Lied auf den General gemacht hat", klagt Montesquieu[25], und selbst der ewig lachende Voltaire tadelt diese „zu allgemeine Gewohnheit seiner Nation, ein Ansehen von Frivolität und Lächerlichkeit über das zu verbreiten, was es Ruhmvollstes im Leben gibt". „Wir lachten über seinen Tod wie über sein Ministerium (Fleury), so war es der Geschmack der Franzosen, die gewöhnt sind, über alles zu lachen," „man hört in Paris von dem Erdbeben, das 30 Meilen Landes auf San Domingo verheert hat; man sagt: wie schade! und man geht zur Oper. Die ernsthaftesten Dinge werden ins Lächerliche gezogen"[26]. Man hofft nichts mehr vom Bürgersinn eines Volkes, das „die Angelegenheiten der Akademie oder Oper das Interesse des Fürsten und den Ruhm der Nation vergessen lassen"[27]. Der alte und der junge Mirabeau, d'Alembert und Raynal sind einig darin, daß die Nation „zu frivol ist, um politisch zu sein"[28]. In diesen Vorwürfen liegen die deutlichen Beweise für jene Staatsmüdigkeit, die sich vorübergehend eines Volkes bemächtigt hatte, das gewöhnt war, mit Stolz und Vertrauen auf sein Vaterland zu blicken und nun seine Enttäuschtheit unter Gelächter verbarg. Fürwahr bezeichnend stehen unausgeglichen und widersprechend ganz gegenteilige Behauptungen über die Vaterlandsliebe der Franzosen daneben: ihre Leidenschaft für den Ruhm, ihre

Tapferkeit, ihre Treue und Liebe für die angestammte Regierung und den nationalen Staat werden mit Selbstverständlichkeit angerufen [29], ihre Eroberungssucht einzudämmen gesucht [30]. Man hält sie für den Offensivkrieg geeignet [31], aber traut ihnen nicht zu, außerhalb der Heimat Dauerndes zu leisten: „es ist uns unmöglich, unser Vaterland für lange zu verlassen", warnte Montesquieu [32]. Die Größe der Nation, weiß man seit Voltaires „Siècle de Louis XIV.", liegt auf geistigem Gebiete, aber welches Problem auch immer ihr gestellt sei, sie wird die glänzendsten Erwartungen erfüllen; denn der Reichtum ihrer Begabungen ist unendlich [33].

So kam dieses Volk zur Arbeit an seinem Staate. Ganz scharf hatte es bereits seine Individualität im Gegensatz zu den fremden Nationen erfaßt. Zwar geschah es mechanisch und in gewissem Sinne schematisch, indem man die einzelnen Züge summierte, die man bei allen Franzosen beobachtet zu haben glaubte, aber uns kann an dieser Stelle nur daran liegen, die Tatsache aufzuweisen. Klar und unverwischbar hatte die Geschichte im Laufe der Jahrhunderte das Bild der französischen Nation herausgemeißelt; aus dem Völkergemisch von Kelten, Römern und Germanen war ein Gebilde von einheitlicher völkischer Eigenart erwachsen. Jedes rechnete mit ihm, niemand durfte sagen wie von den Deutschen der gleichen Epoche: es sei ihr Charakter, keinen Charakter zu haben. So tief war das Gefühl für die Homogenität der Nation, daß Rousseau behaupten konnte: „Wer zehn Franzosen gesehen hat, hat sie alle gesehen" [34].

Alle Ströme münden in unser Meer: von diesem Erlebnis und Bewußtsein gemeinsamer Eigenart her leitete sich später der Anspruch auf einen gemeinsamen und eignen Staat und die Überzeugung von der Unlöslichkeit eines Bestandteiles der Nation vom Volkskörper, wie sie dem Nationalitätsprinzip zugrundeliegen. Wir sahen, wie für die französischen Verhältnisse die Erfüllung der Idee vorauseilte, die in ihrer sachlichen Überlegenheit zu schaffen, sie allein doch nie genügt hätte. Für die Entwicklung des Volksbewußtseins und Vaterlandsgefühls der Franzosen war die nationale Politik, die der alte Staat getrieben hatte, von entscheidendem Einfluß: der Patriotismus mehrerer bedeutender Denker der Zeit wird bezeichnender Weise nur an den Punkten zu greifen sein, wo er zur Praxis, zur tatsächlichen Wirklichkeit Stellung nimmt: zur nationalen Politik, zum nationalen Königtum, zur nationalen Geschichte.

Aber aller praktische Nationalismus bleibt notwendig exklusiv. „Leicht beieinander wohnen die Gedanken, doch hart im Raume stoßen sich die Sachen". Die Machtpolitik des alten Frankreich, die, wie wir sahen, dem nationalen Interesse wahrhaft zu dienen verstand, war gewohnt, „jedes Recht fremder Nationen zu mißachten", ja, wo überhaupt im damaligen Europa nationale Politik getrieben wurde, war sie der Feind des nationalen Gedankens in der Welt. Es war die Kühnheit des Denkens allein, die aus einem einzelstaatlichen Interessenmoment ein Prinzip von übernationalem Geltungsanspruch zu schaffen vermochte. Diejenigen, die im Strom des Handelns stehen, haben meist nicht die Kraft zu Abstraktionen. Nie gab es eine prinzipienlosere Politik als die Praxis des 18. Jahrhunderts.

„Es gibt keine andere Bürgschaft als das wohlverstandene Interesse, kein anderes Prinzip der Ordnung als den Gegensatz der Interessen." [85] Die Staatsraison herrschte unbedingt, jede Entscheidung zu diktieren; einen politisch übergreifenden Gedanken, in dem alle Völker und Souveräne sich solidarisch gefühlt hätten, gab es nicht. Tiefes Mißtrauen war die Grundstimmung der Zeit; denn jeder Staat setzte beim anderen dieselbe Tendenz zur Machtvergrößerung voraus, die in ihm selbst lebte, und die stets nur auf Kosten des Nachbarn zu befriedigen war. Macht bedeutet dieser Zeit ja „kaum etwas anderes noch als die Summe ihrer Mittel: Geld, Soldaten, Bevölkerungsmenge, Provinzen" [86]. Die Einverleibung fremden Volkstums in ihre Staaten schuf den Herrschern kein Bedenken, sofern sie sich die militärische Kraft zutrauten, ihre Eroberungen zu behaupten. Macht und

Interesse diktierten die Verträge, Macht und Interesse brachen sie; was man dem sterbenden Karl VI. zugestand, versagte man dem Toten. „Wenn etwas unwahrscheinlich erscheint am Ausgang des Ancien Régime und den befolgten Gebräuchen widersprechend, ist es eine Koalition, die auf dem Völkerrecht zu seiner Verteidigung gegründet ist. Eine heilige Allianz vor 1789 ist ein wirkliches geschichtliches Paradoxon.“ [87]

Während die Humanitätsphilosophie des Jahrhunderts sich an dem Gedanken der Interessengemeinsamkeiten der Völker begeisterte, zeigte das reale staatlich-politische Leben nicht eine Spur von Solidarität. Die gemeinsame Zugehörigkeit zur christlichen Religion, die einst so viel für die europäische Staatenwelt bedeutet hatte, besaß schon längst keinerlei einigende Kraft mehr. Mit Vorliebe benutzten die französischen Könige die Türken, um Österreich an seinen Grenzen Beschwerden zu schaffen; Frankreich, Spanien, Portugal, Neapel und Parma verbannten aus rein politischen Gründen die Jesuiten aus ihren Ländern: „Es gab keine christliche Republik in Europa, es gab Nationen und Staaten“ [88].

Die Könige untereinander fühlten sich als solche nicht verbunden: es gab alle Staatsformen in Europa, und keine wurde als besonders legitim erachtet. Die Königsmorde, die seit dem Tode der Maria Stuart an der Tagesordnung waren, entsetzten niemand, dessen Interessen nicht davon berührt wurden; jeder hielt sie für selbstverständlich, wenn man die Staatsraison dahinter wirksam sah, der in Rußland im Laufe von nicht 50 Jahren der Sohn Peters des Großen, Iwan IV. und Zar Peter III. zum Opfer fielen.

„Revolutionen gegen bestehende fremde Staatsgewalten erregte man oder beruhigte man, je nachdem das eigne Interesse den betroffenen Staat zu stützen oder zu schwächen gebot.“ „Man kümmerte sich wenig zu wissen, welches das Ziel der Revolution war: die Freiheit des Volkes oder die Macht des Herrschers. Man sah im Zeitraum von einigen Jahren Frankreich, das in Schweden und Polen das Königtum gegen den

Adel unterstützt hatte und in Rußland dem Adel gegen das Königtum Beistand geleistet, in Genf das demokratische Prinzip bekämpfen, das es in Amerika verteidigte.“ [39]

So anspruchsvoll die Allgewalt des Staates dem eignen Volke gegenüber auftrat, ihr selber galt die Souveränität der andern Länder nichts. Mit Selbstverständlichkeit mischte sich ein Staat in die inneren Angelegenheiten des andern, wenn es ihm nützlich dünkte. In Polen unterhielten alle auswärtigen Mächte eine zahlreiche Anhängerschaft, bis schließlich Katharina kurzerhand ihr Protektorat erklärte und die Verfassung unter Garantie nahm. Auf dem Balkan bereitete sie dasselbe Manöver vor, bei dem lediglich vom völkerrechtlichen Standpunkt sicher niemand etwas gefunden hätte. Das Selbstbestimmungsrecht der Völker war unbekannt und wurde täglich mit Füßen getreten.

Voll tiefer Unzufriedenheit und mit Ekel werden wir die großen Franzosen des 18. Jahrhunderts vor dieser Prinzipienlosigkeit stehen sehen, vor ihr und vor dem Scheinprinzip, das sie verhüllen sollte. Die Lehre vom europäischen Gleichgewicht, die unter der Notwendigkeit, den Egoismus der andern Staaten gelten zu lassen, falls man den eigenen befriedigen wollte, herrschend geworden war, entsprach so recht dem Geist der „Habgier und Eifersucht und des Mißtrauens dieser skeptischen und korrupten Epoche“, die keine Macht zu bedrohlichem Übergewicht in Europa oder gar zur Universalmonarchie gelangen lassen wollte. Geschaffen zur Verhütung von Ungerechtigkeiten, als Prinzip der Freundschaft und Eintracht und zum Schutze der Schwachen, mußte es nur zu oft den Rechtsgrund „für die blutigsten Kriege und den willkürlichsten Machtmißbrauch“ hergeben [40]. Jeder rief es gegen seine Rivalen an, um sich selbst großzügig darüber hinwegzusetzen, sobald es das Interesse verlangte. Dasselbe Frankreich, das um des europäischen Wohles willen Spanien nicht unter einer Krone mit Österreich sehen konnte, hätte es ohne Bedenken mit sich selbst vereint. Peinigend verständnislos steht diese Gleichgewichtstheorie dem nationalen

Gedanken für Europa gegenüber. Vergrößert sich eine Großmacht, so müssen die andern sich schadlos halten können, indem sie sich in entsprechendem Maße Provinzen und Leute angliedern.

Rücksichtslos werden diese „Kompensationen" gewonnen, indem man halbe Staaten zerstückelt, Provinzen vertauscht, Throne verschiebt. „Die Aufteilung eines Landes erschien bald als das übliche Hilfsmittel der Diplomatie, Kriegen zuvorzukommen, indem man die Gelüste, die wach zu werden drohen, im voraus befriedigt. Staaten und Königreiche werden zerschnitten und angenagt, als ob sie holländische Käse seien, spottete Alberoni. Zwischen 1731 und 38 geht Parma, wo die Dynastie ausgestorben ist, an Spanien über, dann an Österreich und fällt zuletzt an eine jüngere Linie zurück. Sardinien, das zuerst Spanien zugesprochen war, wird 1714 an Österreich gegeben und 1720 an Savoyen. Ein König von Polen erhält die Nutzung von Lothringen, die Lothringer werden nach Toskana verschoben; Neapel und Sizilien, abwechselnd getrennt und vereint, erfahren die eigentümlichsten Wechselfälle und bekommen die unvorhergesehensten Regierungen. Die Verträge von Utrecht geben Neapel an Österreich und Sizilien an Savoyen, das es 1720 gegen Sardinien austauscht; Österreich vereint auf einen Augenblick die beiden Königreiche, 15 Jahre später gehen sie an die spanischen Bourbonen über."[41] Und wie Italien, so bildete bald Polen das dankbare Tausch- und Teilungsobjekt der Großmächte und handelte der habsburgische Geschäftsgeist um Bayern und die Niederlande.

Dem nationalen Gedanken Hohn sprechend, entschied die Konvenienz der Herrscher über die Staatszugehörigkeit der Völker. Kein Wunder, daß diese den Kriegen, die man um ihr Schicksal führte, gleichgültig und fremd gegenüberstanden: sie waren gewöhnt, aus einer Hand in die andere zu wandern und verschoben zu werden wie Figuren auf dem Schachbrett. Die Einrichtung der Soldheere zu allem verhinderte, daß die Nation von dem Gedanken erfaßt wurde, es handle sich um ihre eigne Zukunft. In der Tat war es nur logisch, wenn die Armeen der Herrscher und nicht die Völker die Kriege ausfochten, deren Gegenstand nur zu oft dynastisch-persönliche Träume und Interessen waren. Die Geschichte des Jahrhunderts weist — bezeichnend genug — einen spanischen, einen polnischen, einen österreichischen, einen bayrischen Erbfolgekrieg auf. Voll Bitterkeit werden wir in der Literatur des Zeitalters immer wieder bemerkt sehen, wie ganze Völker den Interessen zweier oder dreier ehrgeiziger und streitsüchtiger Personen geopfert werden! Gerade von hier aus gewann der Gedanke Leben, daß die Nationen selbst über ihre Staatszugehörigkeit entscheiden sollten und zugleich bereit sein, selbst die Waffe dafür in die Hand zu nehmen.

Die Ansätze, die die offizielle Politik des 18. Jahrhunderts machte, leichtsinnige und unbedachte Kriege zu vermeiden und allzu ehrgeizige Machtaspirationen niederzuhalten, erwiesen sich als recht wirkungslos. In jenen ersten Jahrzehnten nach Ludwigs XIV. Tod, als die Erinnerung seiner Kriege noch furchtbar in aller Herzen lebte, liebte man es vor allem, Streitigkeiten der Staaten vor ein internationales Gericht zu ziehen. Die Zeit von 1730—40 ist reich an Kongressen[42], die wohl eine Art europäischen Gewissens verkörpern sollten, sich aber schließlich meist vor vollendete Tatsachen gestellt sahen. Zu deutlich war der Machtegoismus der Staaten fühlbar, in denen damals viel stärker noch als heute alles nach äußerer Entwicklung drängte und die noch nicht imstande waren, einen „ehrlichen Makler“ hervorzubringen.

Jenes Jahrhundert der großen Staatsbildungen nach innen und außen ließ sich zu seinem eigenen Glücke nicht binden von Theorien, die nur zur Rechtfertigung und Erhaltung und Vertiefung des Besitzes in Zeiten relativ abgeschlossener Entwicklung taugen. Die einzelstaatliche Souveränität war nicht in hartem Kampfe mit Papsttum und Kaisertum errungen worden, um sie nun der Fiktion eines Staatenbundes oder einer Republik Europa und deren großem Besten zu opfern. Während die philosophischen Grundströmungen der Epoche von den Gedanken der Solidarität des Menschengeschlechts und der Erhabenheit des Individuums über den Staat erfüllt waren, lebte sich in der praktischen Politik einseitigster Machtegoismus und die Allgewalt des Staates über das Individuum aus.

Mit diesen widersprechenden Eindrücken hatten die Staatsdenker des vorrevolutionären Frankreich fertig zu werden, deren Betrachtung wir uns jetzt zuwenden wollen. Es war ihr Fluch und ihr Segen, diesen Gegensatz dessen, was in ihnen und was außer ihnen war, erleben zu müssen, und schmerzvolle Resignation überkam wohl mehr als einmal jeden einzelnen, der an ihm litt. Aber er erfaßte sie in ihrer Gesamtheit doch so tief, daß er sie zwang, nach der Erlösung zu suchen, die einzig der Gedanke des Volksstaats mit nationalem Selbstbestimmungsrecht sein konnte.

B. Der Gedanke der nationalen Demokratie bei den Staatsphilosophen der französischen Vorrevolution.

1. Der Marquis d'Argenson und der Marquis de Mirabeau.

> Le monarchisme, quand il est profond, est un sacrifice, l'immolation du droit de l'homme au droit de l'Etat, pour la patrie.
>
> Faguet.

Er hat nicht viel Freunde gefunden in Mitwelt und Nachwelt[1], d'Argenson, der einsame Mann, dessen unerbittliche Kritik an mehr als 20 Jahren französischer Politik so düster und kalt auf eine unabwendbare Revolution im französischen Staatsleben vorausdeutete. Und doch fühlte er an einem Punkte seines Wesens herzlich und warm, und wie ein helles Licht fällt es von daher über seine Erscheinung. „Was zuletzt in mir sterben wird, ist die Liebe zum Ruhm des Königs und für das Wohl seines Staates", bekennt er in einem Brief[2], und das Werk seines Lebens, wie es in jenen fünf Bänden Tagebuchblättern, Erinnerungen, Briefen, Gedanken und Grundsätzen vor uns liegt, bezeugt, wie all sein Sinnen und Denken diesem Problem gehört hat. Er war eine leidenschaftlich-politische Natur, und das große Ereignis seiner Tage, die glücklich-unglücklichen drei Jahre seines Ministeriums haben ihn nur tiefer und schmerzlicher mit diesem einzigen Interesse seines Lebens verknüpft. Nicht Eitelkeit und Ehrgeiz allein, von denen er sicher nicht frei war, trieben ihn, sich mit Staatsangelegenheiten zu beschäftigen; denn er besaß eine gewisse Bequemlichkeit, und nichts fiel ihm so schwer, als Interessen oder Sympathien vorzutäuschen, die nicht in seinem Herzen waren. Aber er glaubte, ein Berufener zu sein, einer mit dem Blick „für die großen Fragen", und es drängte ihn zur Arbeit für sein Volk[3].

Bezeichnend für den Geist des alten Frankreich floß ihm Nation und Staat und König in eines zusammen. „Wir Franzosen sehen unsern König als Eigentümer der Krone, wenn nicht gerade der Nation an. Wir erblicken den obersten Lehnsherren in ihm, wir sind seine ergebenen und ehrfurchtsvollen Vasallen, die sein Geschlecht als das der Götter oder Halbgötter ansehen. Wir wissen ihm Dank für alle Übel, die er uns nicht zufügt und lieben ihn für das Gute, das er uns anzutun geruht."[4] Fast mittelalterlich berührt diese Auffassung und Hingebung, in der der alte Aristokrat sich dennoch eins wußte mit seinem Volke, dem die „Autorität des Königs ein Punkt der Religion und die Liebe zum Königtum vor allen Völkern natürlich war"[5]. Während der ersten Bitterkeit nach seinem Sturz trübt ein leiser, persönlicher Groll ihm die Klarheit über sein eigenes monarchisches Gefühl, aber an der unlöslichen Verbundenheit der Person des Königs mit der Nation wagt er nicht zu rütteln. Und es dauert nicht lange, so bricht trotz aller Enttäuschungen, die er erfährt, seine Liebe für Ludwig XV. wieder durch. Er wird nicht müde, den von Natur ausgezeichneten Charakter des Königs zu betonen, den die Minister und Höflinge verdorben haben und mißbrauchen; von jeher hat er seine Fehler entschuldigt, die keine anderen sind als die allen Franzosen vom Ausland vorgeworfenen[6]. Von der persönlichen Arbeit des Königs für sein Volk erwartet er alles Heil; rührend ist es zu sehen, wie seine Hoffnungen aufflammen, als er hört, daß Ludwig persönlich auf dem Kriegsschauplatz in Flandern erscheint und wie er in ungläubiger, heimlich zitternder Freude fragt: „Sollen wir denn wieder einen König haben?"[7] Der einmal gefaßten Überzeugung treu, bemüht er sich während seines Ministeriums, den König selbst zur Arbeit und Teilnahme an den Regierungsgeschäften heranzuziehen; es bleibt seine Hoffnung auch für später[8]. Denn es erscheint ihm das größte Unglück für die innerpolitische Entwicklung, daß die Verbindung zwischen Thron und Volk sich lockert und fremde Mächte sich mehr und mehr dazwischen drängen. Die Einflüsse des Hofes entfremden den König der Nation. „Versailles ist eine Stadt für sich geworden und der Hof der Senat des Volkes!" So tönen unaufhörlich seine Klagen[9]. Schmerzerfüllt sieht er, wie der Luxus und die orientalische Pracht Ludwigs XIV. von seinen Nachfolgern nachgeahmt werden und der König von „Überfluß, Beifall und Zufriedenheit" umgeben ist, während das Volk „im Elend der Hungersnot die Freude des Hofes und die Heiterkeit der Hauptstadt wie ihm angetane Verhöhnung empfinden muß". „Keine Stimme erhebt sich mehr zwischen Thron und Volk", „der Hof und der Hof! In diesem einzigen Wort faßt sich das ganze Unglück der Nation zusammen."[10]

Eigentümlich zu sehen, wie dieser gescheite Mann dauernd die Einheit zwischen Regierung und Regierten als höchstes Ideal vor Augen hatte und doch unfähig war, dieses Verhältnis anders zu fassen als das von Beschützern zu Beschützten. Er übertraf den ungleich genialeren Montesquieu, indem er den ständischen Gedanken überwand und jede Zwischengewalt zwischen Volk und Regierung verbannte, und blieb doch unendlich hinter ihm zurück in einer ängstlichen Bevormundung der Nation, der er nie und nimmer die gesetzgebende Gewalt anzuvertrauen gewagt hätte[11]. Zwar war er der Viel- und Allesregiererei des Staates, wie sie der Zentralismus unvermeidlich mit sich brachte, müde und hatte die geistvolle Formel dafür geprägt, daß man „weniger regieren müsse, um besser zu regieren"[12], aber die Selbständigkeit, die er der Nation einzuräumen gedachte, reduzierte sich im Grunde auf das Bestehenbleiben der vorhandenen Körperschaften: der Parlamente, der Versammlungen des Klerus, der Stände der Pays d'Etat, und war ganz und gar nicht von dem Gedanken eines Rechtes der Nation, sondern einzig von Erbarmen und Wohlwollen für das Volk getragen[13]. Es war kein neues Staatsbürgertum, das ihm vorschwebte, wenn er geheimnisvoll von einer „demokratischen Monarchie“ sprach; denn er wußte nichts Höheres, als das Königtum Heinrichs IV. und das Ministerium Sully, und die „Betrachtungen“ zeigen auf Schritt und Tritt die Furcht, der absoluten Monarchie mit seinen winzigen Ansätzen von Selbstregierung gefährlich zu werden. „Eine vollkommne Regierung ist diejenige, wo alle Teile gleichmäßig beschützt werden“, hatte er definiert[14], und zudem war es seine feste Überzeugung, daß das Glück des Volkes den Monarchen nur reicher mache, während das des Adels leicht die königliche Gewalt bedrohe. Immer wieder offenbart sich der Monarchismus als Kernpunkt seines Denkens. Wenn er öffentlicher Freiheit und Selbstregierung das Wort redete, so geschah es, weil er glaubte, daß die „Demokratie ebensosehr der Freund der Monarchie sei, wie die Aristokratie ihr Feind“, und daß nach der natürlichen Entwicklung der französischen Geschichte das Königtum wohl beim Volke, nicht aber im Vasallentum seine wahren Stützen finde[15].

Unter dem Einfluß Montesquieus begeisterte er sich für den Gedanken, „daß die Parlamente die nationale Verfassung aufrechterhalten“ und „die großen Grundgedanken der Monarchie“ gehütet hätten, und wie er sah, daß die öffentliche Meinung Frankreichs auf ihrer Seite stand, neigte er mehr und mehr dahin, ihnen die Vertretung der Nation zuzubilligen[16]. „Warum denn alle Schranken für die Macht der Höflinge aufheben“, ruft er aus, „und jeden Schutz der Nation unmöglich machen, wenn sie dessen am nötigsten bedarf!“[14] Aber nichts in seinen Forderungen atmete den Geist der Menschenrechte oder der Lehre von der Volkssouveränität; es ist mehr die zufällige Opposition und das trotzige Sich-Geltend-Machen des Frondeurs, der den übermütigen Machthabern zum Bewußtsein bringen möchte, daß Paris und Versailles nicht Frankreich sind. Keiner von denen, die wirklich von einer Erneuerung des Staatslebens und seiner Erfüllung mit dem lebendigen Atem der Nation träumten, hat sich damit begnügt, den Parlamenten den Schutz des Volkes zu übertragen, und so dessen Eigenrecht, sich selbst zu vertreten, veräußert.

Hier offenbaren sich deutliche Schranken des Geistes dieses alten Monarchisten, der so großzügiger Ideen fähig war. Er war lässig in dieser großen Frage; denn er wußte, daß „zum Willen und Recht" des französischen Volkes eine „allgemeine Nationalversammlung" gehören würde, und ging doch dem Problem nie weiter nach, als daß er dem König riet, seiner großen Reform durch die Generalstände „eine ewige Gültigkeit und die nationale Zustimmung" geben zu lassen. In Wahrheit war ihm diese einzig wirkliche Volksvertretung der Franzosen eine „tumultuarische Versammlung", die er ebenso wie die Provinzialstände für zu „gefährlich" hielt innerhalb einer Monarchie, und in einem geringen Maß kommunaler Selbstverwaltung erschöpfte sich für ihn „das Gute", das Gute, das er aus der Republik herübernehmen wollte und womit er Frankreich zu demokratisieren glaubte[18]. Es war und blieb ihm natürlich, in einem König zuerst den väterlichen Behüter der Nation zu sehen, obgleich er sich schon zu dem Gedanken erhoben hatte, daß er ihr „erster Beamter" sei[19].

In dem großen Ideenstreit, der sich unter dem Einfluß „der Parlamentskämpfe und der Engländer" um die Begriffe Staat und Volk erhob, blieb d'Argenson etwas unsicher und ohne Eigenart, halb bewundernd und halb zweifelnd, wie er so manche frühere Überzeugung fahren ließ und mit den neuen doch nicht ganz verwachsen konnte[20]. Es widerfuhr ihm, daß er die französischen Gerichtshöfe der englischen Volksvertretung gleichsetzte bis auf den Unterschied, daß jene „schwerer zu bestechen" seien als diese, da „mehr Ehre im französischen Volke lebe als im englischen". So konnte es leicht geschehen, daß er nicht klar sah über die Mächte, denen im französischen Staatsleben das Heil der Nation anzuvertrauen war[21].

Vorurteilslos aber arbeitete er im Dienste der inneren Einigung der Nation. Es war der wesentlichste Zug seines Reformplanes, daß der Adel in der Nation aufgehen und

„auch die letzte Spur jener Scheidung in Patrizier und Plebejer, Adlige und Bürgerliche“ verschwinden sollte[22]. Beide wollte er gleichmäßig zur Erfüllung der vornehmsten Pflicht des Staatsbürgers, dem Waffendienst, herangezogen wissen und so das Halten fremder Soldtruppen überflüssig machen, die niemals mit „soviel Eifer und Ehre kämpfen, wie die nationalen Truppen, die sich für den Ruhm und das Vaterland schlagen“[23]. Deutlich tritt hier die Forderung des Volksheeres auf, der wir im weiteren immer wieder begegnen werden und die von dem modernen Staatsgedanken bis heute unlöslich geblieben ist.

Auch für d'Argenson war sie bereits eine Notwendigkeit; denn er hatte eine starke und stolze Meinung vom Wesen des Staates und dachte noch, was man heute nicht mehr glauben will, daß Unabhängigkeit und Ehre unerläßlich für sein Dasein seien und es Fälle gebe, „wo er lieber untergehen müsse als nachgeben“[24]. Es war sein Kummer, daß der Ruhmessinn unter den Völkern erlosch, und er klagte bitter über den zunehmenden Krämergeist in der Politik, den er mit dem Aufschwung des Handels überall eindringen sah. Wie er einmal andeutet, hatte er sogar eine Abhandlung „gegen den Handel“ geplant; denn es erschien ihm falsch, daß Frankreich sich um vermeintlicher Handelsvorteile willen in Kolonialkriege verstrickte. Er wollte wohl die Fremden nach Frankreich kaufen kommen lassen, aber „wir selbst“, meinte er, „die wir ein reicher und sogar überreicher Staat sind, wollen bei uns bleiben!“ Im selben Atem eiferte er gegen die „Unglücksideen von Kolonien, Marine, Handel und Wechselgeschäften“. Sie galten ihm als Chimären, von denen eine kluge Politik sich fernzuhalten habe, weil sie stets nur auf Kosten der Nation zu verfolgen sind[25].

Er hatte einen sehr scharf umrissenen Plan von einer nationalen Interessenpolitik, die Frankreich nach außen treiben sollte, und nichts war ihm verhaßter als die Schaukelpolitik Ludwigs XV. und seiner Minister. „Wir haben keinen festen Plan,“ klagt er, „wenn der Krieg uns ungünstig wäre, würden wir zwei Provinzen opfern, um Frieden zu bekommen. Aber wenn wir einige Erfolge davontragen, reicht die Erde nicht mehr für uns aus. Wir brauchen zwei Drittel Deutschlands für den Kaiser, halb Italien für Don Philipp — und nichts für uns."[26] Er war überzeugt, daß Frankreich keinerlei Angriffe zu fürchten habe und daß sein Interesse fortan nicht mehr in Landerwerbung, sondern in der Stärkung und Festigung seines Ansehens und in der Erweisung seiner Zuverlässigkeit als Bundesgenosse bestehe[27]. Es empörte ihn, wie man die Krone Portugal zweimal verlassen und zweimal an sich gezogen habe, und Holland, das sie geschaffen, der Tyrannei ausgeliefert. „Ich habe zu meiner Zeit", sagte er bitter, „erlebt, daß es eine große Schande war, österreichisch gesinnt zu sein, und später sah ich, daß es ein Lob ist. Der König von Preußen fürchtet dieselben Wetterwendischkeiten von unserer Seite und hat sie auch seit sieben Jahren an sich erfahren. Wir sind wie jener Augenblicksmensch, den man kürzlich auf unsern Theatern gespielt hat, und auf unsere Politik färbt das Stutzertum unserer jungen Höflinge ab."[28] Er betrachtete es als die erste Aufgabe seines Ministeriums, „jenen Ruf der Vertrauenswürdigkeit wieder herzustellen", den die Nation niemals hätte aufgeben dürfen und der ihrem eigentlichen Wesen nach seiner Meinung soviel besser entsprach, als die mit Mazarin aus Italien eingedrungene Doppelzüngigkeit[29].

Man nannte ihn M. d'Argenson de la Paix in Gegensatz zu seinem Bruder, dem Kriegsminister, aber er war kein schwächlicher Pazifist. Den Traum seines Freundes von der baldigen Verwirklichung des „ewigen Friedens" hat er nicht mitgeträumt, und seinem alten Feind, dem Kardinal Fleury, konnte er die allzu große Leidenschaft für diplomatische Unterhandlungen nicht verzeihen. Bewundernd blickte er auf den großen Friedrich, der immer „für die Notwendigkeiten und die Größe seiner Krone" zu handeln gewußt hatte[30].

Er wünschte eine starke Weltstellung Frankreichs, ja, wie aus der „Abhandlung über die Ausübung des europäischen

Tribunals durch Frankreich allein" deutlich hervorgeht, seine Vorherrschaft über ganz Europa, und das gesunkene Ansehen der französischen Krone schmerzte ihn tief [81]. Mit Leidenschaft und warmem Gefühlsanteil bis in die Kleinigkeiten hinein verfolgte er die Tagesereignisse, und sein Zorn flammte auf, wenn er die Ehre der Nation irgendwie bedroht oder verletzt glaubte, wie durch die Friedensschlüsse von 1738 und 1748 oder die schlechte Haltung der französischen Garden am Main und die Niederlage von Dettingen [82]. Sein System war die traditionelle Feindschaft gegen Österreich, Freundschaft mit Spanien, Preußen und Holland, Respektierung der Neutralität der deutschen Fürsten, Untergrabung des russischen Einflusses in Polen mit Hilfe der Türkei, Preußens und Schwedens [83].

Trotz dieser prinzipiellen Stellungnahme hat er die Teilnahme Frankreichs an den beiden ersten schlesischen Kriegen nicht gebilligt; denn er glaubte Österreich nicht mehr fürchten zu brauchen und sah, daß „das Haus Frankreich nicht größer sein würde", wenn es „Deutschland Glück und Gleichheit" verschaffen helfe [84].

Und noch vielmehr sollte es seinen unbestochenen Sinn empören, wie sich die Dinge um 1756 wendeten! Vor seinem Auge stand das Interesse der Nation unverrückbar als einziger Maßstab: „Wir werden Preußen beleidigen, das sich mit allen seinen Kräften England ergeben wird, uns mit dem üblen Rußland verbünden und sein Übergewicht im Norden vermehren, die Türkei, Schweden und Dänemark und alle deutschen Staaten, die von Österreich unabhängig sind, verlieren." [85] Grollend und mit bitterem Spott glaubte er den König, dem er trotz allem und allem in Liebe ergeben war, aus Familienrücksichten und kleinlicher Selbstsucht die „Staatsinteressen beiseiteschieben" zu sehen. Die österreichische Allianz ist ihm „das Werk der Frau von Pompadour, eine reine Hof- und Frauenangelegenheit, wo die Liebe zur Familie alles überwogen hat. Das Hauptziel wäre, die Infantin Isabella, die Tochter der Frau Infantin und Don Philipps, des Herzogs von Parma, zu verheiraten. Man wird also ihre Verbindung mit dem Erzherzog vorschlagen, und der König wird es schmeichelhaft und sogar ruhmvoll finden, seine Enkelin für die Herrschaft über Deutschland und Italien zu bestimmen. Dadurch heiraten wir die Interessen der Größe des Hauses Österreich und werden selbst interessiert an der künftigen Wahl des Erzherzogs zum König von Rom."[86]

Es war nicht zum ersten Male, daß er bemerken mußte, wie persönliche Eitelkeit des Monarchen über das Staatsinteresse obsiegte, und nachdem er solange geglaubt hatte, ein König „denke weniger an sein Eigentumsrecht als an das Wohl des Staates, den er regiere, und betrachte sich nur als dessen obersten Beamten", klingt jetzt seine bewegliche Klage: „es sei die Schattenseite der Monarchie, daß die Führung der Völker dort zu sehr von den Schwächen der Menschheit abhänge"[87]. Grimmig ironisiert er sich selbst, der solange gehofft hatte, die Politik auf feste Grundsätze basieren zu können: „Die 'eifrigen Politiker glauben, daß Rechte die Politik begründen und irren sich am meisten von allen. Dann glaubt man, daß wenigstens das Wohl des Staates ihre Triebfeder ist. Nein. Wenigstens, sagt man, die Interessen der Fürsten, wenigstens die ihrer Minister. Nein, nein. Es sind launische Leidenschaften, bei denen die Fürsten, die Höflinge, die Minister stehenbleiben, die heute alles bewegen — gegen Recht, Interesse und Konvenienz."[88]

Und nicht nur eignes Leid und das seines Vaterlandes war es, das d'Argenson diese bittere Anklage über die Lippen trieb. Zwar galt seine Arbeit vor allem dem eignen Volke, und er gestand freimütig, daß er dem idealistischen Fluge seines Freundes aus dem „Club de l'Entresol", der seine Wohltaten allen Bewohnern der Erde angedeihen lassen wollte, nicht folgen könne. Aber er besaß eine gewisse Großzügigkeit des Denkens, die ihn jene ängstlich einseitige Politik verachten ließ, die nur in der Erniedrigung des Nachbarn die Größe des eignen Volkes gesichert sieht. „Wir wollen aufhören, unsern Ruhm in den Untergang und Schaden der andern Nationen zu setzen, und einsehen, daß wir glücklicher sein werden, wenn unsre Nachbarn es auch sind."[39] Es empörte seinen edelmännischen Sinn, zu sehen, wie rücksichtslos die Politik jener Tage mit dem Glück ganzer Völker spielte, und er hätte gewünscht, daß ein Volk im andern sich selber achten möge.

Wenn ihm der Ekel über den Schacher um das unglückliche Italien ans Herz griff[40], stieg wohl vor seinem geistigen Auge die Vision eines geeinten und freien italienischen Nationalstaates empor, und der einsame Mann verlor sich in Ahnungen, die erst hundert Jahre später Erfüllung finden sollten. „Wolle Gott, daß wir nur gearbeitet hätten, um Italien den Italienern zu lassen und Franzosen, Deutsche und Spanier davon auszuschließen."[41] Ein fester, politischer Plan entstand daraus und wurde 1746 tatsächlich in Angriff genommen. „Man müßte die italienischen Staaten in sich selbst zusammenschließen und die Fremden verjagen." In einer Instruktion beschrieb er, welches Unheil „die vermeintliche Oberhoheit der deutschen Kaiser über Italien in diesem Lande verursacht hatte. Die Zeit schien gekommen, sie für nichtig zu erklären und die italienischen Mächte für frei und in vollem Maße unabhängig. Man schrieb ihnen einen Zusammenschluß vor, der nötig war, um ihre Freiheit für die Zukunft aufrecht zu erhalten und der jeden Fremden hindern sollte, dort zu herrschen. Die Fürsten aus ausländischen Häusern, die sich als Herrscher dort befinden, sollen sich von jetzt ab als Italiener ansehen und von jeder fremden Herrschaft, die ihnen zufallen sollte, ausgeschlossen sein." Er dachte sich „eine italienische Republik oder einen italienischen Bund mit einem ständig versammelten Reichstag nach dem Muster des deutschen Reiches". Und sein prophetischer Blick drang so weit, daß er den König von Sardinien benutzen wollte, um das Einigungswerk durchzuführen[42]. Mit Selbstverständlichkeit bewegte sich hier um die Mitte des 18. Jahrhunderts ein französischer Staatsminister in den Gedankengängen des Nationalitätsprinzips und zu alledem mit größerer

Reinheit und Ungetrübtheit als ein Jahrhundert später der Franzosenkaiser, der es doch dauernd im Munde führte! Mag der Gedanke an eine Schwächung Österreichs und Spaniens durch die Errichtung eines selbständigen Italien auch bei d'Argenson mitgespielt haben; jedenfalls dachte er keine Minute daran, ein Geschäft für Frankreich daraus zu machen, wie später Napoleon durch die Erwerbung von Savoyen und Nizza. „Wir müßten selbst das Beispiel geben, nichts dort zu beanspruchen," betont er wiederholt, „das Haus Frankreich muß schrankenlos alle seine dortigen Rechte opfern"[43]. Die Selbstbeschränkungspflicht stand ihm bereits als notwendiges Korrelat neben dem Selbstbestimmungsrecht der Völker. Freilich trieb ihn nicht der Gedanke vorwärts, daß er dem Recht der Nationen auf einen eignen Staat zum Siege verhelfen wollte. „Die Freiheit der Welt, das Gleichgewicht Italiens, die Herstellung einer dauernden Ordnung und Ruhe" waren seine nächsten Ziele, und ein altes Wort Julius II.: „Italien werde nicht eher wieder glücklich und blühend sein, bis es die Fremden verjagt habe", bestärkte ihn wohl in seinen Träumen. „Vernünftig und augenfällig" erschien ihm, was er dachte, aber er verhehlte sich nicht, daß „der Ruhm, Italien für immer zu befreien, einem späteren Zeitalter als dem seinen vorbehalten sei"[44]. So recht deutlich erweist sich an ihm, wie die Idee des Nationalstaates als eine Erlösung aus den Härten und Nöten der geschichtlichen Wirklichkeit erwuchs. Dennoch war sie für ihn bereits nicht einzig die zufällige Lösung der italienischen Frage; denn er gab dieselbe Losung wie für Italien für Deutschland aus: „Italien den Italienern, Deutschland den Deutschen" und wies im Geiste den Königen von Sardinien und von Preußen die gleiche weltgeschichtliche Rolle im Kampf gegen den Unterdrücker zu[45].

Er war nicht ohne Gefühl für die Bedeutung des nationalen Elements für die glückliche Leitung eines Staatswesens überhaupt. Während seines Ministeriums hatte er sehr deutlich die Macht nationaler Vorurteile zu spüren bekommen, und er schrieb dem Nationalcharakter einen starken Einfluß auf den Gang der französischen Geschichte zu. Seine Überzeugung war es, daß Franzosen nicht geeignet seien, Franzosen zu regieren. „Zuviel Übertreibungen, Zersplitterung, Unbeständigkeit! Phlegma ist nötig, um uns zu führen: Holländer oder Deutsche, noch weniger Italiener als Franzosen[46]“. Dies war um so mehr dazu angetan, ihn mit Sorge zu erfüllen, als er den Leichtsinn der Nation mehr als je überhandnehmen sah[47] und von sich selbst her ihre Neigung kannte, große Pläne zu machen, und sich doch von jedem Hindernis entmutigen zu lassen[48]; er wußte, sie würde immer eine starke Führung brauchen. Zu seinem Schmerze fand er nirgends eine Politik, die ihren tiefsten Beziehungspunkt in der Nation hatte: „jeder ist der Mittelpunkt seines Kreises: die Militärs wollen alles in Brand stecken, die Diplomaten alles in Lügen verstricken, die Finanzleute nur die Geldkassen des Königs füllen. Und das Glück der Nation? Wer denkt daran: Niemand.“[49] Den Schritt aber vermochte er nicht zu tun, die Kraft und den Willen der Nation selbst auf den Plan zu rufen. Zwar wenn ihn gelegentlich die Trostlosigkeit der inneren Lage Frankreichs überwältigte, sah er keinen Ausweg, als sich vom angestammten Königtum, in seiner Sprache: „vom Vaterland zu lösen und sich zu bereiten, unter andere Herren zu kommen oder unter eine andere Regierungsform“. Aber er fügte hinzu: Quod Deus avertat! und erwog diese Frage nie ernstlich: auch in der Zeit tiefster Enttäuschungen blieb er ja erfüllt von nationalem Stolz und Selbstbewußtsein: „Das Ausland schmäht uns nur, weil es uns beneidet, und haßt uns nur, weil es uns fürchtet; wir übertreffen es und laufen ihm den Rang ab.“[50]

* * *

Der alte Mirabeau, Vater eines berühmteren Sohnes, geht unter dem Namen des „Menschenfreundes“ durch die Literatur, und so wenig dieser blasse Ehrentitel ihn als Persönlichkeit zu decken vermag, so viel besagt er für sein Philosophieren, für das man kein Zentrum wüßte, wenn nicht dieses. Seine kraftvolle, auf praktisches Handeln gerichtete Natur ergriff das nächste

Problem, das sich ihm als Landedelmann darstellte und das schon d'Argenson gequält hatte: das Elend der französischen Landbevölkerung. Mit dem Eigensinn beschränkter Köpfe unterwarf er diesem Gesichtspunkt der Bevölkerungspolitik alle Fragen des staatlichen Lebens. Es war sein Beitrag für die Entwicklung des nationalen Gedankens, das Wesen des Staates in die Bevölkerung zu setzen[61], und wenn er auch dabei stehen blieb, sie als Menschen zu sehen und nicht als Nation, so war doch für die Erfüllung des Staatsgedankens mit allerhand neuen Beziehungspunkten auf das Leben des Volkes viel gewonnen.

Denn er wollte einen lebendigen Staat: bodenständig, Erdgeruch an sich tragend, erhalten und täglich verjüngt aus den tausenderlei Kräftequellen nationalen Glückes und nationaler Arbeit. Es waren für ihn nicht nur abgegriffene Metaphern, wenn er den Staat „einem Baum" verglich oder einem „Gewebe" oder einem „Körper", denn er hat ihn stets als Organismus, als ein belebtes und gegliedertes Ganzes empfunden und wußte, daß ihm ein natürliches Werden, Wachsen, Blühen, Welken und Sterben beschieden sei[60]. In der Erkenntnis der wechselseitigen Abhängigkeit der einzelnen Glieder eines Organismus untereinander und vom Ganzen sah er mit schwerer Besorgnis, wie unter der Herrschaft der merkantilistischen Wirtschaftsprinzipien der Ackerbau vernachlässigt worden war und die Industrie sich in unverhältnismäßig hohem Grade entwickelt hatte: Frankreich erscheint ihm „als ein Baum mit mehr Ästen, als dieser nach dem Maße seiner Kräfte und des Bodens, der ihn erhält, ernähren kann". Dieser Mangel an innerem Gleichgewicht bedeutet für ihn den Krebsschaden im französischen Staatswesen. Er sieht ihn sich auswirken in der Entvölkerung der Provinz und dem Anwachsen von Paris, „dieses Abgrundes, der Frankreich und die Franzosen verschlingt", in der Zunahme von Genußsucht und Habgier und dem Schwinden des vaterländischen Sinnes in der Nation[68]. In patriotischem Eifer beginnt er, dagegen anzukämpfen, mit einem schönen Vertrauen auf den hohen und wahren Kern des französischen Wesens und die ungeahnten Entwicklungsmöglichkeiten, die im französischen Volke und seiner glücklichen Heimat schlummern[54]. Es war der letzte und höchste Sinn seiner Bemühungen, den gesamten Staatskörper von einem gleichmäßigen und warmen Staatsgefühl durchtränkt zu wissen, und in der Dezentralisation glaubte er das geeignete Mittel dafür gefunden zu haben[5]. Nicht Paris allein sollte die Fürsorge der Regierung gelten; Frankreich müsse bis in den entferntesten Winkel der Provinzen leben! Flehend wandte er sich an seine Standesgenossen, zu der guten, alten Sitte zurückzukehren, ihre Güter in der Provinz selbst zu bewirtschaften, wie es in den Verordnungen Heinrichs IV. zu lesen sei. Und wie sein Provinzialstolz sich empörte, daß der „Name des Provinzialen ein Schimpfwort geworden sei, als ob Dauphinäer oder Poiteviner sein, bedeute, kein Franzose sein“[56], so verlangte sein Humanitäsgefühl, daß die Nation bis in ihre letzten Schichten der Sorge und Rücksicht des Staates teilhaftig werden solle. „Ehrt die Geringen! Das Volk ist undankbar, wird man sagen, es ist flatterhaft und roh. Aber vielleicht ist es unglücklich, verfolgt, verachtet, jeder Art Bedrückung von allen andern Ständen ausgeliefert“[57].

Sicherlich sprach hier vor allem Menschenfreundlichkeit aus dem alten Aristokraten, der „manchmal versucht war, an den Leutetisch hinabzusteigen, ihr Brot zu schneiden, aus der gleichen Tasse mit ihnen zu trinken, um sich zu erinnern, daß wir alle vom gleichen Stamme sind“[58]. Er verfiel leicht der Sentimentalität, wenn er auf das Elend des Volkes zu sprechen kam oder ihre glückliche und wohltuende Einfachheit zu preisen begann, aber hinter seiner Forderung einer volksfreundlichen Regierung stand doch die tiefere Erkenntnis, daß das Gedeihen des Staates unlöslich mit dem der Nation verknüpft sei, und daß er erst dann lebendig werde in den Herzen seiner Bürger, wenn er nicht nur zu nehmen, sondern auch zu geben verstehe. „Man hat oft das arme Volk beklagt“, bemerkt er, „und der Staat wird nicht gewahr, daß er selbst und der Herrscher zu beklagen sind.“ „Solange ihr die niederen Klassen der Menschheit nicht ehrt, ist es unmöglich, dort den Wohlstand zu erhalten, der für Fortschritt und Wetteifer nötig ist. Wir schulden uns alle gegenseitige Achtung, so wie sie unsern gegenseitigen Leistungen für einander entspricht; ich will mehr sagen: was noch? Ehrfurcht.“ [59]

Es muß hervorgehoben werden, daß der „Ami des Hommes“ nicht daran dachte, das Wesen der Nation einseitig in den dritten Stand zu setzen. Ohne das Volk zu verachten, behielt er die vornehme Überzeugung des wahren Aristokraten, daß „es unfähig sei, seine Angelegenheiten zu regieren“, und die Hingabe derer brauche, denen nicht die bitteren Forderungen des Alltags den Blick ins Freie versperren [60]. Die ständische Gliederung der Nation blieb ihm stets eine tief erlebte Notwendigkeit, ja er erblickte darin geradezu das wesentlichste Kennzeichen der Monarchie. Die Republik ist ihm „ein Block, wo alles Volk ist, aber die Monarchie ein Gebilde aus verschiedenen Ständen mit deutlichen Rangordnungen, verschieden an Sitten, wie an Aufgaben, an Rechten, wie an Hoffnungen und Zielen des Ehrgeizes“. Den Adel bezeichnete er mit Selbstverständlichkeit „als die Elite und Führer der Nation“ und nahm unbedenklich die Ehre des Waffendienstes für ihn allein in Anspruch; die Stellung der Geistlichkeit schien ihm berechtigt, „weil das Volk und alles, was vulgär denkt, von welchem Stand es auch immer sei, die Religion braucht“; aber erst in dem Augenblick war die Monarchie für ihn „fertig und Staat geworden“, wo die Versammlungen der Nation durch die Aufnahme der Vertreter der Städte und Gemeinden vervollständigt wurden. Die Nation selbst, glaubte er, müsse diese Gliederung gutheißen und natürlich finden. Das Königtum gab nach seiner Überzeugung die Seele darein und vom Adel zum Fürsten, wie vom Volke zum Adel sah er dann ungefähr dieselben Interessen und Gefühlsbeziehungen wirksam [61].

Es erschien ihm nicht eine Minute zweifelhaft, daß dieser reich gegliederte Staatskörper von Vaterlandsliebe getragen sein könnte, und er wollte es dem sonst so leidenschaftlich bewunderten Verfasser des „Geistes der Gesetze" nicht verzeihen, dieses Lebensprinzip der Monarchie abgesprochen zu haben. Freilich stellt sich auch bei ihm sofort jene charakteristische Umbiegung des Begriffes Vaterland auf das Königtum ein, wie wir sie schon bei d'Argenson gefunden haben. „Wenn Vaterlandsliebe eine Leidenschaft für die Mauern ist, Rührung beim Wiedersehen des heimischen Herdes, so sind die Franzosen, das unsteteste der Völker, weniger dafür empfänglich als andere. Ist aber Vaterlandsliebe eine abergläubische und der Begeisterung fähige Zuneigung, zweifle ich, ob man jemals eine stärkere sehen wird, als die des Volkes von Paris gelegentlich der Krankheit des Königs. Liebe des Franzosen zu seinem König, wird man sagen. Ja, das ist es gerade, was in allen lebt, was uns von unseren Vätern her mit dem Blut, das in unsern Adern fließt, vererbt ist und was ich Vaterlandsliebe nenne." „Es ist das Vaterland, das ihr in der Person des Königs und seiner Familie erblickt. Wir lieben nicht den Menschen, wir kennen ihn kaum, wir wissen nicht, ob der Enkel die Tugenden des Ahnherrn haben wird. Dennoch lieben im allgemeinen alle den König und folglich den Staat und das Vaterland." Zwar nannte er es „barbarisch und verblendet", wenn Ludwig XIV. wirklich ganz Frankreich als „sein Erbgut angesehen hätte, das die Waffen seiner Väter ihm erworben und zusammengefügt", und es lag ihm fern, dem König „den ausschließlichen Besitz Frankreichs zuzusprechen", „aber", meinte er „es würde auch schwierig sein, zu beweisen, daß Frankreich nicht dem König gehöre, wie der König Frankreich gehört; man müsse sich darüber nur verständigen"[62].

In der Tat hielt er eine Interessentrennung zwischen dem französischen Volk und seinen Königen für unmöglich, und dies war wohl der tiefere Grund, warum er so bedingungslos Volk, Staat und König identifizierte. „Ich glaube, meiner Untertanenpflicht zu genügen", bekannte er, „wenn ich meine Bürgerpflicht erfülle. Wenn ich das Volk glücklicher mache, weiß ich, daß ich den Fürsten mächtiger mache. Im Grunde ist mir die Macht des Königs nur kostbar und heilig, weil ich weiß, daß sie allein das Glück seiner Untertanen sichern kann, sowie ich das Glück der Untertanen nur im Auge habe, weil es zum Ruhme und zur vollen Macht des Fürsten beitragen soll. Diese beiden Dinge sind untrennbar."[63] Es war das Vertrauen auf die Güte der französischen Könige, wie sie sich solange im Laufe der nationalen Geschichte erwiesen hatte, das ihn so sprechen ließ, und nichts war ihm natürlicher als auch die Verwirklichung seiner Reformpläne von einem König zu erwarten, einem „Roi Pasteur", den Frankreich hervorbringen sollte, wie es so viele große Fürsten gehabt[64].

Kein Wunder, daß dieser sonst modern und philosophisch denkende Mann des vagen Bindemittels der Vertragstheorie in seinem Staate entraten zu können glaubte und der einfachen Liebe zwischen Fürst und Volk, „der inneren Verbindung der Untertanen mit dem Herrscher" für Frankreich mehr Kraft zutraute[65]. Einen schöneren Ausdruck für das innere Ethos des Staates besaß er nicht. Wenn er gelegentlich versuchte, in philosophischerem Gewande Vaterlandsliebe und Staatsbürgersinn zu motivieren, mutet er mit dem üblichen Appell an das Nützlichkeitsstreben der Menschen recht trocken und öde an. „Keine Gewalt kann eine dauerhafte Grundlage haben, außer im Vorteil dessen, der gehorcht", argumentiert er dann und findet „das einzige Band, das den Bürger mit dem Staat verknüpft, in seinem Interesse an der Erhaltung des Eigentums." „Eine Vereinigung von Menschen ist nur insofern eine Gesellschaft, als alle Individuen, die sie bilden oder der größte Teil, der die andern beherrscht, sich an der Erhaltung dieser Gesellschaft interessiert finden. Ich weiß kein dauernderes Interesse als das Eigentum. So können mir die Stadt, die Provinz, wo ich geboren bin, das Vaterland, der ganze Staat in dem Maße teuer werden, als man mit diesen Objekten mehr oder weniger von meinem Hang zum Eigentum zu verschmelzen weiß." Mit solchen Beweisführungen opferte er der individualistischen

Richtung der Zeit, während er doch im tiefsten Grunde seines Herzens beklagte, wie von der neuen Literatur „alle Wertmaßstäbe dem Individuum in die Hand gegeben“ und die „Ehrfurcht vor den bestehenden Gewalten“ untergraben würde[66].

Es gelang ihm ebensowenig wie d'Argenson, innerlich den vollen Ausgleich zwischen den neuen, vornehmlich Lockeschen Ideen über Pflichten und Rechte von Staat und Nation und den alten Überzeugungen zu vollziehen. Es klingt patriarchalisch, wenn er die Gewalt des Staates über die Bürger mit der des Vaters über die Familie vergleicht, und doch ging sein Bemühen gerade darauf, jene Auffassung zu verbannen, als ob sie unmündige Kinder seien. Wie sehr sich ihm die Liebe zum Vaterland in der Ergebenheit für den König konzentrierte, so verband er doch damit die Forderung des „öffentlichen Interesses“ und allerlei Momente des aktiven Staatsbürgertums der Antike. Er vermißte in aller Pracht von Paris „die Spuren jener Liebe zum Staat, die die geringsten Städte der Alten schmückte“, und schalt sein Volk „mittelalterlich“ wegen dieser seiner Interesselosigkeit für öffentliche Angelegenheiten[67].

Durch die Einrichtung von Provinzialständen auch in den Pays d'élection hoffte er jenen öffentlichen Sinn zu erziehen, ohne den ihm ein Land nicht würdig schien, den Namen Staat zu tragen. „Wie weit auch immer das Land eines Herrschers ausgedehnt sei, sein Land wird nie ein Staat sein, wenn seine Völker, die sich als Untertanen eines gleichen Herren wissen, sich nicht auch als Glieder desselben Körpers ansehen, was nur durch das Mittel einer gleichen, festen und beinahe unveränderlichen Organisation möglich ist, deren Prinzipien verschiednen Ständen anvertraut sind.“ So wünschte er die Durchdringung der Nation mit lebendigem Staatsgefühl von einem Ende des Königreichs bis zum andern, wollte durch eine in allen Provinzen gleiche Einrichtung den übergreifenden Gedanken der französischen Staatseinheit wacherhalten[68] und vermochte doch seiner ganzen Überzeugung nach nicht, die trennenden Schranken zwischen den einzelnen Ständen des Volkes fallen zu lassen. Auch der Gedanke der Volkssouveränität blieb ihm fremd: er meinte, „es sei wohl mit der Freiheit für den Geist der Völker, wie mit der Diät für die Körperanlage: was die Gesundheit des einen ausmache, bedeute Gift für den andern“[69].

Zum Ersatz griff er die Montesquieusche Lehre von den Grundrechten flüchtig auf, empfahl die alte „Verfassung, die Frankreich so weit und ruhmreich geführt hat“, einer „weisen und erleuchteten Regierung“ und stellte es als das „ausschließliche Recht der Nation hin, mittels einstimmigen Beschlusses durch den Mund ihrer Vertreter und durch die Stimme des Herrn ermächtigt, an dies Grundgesetz zu rühren“[70]; Äußerungen, die bei dem völligen Mangel einer Abgrenzung nationaler oder königlicher Rechte jeder Klarheit entbehren. Mirabeau dachte viel zu wenig juristisch, als daß er das Lebensprinzip seines Vaterlandes in irgendwelche Verfassungsformen verlegt hätte. Als er einmal die Frage aufwarf, welche Grundsätze in Frankreich den Staat geschaffen und gestützt, drängten sich ihm gänzlich ungleichwertige und ungleichartige Elemente des nationalen und staatlichen Lebens auf: „die Erblichkeit des regierenden Hauses, die Liebe der Völker für den Herrscher, die ausschließliche Neigung des Adels für den militärischen Beruf, jene Art französischer Eitelkeit und Eifers, die sich die glänzenden Vorteile des Staates zu eigen macht und seinen Glanz sozusagen auf jedes Individuum bezieht, eine gewisse Ordnung der Erhöhung, die den Edelmut und den Adel der Sitten erzeugt“[71].

Es war eine Zusammenstellung, aus der schließlich nur eins mit Klarheit hervorgehen konnte: daß es der Geist ist, der lebendig macht. In der Sprache des 18. Jahrhunderts, für das geistige Ursachen immer schlechthin moralische Ursachen waren, nimmt diese Erkenntnis die weit kühlere und banalere Form an, daß „Sitten“ unendlich „mehr Einfluß auf die Gesellschaft haben als Gesetze“, ja die „Haupttriebfeder für jeden Staat bedeuten" [72]. Zwar, meinte Mirabeau, sei gerade in Frankreich die Regierung in der glücklichen Lage, daß bei der bekannten Anpassungsfähigkeit der Nation Gesetze ihre Einwirkung auf die Sitten fast nie verfehlten [73], aber diese ihre Biegsamkeit und Leichtigkeit erfüllte ihn andrerseits mit banger Sorge.

Wie er sein Vaterland unter der Herrschaft zufälliger Regierungsgrundsätze gar so unbedenklich und fröhlich Neues für Altes eintauschen sah, kam ihm die Furcht an, daß es eines Tages plötzlich seine Seele überhaupt unwiederbringlich verloren haben könnte. „Wir sind fleißig, aber wir sind weder ausdauernd noch zähe", warnte er dann. „Ein kriegerisches, edles, heiteres Volk, dem es natürlich ist, zu dienen, und das doch die Knechtschaft nicht kennt, wird die Seele seiner Triebkräfte verlieren, wenn jemals der Geist der Berechnung und die Sucht nach Gewinn es beherrschen." [74] Das Beispiel der Römer stand ihm schrecklich vor Augen, wie sie, durch Reichtum und Luxus entartet, von ihrer stolzen Höhe stürzten, während sein ganzes Denken sich noch dagegen wehrte, daß Frankreich seinen Höhepunkt bereits überschritten habe. Von seiner Überzeugung aus, daß der Charakter der Nationen sich in Zeiten der Unruhe und großer politischer Bewegungen bilde, glaubte er annehmen zu dürfen, daß sein eigenes Volk „länger in den Kinderschuhen gesteckt habe", als irgend eine andere Nation und noch sehr jung sei; seiner großen Vergangenheit entsprechend, mußte ihm noch eine glänzende Zukunft bevorstehen [75].

Mit kaum getrübtem Stolz gedachte er der Großmachtstellung, die Ludwig XIV. seinem Staate in Europa verschafft hatte. Er verzieh ihm sogar seine Kriege, aus „denen ein ruhmreiches Volk eine Tugend machte" — bis auf den Zug gegen Holland, der „Herz und Sinn Europas" argwöhnisch gegen Frankreich gemacht habe — und seine Prunksucht, „die doch seinerzeit auch Frankreich hohen Glanz verliehen und nicht wenig zu dem hohen Ansehen beigetragen habe, zu dem der französische Name gelangte". Wesentlich blieb seinem Nationalstolz, daß „die gesamten Annalen der Menschheit keine Macht zeigen, die der Ludwigs XIV. in seiner Glanzzeit gleichgekommen sei, nicht einmal die Römer“ [76]. Und er warnte sorglich, das einmal Errungene in phantastischen Unternehmungen leichtsinnig aufs Spiel zu setzen, sondern sich an dem Gebiet, „durch das allein Ludwig XIV. der mächtigste Fürst der vergangenen und gegenwärtigen Welt gewesen“, genügen zu lassen und seinen Wert recht geltend zu machen. Frankreich sollte keinen Feind zu fürchten haben und doch nicht ohne Rivalen und Mitbewerber um den Ruhm sein. England, wußte er, würde immer eine Gefahr bleiben: „Der Neid auf unser Gedeihen und die Gier, den Welthandel an sich zu reißen, werden es nicht schlafen lassen. Wir vermögen nichts dagegen wegen seiner Grenzen, aber“, tröstete er sich, „was wird es gegen uns vermögen, wenn unsre Weisheit uns schützt!“ [77] Sein Plan einer aktiven Politik, wie er seiner Meinung nach „den Kräften, dem Geist und der Lage Frankreichs“ entsprach, enthielt die bis auf den ersten durchweg traditionellen Punkte der Befreiung Italiens, der Aufrechterhaltung der deutschen Libertät, des Gleichgewichts im Norden, der Begünstigung der Türken [78]. Es lag ihm ferne, die Vernichtung der andern Völker zu erstreben, denn auch er war wie d'Argenson fest überzeugt von der Verflechtung der Interessen aller Nationen, und es bedeutete einen Lieblingsgedanken für den „Freund der Menschen“, die Menschheit als eine große Familie anzusehen und alle Menschen als seine Brüder. „Wir wollen das Naturgesetz befragen. Man möge hundert Kinder aus verschiedenen Völkern der vier Erdteile gemeinsam erziehen, ohne ihnen zu sagen, daß sie einander fremd sind; man wird unter ihnen dieselben Bande der Vertraulichkeit entstehen sehen, die die ersten Grundlagen der Gesellschaft bezeichnen: sie werden sich zum Vergnügen zusammenfinden, zum Studium auseinandergehen, bei der Arbeit einander helfen. Die Menschen sind schließlich alle Brüder von Natur, und die Natur war nie ein schlechter Politiker.“ [79]

Zum großen Teil waren es rein praktische Beweggründe, die ihn die Forderung erheben ließen, die Schranken zwischen den Nationen niederzureißen, und physiokratische Gedankengänge spielten dabei eine große Rolle. Er gedachte die Bevölkerung zu mehren, den Handel zu erleichtern, die allgemeine Produktivität zu steigern und durch den Wetteifer der einzelnen Nationen ihre Leistungen zu erhöhen[80]. Aber sicherlich war das Humanitätsgefühl auch als solches wirksam: das Gedeihen der Menschheit schien ihm mit ihrer Einigung verknüpft, und er träumte gern von einer allgemeinen Verfriedung, die der „Hirtenkönig" in der Welt zustande bringen sollte, „um sein Werk zu krönen"[81].

Aber es blieb das Eigenartige und eigentümlich Französische an seinen weltbürgerlichen Idealen, daß er sie durch das Glück und die Größe seines eigenen Vaterlandes allein zu verwirklichen für möglich hielt, daß das Heil Frankreichs ihm schlechthin mit dem der Menschheit verbunden schien[82]. Seine Pflichten gegen das Vaterland rangiert er ohne Bedenken vor denen gegen die Menschheit, und wenn ihm diese nur eine in mehrere Zweige geteilte Familie bedeutete, so „sollte doch Frankreich in Europa der Erstgeborene sein"[83]. So oft und lebhaft er den Vorwurf abwehrte, daß Frankreich nach der Universalmonarchie gestrebt habe und der Ruhe der Welt gefährlich sei, konnte er sich doch ebensowenig wie d'Argenson von dem Gedanken losreißen, das Schiedsrichteramt über die Welt für sein Vaterland in Anspruch zu nehmen. „Lange genug und zu lange schon hat es allen andern gezeigt, daß, gegen Frankreich vereint, sie es nur überwältigen können, wenn sie selbst zugrunde gehen. Es ist jetzt Zeit, ihnen zu erkennen zu geben, daß es nur seinen Wert in der Welt geltend machen will: Schiedsrichter zu sein, um ihr Glück wie das des eignen Volkes zu stiften. Das ist die einzige Universalmonarchie, die kein Traum ist." „Und warum sollte man die Rolle des Weltvaters für Frankreichs König, den mächtigsten und ehrwürdigsten Monarchen des Universums, für übertrieben halten?" fragte er weiter, in naivem

Selbstbewußtsein, dem es ebenso selbstverständlich war, daß die Franzosen „die erste Nation der Welt", wie daß ihr König „der anerkannt erste der Souveräne sei". Immerhin betont er gelegentlich, die französische Weltherrschaft solle nur im Geistigen liegen; denn er wußte trotz all seiner Humanitätsträumerei, daß die nationalen Unterschiede zu tief griffen, als daß „sich die Fremden von den Franzosen Gesetze geben lassen würden"[84].

Doch bedeutete diese Erkenntnis ihm sicherlich nicht so viel wie für d'Argenson, dem sie zur Grundlage einer ganzen Politik wurde. Mirabeau beschränkte sich darauf, vor der Einbeziehung zu vieler fremder Glieder in einen Staatskörper zu warnen und mit allen Mitteln des Spottes und sittlicher Entrüstung gegen die „Chimäre des europäischen Gleichgewichts" zu eifern, diese „Lieblingsidee der Zeitungen und politischen Kaffeehäuser", die im Grunde darauf abziele, „die ganze Welt zum Spielball der Eifersucht und des Ehrgeizes einiger weniger Menschen zu machen". Sein gesunder Menschenverstand empörte sich gegen die Sinnlosigkeit eines Prinzips, das zu seiner Aufrechterhaltung „eines immerwährenden Kongresses bedürfe, der nach Prüfung eines Thermometers ständig die Gegengewichte zu stellen und zu verschieben habe", aber aus seinen Worten spricht auch bereits deutlich der Protest des Menschenfreundes gegen „diese barbarische Wahnpolitik" der Großmächte, die kein anderes Ziel habe als — „unter dem Vorwand des allgemeinen Wohles und eines Gleichgewicht genannten Vernunftwesens, einer Chimäre, die nichts Wirkliches an sich habe als eine Maske, die sie dem Ehrgeiz leihe" — „zu überfallen, zu zerstören, den Besitz der andern zu verteilen und über Völker wie über Ochsenherden zu verfügen". „Niemals", sagte er, „war die Aufsaugung der kleinen Mächte durch die Großen deutlicher."[85] Er ging sogar soweit, den Kolonialmächten jedes Recht auf die außereuropäischen Besitzungen abzustreiten, und spottete über das Stecken von Grenzpfählen, auf die man sorgsam schreibe: „aus Königs Gewalt" und über den Schiedsspruch des Papstes, „dem der Boden nichts kostete"[86].

Aber es war wohl mehr Philanthropie und Humanität und physiokratischer Fanatismus des Eigentums als die Überzeugung von der Unveränderlichkeit des Volkstums und Vaterlandes, die Mirabeau hier zum Anwalt der vergewaltigten Nationen machten. An sich fand er nichts Verwunderliches darin, daß „die großen Staaten soviel an Sitten, Temperament und Gesetzen verschiedene Völker und gegensätzliche Stimmungen einschlossen", und wenn er auch meinte, „für bloße Bequemlichkeiten und Luxus gebe kein Volk seine Freiheit und Unabhängigkeit auf", so hielt er doch die Assimilierung fremder Volksbestandteile durch wirtschaftliche Vorteile durchaus für möglich[87]. So viel Sinn er für die Notwendigkeit einer Machtentfaltung seines Vaterlandes besaß[88], so ahnte er doch nichts von der tieferen Rechtfertigung, mit der eine Nation in siegender Kraft ihr Volkstum und ihre Kultur in ferne Erdteile trägt.

Der Verlogenheit der Staatsraison, von der aus seine Zeit alles verstand und alles verzieh, hatte er nichts anderes entgegenzusetzen als den Gesichtspunkt absolut ethischer Beherrschtheit des Staates[89], der seiner Wesensgesetzlichkeit sicherlich ebensowenig entsprach. Aber auch dieses Extrem hat ja öfter durchdacht werden müssen, ehe sich Macht und Recht — und wenn auch nur in der Philosophie — versöhnen konnten. Die lebendige Kraft seines patriotischen Denkens hätte den „Menschenfreund" selbst schließlich davor bewahrt, das Glück seines Vaterlandes einem Prinzip zu opfern.

2. Montesquieu.

> Quand j'agis, je suis citoyen, mais lorsque j'écris, je suis homme. Pensées.

Montesquieu galt bereits seiner eigenen Zeit als halber Kosmopolit[1]. Albert Sorel hat ihn in seiner Biographie den Antipoden Macchiavells und der Diplomatie aller Zeiten genannt, weil ihm der nationale Egoismus fehlte[2]. „Wenn ich etwas wüßte, was meiner Familie nützlich wäre, aber meinem Vaterlande schädlich, würde ich es zu vergessen suchen. Wenn ich etwas wüßte, was meinem Vaterlande nützlich wäre, aber Europa und dem Menschengeschlechte zum Schaden gereichte, würde ich es als ein Verbrechen ansehen. Wenn ich etwas meinem Volke Nützliches wüßte, das einem andern verderblich wäre, würde ich es meinem Fürsten nicht vorschlagen, weil ich ein Mensch bin, ehe ich Franzose bin, oder auch weil ich notwendigerweise Mensch bin und Franzose nur durch Zufall"[3].

Vor der Leidenschaft seines Beobachtens wurde alles Objekt, was der Strom seines reichen und bunten Erlebens ihm vor die Füße warf: das eigne Volk wie die Fremden, und umgekehrt verlor er sich mit all seiner genialen Einfühlungskraft ganz an die Dinge, denen sein Forschen oder Schauen galt, gleichviel, ob sie sonst seiner Person nahe oder ferne standen. Er rühmte sich, „alle europäischen Völker mit der gleichen Unparteilichkeit zu betrachten, wie die verschiedenen Völker der Insel Madagaskar", aber wenn er in fremden Ländern reiste, „fühlte er auch eine Anhänglichkeit für sie, wie für sein eigenes, nahm teil an ihrem Geschick und hätte gewünscht, daß sie in blühendem Zustande wären"[4].

Sein Lebenswerk, das Buch vom „Geist der Gesetze", beweist, wie der ungeheure Reichtum seiner Interessen und eine gewisse polyhistorische Vorliebe für Mannigfaltigkeit und Kuriositäten Montesquieu fortwährend antrieb, ferne und fernste Völker in den Kreis seiner Betrachtung zu ziehen und mit geradezu philologischer Liebe den Eigentümlichkeiten ihres Wesens nachzuspüren, auch wenn diese Völker für das Werden und Sein des modernen Kulturganzen ohne jede Bedeutung waren. Sein neuester Biograph Viktor Klemperer berichtet von einer Erinnerung P. Castels, der Montesquieu einmal in einer Art erhöhter Stimmung angetroffen habe, und wie er sagte, ganz begeistert über die soeben gemachte Entdeckung eines spezifisch erobernden Volkes in der Welt. Und zwar war dieses Volk — die Tataren[5]. Schlagartig beleuchtet diese Episode die Interesseneinstellung des großen Philosophen: Nationalismus hätte diesem Manne Sünde bedeutet an der wundervollen Mannigfaltigkeit und Buntheit der Welt.

Wenn er sich zu Frankreich und seinem Franzosentum bekannte, geschah es stets mit einer gewissen kühlen Abwehr irgendwelcher übertriebener Forderungen an sein vaterländisches Empfinden. „Ich habe natürliche Liebe für das Wohl und die Ehre meines Vaterlandes gefühlt und wenig für das, was man seinen Ruhm nennt", sagte er dann wohl, oder: „Ich spreche als guter Franzose, aber als ein Franzose, der nicht berauscht ist". „Jeder Bürger muß bereit sein, für sein Vaterland zu sterben, aber niemand braucht dafür zu lügen"[6]. Es war wie eine Angst um die Freiheit des Denkens und der Wahrheit, wenn er den Patriotismus so streng in die Sphäre des praktischen Handelns verwies, und für seine eigenste Person vielleicht eine Spur von jener Gefühlskeuschheit, die ihn so oft als kalt und gefühllos erscheinen ließ. Wie sollte dieser Mann, in dem die heilige Flamme des Staatsgefühls wie ein verzehrendes Feuer brannte, die hohe Macht der Vaterlandsliebe verkannt haben! Seinem Idealvolk der Troglodyten, seinen freidenkenden Persern dichtete er Patriotismus und Nationalstolz an; er läßt sie in Bewunderung vor dem Heldentum der Toten im „Dom der Invaliden“ stehen, die für die Heimat gestorben sind, und wünscht ihre Namen „in Tempeln bewahrt zu sehen und in Listen geschrieben, die wie die Quellen des Ruhmes und Edelmutes sein würden“[7].

Aus seinem Studium der Geschichte der Alten war ihm die tiefe Offenbarung gekommen, was Vaterlandsgefühl für eine Nation bedeuten kann! „Man kommt nie von den Römern los!“ rief er noch im „Geist der Gesetze“ aus, und gerade sie konnten ihn lehren, welche Kraft einem Volke aus dem Verwachsensein mit seiner Heimat fließen kann![8] Von ihnen übernahm er jenen Begriff der Bürgertugend, den er in seinem Lebenswerke der Republik als „Prinzip“ und bewegende Kraft beilegte und die ihm Vaterlandsliebe und politische Tugend schlechthin besagte[9]. Immerhin war es, als würde ihm sein Gefühl von seinem Denken verdorben: allein die theoretische Überzeugung, daß die monarchische Staatsform ohne eigentlichen Patriotismus bestehen könne und das Volk unter dem Eindruck lasse, der Staat gehöre nicht ihm, sondern einem andern[10], genügte, ihm sein eignes vaterländisches Empfinden matt und blaß zu machen. Der Staat war sein Gott, aber die Idee des Staates, nicht dies Frankreich, dessen Kind er war.

Er glaubte, sich einen guten Bürger nennen zu dürfen, „weil er immer zufrieden mit seinem Stand gewesen sei, die Regierung liebe, unter der er geboren sei, ohne sie zu fürchten und andere Wohltaten von ihr zu erwarten, als das unendliche Gute, das er mit seinen Landsleuten teile“. Aber ermangelte dieser Bürgersinn, der sich in „Ordnungsliebe, Gehorsam den Gesetzen gegenüber und Pflichterfüllung in den öffentlichen Ämtern“ erschöpft[11], nicht gerade aller jener starken und stolzen Züge, die die Größe der Antike ausmachen? Es scheint, als ob Montesquieu bereits etwas von jenem bedrückendem Einfluß des Historisch-Denken-Müssens gefühlt habe, unter dem später der junge Nietzsche so gelitten hat. Sein feiner Sinn für die Verschiedenheiten der Zeiten sträubte sich dagegen, römisches Vaterlandsgefühl von seinem kleinen Jahrhundert zu verlangen oder sich selbst damit zu drapieren. Er wußte, wieviel es sagen wollte, daß die Alten auf Gedeihen und Verderben mit ihrem Staate verbunden waren, Sklaven, wenn er einem fremden Volke unterlag, während moderne Völker nur eben den Herrscher wechselten. Wehmütig gestand er ein, daß „die Vaterlandsliebe der Geschichte der Römer und Griechen einen Adel gebe, den die unsre nicht hat, und daß es scheine, als ob die Menschen um eine Elle kleiner geworden seien, seit diese beiden großen Völker nicht mehr sind“[12].

Aber er rettete etwas hinüber in seine eignen Lebensüberzeugungen von jenem beherrschenden Ethos der antiken Welt: eine Ahnung von der verpflichtenden Kraft des Volkstums, wie wir heute sagen würden, den Glauben an die alles erfüllende Macht eines Staatsprinzips, wie er es ausdrückte. Leuchtend stand ihm dieser Gedanke über der Gestalt des unglücklichen Xanthippos, der, aus Sparta vertrieben, doch nie „aufhörte, Spartaner zu sein, der in fremdem Lande immer blieb, was er in Spartas Mauern gewesen wäre: immer ein Kind Lykurgs, ein Feind der Tyrannei“[13].

Soviel beengte aber auch Montesquieu die rationalistische Zeitrichtung, daß er sich den treibenden Geist in einem Staat zunächst von dessen Regierungsform bestimmt vorstellte. Die drei „Prinzipien“, die er seinen drei Staatsformen entsprechend aufstellte, waren ihm natürliche Ausflüsse „der Natur der Regierung“; die Kraft, „die den Staat handeln läßt“, „die menschlichen Leidenschaften, die ihn bewegen“, leitete er ab aus „seiner eigentümlichen Struktur“, aus dem, „was ihn sein läßt“. Bürgertugend gehörte ihm zur Republik, weil auch die Vollstrecker der Gesetze sich dort nicht über ihnen stehend fühlen können, die Ehre in die Monarchie, da diese Vorrechte, Rangunterschiede, ja selbst einen Geburtsadel voraussetzt, die Furcht zu der Despotie, weil die Herrschaft des einzelnen nicht anders vor Ehrgeizigen geschützt werden kann[14].

Nur daß Montesquieu genial genug dachte, um neben diesen Beziehungen von Staatsform zu Staatsprinzip, die den meisten Philosophen des Jahrhunderts geläufig waren, auch die umgekehrten Abhängigkeiten zu erkennen und dem Volksgeist einen bestimmenden Einfluß auf das Staatsleben zuzuschreiben. „In allen Gesellschaften, die ja nur eine geistige Gemeinschaft sind, bildet sich ein gemeinsamer Charakter. Diese Gemeinseele nimmt eine Art zu denken an, die die Wirkung einer Kette von unendlichen Ursachen ist, die sich von Jahrhundert zu Jahrhundert vervielfachen und verbinden. Sobald der Ton gegeben ist und angenommen, ist er es allein, der regiert, und alles, was die Herrscher, Behörden und Völker tun oder ersinnen können, sei es, daß sie diesen Ton stören oder ihm folgen, bezieht sich immer auf ihn und er herrscht bis zur völligen Vernichtung." Es grenzt an Fatalismus, wie stark Montesquieu den einzelnen dieser Grundstimmung der Nation verschrieben glaubte. „Der Ton war derartig unter Karl I., daß die Schwächung seiner Macht sicher war, wie immer er auch gehandelt hätte. Gegen eine solche Begeisterung und allgemeine Trunkenheit gab es keine Klugheit. Wenn dieser König seine Untertanen nicht auf eine Weise empört hätte, würde er es auf eine andere getan haben. Es war bestimmt in der Reihe der Ursachen, daß er unrecht haben sollte."[15]

Von Zeit zu Zeit hat sich Montesquieu mit erstaunlicher Gewalt von diesem Gedanken einer irrationalen Macht im Leben der Staaten und Völker ergreifen lassen[16]. Nicht immer nahm sie für ihn die Form des Nationalgeistes an; es konnte auch eine Idee sein, die unbewußt einem Staat oder Volk als Sinn seiner weltgeschichtlichen Aufgabe vorschwebt und sie in unentrinnbarer Folgerichtigkeit ihre Bahn zu vollenden treibt[17]. Im „Geist der Gesetze" sagt er einmal, daß jeder Staat „außer seiner Selbsterhaltung einen ihm eigentümlichen Zweck verfolge"[18]. Dieser sehr kühle und blasse Ausdruck einer ihm persönlich tief lebendigen Überzeugung gewinnt erst Wärme und Farbe, wenn man sieht, wie konsequent und grausam Montesquieu seine „Römer" an diesem „Zweck" leben, siegen, müde werden und sterben läßt. „Rom war gemacht, sich zu vergrößern, und seine Gesetze waren bewundernswert unter diesem Gesichtspunkt. Es verlor seine Freiheit, weil es seine Aufgabe zu früh beendete. Wenn Caesar und Pompeius wie Cato gedacht hätten, würden andere wie Caesar und Pompeius gedacht haben, und die Republik, die für den Untergang bestimmt war, wäre von einer andern Hand in den Abgrund gerissen worden."[19] „Trostlosigkeit", sagt Klemperer, „ist die Hauptstimmung dieser Schicksalsdichtung."[20]

Freilich kamen wieder Augenblicke in Montesquieus Leben, in denen er der Vernunft und menschlichen Gesetzen mehr Macht zutraute, in das Schicksal von Staaten und Völkern bestimmend einzugreifen, aber der Gedanke ihrer Abhängigkeit von irgendwelcher nicht rationalisierbaren Gegebenheit blieb ihm, und vielleicht ist er der tiefere Sinn jener tausendfach angegriffenen Klimatheorie im „Geist der Gesetze". Sie war gewiß nicht Montesquieus geistiges Eigentum, aber er hatte sich von früh an mit naturwissenschaftlichem Interesse in das Problem vertieft, welche Faktoren die Geist- und Charakterbildung der Menschen beeinflussen, und das Klima war ihm zum mindesten unter den physischen Ursachen stets als stärkste erschienen, wenn er auch darüber schwankte, ob er ihm vor geistigen Einwirkungen den Vorrang lassen sollte[21]. A. Sorel hat den Vorwurf erhoben, daß er „nur erste, unbestimmte und unzugängliche Ursachen gesehen habe und nicht die Ursachen zweiten Grades, die, wenn sie ihre Wirkungen vereinigen, die wirklichen und lebendigen Elemente der sozialen Erscheinungen hervorrufen, u. a. den nationalen Charakter der Individuen und der Völker"[22]. Jedoch war Montesquieus „allgemeine Idee" bei diesen Untersuchungen zweifellos, die Gesetze „den Unterschieden der Leidenschaften und Charaktere" anzupassen, und wenn er den

Ursachen dieser Unterschiede zu viel Aufmerksamkeit schenkte, so ließ er doch später beide als zum mindesten gleichwertig in den größeren Bezugskomplex des „allgemeinen Geistes" (esprit général) zusammenfließen[23]. Als dessen wesentlichstes Moment tritt aber im Laufe des 19. Buches des „Geists der Gesetze" der Nationalgeist mehr und mehr hervor. Montesquieus Auffassung des Begriffes, der sich ihm ungefähr mit den Sitten und Gebräuchen eines Volkes erschöpft[24], hat hier sicherlich viel Banales an sich, aber innerhalb seines uniformierenden und reformgläubigen Zeitalters bedeutete es doch ein köstliches Vermächtnis, daß der Gesetzgeber mit Schonung und Achtung vor der natürlichen Eigenart eines Volkes zu stehen habe. „Es gebührt dem Gesetzgeber, dem Geist der Nation zu folgen, wenn er den Prinzipien der Regierung nicht entgegengesetzt ist; denn wir tun nichts besser, als was wir frei tun und indem wir unsrer natürlichen Art folgen." Immer wieder offenbarte sich seine feine Fähigkeit des Individualisierens und Historisch-Sehens, der nichts ferner lag, als zu wünschen, daß allen Bäumen eine Rinde wachse. Trotz der Idealverfassung, die ihm vorschwebte, gestand er, „daß diejenige Regierung die naturgemäßeste sei, deren besondere Einrichtung der Veranlagung des Volkes, für die sie bestimmt ist, am besten entspricht". „Die Gesetze müssen dem Volk, für das sie gemacht sind, so eigentümlich sein, daß es ein großer Zufall ist, wenn die eines Volkes auch für ein anderes passen."[25].

Ganz demütig sah sich der große Weltbürger auf einmal nationalen Schranken gegenüber, deren Berechtigung er vielleicht nicht begriff und deren Vorhandensein er doch schmerzlich erfühlte. Es lag also mehr als Schriftstellerlaune jener Wendung der Handlung in den „Persischen Briefen" zugrunde, die den vorurteilsfreien Usbek, der mit soviel Begeisterung die europäische Aufklärungskultur in sich aufgenommen hatte, plötzlich als unveränderten Sohn seiner Nation vor uns stehen läßt. Die charakteristisch elementaren Empfindungen des Ostens, die Anschauungen der Heimat, die beleidigte Seele seines Volkes brechen in ihm durch, und er vermag nicht länger in dem schrecklichen Exil zu bleiben, das die Fremde ihm nun bedeutet. So schien es Montesquieu ein guter Leitspruch für alle Gesetzgeber, den Völkern nicht die besten Gesetze zu geben, sondern die besten von denen, für die sie reif seien. Sein Geist solle der des Maßhaltens sein, „das Politisch-Gute findet sich wie das Moralisch-Gute immer zwischen zwei Grenzen“[26].

Allmählich aber und mit äußerster Behutsamkeit glaubte er im Laufe der Geschichte die Wirklichkeit seinem Ideal anzunähern; denn er hoffte mit geistigen Waffen den physischen Gegebenheiten zu trotzen, und wenn er die Gesetze den Sitten anpasse, in Wechselwirkung auch durch Gesetze den Charakter einer Nation bilden zu können[27]. Schließlich sollte doch beides einzig dem übergreifenden Ziele dienen, dem Staat ein „Prinzip“ zu erhalten.

In dieser Form stellt sich bei Montesquieu der staatsbürgerliche Gedanke dar. Was er Prinzip eines Staates nennt und „mit dessen Leben und Sterben alles gewonnen oder alles verloren“ ist, will zuletzt nichts anderes besagen, als die Notwendigkeit einer geistigen Energie, irgendwelches Verwurzeltsein des Staates im Herzen seiner Bürger[28]. „Nicht nur den Körper, sondern Herz und Sinn des Untertanen“ wünschte er vom Staate ergriffen; nicht von Formen und Gesetzen, wußte er, hing das Gedeihen des Staates ab; er wollte „jene wahre Harmonie erreichen, die alle Teile, so entgegengesetzt sie erscheinen, zum allgemeinen Wohl der Gesellschaft zusammenarbeiten läßt, wie Dissonanzen in der Musik zum schließlichen Wohlklang des Ganzen beitragen“[29]. Er war großdenkend genug, mehrere Möglichkeiten dafür gelten zu lassen, auch wenn seine Liebe und sein höchstes Vertrauen jener besonderen Form gehörte, die auf der „politischen Freiheit“ beruhte. V. Klemperer hat recht, wenn er behauptet, daß „über den Despotenhaß hinaus nichts gesichert Festes bei Montesquieu vorhanden ist“[30].

Zweifellos gründet sich der englische Staat für ihn auf die

Teilnahme der Nation und steht in ihrem Dienste, aber Montesquieu erlebte ihn viel weniger vom Standpunkt der Nation als dem des einzelnen aus. Die Ruhe und Sicherheit des Individuums, sein Recht sich selbst zu regieren, sind die Gesichtspunkte, die ihm genügend erscheinen, Sinn und Sein jenes komplizierten Apparates der Teilung und Hemmung der Gewalten zu rechtfertigen. Der aristokratische Charakter der englischen Verfassung entsprach durchaus seiner eignen Geistesrichtung; das Repräsentativsystem, das Censuswahlrecht und das adlige Oberhaus waren ihm Selbstverständlichkeiten, und nirgends finden wir ein Wort der Kritik, das ahnen ließe, wie er eine innigere Verbindung der Nation mit dem Staate wünschte. Obwohl er wenig Wert auf den Vertragsgedanken legte und es lächerlich fand, mühselig nach dem Ursprung der Gesellschaften zu forschen, die auf der Familiengrundlage natürlich erwachsen seien[81], verfiel er gelegentlich einer mechanisierenden Betrachtung, die das Wesen des Staates einzig in seine Gesetzgebung und Verwaltung setzte. Und dann überkam wohl den Mann, der sein Leben nichts anderes gedacht, als den Staat zu ergründen, und was er sah, mit ihm zu verknüpfen, ein leiser Schauer, seine ganze warme Persönlichkeit jenem kalten Regelwerk auszuliefern[82], und er begann zu feilschen um die Rechte des Individuums, die er dem Staat entrücken zu können glaubte. Aber glücklicherweise begegnete sich in ihm der Rechenkünstler und der Historiker, den wir vorher am Werke sahen. Er dachte nicht daran, die englischen Einrichtungen nach Frankreich zu verpflanzen, er, der glaubte, daß „das Übermaß der Vernunft nicht immer wünschenswert ist und daß die Menschen sich fast immer besser mit Mittelmaß als mit Extremen abfinden“[83]. Vielmehr legte der Historiker „die wirklichen und lebendigen Kräfte Frankreichs nur dazu in die Hände des politischen Mechanikers, daß er sie in Ordnung und Gang bringe“[84]. Er glaubte im alten Frankreich die Idealmonarchie vorgebildet, und „als Weisheit erschien ihm eine Wendung nach rückwärts, beleuchtet von der Kenntnis des Geistes der Verfassung"; die „grundlegenden Gesetze der Franzosen" dachte er auf ihr eigentliches Prinzip zurückzuführen, „das Richelieu und Ludwig XIV. verfälscht hatten"[85]. „Die germanischen Völker," sagte er, „die das römische Reich eroberten, waren bekanntlich sehr frei." All seine Bewunderung gehörte jener „gotischen" Regierung, unter der sich die ganze Nation oder später ihre Vertreter versammeln konnten, und wo die Freiheit des Volkes, die Vorrechte des Adels und der Geistlichkeit und die Macht der Könige sich in solchem Einklang befanden, daß er zweifelte, es habe je ein „so wohl abgestimmtes" Staatsleben gegeben[86]. Aber es war nicht seine Hauptsorge, der Nation ihren Staat zurückzugeben. Viel kleinere Geister als er haben dafür mit tausendfach größerer Kraft gekämpft. Aus ihm sprach vor allem der Geist der Parlamente und der Fronde. „Er vergißt die Generalstände, empfiehlt die Privilegien, ist kein Feind der geistlichen Gerichte, und was der hervorstechendste Zug seiner Politik ist, verlangt einen ‚Hüter der Gesetze'. Diese Körperschaft ist augenscheinlich das Parlament. Nun sagt aber Montesquieu, daß dieser Schutz der Gesetze nur bei politischen Körperschaften liegen kann. Die Parlamente sind also politische Körperschaften; und das ist die Lehre der Fronde."[87]

Schließlich wich er auch in der Auffassung des Königtums in keiner Weise vom Althergebrachten ab. Die unlösliche Verbundenheit der Nation mit ihren Königen war auch ihm über allen Zweifel erhaben: „Ich kann mir nicht denken," sagte er, „daß es jemals einen französischen Fürsten geben könnte, der sein Volk nicht liebt. Bei uns haben sich die Untertanen in blindem Vertrauen auf ihren König ihm fast schrankenlos hingegeben und ihr ganzes Glück in seine Hände gelegt."[88] Zwar hatte er in den „Persischen Briefen" wieder und wieder über die geistige Abhängigkeit der Franzosen von ihren Königen gespottet[89], aber ohne Bedenken identifiziert er doch schließlich die französische Geschichte mit der des Königtums. Er wußte, daß „die wahren Kräfte Frankreichs in ihrer guten Verbindung untereinander und in ihrer Sammlung wie in einem Punkte lagen", und nicht ohne Bewunderung stand er vor der Größe einer Macht, die ihm „wie jene Ströme erschien, deren Wasser sich während ihres Laufes einmal verliert oder unterirdisch verbirgt, die aber beim Wiedererscheinen, von den Flüssen, die sich hineinergießen, geschwellt, schnell alles mit sich fortreißen, was sich ihrem Lauf entgegenstemmt"[40].

Aber — unüblich für einen Franzosen — wurde seine Stellung zum nationalen Königtum und zur nationalen Geschichte sehr wenig davon berührt, welche äußere Machtstellung sie Frankreich in der Welt zu schaffen gewußt hatten. Gerade im Verständnis jener Ruhmestraditionen, die soviel für sein Volk bedeutet haben, versagte sein Empfinden! Er hat wohl hin und wieder ausgesprochen, daß er „Frankreich für die erste Macht Europas" ansah und verkannte die Bedeutung nicht, die Ludwig XIV. an seiner Erhebung gehabt hatte; aber dieser große Fürst blieb ihm immer nur ein König, der „mehr die mittelmäßigen Eigenschaften eines Herrschers hatte als die großen, und nur geeignet war, das Äußere des Königstums aufrechtzuerhalten". Louvois gar erschien ihm neben Richelieu als der „schlechteste Bürger des Reiches"[41]. Nur der Ruhm eines Epaminondas vermochte vor ihm zu bestehen, den er „auf den Grundsätzen der Pflicht und der Tugend" begründet glaubte, nicht aber die „eitle Größe eines Alexander". „Daß ein Mensch sich über die Menschheit erhebt, kommt allen anderen zu teuer zu stehen."[42] Humanität war ihm die erste Tugend des Menschen, und ihren Forderungen versuchte er auch den Staat zu unterwerfen, wo es ihm ungefährlich dünkte.

Das Recht der Eroberung blieb ihm immer ein unglückliches, das „eine ungeheure Schuld zu zahlen hinterlasse, um die menschliche Natur zu versöhnen", auch wenn er seine Notwendigkeit und Legitimität nicht bestritt, da ihm die Selbsterhaltungspflicht des Staates am Ende über alles ging. „Das Leben der Staaten ist wie das des Menschen. Diese haben ein Recht im Falle der Notwehr zu töten, jene haben das Recht, um ihrer Selbsterhaltung willen Krieg zu führen." Sogar die Notwendigkeit eines Angriffes hielt er für möglich, wenn anders ein Volk glaube, nur so die Schlingen zerreißen zu können, die ein langer, trügerischer Friede ihm bereiten helfe[43]. Er empfahl die Konföderation für kleine Staaten, um sie verteidigungs- und lebensfähig zu machen und pries sein Vaterland glücklich, das so schwer anzugreifen und so leicht zu verteidigen sei, aber er konnte sich nicht genug tun, vor Vergrößerungen des Staates und Eroberungen zu warnen. Es war ihm nicht verborgen geblieben, wie die großen Mächte seiner Zeit im Machtgedanken lebten und webten. Er wußte auch, daß Krieg und Vergrößerung ein Prinzip der Monarchie seien, aber er riet zu weiser Beschränkung „innerhalb der eignen Grenzen", weil „das Ziel der Eroberung die Erhaltung" sei[44]. Es scheint nur natürlich, daß diesem Manne, der von der verschiedenen Eigenart der Völker so tief durchdrungen war, Bedenken kamen, wie fremdes Volkstum in einem erobernden Staate zu assimilieren sei. Der Klugheit der römischen Praxis sah er die Regel ab, „die Dinge zu lassen, wie man sie gefunden", dieselben Gesetze, dieselben Gewohnheiten, dieselben Vorrechte, „nichts solle geändert werden, außer der Armee und dem Namen des Herrschers"[45]. Freilich gestand er im Falle außerordentlicher Gefährdung der Eroberungen dem Herrscher das Recht zu, die Unterworfenen in Knechtschaft zu halten, aber nur solange bis eine gewisse Anpassung der Eigenart erfolgt sei und „das Fremdsein zwischen dem alten und dem neuen Volk, von dem eins nicht Vertrauen zum andern fassen kann", überwunden sei. Der Verlust der Nationalität wog ihm an sich nicht allzuschwer, und er glaubte, ihn durch einige kulturelle Vorteile reichlich ersetzen zu können, um so mehr als es ihm unmöglich war, zu denken, daß andere als innerlich morsche und verfallene Staaten ihre äußere Unabhängigkeit aufgeben[46]. Andererseits besaß er soviel Achtung vor dem Eigenrecht jeder Nation, daß er der herrischen Vergewaltigung eines Volkes nie und nimmer zugestimmt hätte.

So heilig ihm Friedensverträge erschienen, er sah ein ebenso heiliges Recht der Verzweiflung, sie zu zerreißen, und sprach ihnen nur dann verpflichtende Kraft zu, „wenn sie das Dasein eines Volkes nicht in Frage stellten“. Die Forderung höchster Gerechtigkeit stand ihm über den Beziehungen von Volk zu Volk und ein tiefes Verantwortlichkeitsgefühl für das Glück der Menschheit[47].

Als ungerecht und töricht zugleich empfand er die Politik seiner Zeit, die um vermeintlichen Vorteil und Nutzen für den Ruhm des Staates oder gar von Fürsten und Ministern die Erde mit Strömen von Blut überschwemmte[48]. Er, der mit soviel Freude die Mannigfaltigkeit der Welt bewunderte, sah auch die Vielheit der nationalen Staaten mit Selbstverständlichkeit. Er hielt es für ein großes Glück, daß die universalistischen Pläne Ludwigs XIV. gescheitert seien und rief in jener Erkenntnis des Sich-Bescheiden-Müssens, die zugleich das große Gefühl und der Hintergrund seines Lebens war, seinem Volke zu: „Nicht das ist Bürgergeist, sein Vaterland alle andern Vaterländer verschlingen zu sehen!“[49] Seinem vorurteilsfreiem Blicke war längst die Tatsache allgemeiner wechselseitiger Abhängigkeit der europäischen Nationen untereinander aufgegangen. „Europa ist ein Staat von mehreren Provinzen, alle Staaten hängen voneinander ab; Frankreich und England brauchen den Reichtum Polens und Rußlands, wie eine ihrer Provinzen die anderen braucht, und der Staat, der seine Macht durch die Vernichtung der andern mehren will, schwächt sich gewöhnlich mit ihm.“[50] An diese Einheit der Republik Europa klammert sich sein weltbürgerliches Denken mit der Hoffnung einer friedvollen, hoher Kulturarbeit geweihten Zukunft des Menschengeschlechtes, und mit Stolz war er sich bewußt, welch schöpferische Werte und Kräfte seine eigene Nation zur Lösung dieser erhabenen Aufgabe mitzubringen vermochte: „Mag das Ausland unsere seltensten Geister zu sich rufen; sie bleiben unser Ruhm; die Heimat hat sie geschmiedet“[51].

3. Voltaire.

Il me fallait le roi de Prusse pour maître, et le peuple anglais pour concitoyen.

Lettres.

Wenn Voltaire nach einem Wort Goethes auf allen Gebieten der höchste unter den Franzosen denkbare Schriftsteller und nach einer Äußerung von David Friedrich Strauß auch der des 18. Jahrhunderts im höchsten Sinne zu nennen ist: auf dem Gebiete politischer Ideen hat er Frankreich und der Welt nichts Großes und nichts Neues zu geben vermocht[1]. Auch die Jahre, die er in England verbrachte, sind mehr in allgemein philosophischem als ausgesprochen politischen Sinne für ihn entscheidend gewesen, und er selbst hat sich unter dem überragenden Eindruck der staatsmännischen Größe seines königlichen Freundes nicht im mindesten über die Weite seines politischen Blickes getäuscht[2]. Das Wohlbehagen, mit dem er in England den Geist des Liberalismus einatmete, gipfelte ihm in dem Gefühl seiner Ungebundenheit als Schriftsteller und Künstler im Zeichen der Preßfreiheit. Die Idee wahrer politischer Freiheit verstand er nie, weil er vielleicht überhaupt Ideen nicht verstand, sondern stets nur praktische Notwendigkeiten. Aber der Aufenthalt in dem Inselreich, wo er die Nation eine entscheidende Rolle im Staatsleben spielen sah, verstärkte doch eine Überzeugung, die ihm seiner ganzen Lebensstimmung und Interessenhaltung nach natürlich war: daß nämlich Könige, Minister und Generäle nicht allein der Aufmerksamkeit eines Historikers würdig seien.

Hätte er Geschichte nur vom rein politischen Standpunkt aus geschrieben, konnte es ihm nur zu leicht geschehen, leblos starren Massen zu begegnen, wenn er den Blick auf die Nationen des damaligen europäischen Festlandes richtete! So traf es sich glücklich, daß sein historisches Interesse vor allem geistigen Problemen, dem Werden der modernen Kultur, insbesondere der Aufklärungskultur gehörte[3], von denen aus das Leben und die Arbeit der eigentlichen Nationen eine ganz neue Bedeutung erhielten und sein eigenes politisch unmündiges Volk leuchtend hervortrat. Unter diesen Gesichtspunkten schrieb er seinen „Essai sur les moeurs et le génie des nations“ und das „Siècle de Louis XIV.“ als „die Geschichte des menschlichen Geistes, aus dem Jahrhundert geschöpft, das für den menschlichen Geist am ruhmvollsten gewesen ist“; so kehrte er sich ab von einer Geschichtsbetrachtung, in der „nur von den Abenteuern eines Königs die Rede war, als ob er allein existiere oder nichts außer durch Beziehung zu ihm“. „Man hat bisher nur die Geschichte der Könige geschrieben,“ sagte er, „aber nicht die der Nation. Es scheint, seit vierzehnhundert Jahren hat es nach den Galliern nur Könige, Minister und Generäle gegeben, aber unsere Sitten, unsere Gesetze, unsere Gewohnheiten, sind sie nichts?“[4] Es wurde die größte Leistung Voltaires, die Geschichtsschreibung zu demokratisieren oder nationalisieren in dem Sinne, daß er den Hintergrund des Volkslebens benutzte und geographische Verhältnisse wie nationale Eigentümlichkeiten innerhalb der geschichtlichen Entwicklung angemessen zu bewerten lehrte. Er tat es gröber und oberflächlicher als Montesquieu, aber zugleich verständlicher und greifbarer für den Durchschnittsverstand; wo für Montesquieu die feine Geistigkeit unbewußter Wechselwirkung von „esprit général“ und Gesetz am Werke war, löste Voltaire das Geschehen in ein Spiel und Gegenspiel von Einzelpersönlichkeit und Masse auf[5]. Trotz seiner Aufklärungs- und Popularisierungstendenzen blieb seinem Bildungsstolz zuletzt doch das Talent und Genie des Individuums Sinn und Ziel der Entwicklung und nicht eine nationale, d. h. das ganze Volk erfassende Kultur. Wie sein Blick weniger auf das Werden der Völker als auf die Entwicklung der Zivilisation gerichtet war[6], so auch mehr auf die großen Geister und führenden Persönlichkeiten als die Kollektiveigenart der Nationen. Die feine Einfühlungskraft Montesquieus war ihm nicht gegeben; wenn er den Sitten und Gebräuchen der Völker nachging, so geschah es aus Interesse an den Gemeinsamkeiten, nicht den Verschiedenheiten, und es war wohl mehr das Bestreben, gegenüber seinen Vorgängern möglichst vollständig zu sein und alle Züge des menschlichen Geistes zu erforschen, das ihn so viele Nationen zur Betrachtung heranziehen ließ, als die Freude an Reichtum und Eigenwert der singulären Erscheinungen. Nirgends hätte er mit ehrfürchtigem Staunen ein absolutes Anders-Sein zugegeben; was an Verschiedenheiten in der Welt, war ihm ein Erzeugnis von Gewohnheit und Vorurteil, nicht der Natur. „Der Mensch im allgemeinen ist immer gewesen, was er ist", „alles, was eng mit der Menschennatur zusammenhängt, gleicht sich von einem Ende der Welt bis zum andern, alles, was von Gewöhnung abhängen kann, weicht voneinander ab, und wenn es sich ähnelt, ist es ein Zufall"[7]. Gewöhnung! Unter diesen Begriff fielen seiner flinken Oberflächlichkeit die Einflüsse von „Klima, Religion und Regierung", durch die er „die Rätsel dieser Welt erklärt" zu haben vermeinte[8]. Für diesen Führer der Aufgeklärten gab es keine ursprünglichen Gegebenheiten und keine irrationalen Gewalten im Leben der Völker oder der Persönlichkeit; problemlos und seicht erscheint bei ihm, was in Montesquieus Denken rätselhaft und tief.

Weit korrekter als dieser, vermied er, den unkontrollierbaren Einflüssen des Klimas über rein äußere Momente hinaus Raum zu geben und polemisierte in seinem Kommentar gegen den Verfasser des „Geistes der Gesetze": „Wir wollen doch zugeben, daß, wenn das Klima die Leute hell oder dunkel, blond oder braun macht, die Regierung ihre Tugenden und Laster bestimmt."[9] Freilich gelang es Voltaire nicht, damit der geistigen Seite des Phänomens der Nationalcharaktere gerecht zu werden, und so entschloß er sich, eine Unterscheidung von dauernden und variablen Elementen vorzunehmen, deren letztere er den Einflüssen von Regierung, Religion und Erziehung unterwarf, während die ersteren, und damit das, was man als eigentlichen Charakter anzusehen gewohnt ist, immer wieder dem Klima vorbehalten bleiben mußten[10]. Man kann ihm ebensowenig wie Montesquieu einen Vorwurf daraus machen, daß er ein Problem nicht zu lösen vermochte, um das sich die junge Wissenschaft der Soziologie noch heute bemüht. Die Grenzen des 18. Jahrhunderts offenbaren sich vielmehr darin, wie banal dieser klügste der Franzosen, der einen „Essai sur le génie des nations" schrieb, den Begriff des Volkstums und Nationalcharakters erfaßte[11]. In seinem Kommentar zum „Geist der Gesetze" steht ein Kapitel über den „Charakter der französischen Nation", dem prinzipielle Bedeutung zukommt. Darin begnügt er sich, das Bild Frankreichs unter Ludwig XI., Karl VI. und Ludwig XIV., Zeiten des Bürgerkrieges, der Fremdherrschaft, der Blutbäder und Hinrichtungen, des Ruhmes und der Blüte der Wissenschaft, nebeneinander zu stellen, ohne gewahr zu werden, daß er damit nur Glück und Unglück seiner Nation, nicht aber ihren Charakter schildert, daß er auf ihr Schicksal blickt, ohne zu fragen, warum es gerade diese Gestalt hatte und wie es getragen ward.

Denn Geschichte ist stets aus beidem gewoben, aus Schicksal und Charakter, und Voltaire, der wohl ein Auge dafür hatte, daß „die Klimalehre nie die Schrecken des Krieges der roten und der weißen Rose erklären konnte"[12], vergaß, daß er mit „Regierung und Gewöhnung" nie imstande sein würde, verständlich zu machen, warum sich Germanien einen neuen Glauben eroberte, während die romanischen Länder vom Katholizismus nicht ließen.

Aus diesen Betrachtungen muß erhellen, wie wenig in Voltaires Geschichtsschreibung und nicht zum letzten in seiner „Abhandlung über den Geist der Nationen" gerade der Geist der Nationen bedeuten konnte![13] In der Tat erscheint er im Laufe der 200 Kapitel nur ein einziges Mal als entscheidendes Agens: das Bestehen des heiligen römischen Reiches deutscher Nation mit seiner komplizierten Verfassung zu erklären, „das unerschüttert blieb und in seinem Schoße doch alles trug, was es zerstören zu müssen erschien“ [14]. Dagegen hat die Geschichte der Jungfrau von Orléans oder das tragische Ende Heinrichs IV., in denen er beide Male Abhängigkeiten zum Geiste des Jahrhunderts entdecken will, mit dem französischen Nationalcharakter nichts mehr zu tun; hier liegen rein rationalistische Überzeugungen zugrunde, wie Bildung und Aufklärung bzw. Dummheit und Aberglaube das Handeln der Massen und damit gelegentlich den Gang der Geschichte bestimmen [15]. Es war seiner aristokratischen Denkungsart viel natürlicher, aufzuweisen, wie große Individuen zu Zeiten über das Schicksal von Völkern entschieden haben, und wieviel ein Mann an rechter Stelle vermag. „Die Überlegenheit einer Nation hängt nur von denen ab, die sie führen“, sagte er, und „vom Charakter eines einzigen Mannes hängt oft das Geschick des Staates ab“, ja folgerichtig sprach er es aus: „der Geist eines Volkes ruht immer in der kleinen Anzahl derer, die die größere arbeiten läßt, von ihr ernährt wird und sie regiert“ [16].

Innerhalb des rührsamen Humanitätswirbels der Zeit stand Voltaire seltsam nüchtern und kalt mit seiner Bewertung des Volkes; es blieb ihm immer „barbarisch und roh“ und „zum Fanatismus geneigt“, und selten zog er in wohlwollende Erwägung, ihm die Aufklärung zugänglich zu machen [17], wie es etwa der auch von Voltaire aufrichtig bewunderte Turgot getan. Von allen Philosophen des 18. Jahrhunderts ist er am wenigsten der Mann, der für ein neues Staatsbürgertum in seinem Volke oder in der Welt gearbeitet oder es auch nur ahnend erschaut hätte! M. Landmann hat ihn als einen Vertreter der Volkssouveränitätslehre angesprochen, aber was will jene Äußerung der „Idées républicaines“, wo sich der Patriarch von Ferney eine Stunde im Bürgergewande Rousseaus gefiel, gegenüber der oft und oft wiederholten und steten Überzeugung seines Lebens besagen, daß „die Menschen nur äußerst selten wert sind, sich selbst zu regieren?" Wohl erinnert er das Königtum einmal, daß es, „den Staat nur zu vertreten habe", aber im Grunde stand es ihm über jeden Zweifel erhaben, daß „ein absoluter König nur die Größe und das Glück seines Staates wollen kann, weil sie seine eigenen sind und jeder Familienvater das Wohl seines Hauses wünscht. Er kann sich in der Wahl der Mittel irren, aber es ist unnatürlich, daß er das Unglück seines Reiches wünschen sollte." So vertraute er und zog instinktiv etwaige Ungerechtigkeiten der Unordnung vor: „mehr als die Tyrannei ist die Anarchie zu fürchten, die nur eine tumultuarische Tyrannei ist"[18]. Faguet hat Voltaire den echten „Bourgeois gentilhomme" der Zeit der Regentschaft genannt, und wahrlich besitzt er in staatlichen Angelegenheiten etwas von der behäbigen Selbstzufriedenheit des Molièreschen Komödienhelden! Denn er war konservativ, ohne Ernst und Fruchtbarkeit, ohne Ehrfurcht und Verantwortung vor der Vergangenheit, sondern nur eben — weil er sich in der Gesellschaft, wie sie war, ungefähr wohlbefand. Mit Stolz und Wohlgefallen sieht er auf seinen Staat: „er ist modern, er ist rational, ein regelmäßiges Ganzes, ein politisches Kunstwerk, in dem alle Linien von außen in einem Mittelpunkt zu gesammelter Wirkung zusammenlaufen"[19].

Wenn man ihn für ein ausgesprochenes Regierungssystem in Anspruch nehmen darf, so ist es das des aufgeklärten Despotismus; von der Allmacht der Zentralgewalt allein hat er alles Heil erwartet, und Turgot war der Minister seines Herzens. Er sprach das schöne Wort, es sei „das wahrhafte Ziel der Politik, alle Stände des Staates an das gemeinsame Wohl zu fesseln", und es hatte ihm die Erfüllung einer einfachen Forderung der Menschlichkeit bedeutet, daß, solange es in der Geschichte eines Volkes eine Vertretung gab, der dritte Stand als Kern der Nation ihr angehören sollte[20]. Aber die Vertretung selbst erschien ihm entbehrlich oder in der Person des Königs genügend. Ohne ein Wort der Kritik vermerkt er, daß es seit dem Regierungsantritt Ludwigs XIV.

„nur noch einen Herrn und Untertanen in Frankreich gab“, und in offener Feindschaft stand er dem Parlament gegenüber, auf das die öffentliche Meinung so viele Hoffnung setzte. So gern er seine Verdienste auf anderen Gebieten anerkannte, trat er doch immer wieder seinen Ansprüchen entgegen, die Nation zu vertreten. „Es war das Orakel der Nation“, gab er zu, „aber es vertrat sie keineswegs. Um sie zu vertreten, muß man entweder von ihr ernannt sein oder ein mit der Person verbundenes Recht dazu haben.“ „Wie souverän verachte ich doch diese unverschämten Bourgeois, mit denen der König so unzufrieden ist, wie ich! Nein, lieber will ich einem schönen Löwen aus gutem Hause gehorchen, der schon von Geburt an stärker ist als ich, als hundert Ratten meiner Gattung.“[21]

Von subjektivstem Standpunkt aus entschied Voltaire alle diese Fragen; „er hatte kein Rezept zum Regieren, gouverne qui peut ...“[22] Wenn er irgendwelche liberale Ansprüche vertrat, so geschah es nicht, weil ihn der Gedanke an unveräußerliche und ewige Rechte der Nation oder des Individuums erfüllte, sondern weil ihm persönliches Wohlbefinden gestört oder ein Lieblingsgedanke verletzt worden. „Er ist ein Franzose“, sagt Faguet, „über ein leichtes Joch wird er ungeduldig und fügt sich unter das schwerste“[23]. Mit ruhiger Entschiedenheit, die er wohl den großen Machtnaturen, deren Geschichte er schrieb, abgelauscht hatte, stellte er den Staat außerhalb der moralischen Schranken, die dem einzelnen Gesetz sind, und sah mit Selbstverständlichkeit höchste persönliche Opfer, die diesem Götzen gebracht wurden, wie Heinrichs IV. Religionswechsel oder Gericht und Tod des Zarensohnes Alexei. Und wie er die Könige hinter ihrem Amt verschwinden ließ, tat er nicht viel, den Menschen und Privatmann vor dem Aufgehen im Staatsbürger zu retten. Eine Beschränkung des Königtums durch fixierte Grundrechte lehnte er als wertlos ab und befürwortete dagegen alle Neuerungen, „die der Zentralisation, der Vereinheitlichung, der nationalen Gleichförmigkeit“ dienen konnten, wie die

Aufhebung immer noch bestehender Binnenzölle, die Einheit von Maß und Gewicht und der Rechtsprechung im ganzen Königreiche[24].

Es traf sich, daß, was er als Mensch und Individuum vom Staate verlangte, dessen Allgewalt zugute kam; denn „jenes private Sicherheits- und Zufriedenheitsgefühl, die Sekurität“, für die er soviel Sinn hatte[25], kann nur feste staatliche Ordnung und Macht den Staatsgliedern verleihen. Freilich pries er gelegentlich die englische Verfassung zur Nachahmung an und bekannte offen, daß, wenn er die Wahl hätte, er sich demjenigen Staat anschließen würde, „wo man nur den Gesetzen gehorcht“. Aber er besaß nicht das leidenschaftlich doktrinäre Interesse Montesquieus für Verfassungsmechanik und war weit davon entfernt, das Glück und die Größe der Engländer, die seine Zeit gerade so deutlich emporblühen sah, auf ihr Regierungssystem zurückzuführen: der Geist, der sie belebte, das patriotische Feuer, das sie beseelte, fielen für ihn weit schwerer ins Gewicht[26].

Auch sein eigenes Glück in der Heimat war viel zu gefühlsmäßig begründet, als daß es grundstürzender Verfassungsreformen bedurft hätte, um vollkommen zu sein, und wäre nur Herrn von Voltaire volle Publikationsfreiheit gewährt worden, so würden seine halb empörten und halb geschmeichelten Klagen über Beschränktheit und Tyrannei des Staates wohl gänzlich verstummt sein.

Der Artikel „Vaterland“ seines philosophischen Wörterbuches ist leider von erschreckender Dürre und Unergiebigkeit und verrät über die Befriedigung eines gewissen Egoismus hinaus kein höheres Bindemittel zwischen Volk und Staat. „Ein Vaterland ist ein Gebilde aus mehreren Familien, und da man gemeinhin seine Familie, wenn man kein gegenteiliges Interesse hat, aus Selbstliebe erhält, so stützt man in derselben Eigenliebe seine Stadt oder sein Dorf, das man sein Vaterland nennt.“ „Man hat ein Vaterland unter einem guten König, man hat keins unter einem schlechten“[27]. Es sind die derbsten und konkretesten Gesichtspunkte, die für ihn entscheiden, und nirgends ist ein Anklang an die geistige Macht der nationalen Idee aufzufinden. Zwar scheint ihm ein Anteilhaben und Verwobensein notwendig zu den Begriffsmerkmalen zu gehören, aber die Deutung ist nur allzu grob und unoriginell, allein der Grundbesitzer darf von einem Vaterland sprechen, und „je größer der Staat, desto weniger wird er geliebt, da geteilte Liebe sich abschwächt“[28].

Deutlich beschleicht uns vor solcher Oberflächlichkeit der Eindruck von einer Enge dieses universellen Geistes, der Hingabe und Selbstvergessenheit nicht kannte, ohne die noch nie ein Mensch in Tiefen gedrungen ist. Es ist, als ob er im Egoismus seines Herzens vom Staat nichts fordern möchte, um in Erwiderung nichts geben zu müssen. Und selbst der feinste Gedanke, den er über Sein und Wesen eines Staates gehegt hat und mit Überzeugung verfochten, erscheint in seinen Quellen getrübt, die nicht Staatsbürgertreue und vaterländischer Sinn, sondern leidenschaftliche Kirchenfeindschaft waren. Voltaire hat starke und schöne Töne dafür gefunden, daß das erste und unveräußerliche Recht eines Staates seine Unabhängigkeit und Selbstregierung ist und „daß man nur den Gesetzen seines Vaterlandes zu gehorchen hat“[29], aber unverkennbar tragen alle diese Bekenntnisse zum nationalen Staate den Stachel gegen die römischen Herrschaftsansprüche an sich und verlieren damit jeden allgemeingültig-zeitlosen Charakter. „Souveränität und Abhängigkeit widersprechen einander; jede Monarchie, jede Republik hat nur Gott zum Herren, so ist es das Naturrecht, so ist es das Eigentumsrecht.“ „Ist es nicht eine schimpfliche, dem Völkerrecht, der Würde der Kronen, der Religion und der Natur zuwiderlaufende Knechtschaft, einen Ausländer dafür zu bezahlen, daß man sich in seinem Vaterlande verheiraten kann!“ „In einem Wort, als Staatsbürger sehe ich nicht gern Bürger, die aufhören es zu sein, Untertanen, die sich zum Untertanen eines Ausländers machen, Patrioten, die kein Vaterland mehr haben; ich will, daß jeder Staat vollkommen unabhängig sei.“[30] Mit dieser Politik rannte er offene Türen ein; nachträglich sanktionierte er nur eine Entwicklung, die der Vergangenheit angehörte, und ahnte nicht, daß er damit in ganz anderem Sinne der Zeit ein köstliches Vermächtnis für die Zukunft auf die Schultern zu legen hatte.

Er war Franzose genug, um auch den absoluten Wert nationaler Freiheit richtig einzuschätzen, und der Schlußsatz seiner Universalgeschichte selbst beweist, wie dieses höchste Gut im Verein mit jenen geistigen Werten, denen das Vertrauen seines Lebens gehörte, ihm verbürgte, daß ein Volk aus noch so tiefem Unglück wiederzuerstehen vermag[81]. Aber die Stelle, wo Staat und Geschichte am lebendigsten für ihn waren, blieb die Geisteskultur, die sie hervorgebracht hatten, und keine politische Leistung einer Nation zwang ihm soviel Bewunderung ab, wie die höchste Entfaltung des Individuums im Genie: „Nicht Silber und Gold verschaffen ein reiches Leben, sondern das Genie." „Ohne die Künste hat man nur Größe und keinen wahrhaften Ruhm"; „jedes Volk, das die Kunst nicht gepflegt hat, sollte verdammt sein, unbekannt zu bleiben."[82] Es war sein Stolz, daß Frankreich auf diesem Gebiete so Herrliches geleistet und für Zeiten das einzige Band, das ihn der Heimat noch verknüpfte. Nichts schätzte er mehr an Ludwig XIV., als daß er „das Verdienst in seinen Untertanen so ermutigt habe" und „alle Künste und Wissenschaften beschützt", und mit der tiefsten Befriedigung „des Menschen, nicht des Untertanen", schrieb er die Geschichte dieses glorreichen, auf ewig durch das Genie geheiligten 17. Jahrhunderts[83].

Die Humanität und der Ruhm des französischen Namens flossen hier aus den gleichen Quellen, und so durchtränkte sich dies Werk mit einem stolzen Patriotismus, zu dem sein Verfasser selbst sich ohne Scham bekannte, der doch gleichzeitig seine Unparteilichkeit und sein Weltbürgertum rühmen konnte[84]. „Frankreich und England sind voll von Schriftstellern, die die Sache der Menschheit zu vertreten glauben, wenn sie ihr Vaterland anklagen. Es gibt Leute, die denken, ein Historiker müsse sein Land in Verruf bringen ... Viele haben mit mehr Schrankenlosigkeit geschrieben als ich, keiner mit mehr Freiheit, aber meine Freiheit ist die eines ehrlichen Mannes gewesen und eines Weltbürgers." Es war ihm wie „ein Monument, das er der Ehre seiner Nation errichtete", und während er mit Stolz gewahrte, daß „alle Ehrenmänner Frankreichs und des Auslands, ja die festen Geister Englands selbst ihn als einen Bürger aller Völker betrachteten", gestand er, daß ihm „nichts mehr zu wünschen übrig bleibe, wenn er dem Volke Marlboroughs, Newtons und Popes Ehrfurcht für den Genius seiner Heimat abgezwungen habe"[85].

In der Tat konnte angesichts der übrigen historischen Werke Voltaires niemand an der Reinheit seines Weltbürgertums zweifeln. Er schrieb die Geschichte Rußlands, ohne den leisesten Schatten französischer Mißgunst über das Gemälde dieses Aufstiegs der neuen nordischen Großmacht zu werfen; ja vielleicht ohne überhaupt die Lage der Dinge vom französischen Standpunkte zu erfassen; so über allem stark und rein war seine Freude an dem verheißungsvollen Zivilisationswerk Peters des Großen. Er sah das rasche Glück und die kurze Blüte Schwedens ohne einen Gedanken an die schwedisch-französischen Beziehungen und fand kein Wort für die Tatsache, daß Frankreich es war, dem Schweden im Frieden von Nystadt seine Rettung verdankte. „Es kommt nur den Philosophen zu, Geschichte zu schreiben", sagte er. „Der Philosoph gehört keinem Vaterlande und keiner Partei an. Man möchte die Geschichte der punischen Kriege von einem Manne geschrieben sehen, der weder Karthager noch Römer gewesen."[86] Selbst frei von Voreingenommenheiten, trat er der nationalen Überhebung entgegen und verstand es, jedem Volke sein eignes Licht und seinen eignen Schatten zu lassen. „Es besteht unter den Nationen wie unter den Einzelnen ein Ausgleich von Größe und Schwäche, von Wissen und Nichtwissen, von guten und schlechten Gebräuchen, von Geist und Torheit, der sie auf die Dauer alle ungefähr gleich macht." „Man darf die Sitten und Gesetze einer Nation nicht nach denen der andern beurteilen", war sein Grundsatz, und er tadelte die große Menge der Franzosen, die „wegen alter Vorurteile fast immer die letzten seien, den Wahrheiten und nützlichen Bräuchen anderer Länder Eingang zu gewähren", während „ihre vornehmsten Schriftsteller" sie längst gelehrt haben müßten, „allen Völkern Gerechtigkeit widerfahren zu lassen". Mit der Dankbarkeit eines wahrhaft freien Geistes gestand er zu, wieviel die französische Kultur den englischen Geisteshelden verdankte; auch England hatte ja einst von Frankreich gelernt, und beide waren sie letzten Endes nur Schüler jenes glücklichen Volkes der Renaissance, das zuerst den goldenen Ball in Händen gehabt, den jetzt lächelnd ein Volk dem andern zuwarf. „Ich weiß nicht, welcher der drei Nationen der Vorzug zu geben wäre, aber glücklich derjenige, der ihre verschiedenen Verdienste zu erfühlen vermag."[87]

Mit seiner raschen Anpassungsfähigkeit und dem heiter-spielerischen Interesse für tausend und abertausend Dinge dieser Welt — der „curiosité", in einem Wort, die Faguet in den Mittelpunkt seines Charakterbildes gerückt hat — und seiner Unfähigkeit zu wahrem und tiefem Lieben, war Voltaire allerdings der geborene Weltbürger. „Was ist die Vaterlandsliebe?" fragt er. „Ein Gemisch von Eigenliebe und Vorurteilen, aus dem das Wohl der Gesellschaft die größte der Tugenden macht. Es kommt nur darauf an, daß dieses unbestimmte Wort ‚die Öffentlichkeit' einen tiefen Eindruck hervorruft."[88] „Mit allen Publizisten" nahm er als Grundsatz an, daß „jeder Mensch frei ist, sich ein Vaterland zu wählen", und wahrlich hat er von dieser Freiheit reichlich Gebrauch gemacht: „Er wechselt König und Vaterland", nicht einmal, sondern viele Male, so viele Male, wie eine neue Fürstlichkeit ihn huldvoll um seinen Besuch bittet.

Er besaß eine natürliche Anhänglichkeit an das angestammte Königtum, unter dem es sich so glücklich leben ließ und dessen Dienst so leicht zu tragen[89], aber als seine Mitbürger ließ er nur die kleine Anzahl denkender Franzosen gelten, die — ebensowenig wie er — Franzosen, sondern Glieder jener großen Geistesrepublik waren, die jetzt herrlicher als je erblühte und „den Trost in all dem Unglück" darstellte, „das Ehrgeiz und Politik über die Erde verbreiten"[40]. Während er dem französischen König unwandelbare Treue gelobte[41], versicherte er einer um der anderen der ausländischen Fürstlichkeiten, die er besang[42], daß er nur von Geburt und Namen Franzose, dem Herzen nach aber ihr Untertan sei, und erwog und schwankte, ob er nicht endgültig der Heimat den Rücken kehren sollte. Das englische Volk schien seinem Menschheitsideal am nächsten zu kommen, aber der große Friedrich von Preußen allein königlicher Verehrung wert, bis „Salomo und Alexander" von der „Semiramis des Nordens" im Herzen des ewig Beweglichen verdrängt wurde, den die Schweiz inzwischen in ihren Grenzen empfangen hatte[43].

Und doch traf König Friedrich den Kern dieses Wesens, wenn er an den treusten Freund, den Voltaire über den Tod hinaus besaß, die einfach großen Worte schrieb: „Voltaire dachte wie ein Grieche, aber er war ein Franzose." „Der Durchschnittsgeist Frankreichs ist in ihm", sagt Faguet. „Ein Mann, der mehr geistreich ist als intelligent und mehr intelligent als künstlerisch, ist ein Franzose. Ein Mann von überlegenem und praktischem, gesunden Menschenverstand und großer Schlagfertigkeit, der die Feder gewandt und glänzend führt und sich abscheulich widerspricht, wenn er sich zu großen Problemen emporschwingt, ist ein Franzose. Ein Mann, der sich für einen Neuerer hält und doch von ganzer Seele konservativ ist, vorausgesetzt, daß er den Spaß hat, respektlos, leichtsinnig, tonangebend und fehdelustig zu sein; ein Mann, unfähig zu Metaphysik und Poesie, aber anmutig und reizvoll und manchmal beredt in Prosa und in Versen, ist ein Franzose. Er ist völlig außerstande, die Idee der Freiheit zu verstehen und kann sich nur mit Bosheit bedrücken lassen oder selbst voll Entzücken Bedrücker sein, er ist ein Despot in seinem Herzen und erwartet jeden Fortschritt vom Staat und einem klugen Retter: so ist ein Franzose. Er ist nicht sehr tapfer, und dies ist nicht mehr französisch, aber die Franzosen haben sich sonst so sehr in ihm wiedererkannt, daß sie ihm diesen Mangel verziehen haben.“[45]

Kein Wunder, daß die Heimat diesen ihren echtesten Sohn immer wieder mit unsichtbaren Fesseln gefangen nahm! Er mochte wohl gelegentlich spotten über die Nichtigkeiten der Pariser Kultur und die ewigen Geldnöte der Regierung, er mochte lächelnd eingestehen, daß sein Volk von den Lorbeeren der Vergangenheit zehre und in Europa „auf Borg lebe, wie ein reicher Mann, der sich unmerklich ruiniert“, ja er mochte sich sogar in einem Anfall begreiflicher Gereiztheit über Zensurplackereien von allem, was französische Luft atmete und französisch sprach, lossagen[46] — dennoch faßte er all seine Arbeit auf als Dienst an der französischen Nation, war stolz auf ihre literarische, gesellschaftliche und politische Überlegenheit und nicht ohne Empfindlichkeit, wenn andere als er Grund zum Spott zu haben glaubten[47].

Als aber vollends die Tage kamen, da er Frankreich im Kampfe um den alten Ruhm sah, den er mit so achtloser Selbstverständlichkeit genossen, solange niemand ihn angefochten, flammte sein Nationalgefühl in ungeahntem Maße empor. „Ich interessiere mich für kein Ereignis, außer als Franzose“, schreibt er im Dezember 1757. „Ich habe kein anderes Interesse und kein anderes Gefühl, als was Frankreich mir einflößt, und in Frankreich ist mein Herz und mein Heil. Alles, was ich als Mensch und Bürger wünsche, ist, daß am Ende ein ruhmreicher Friede Frankreich für die englischen Seeräubereien und die Untreue, die es erlitten hat, räche und der König Friedensstifter und Schiedsrichter sei, wie zu den Zeiten der westfälischen Verträge.“[48] Mit einem Schlage enthüllt sich, wie die größten Traditionen der nationalen Geschichte im Herzen dieses weltbürgerlichsten der französischen Philosophen lebendig waren und die europäische Geltung seines Vaterlandes ihm ein Moment seines eigenen stolzen Lebensgefühles bedeutete! „Frankreich wird bestehen," klagt er im September 1758, „aber sein Ruhm, sein Glück, seine alte Überlegenheit, was wird aus alldem werden?"[49]

Faguet hat Voltaire vorgeworfen, was er geträumt habe, sei „immer ein geschwächtes Frankreich" gewesen. „Die Vergrößerung Preußens und die Ausdehnung Rußlands, die Unterdrückung Polens, die Russen in Konstantinopel, das sei seine hundertmal dargelegte äußere Politik."[50] In der Tat stand Voltaire in den russisch-polnischen Streitigkeiten wider alle gewohnten Wege französischer Politik auf Seiten der Russen[51], aber es waren seine besten Ideale, die ihn dahin getrieben hatten; denn er sah in Katharina Toleranz und Aufklärung verkörpert, während ihm der Fanatismus der Polen bis ins Innerste verhaßt war. Und der allgemeine Türkenfeldzug, den er so eifrig befürwortete, war, wenn man ihn nicht als ausgesprochene Marotte ansehen will, wohl auch als ein Krieg der Kultur gegen die Unkultur, des Rechts gegen den Rechtsbruch gedacht[52]. Er empfand Rußland nie als politischen Gegner, sondern hielt seine Bundesgenossenschaft für natürlich, während er den deutsch-französischen Haß mit einer gewissen Selbstverständlichkeit durch Jahrhunderte europäischer Geschichte hindurch beobachtet und sich nie über Englands Feindseligkeit und Mißgunst getäuscht hatte[53].

Niemand darf ihm absprechen, daß er nicht ein ehrliches und starkes Gefühl für nationale Ehre oder Schande gehabt und den Sinn für die Größe und Entfaltung seines Vaterlandes. Unbefriedigt sah er die neun Jahrhunderte französischer Geschichte nach Karls des Großen Tod, um in Dankbarkeit Richelieus Werk der Einigung und Festigung der Nation nach innen und außen und des Westfälischen Friedens zu gedenken, „wo die mit Schweden verbündeten Franzosen Deutschlands Gesetzgeber wurden"[54]. Ludwig XIV. endlich schien ihm den wahrhaften Ruhm der Nation heraufgeführt zu haben[55]. Kein Zweifel, daß ihm dieser mit kriegerischen

Erfolgen und Heldentaten eng verknüpft war! Den starken Königen und Helden gehörte seine Liebe, und er verbarg nicht, daß äußerer Glanz und Größe der Fürsten, wie ihre stolzen Gedanken und mutigen Pläne all seine Begeisterung zu entzünden vermochten[56]. „So ging dieser Rheinübergang vor sich," klingt es im „Siècle de Louis XIV.", „eine glänzende und einzigartige Tat, die damals als eins der größten Ereignisse gefeiert wurde, die Menschengedenken erfüllen konnten. Jener Anflug von Größe, durch den der König all seine Taten emporhob, das rasche Glück seiner Eroberungen, der Glanz seiner Regierung, die Vergötterung durch seine Höflinge, endlich der Hang des Volkes und besonders der Pariser zur Übertreibung machten ein Wunder aus dem Rheinübergang, das noch gesteigert wurde."[57] Während er sich den Ehrgeiz und die Ruhmsucht Ludwigs XIV. vor Augen zu stellen suchte, ließ er sich immer und immer wieder von jener Größe im Tun und Lassen des Sonnenkönigs berauschen und gefangen nehmen, die er als ein Erbe Karls des Großen ansprach und an deren unlösliche Verbindung mit dem Ruhme der Nation er nie zu glauben aufhörte. „Frankreich war damals auf dem Gipfel seines Ruhmes, als Ludwig in Europa gleichsam der einzige König war." „Er trennte seinen eigenen Ruhm nicht von dem Vorteil Frankreichs und sah das Reich nicht an, wie ein Lehnsherr sein Gut betrachtet, aus dem er alles, was er kann, herauszieht, um nur seinen Freuden zu leben. Jeder König, der den Ruhm liebt, liebt das Staatswohl."[58] Keinem andern französischen Fürsten, nicht einmal Heinrich IV., hat Voltaire wie Ludwig XIV. eine so durchaus und im höchsten Sinne nationale Bedeutung zugemessen. Erst er habe „das bis dahin unruhige Volk zu einer friedlichen Nation" umgeschaffen, „die nur noch den Feinden gefährlich war, nachdem sie es mehr als hundert Jahre sich selbst gewesen", und „trotz des absoluten Regiments sei die Verbindung zwischen Thron und Volk" unter ihm lebendig geblieben. „Man zeige mir eine Monarchie auf Erden," rief er aus, „wo man mehr für das Staatswohl getan hat, als während der 55 Jahre, da Ludwig selbst regierte"; „er tat der Nation mehr Gutes, als zwanzig seiner Vorgänger zusammen, und noch fehlt viel daran, daß er alles getan hätte, was er konnte."[59]

Verlangte es nicht unsere Aufgabe, allein rein menschlich wäre es interessant, neben dieser begeisterten Bewunderung des großen Machtmenschen und Eroberers Ludwig XIV. Voltaires grundsätzlicher Stellung zu Macht und Ruhmespolitik, Krieg und äußerem Heldentum nachzugehen. Nirgends kann die widerspruchsvolle Persönlichkeit dieses überlebendigen Franzosen deutlicher erscheinen als hier, wo man ihn für sein Vaterland und seine Freunde alles verstehen und verzeihen sieht, was er als Philosoph haßte und verurteilte. Denn die psychologischen Triebfedern der Politik des jungen Schwedenkönigs Karl XII. waren die einer jeden Machtnatur und keine anderen als die Ludwigs XIV., und nur die objektiven Bedingungen und Bedingtheiten, denen sie beide unterstanden, der „Gang der Dinge", schuf um jeden ein anderes Stück Geschichte. Voltaires unzusammenhängender Geist aber sah im einen den Vollender der nationalen Größe, im andern eine Geißel der Menschheit. „Zwischen den Tyrannen und den guten Königen, aber näher den ersten, stehen die Eroberer", leitete er seine „Geschichte Karls XII." ein. „Sie haben eine glänzende Berühmtheit. Denn das ist die erbärmliche Schwäche der Menschen, daß sie die mit Bewunderung betrachten, die auf glänzende Weise Übles getan haben." „Sein Leben soll den Königen verkünden, wie hoch eine friedliche und glückliche Regierung über so viel Ruhm steht."[60]

Und diese der Machtpolitik geradezu feindliche Tendenz entsprang nicht nur unter dem augenblicklichen Eindruck der Erfolglosigkeit und Tragik dieses jungen Heldenlebens, sondern sie wurzelte tief in Voltaires Lebensüberzeugungen und -Wertungen. Vor seinem unbestochenen Verstande gab es keinen gerechten Krieg; der Gedanke selbst erschien ihm „widersprechend und unmöglich", und laut zieh er Montesquieu des Macchiavellismus, weil dieser einer bedrängten Nation das Recht auf Selbsthilfe zugestanden. Er glaubte, wieder und wieder beobachtet zu haben, daß Krieg und Eroberung der Mühe nicht lohnten, sondern die Sieger selbst am Ende elend und friedebedürftig zurückließen; und daß der Macchiavellismus nur „eine vorübergehende Macht verleihe, wie das Gift ein Erbe verschaffen kann, aber sicherlich niemals große und niemals glückliche Menschen schaffen könne“[61]. Zweifelnd fragt er seinen königlichen Freund, ob er in allem Siegesgeschrei und „Ruhmesgetümmel auch nur ein wenig glücklicher sei, als in der süßen Zurückgezogenheit von Rheinsberg“, und es geschah, daß seine gewandte Schmeichlerzunge stockte, und er über dem Leid der Menschheit den Ruhm des großen Königs vergàß[62].

Dennoch vermochte er nicht, die Kriege und Eroberungen seines eigenen Vaterlandes zu mißbilligen und mit Gleichgültigkeit auf die Kriegsschauplätze zu blicken, wo französische Soldaten im Kampfe standen. Den spanischen Erbfolgekrieg nannte er „einen der gerechtesten Kriege“, und die Erwerbung des Elsaß, „das Ehrenmal, das den Kardinal Mazarin unsterblich machte,“ ja, er feierte Schlachten und Siege in beredten Gedichten, ganz wie es seine Stellung als Hofhistoriograph oder Fürstenliebling mit sich brachte[63]. Mit lebhaftem Gefühlsanteil begleitete er in seinen Briefen Sieg und Niederlagen der Franzosen, und was er an zeitgenössischer Geschichte niederschrieb, verrät mit so manchem persönlichen Beiwort, wie trübe ihn der Verlust der französischen Kolonien stimmte[64]. Er verurteilte die Teilnahme Frankreichs an den ersten schlesischen Kriegen, aber nicht aus doktrinärem Pazifismus, sondern vom Standpunkt des nationalen Interesses aus; denn der erste erschien ihm als eine seinem Vaterlande „fremde Sache“, und vom letzten fürchtete er, er möchte Österreich mächtiger machen als zu Zeiten Ferdinands II., und Frankreich schwächen, um jenes zu vergrößern. So nahm er dann auch den Frieden von 1763 mit einer gewissen Bitterkeit auf, obwohl er, der selbst schon seit

1759 zu Mäßigung und Verständigung gemahnt hatte, weise genug war, die Notwendigkeit des Sich-Bescheidens einzusehen[65].

Es war wie eine höhnische Bestätigung seiner Theorien, die er um seines Vaterlandes willen eine Zeit vergessen, daß Kriege niemals die Sache einer Nation führen, sondern ganze Völker vielmehr „den Interessen eines einzigen Mannes oder einiger weniger unterwerfen und opfern. Denn die Menge", sagte er bitter, „die für ihr tägliches Brot arbeiten muß, hat weder die Zeit, noch die Macht, ehrgeizig zu sein."[66] So deutlich, wie keiner der Philosophen des vorrevolutionären Frankreich hat Voltaire seinen Protest gegen Krieg und Eroberung bewußt vom Standpunkt der vergewaltigten Nationen aus erhoben und das Recht der Selbstbestimmung vertreten. Er empfand das Empörende in dem Brauche, daß „die Nationen in den christlichen Monarchien fast nie ein Interesse an den Kriegen ihrer Herrscher haben und Soldheere, auf Befehl eines Ministers ausgehoben und von einem General geführt, der diesem blindlings gehorcht, mehrere verderbliche Feldzüge durchführen, ohne daß die Könige, in deren Namen sie kämpfen, die Hoffnung oder gar die Absicht haben, einander ihr ganzes Land zu nehmen"[67]. Je mehr er Gelegenheit hatte, zu beobachten, wie einzig die Konvenienz der Herrscher und das Recht des Stärkeren über das Schicksal einer Nation entscheiden[68], desto mutiger stellte er sein neues Prinzip dagegen, daß „es weit klarer bewiesen sei, jeder Mensch werde mit dem Recht geboren, sich für ein Vaterland zu entscheiden, als daß ein Fürst das Recht habe, seine Untertanen zu ermorden"[69]. „Hängt ein Land vom andern ab"? fragt er. „Gibt es einen metaphysischen Grund, der eine Molukkeninsel einem von Maas und Rhein gebildeten Sumpf unterwirft? Woher kommt es, daß Gibraltar im Mittelmeer früher den Mauren gehörte und heute den Engländern? Weil sie Gibraltar genommen haben. Warum behalten sie es? Weil man es ihnen nicht nehmen kann und so übereingekommen ist, daß es ihnen bleiben soll." Und ebenso urteilt er über die Kämpfe um Kanada: „Wenn Philosophie und Gerechtigkeit etwas mit den Streitigkeiten der Menschen zu tun hätten, würden sie ihnen sichtbar machen, daß die Franzosen und Engländer sich um ein Land stritten, auf das sie kein Recht hatten, aber solch elementare Grundsätze passen nicht auf die Händel der Welt"[70].

Es will sehr viel besagen im Munde des Fürstendieners Voltaire, daß er auch die Verwandtschaftsbeziehungen der Herrscherhäuser zueinander verschwinden ließ vor dem Recht der Völker, selbständig über ihrer Zugehörigkeit zu einem Staate zu entscheiden. Aber das schmähliche Schachern um die spanische Erbfolge, „diese phantastischen Teilungen und nur allzu persönlichen Intrigen und Streitigkeiten, ohne das Volk zu fragen", hatten ihn zu tief berührt! „Man müßte sich an die Nationen wenden, über die man regieren will", schlug er vor. „Es ist töricht und barbarisch, daß Völker umkommen, weil einer der beiden Fürsten, die Erbansprüche zu haben glauben, einen Denkfehler begangen hat. Mögen sie sich im Zweikampf schlagen, wenn sie wollen, aber daß ein ganzes Volk ihren Interessen geopfert werde, das ist ein Graus."[71]

Er ahnte nicht, daß er sich auf den Spuren eines großen Gedankens befand, dem die Zukunft gehören sollte. Vielleicht hielt er die Verwirklichung dieser Grundsätze für ebenso unmöglich, wie den Traum vom ewigen Frieden. Denn dieser große Realist hat nie geglaubt, daß Krieg und Blutvergießen je aus der Welt verschwinden würden, und riet jedem Staat, seine Macht zu sichern, wenn er leben wolle. „Es tut mir leid," spottet er, „aber es gibt kein anderes Völkerrecht, als beständig auf der Hut zu sein. Alle Könige, alle Minister denken wie ich, und deshalb halten in Friedenszeiten in Europa täglich 1200000 Söldner Parade ab. Es mag ein Fürst seine Truppen verabschieden, seine Befestigungsanlagen verfallen lassen und seine Zeit damit hinbringen, Grotius zu lesen, und ihr werdet sehen, ob er nicht in ein oder zwei Jahren sein Reich verloren hat."[72]

Eine schwerere Natur als die seine hätte wohl gelitten unter dieser Disharmonie der eigenen Forderungen an die Welt und ihrer tatsächlichen Ideenlosigkeit. Aber der heitere Optimismus dieses Weltkindes ging ungekränkt aus allen Anfechtungen hervor. Und wie er bis zuletzt mit Anmut Kompromisse zu schließen verstand, sah man den Verfechter des Selbstbestimmungsrechts der Völker mit freigebigem Eifer an die Teilnehmer seines Türkenkreuzzuges den halben Balkan und die Schwarze-Meer-Küste „zur Abrundung" verschenken und über die Teilung Polens spötteln, daß „die Hälfte besser sei als das Ganze und dem König immer noch genug bliebe, um glücklich zu sein"[78]. So zerstoben ihm seine politischen Grundsätze um einer Schmeichelei und eines Fürstenlächelns willen; aber die Revolution übersah seine Widersprüche, und um der zukunftreichen Gedankengänge willen, in denen sein mächtiger Verstand ihren Hoffnungen begegnete, weihte auch ihm die Nation ihre Dankbarkeit.

4. Diderot, d'Alembert und die Enzyklopädie.

Il n'y a guère d'enthousiasme, quand il y a beaucoup de lumières; il est presque toujours le mouvement d'une âme plus passionnée qu'instruite.
Diderot, Encyclopédie, Art. Législateur.

Nur in den seltensten Fällen wird die Möglichkeit bestehen, auf Grund der Artikel eines enzyklopädischen Wörterbuches ein einigermaßen echtes Bild von deren Verfassern zu zeichnen: für die Enzyklopädisten und das 18. Jahrhundert, die unter dem Druck einer argwöhnisch ängstlichen Regierung nicht einmal allem, was sie wußten, geschweige denn alledem, was sie begehrten, Ausdruck verleihen durften, ist es undenkbar. Zudem erhöhen sich für Diderot die Schwierigkeiten dadurch, daß er als eigentlicher Träger des ganzen Werkes, um Lücken zu füllen, gezwungen war, eine Unmenge Artikel zu schreiben, für die er weder tieferes Interesse noch größere stoffliche Beschlagenheit mitbrachte, als jeder andere beliebige Mitarbeiter. Sicherlich sind wir, um Diderots und D'Alemberts nationalpolitische Anschauungen kennen zu lernen, nicht auf ihre Beiträge zur Enzyklopädie ausschließlich angewiesen, aber nur der durchaus aufrichtigen Natur eines d'Alembert darf man hoffen, auf den klaren Grund zu schauen, während die rätselvoll-unausgeglichene Persönlichkeit Diderots in keinem seiner Werke ein ungetrübtes Spiegelbild zu hinterlassen vermochte. „Was den Artikel über die Regierung angeht", schreibt er an seinen Freund, „so wäre es sehr töricht, von der eines Landes, in dem man sich vorgenommen hat, den Rest seines Lebens zu verbringen, Übles zu reden: abgesehen davon, daß ich ein guter Franzose bin, gar kein Frondeur, und daß die Natur der Arbeit sich nur auf allgemeine Themata wie Monarchie, Oligarchie, Aristokratie, Demokratie erstreckt, Gegenstände, über die man nach Phantasie predigen kann, ohne sich Schaden zu tun und bloßzustellen."[1] Eine einfache Briefstelle, ein ehrliches Geständnis harmlos-grundsätzlichen Betruges an der Öffentlichkeit und doch zugleich eine neue kleine Lüge, eine Selbsttäuschung vielleicht, vielleicht auch eine neue Tarnkappe. Denn Diderot mit seiner anarchischen Seele war ein guter Franzose, aber ein großer Frondeur; er liebte Frankreich und haßte den Staat.

Die einzige Quelle seiner Erkenntnis und seine Leidenschaft zugleich war die Natur, von der aus dieser Freund und erste Anreger Rousseaus wider Gott, Moral und Gesellschaft zu Felde zog. Indem er stets und überall den „natürlichen Menschen" dem „künstlichen, moralischen" Menschen gegenüberstellte[2], fiel es ihm bei seiner eigenen inneren Kulturlosigkeit nicht schwer, zu den letzten Forderungen eines extremen und hochmütigen Individualismus fortzuschreiten und die allgemeine Losung: kein Gesetz mehr, das ich nicht selbst gegeben habe, auszurufen[3]. Was irgend Fessel oder Pflicht schien, schob er von sich, und klagte den Grundsatz „des öffentlichen Wohls" als einen furchtbaren Begriff an, der nur diene, „einen Teil des Volkes dem andern aufzuopfern". „Ich weise auf alle politischen, bürgerlichen und religiösen Einrichtungen hin", rief er aus. „Untersucht sie gründlich, und entweder müßte ich mich sehr irren, oder ihr werdet das Menschengeschlecht von Jahrhundert zu Jahrhundert unter das Joch gebeugt sehen, das eine Handvoll Schurken ihm mit Vorbedacht auferlegte. Mißtraut den Ordnungsstiftern! Wollt ihr den Menschen glücklich und frei, mischt euch nicht in seine Angelegenheiten."[4]

Wer hörte hier nicht Ton und Melodie des Rousseauschen „Discours sur l'Inégalité" erklingen, von dem wohl in der Tat große Teile Diderots geistiges Eigentum sind![5] Nur daß Rousseau den Weg zur strengen Zügelung und Gesetzlichkeit des „Gesellschaftsvertrages“ fand, ohne seine großen Gedanken und Ideale preiszugeben, während von dem grundsätzlichen Anarchismus Diderots zu der frischen, frohen Vaterlandsliebe, die echt und stark in ihm lebte, keine andere Brücke führt als die ewige Unberechenbarkeit seiner Persönlichkeit. Er begeistert sich an der freien Liebe der Naturvölker und pflegte seine kranke Frau, unter deren Hausbackenheit er ein Leben lang gelitten, mit der einfachen Treue des bravsten Bürgersmannes bis zu ihrem Tode; er fluchte Staat und Gesellschaft und war so von Herzen mit seinem Vaterlande verbunden, daß er im fremden Lande Heimweh fühlte wie ein Kind[6]. Keine göttliche und menschliche Autorität hat ihn je geschreckt, aber er warnte, die Macht des Heimatbodens zu verachten: „Man muß die ganze Kraft des Bandes ermessen, das den Menschen an die Scholle heftet, sonst läuft man Gefahr, mehr oder weniger zu tun, als man kann.“[7]

Es war letzten Endes immer die Wahrheit des Gefühls in diesem widerspruchsvollen Geiste, die ihn von den starren Höhen seiner Theorien hinabführte in die fruchtbaren Täler lebendiger Menschlichkeit und ihn mit Freude und Ehrlichkeit an dem Platze arbeiten ließ, wo er gerade stand. Nicht umsonst hat er in seinem vernünftigen Zeitalter die Schönheit der Leidenschaften gepredigt und nur auf die natürliche Neigung seine Ethik erbaut. Er ergab sich dem Vaterland, dem nationalen Ruhm und der nationalen Ehre, weil er sie als natürliche Tugenden empfand und nicht dort mit sich zu geizen gewohnt war, wo er fühlte. „Die wahren Prinzipien der Ehre sind im innersten Herzen geschrieben und werden vom Nationalgefühl erläutert“, glaubte er. „Dem Vaterlande geleistete Dienste werden immer tugendhafte Handlungen sein, selbst wenn sie von dem Wunsche eingegeben sind, das eigene Wohlsein zu erhalten, oder von Ruhmsucht.“ „Von allem Mut erzeugt die Vaterlandsliebe den edelsten: sich für das zu opfern, was man liebt. Sie erhebt die Seele über kleinliche Interessen, sie läutert sie und verleiht ihr die Begeisterung der Tugend.“[8]

Seine Verehrung für die Antike und insbesondere für Seneca, „der nicht ein Wort sagt, das nicht zum Heroismus begeisterte“[9], geben seinem eigenen Patriotismus einen großen und stolzen Zug. Er liebte die alte Geschichte als „ein währendes Bild großer und starker Sitten, das die kommenden Jahrhunderte um so mehr interessieren und in Erstaunen setzen werde, als die Menschen immer ärmer, kleiner und niedriger werden, je länger die Welt steht“, und ihr Heldentum ergriff ihn so tief und lebendig, daß es ihm die schönste Tugend und höchste Weisheit zugleich dünkte, sein Leben für das Vaterland zu geben[10]. Jeden, der Diderots Briefe an den Bildhauer Falconet liest, muß die edle und leidenschaftliche Sehnsucht nach Ruhm und Unsterblichkeit berühren, von der sie durchdrungen sind und die ihm nie und nimmer von seiner eignen kleinen Zeit kommen konnte! Aus der Antike übernahm er jene Vorstellung einer unlöslichen Verbindung persönlicher Ehre mit dem Ruhm des Vaterlandes, auf die er das Auge des Gesetzgebers zu lenken versuchte[11]; ihr Atem beseelte ihn, wenn er wünschte, daß die Überlieferung ein Volk in Stetigkeit halten und einen heiligen Schimmer über alles werfen möge, was zu Verfassung und Sitten gehöre[12]; von ihrem Vaterlandsgefühl erfüllt, forderte er öffentliche Spiele und Volksfeste zum Gedenken vaterländischer Taten als besonders belebende Akzente im Rhythmus des nationalen Lebens[13].

Kein Zweifel auch, daß es der Geist der Alten war, der ihm den Utilitarismus des Jahrhunderts überwinden half. Nie hat Diderot sein Verhältnis zum Vaterland von egoistisch-materiellen Erwägungen bestimmen lassen; sondern so freudig er an seinem Ruhme teilnahm[14], so willig hat er Verantwortung und Pflichten getragen, um die Kette nicht reißen zu lassen, die Väter und Enkel verbindet und Vergangenheit an Zukunft reiht: Patriotismus griff ihm weit über die Gegenwart und das Glück einer einzigen Generation hinaus[15]. „Wenn unsere Vorgänger nichts für uns getan hätten und wir nichts für unsere Neffen, so wäre es vergebens, daß die

Natur uns vervollkommnungsfähig gemacht hat. Nach uns die Sündflut! ist ein Wort, das nur von kleinen, niedrigen und egoistischen Seelen erfunden worden ist. Ein großer Herrscher, ein würdiger Minister, ein guter Vater wird es nie wiederholen. Eine Nation, wo jeder es engherzig als Lebensregel gebrauchen wollte, wäre die gemeinste und verächtlichste."[16] Und in der Tat war er von der Lebenskraft und Zukunft der französischen Nation wohl mehr überzeugt als etwa Voltaire in allem Selbstbewußtsein der bourbonischen Kultur! In offener Gegenwartsfreude und streitbarem Nationalstolz forderte er jeden heraus, der den Wert seines Volkes und dessen Kulturleistungen verkannte; jeden der „von ebensoviel und mehr klugen Köpfen, ehrlichen, unerschrockenen und aufgeklärten Geistern, als je ein Volk oder ein Jahrhundert gehabt habe, umgeben sei und es nicht zu schätzen wisse."[17]

Er sah die Neigung zu „Ruhe und Frieden," ja zum Kosmopolitismus in seinem Jahrhundert, die der zunehmende Intellektualismus und die Beziehungen der europäischen Politik und des Handels so lebhaft begünstigten[18], aber von seinen frischen, stolzen Tugendbegriffen aus trauerte er leise über den neuen Geist, der vielleicht „Kraft, Hochherzigkeit und Adel der Sitten verwandle, indem er den Sinn weniger auf das Schöne und Große, als auf das Nützliche und Kluge wende". „Die Gesetzgeber sollen wachen," rief er ungescheut in seine kriegsmüde Zeit hinein, „daß die verfeinerten Sitten sich nicht allzusehr verweichlichen und die Achtung vor den kriegerischen Tugenden erhalten bleibt!"[19] Es war seine feste Überzeugung, daß Kriege und nationale Rivalitäten ewig bestehen würden[20], und begegnete wohl insgeheim seinen Wünschen; denn er wollte das Fortbestehen der selbständigen Staaten und haßte in seiner temperamentvollen Art die Universalmonarchie, von der er glaubte, daß sie die Ruhe des Kirchhofs über Europa breiten werde. „Die Staaten sind gleichmäßig bevölkert, aufgeklärt, ausgedehnt, mächtig und eifersüchtig. Sie werden sich bedrängen, aufeinander ein- und zurückwirken, die einen werden sich ausbreiten, die andern zurückgedrängt werden, einige vielleicht werden verschwinden; aber wenn einer inmitten bestehen sollte, den sein Unglück dazu bestimmen würde, nach und nach alle anderen zu verschlingen, so könnte diese verhängnisvolle Vereinigung aller Mächte zu einer einzigen nur durch eine Reihe unheilvoller Glückszufälle zustandekommen und während eines unausdenkbaren Zeitraums."[21]

Von den Kriegen, die seine eigene Zeit führte, hat ihn keiner zu begeistern vermocht, weil er wohl keinen als national empfand. Denn der Eroberung und dem Ehrgeiz war er so feind, wie irgend einer der Philosophen jenes Jahrhunderts, und der inneren Größe des Macchiavellismus ist er nicht gerechter geworden als sie, obwohl er anerkannte, daß man, „nur von der Sache und dem Augenblick Rat nehmen könne, wenn es sich um große Dinge handle"[22]. Nur zu gern hätte er die Politik in Philosophenhände gelegt und das Recht an Stelle der Macht walten lassen: „Ihr seid die Stärkeren, eiferte er, und was besagt das? Ihr schreit über den Hobbismus in der Gesellschaft und übt ihn selbst von Volk zu Volk."[23] Ja, die Unabhängigkeit der Nationen war ihm so heilig, daß er selbst den Wilden gegenüber keinen Anspruch zu haben glaubte, Land und Leute einem fremden Volkstum und einer Kultur zu unterwerfen[24], deren Wert ihm nach seiner ganzen Geisteshaltung vor der Hoheit und Lieblichkeit des Naturzustandes verschwinden mußte. Auch er hat Protest eingelegt gegen den Völkerschacher und Ländertausch, den er vor seinen Augen vollziehen sah, aber bezeichnenderweise ebensowenig aus national-politischen Bedenken wie seine Gesinnungsgenossen. Nicht gegen Volks-, sondern gegen Menschenwürde verstieß ihm dieses Handeln, und er forderte vom Staate Humanität wie von der Persönlichkeit: „Obgleich wir heutzutage Herrscher ihre Untertanen verkaufen und Länder austauschen gesehen haben, sind Völker keine Viehherden. Sie so behandeln, heißt dem menschlichen Geschlecht Schimpf antun."[25]

Diderots Argumentation in dieser Frage ist von grundsätzlicher Bedeutung. Sie gilt für alle Entscheidungen, die er nicht gefühlsmäßig, sondern unter theoretischen Erwägungen traf, sie bestimmt nichts von seinem Patriotismus, alles an seinem Staatsbürgertum. Denn: sein freies Menschentum, das er freudig für Frankreich hingeworfen hätte, er richtete es als ewige Schranke zwischen sich und dem Staate auf. „Niemals ist es einem Menschen, wer immer es sei, erlaubt, seine Auftraggeber wie eine Herde Tiere zu behandeln. Es will mir scheinen, als habe man die Vorstellung eines Vaters mit der eines Königs verwechselt. Völker, gestattet euren vermeintlichen Herren nicht, selbst das Gute wider eueren gemeinsamen Willen zu tun."[26] So weit also ging seine eigenwillige Zurückhaltung und sein Trotz auf das Prinzip der Volkssouveränität, dem er leidenschaftlich anhing, daß er nicht einmal das Glück aus den Händen eines Staates wollte, dessen Sinn er nicht mit vollem Bewußtsein trug. „Zwei oder drei aufeinanderfolgende Regierungen einer gerechten, milden, aufgeklärten, aber absoluten Macht" hielt er für das größte Unheil, das einer Nation geschehen könnte. Durch das Glück würden die Völker zum völligen Vergessen ihrer Vorrechte, zur Vollendung der Knechtschaft geführt. „So verfällt man in einen süßen Schlaf, aber in einen Todesschlaf, während dessen das vaterländische Gefühl erlischt und man der Regierung des Staates fremd wird."[27] Von allen Lehren Lockes hatte sich Diderot, der ja auf allen Gebieten der Hauptvertreter des englischen Geistes in Frankreich gewesen, vornehmlich die vom Recht des Widerstandes zu eigen gemacht, weil er in ihr vor allem den Ausdruck seines natürlichen Menschenrechts gefunden zu haben vermeinte. „Ohne das Recht, sich dem Willen des Herrschers zu widersetzen, gleichen die Untertanen einer Herde, deren Einspruch man unter dem Vorwand verachtet, daß man sie auf eine fette Weide führt."[28] So verbat er sich alle Eingriffe der Staatsgewalt in sein Privatleben, ohne sich selbst der Idee des allgemeinen Besten fügen zu wollen[29], und versuchte, das Verhältnis zwischen Fürst und Volk auf der gegenseitigen Achtung von Mensch zu Mensch neu zu begründen, indem er in echt rationalistischer Weise forderte, daß die Befehle des Herrschers sich an die Einsicht, nicht an den Gehorsam der Regierten wenden sollten. Er wollte Bürger sein, nicht Untertan, und sich wohl der moralischen Wesenheit des Gesetzes, nicht aber einer physischen Person zu eigen geben, denn nur mit „freien Menschen", glaubte er, sei der Nation gedient[80].

Aber dies Problem, das in der Tat mit dem Werden des modernen Staatsbürgertums aufs engste zusammenhing, vergröberte sich nur allzu rasch unter seinen Händen, da er den natürlichen Feind des Volkes nirgends anders als in den Fürsten zu sehen geneigt war[81], und anstatt gegen Ideen den ungleich niedrigeren Kampf gegen Personen kämpfte. Ihn durfte er freilich mit Hilfe einer allgemeinen Volksbewaffnung zu gewinnen hoffen, und wieder und wieder hat er verkündet, daß er den Weg zur Freiheit offen glaube, sobald alle Soldat sein würden[82]. Aber um diesen Preis hatte er den tiefen Gedanken der nationalen Freiheit veräußerlicht und verflacht und den Traum von einem einzig dem Vaterland ergebenen Volksheer in das innerpolitische Gezänk hineingezogen!

Nur zu bitter rächte sich hier, daß er seiner Politik keine anderen als negative Ziele zu setzen gewußt hatte! Tönende Phrasen, die er gelegentlich in einen Artikel der Enzyklopädie einfließen ließ[83], können nicht darüber hinwegtäuschen, daß er von schöpferischer, selbstvergessener Mitarbeit des Volkes an den staatlichen Aufgaben nichts geahnt hat. Er war eine echte Kampfnatur, und über das Recht des Widerstandes hinaus vermochte keines der liberalen oder demokratischen Probleme im einzelnen ihn wahrhaft zu ergreifen[84]. Der Begriff des „Gesamtwillens", der unter Rousseaus Einfluß öfter bei ihm auftaucht, blieb ihm notwendig blaß und in seinen Funktionen darauf beschränkt, den einzelnen „im Schweigen der Leidenschaft durch die Stimme der Vernunft" Menschenrecht und -Pflicht untrüglich kennen zu lehren[85].

Schon J. J. Rousseau erkannte, daß damit einem völlig unpolitischen Faktor, dem Bewußtsein jedes Individuums von seinem Menschentum, die Entscheidung über die Stellung eines jeden in Staat und Gesellschaft übertragen werden sollte, und mit Recht deutete er in der ursprünglichen Fassung seines „Gesellschaftsvertrages" auf den aristokratischen Charakter dieser letzten Norm hin, der Diderot sich hier unterwarf[86].

Aber nichts hat diesen eigenwilligen Kopf zu beirren vermocht, der immer wieder von seinem Humanitätsideal aus das letzte Licht über die Probleme des staatlichen Lebens fallen ließ[87], und es war ihm, als bestätige das Schicksal selbst seinen Glauben, als er die Morgenröte der Freiheit über einer Gesellschaft aufgehen sah, die von ihrem „Menschenrecht" nicht hatte lassen wollen. Ja, in der allgemeinsten Form, die er ihr gab, deckte sich die Lehre, mit der die amerikanische Revolution ihm Fürsten und Völker zu grüßen schien: daß nämlich „weder durch Gold, noch durch die Menge der Arme ein Staat sich erhält, sondern durch den Geist, der in ihm waltet"[88] — durchaus mit den nationalpolitischen Idealen seiner Zeitgenossen. Und niemand hätte ihm die beglückende Gewißheit rauben dürfen, daß es das Werk seines Lebens gewesen, auf seine Weise die Völker im Geiste lebendig zu machen.

* * *

Dagegen stand d'Alembert, sein bedeutendster Mitarbeiter an der Enzyklopädie, gerade in dem politischen Ideenstreit ohne Eigenart und beinahe müßig. Ganz leise erinnert er an die vornehme Gestalt des Erasmus von Rotterdam, wie er in vorsichtiger Zurückhaltung politische Auseinandersetzungen mied und dem Kampfe fern blieb, der seinem Wesen soviel weniger entsprach, als die stille Beschaulichkeit, in der sein Leben verfloß, und die nur eben Raum bot für seine Leidenschaft zur Mathematik und die Liebe zu der Freundin, der ein jeder seiner Abende gehörte. Kahl genug hat er in seinen „Elementen der Philosophie" auch die Pflichten des Bürgers dargelegt und dem Staate sein Opfer gebracht: „den bürgerlichen Gesetzen ein treuer Beobachter zu sein und sich seinen Mitbürgern so nützlich zu erweisen, wie es möglich sei. Denn jeder Bürger schuldet dem Vaterland drei Dinge, sagt er: sein Leben, seine Talente und die Art ihrer Verwendung[39]. Aber was er da versprach, opferte er nicht aus freudiger Liebe zu einer Macht, in der er sein Leben irgendwie wurzeln fühlte, sondern aus angeborener Korrektheit der Gesinnung, die nirgends nehmen wollte, wo sie nicht gab. Er hat Staat und Gesellschaft nicht bekämpft, wie Diderot in seinem Herzen, aber nur von Nützlichkeitserwägungen, von den gegenseitigen Bedürfnissen aus sah er sein Verhältnis zu ihnen bestimmt. Denn „geläuterte Selbstliebe war ihm die Grundlage jedes moralischen Opfers", und er hatte ein Mindestmaß von Forderungen bereit, ohne dessen Erfüllung seinem verständigen Rechengeist die ganze Institution des Staates sinnlos geworden wäre. „Erhaltung und Ruhe schuldet jede Regierung ihren Mitgliedern und schuldet sie allen gleich. Nur das ist eine gute Regierung, in der die Bürger gleichmäßig geschützt und durch das Gesetz gebunden sind." „Die so natürliche und allgemeine Anhänglichkeit der Menschen für ihre Heimat ist in dem Glück begründet, das sie dort genießen, oder in der Unsicherheit, sich wo anders besser zu befinden. Zeigt jedem Bürger Europas die Regierung, unter der er sich am freiesten und glücklichsten fühlen wird: es wird kein Vaterland mehr geben. Jeder wird das seine wählen."[40]

Leichtherziger kann wohl kaum ein ernster Mensch von Heimat und Volkstum scheiden, als der große und strenge d'Alembert es hier zu tun meinte! Wenn er über die Vielheit der Staaten nachgedacht hatte, war sie ihm durch die zu große Ausdehnung des Menschengeschlechts als natürlich gegeben erschienen, und auch das Bestehen besonderer Bande unter den Volksgenossen fand er verständlich[41]. Aber die Liebe zur Menschheit war ihm die erste der Tugenden, und ohne Zögern bekannte er sich zu dem Grundsatze, „seine Familie sich selbst, sein Vaterland der Familie, die Menschheit dem Vaterland vorzuziehen“[42]. Zudem glaubte er, als Philosoph das Recht weltbürgerlicher Gesinnung mit Selbstverständlichkeit in Anspruch nehmen zu dürfen und nur den Staat als sein Vaterland anerkennen zu müssen, wo ihm ohne Anfeindung und Verfolgung zu denken erlaubt sei. „Obwohl er mit seinen Talenten seinen Landsleuten verpflichtet ist, schuldet er sich selbst doch noch mehr sein Glück, und er darf dann sagen wie Milon: wenn ich die Wohltaten meines Vaterlandes nicht genießen konnte, will ich wenigstens das Übel vermeiden, das es mir antun will, und werde in einem freien und gerechten Staate die Ruhe suchen. So haben Aristoteles, Descartes und ihresgleichen gehandelt“[43].

Und so sprach d'Alembert, der Philosoph; aber als Mensch und Franzose trug er schweigend die Verkennung seines Vaterlandes und vermochte nicht von ihm zu lassen, obgleich ein König und eine Kaiserin ihm mehr als einmal eine neue Heimat und Schutz und Gedankenfreiheit geboten. „Wenn man mich auch mit Schmähungen überhäuft, ich liebe dieses Land noch immer“, schrieb er an Friedrich den Großen, und halb lächelnd, halb traurig legte er die Gründe dar, die ihn und seine Geistesbrüder in Frankreich zurückhielten: „daß in dem Lande, wo die Philosophen wohnten, das Klima über die Sorbonne hinwegtröste und die Natur über den Geist, daß diese Philosophen eine zarte Gesundheit hätten und Freunde, daß sie zu ihrem Vaterlande stünden, wie die Frau des „Arztes wider Willen“, die ihren Mann liebt, obgleich sie von ihm geschlagen wird, und denen, die sie von ihm trennen wollen, blöd genug erwidert: ich will, daß er mich schlägt!“[44]

Es ist überaus reizvoll und menschlich anziehend, in der feinen Gelehrtennatur d'Alemberts den Gegensatz zwischen seinem wissenschaftlichen Freidenkertum und diesem gutbürgerlichen Gewohnheitspatriotismus zu beobachten, der so eigen zu seinem traulichen Philisterleben stimmt. Nur allzugut kann man verstehen, wie er sich von den Vorwürfen, die man gegen die Enzyklopädisten als Feinde des Vaterlandes richtete, gekränkt fühlte, und sieht ihm lächelnd nach, wie er sich bemühte, den Stand der Philosophen insgemein zu Freunden des Staates, des Gesetzes und Vertretern der „Ordnung und legitimen Autorität“ zu stempeln[45]. Denn er verdiente in der Tat den Namen eines guten Franzosen und erlebte nicht anders als irgend einer der Patrioten jener Tage, was damals Glück oder Unglück seines Volkes bedeutete: er trauerte über die Schmach von Roßbach und die österreichische Allianz, er teilte die großen Hoffnungen der Nation auf Ludwig XVI. und Turgot und begleitete ihre Arbeit täglich mit seinen guten Wünschen; er ereiferte sich über die Parlamente, die das Reformwerk hartnäckig hinderten, und über das anmaßende Auftreten der Kirche, die sich zwischen Fürst und Volk drängte, und wenn es ihr möglich wäre, „die teuersten Bande zerbrechen würde, die den Monarchen mit seinen Untertanen vereinen: den auf Liebe gegründeten Gehorsam“[46]. Wie die meisten denkenden Franzosen der Zeit war er der Freund einer preußisch-französischen Verständigung und gönnte den österreichischen Verbündeten die bayrische Erbfolge nicht, aber sein Urteil in den großen politischen Angelegenheiten der Welt war unsicher, und die fast kindliche Angst vor dem Kriege, die ihn beherrschte; machte seinen Patriotismus nicht entschiedener[47].

Er trug auch König Friedrichs gelegentlichen Spott gelassen, und wenn er seinem natürlichen Gefühl nachgab und sein Volk zu verteidigen suchte, tat er es halb widerwillig und nie ohne zu versichern, es sei ihm im Grunde gleichgültig[48]. Nur dort trat seine Empfindlichkeit offen zutage, wo er den wahren Ruhm der Nation verletzt glaubte, und deutlich wurde erkennbar, wie teuer diesem leidenschaftslosen Denker das Bewußtsein war, dem geistig führenden Volke der modernen Kulturwelt anzugehören, und wie er darum bangte, es von dieser Höhe sinken zu sehen[49]. Er hätte ihm jede verlorene Schlacht verziehen, aber er konnte ihm nicht vergeben, wenn es sich der Welt rückständig, abergläubisch oder fanatisch zeigte; er war stolz auf die Vorurteilsfreiheit, mit der es im Bewußtsein seiner eigenen Leistungen die der andern Völker anerkannte, und verleugnete lieber einen ganzen Teil der Nation, um von dem andern sagen zu können: er sei „aufgeklärter und mehr mit wertvollen Gegenständen beschäftigt als je“[50].

Es war dies eine ganz eigentümliche Haltung d'Alemberts, die immerhin ein kleines Licht auf die Einfachheit seines patriotischen Fühlens zu werfen vermag! Denn er täuschte sich keineswegs über das, was andere den eigentlichen Charakter seiner Landsleute zu nennen gewohnt waren, die Launen, die Eitelkeit und Frivolität des französischen Volkes[51], aber auch nicht soviel vermochte sein philosophisches Weltbürgertum über ihn, daß er wie viele seiner Kollegen die ernsten und tiefen Geister der Nation in aristokratischer Willkür aus ihr herausgerückt hätte und der internationalen Gesellschaft der Wissenschaft verschrieben, die doch auch in seinem Denken eine gewisse Rolle spielte![52] Vielmehr betrachtete er diese seltsame Spaltung des nationalen Geistes als eine Fügung der Natur und beobachtete sie interessiert, als ob er Ströme vor sich habe, die noch „nach ihrer Vereinigung auf eine sehr große Entfernung nebeneinander herfließen, ohne sich zu vermischen“[53]. Vielleicht hoffte er, die Zeit werde einst alle Unterschiede ausgleichen; denn, selbst ein Kind des Volkes, hat er sich verpflichtet gefühlt, an dessen Aufklärung und Erziehung zu arbeiten[54]; vielleicht aber fand sein differenzierender Forscherblick gerade Gefallen an dieser Mannigfaltigkeit der Farben der Seele. „Eine der wichtigsten Früchte des Studiums der Staaten und ihrer Wandlungen ist es, zu untersuchen, wie die sozusagen in mehrere Familien getrennten Menschen verschiedene Gesellschaften gebildet haben, wie diese verschiedenen Gesellschaften die verschiedensten Arten Regierungen entstehen lassen haben, wie sie gesucht haben, sich voneinander zu unterscheiden, sei es durch die Gesetze, die sie sich gegeben haben, oder durch die besonderen Zeichen, die jeder erdacht hat, damit ihre Glieder leichter miteinander verkehren könnten."[55] Diese schon von seinen Zeitgenossen viel beachtete Stelle der ersten Vorrede zur Enzyklopädie verrät, wie sehr er es liebte, dem Problem des verschiedenen Geistes der Völker nachzugehen, und wie er in der Sprache ein wichtiges Charakteristikum dafür entdeckt zu haben glaubte. Eine kleine Arbeit, die er diesem später widmete, bewies, welch feinen Sinn er für den Eigenwert der Erscheinungen besaß und daß er die Unvergleichbarkeit und Einzigartigkeit der letzten nationalen Werte zum mindesten ahnte[56].

Freilich erwies sich auch an solchen Fragen die Reinheit seiner philosophischen Geisteshaltung: er unterließ es stets, seine Erkenntnisse unter politische Gesichtspunkte zu rücken[57], und gelangte ebensowenig wie Diderot über die seit Montesquieu übliche Relativierung hinaus, daß „die heikle Frage der besten Regierung nach dem Unterschied des Klimas, der Lage, der Umstände, des Geistes der Könige und der Völker" zu entscheiden sei[58]. Die äußeren Beziehungen der Nation aber standen ihm uneingeschränkt unter dem Ideal der Humanität, unter „dem Naturgesetz, das älter als alle besonderen Abmachungen", und „weil man ein Staatsmann ist", mahnte er, „darf man nicht aufhören, Mensch zu sein"[59]. Er täuschte sich nicht, daß das Völkerrecht unerzwingbar, daß die Macht allein entscheidend und das europäische Gleichgewicht eine Dummheit sei, aber auch nicht gefühlsmäßig hat er den herrschenden Grundsätzen Konzessionen gemacht: als einziger unter den französischen Philosophen des 18. Jahrhunderts hat er den Krieg bedingungslos abgelehnt, und Rom wie Ludwig XIV. gleicherweise verdammt[60]. Wenn er daran dachte, im Sinne einer nationalen Erziehung einen Moralkatechismus auszuarbeiten, in dem er nach Art des Plutarch für jeden Stand die großen Taten und heldenhaften Aussprüche der Vorfahren sammeln wollte[61], so lag ihm dabei wohl mehr die Heranbildung einer menschlich ehrenhaften als national bewußten Generation am Herzen!

Wie kaum einer aus der Reihe unserer Philosophen, läßt

er das eigentlich revolutionäre Element in seinem Staatsgefühl vermissen! Kein Zweifel, daß die Anständigkeit und Lauterkeit seiner Gesinnung die äußere Korrektheit seines Staatsbürgertums selbst zu Zeiten verbürgt hätten, die mehr als Steuerzahlen von ihm verlangten. Aber er war ein Mensch, dem das Pathos fehlte und der große Schwung. Er war nicht geschaffen für Tage atemversetzender Entscheidungen, und gerade vor den Höhepunkten des nationalen Lebens hätte die Kraft seines Fühlens versagen müssen. Ein Wort Faguets mag hier noch stehen, das dieser für Voltaire geprägt hat, und das mir für d'Alembert besser am Platze erscheint: ja, vielleicht wäre ein Staat in d'Alembertschem Stile wirklich etwas gewesen, wie „l'Empire sans gloire", „etwas vollkommen Ordentliches, aber Unangenehmes", geistvoll wahrscheinlich und seelenlos zugleich.

* * *

Man sollte meinen, in den Artikeln der „Encyclopédie" werde die gewisse Kälte, die schon über d'Alemberts Staatsgedanken lag, noch fühlbarer sein, da einmal alle subjektive Empfindung und Akzentuierung hinter dem sachlichen Zweck einwandfreier Orientierung des Lesers zurückzutreten hatte und es zum andern überhaupt nicht gerade schöpferische Persönlichkeiten waren, denen im besonderen die Bearbeitung unserer Materie oblag, soweit Diderot selbst sie nicht übernommen hatte[63]. Zum mindesten aber ist das Bild nicht uneinheitlich und widerspruchsvoll geworden; denn der Chevalier de Jaucourt, der den Hauptanteil lieferte[64], war ein begeisterter Bewunderer Montesquieus, und was er zu der Musik, die er dem „Geist der Gesetze" entnahm, als Eigenes hinzuzugeben hatte, stellte sich wohl als nicht mehr und nicht weniger dar als der Ton eines einfachen und getreuen Royalismus.

Ein durchaus staatsfreundlicher Zug geht durch seine Ausführungen, und eine glückliche Unbefangenheit, die weder anklagte noch polemisierte, ohne doch oberflächlich zu sein[65]. Zweifellos hat er das Ganze der Gesellschaft organisch gesehen; denn er „unterschied den Staat ausdrücklich von einer bloßen Menge, einer Anhäufung mehrerer Personen", und forderte, daß er „von einer einzigen Seele belebt sei, die all seine Bewegungen in stetiger Weise zum Nutzen der Allgemeinheit leite". „Durch das Zusammenwirken der Willen und Kräfte der einzelnen" glaubte er diese Seele, diese „Verschmelzung mehrerer zu einem einzigen Körper" schaffen zu können, und jeder Staat galt ihm glücklich, wo in dieser Art das nationale Leben pulsierte oder die freudige Zustimmung des Volkes ihn täglich von neuem rechtfertigte, welche auch immer seine Verfassung und Regierungsform waren[66]. Sicherlich hätte er das Glück, das er im Staate suchte, auch aus den Händen eines geliebten Herrschers willig entgegengenommen, aber soviel lebte allein schon Montesquieuscher Geist in ihm, um es zu einem seiner Lieblingsgedanken zu machen, die Freiheit, das höchste Gut des Staatsbürgers, durch seine tätige Mitarbeit an der Gesetzgebung sicher zu stellen. „Die gesetzgebende Gewalt ist die Seele des politischen Körpers", sagte er. „Von daher ziehen die Glieder des Staates alles, was zu ihrer Erhaltung, ihrer Einigung und ihrem Glücke notwendig ist."[67]

Es läßt sich nicht ganz entscheiden, ob er damit wie Montesquieu für das Glück des einzelnen im Staate oder, seinen Meister übertreffend, für das Recht der Nation kämpfte, ihre eigene Sache selbständig zu führen. Folgerichtig wäre nach seiner ursprünglichen Anschauung, im Staat mehr als eine bloße Summe von Individuen zu sehen[68], das letztere gewesen, aber über seinen individualistischen Neigungen zerrann ihm der kaum gewonnene Begriff der Gemeinschaft wieder, und sein Vaterlandsgedanke zeigt deutlich, wie Wohl und Wehe des einzelnen ihm ungleich mehr bedeutete, als die natürliche Bindung an eine Volksgesamtheit. „Es ist klar, daß kein Kind als Untertan eines Landes oder einer Regierung geboren wird. Sobald es vernünftig ist, ist es ein freier Mensch und Herr, die Regierung zu wählen, unter der es ihm gut zu leben dünkt und sich mit dem politischen Körper zu vereinen, der ihm besser gefällt."[69]

Aber selbst wenn wir das Glücksstreben des Individualisten nur zu deutlich hinter seinem Idealismus hervorschimmern sehen, kann es sein patriotisches Fühlen nur ehren, wenn ihm der Name Vaterland zu hoch und heilig dünkte, als daß er ihn auf einen Staat angewandt hätte, der seine Bürger in unwürdiger Stumpfheit dahinleben läßt, und wenn er behauptet: „Es gibt kein Vaterland unter dem Joch des Despotismus. In unterjochten Staaten hat man kein Vaterland und kennt nicht einmal das Wort, das der wahrhafte Ausdruck des Glückes ist."[70] Er selbst, der Weitgereiste, der sich doch nach Frankreich zurückgefunden hatte, um es nicht wieder zu verlassen, sah eine natürliche Ehrenpflicht im Dienste des Staates, und die Befriedigung, die er in ihrer Erfüllung zu fühlen glaubte, verglich er den höchsten Geistes- und Schöpferfreuden, die etwa einem Descartes oder Newton beschieden gewesen sein mochten. Es schmerzte ihn, unter seinen eigenen Volksgenossen die vaterländischen Ideale sterben zu sehen, und vielleicht hoffte er wie Diderot oder später Rousseau, durch die Zurückwendung auf das hohe Staatsbürger- und Heldentum der Antike „das heilige Feuer" wieder in ihnen zu erwecken, von dem er „die Erhaltung der Weltreiche abhängig" glaubte[71].

Den alten französischen Patriotismus, von dem er selbst die der gesamten Nation so natürliche Anhänglichkeit an die Gestalt ihrer Könige teilte, traute er einzig wohl nur noch dem dritten Stand zu, der ihm die zuverlässigste Stütze des Staatswesens bedeutete[72]. Denn die gesamte Enzyklopädie setzt für die Philosophen eine gewisse Weltbürgerlichkeit als geradezu wünschenswert voraus, und der Chevalier de Jaucourt selbst bekannte, daß die vorurteilsfreie Menschlichkeit des Verfassers vom „Geist der Gesetze" ihm das Ideal vaterländischen Denkens verkörpere; „den vollkommensten, den universalen" Patriotismus, wie er ihn nannte, den man erst dann besitze, wenn man „so von den Rechten des Menschengeschlechts erfüllt sei, daß man sie allen Völkern der Erde gegenüber achte“ [73].

Er gab wohl mit Montesquieu die Möglichkeit eines gerechten Krieges zu, aber persönlich weicher als dieser, konnte er sich nicht enthalten, diesen seinen Zugeständnissen an die Forderung der nationalen Selbsterhaltung eine abschreckende Schilderung von düsterer Einseitigkeit anzufügen [74]. Und er stand keineswegs allein in der Enzyklopädie mit seiner leidenschaftlichen Abneigung gegen Macht und Gewalt. „Wißt ihr auch, was ihr tut, könnte man diejenigen fragen, die die Eroberer feiern“, schrieb Marmontel in seinem Artikel über den „Ruhm“. „Ihr klatscht Gladiatoren Beifall, die sich in eurer Mitte um den Preis schlagen, den ihr für denjenigen aufbehaltet, der euch die sichersten und schrecklichsten Schläge erteilen wird. Heute sind es die blutigen Leiber eurer Nachbarn, die in der Arena fallen, morgen werdet ihr selbst es sein.“ Und er rüttelte am Gewissen der Völker, „ob sie nie den Mut und Verstand besitzen würden, sich gegen die zu vereinen, deren entfesseltem Ehrgeiz man sie opfere“, während an anderer Stelle unter Berufung auf die Souveränität der Nationen die Sinnwidrigkeit einer auf Eroberung beruhenden Herrschaft dargelegt wurde: „Man kann sich der Gewalt über ein Volk nicht durch das Recht des Stärkeren und durch einfache Besitzergreifung bemächtigen, als handle es sich um eine Sache, die niemand gehöre.“ [75]

So fanden selbst in diesem für die breiteste Öffentlichkeit berechneten Wörterbuche die Gedanken Widerhall, die die recht- und prinzipienlose politische Praxis des Jahrhunderts in den revolutionären Köpfen der Nation ausgelöst hatte und bereiteten den Verzicht auf einen expansiven Nationalismus vor, wie ihn die Konstituante später formulieren sollte! Aber es ehrt den Wirklichkeitssinn und das vaterländische Empfinden dieser Männer zugleich, daß niemand, solange man die alten Zustände und Grundsätze an den politisch verantwortlichen Stellen der europäischen Regierungen wirksam sah, eine

Minderung der nationalen Machtmittel zu fordern wagte. Vor die Ausführungen des Politikers und Philosophen stellte die Enzyklopädie einen Artikel, der den Krieg von militärischer Seite beleuchtete: man wußte ihn unvermeidlich, und so ehrte man das Waffenhandwerk um seinen Gefahren willen. Auch die Idee des Ruhmes, so sehr man sie zu verinnerlichen und zu vergeistigen suchte, behielt einen national-heroischen Zug, indem man ihn im antiken Sinne denen allein vorbehielt, die sich „durch ein großes Opfer persönlichen Interesses zugunsten der Allgemeinheit über sich selbst erhoben hätten"[76].

5. Rousseau.

Je fus et je suis „le citoyen"; quiconque m'aime, ne doit plus me donner d'autre nom.

Lettres.

Es gibt Menschen, an die man gewisse Probleme gar nicht heranbringen darf, ohne der Totalität ihrer geistigen Struktur Gewalt anzutun, weil sie für diese vielleicht nie bestanden haben, nicht bewußt und nicht unbewußt, oder weil sie vielleicht nur rein intuitiv im letzten Zentrum ihrer Persönlichkeit eine so intime Lösung erfahren haben, daß für jeden „anderen" sieben Schleier darüber bleiben müssen. Mir ist bange, daß Rousseau vielleicht solch ein Mensch und der nationale Gedanke für ihn solch ein Problem sein könnte. War nicht der Geist des Nordens und Südens in ihm verschmolzen?[1] Fühlte er sich nicht als Bruder aller Völker, und lag seine wahre Heimat dagegen nicht einzig im Reiche der Ideen? Rühmte er sich nicht seines Genfer Bürgerrechts, und war es nicht Rom, dem er angehörte, wenn je eine Wirklichkeit ihn als Bürger empfangen hat? Haßte er nicht Staat und Gesellschaft als eine Verirrung des Menschengeistes und verherrlichte doch den Bürgersinn als hehrste Tugend und Verkörperung der Menschenwürde? Lebte das Werk dieses heimatlosen Grüblers nicht einzig durch die Macht und Gewalt der Abstraktionen und sollte doch die engen Verhältnisse der Wirklichkeit einer schweizerischen Stadt decken?[2] War nicht der klare Wille eindeutiger Vernunft sein höchster Leitstern, und wurde nicht statt dessen jeder Stoff unter seinen Händen zum Roman?

Dieses alles sind Widersprüche seines Wesens, wie sie seine national-politische Stellungnahme aufs intensivste bestimmen und die Gewinnung eines klaren Bildes seiner Denkungsart bis zur Unmöglichkeit zu erschweren scheinen. Vielleicht hat das letzte, was über sein persönliches Heimatgefühl in der Welt zu sagen wäre, durch ihn selbst, als er schon angesichts des Todes stand, den besten Ausdruck gefunden. „Seit seinen Kindheitsjahren hat alles dazu beigetragen, seine Seele von den Stätten zu lösen, die sein Leib bewohnte, um ihn zu ätherischen Gegenden zu erheben und dort festzuhalten. Von da an schon bildete er sich von den Menschen und der Gesellschaft romantische und falsche Vorstellungen, von denen so viel verhängnisvolle Erfahrungen ihn niemals ganz zu heilen vermochten. Da er nichts um sich fand, was seine Ideen verwirklichte, verließ er sein Vaterland noch als Jüngling. So haben all seine Liebe, all seine Leidenschaften ihr Ziel in einer anderen Welt.“[3] Jeder echte Idealismus wird aus Pessimismus geboren. Rousseau ist sehr unglücklich gewesen unter den Menschen, bis er sich über alle hinausstellen und sein Fremdsein als einen Hauch der Gottheit und einen Segen empfinden lernte; aber seine Arbeit galt nicht den Welten, in denen er fortan wurzelte, sondern den Wirklichkeiten, die ihn ausgestoßen. Er wollte nicht „für die Bewohner Utopiens schreiben, sondern für reale Menschen“, und er war sich bewußt, daß „diese wirklichen Menschen nach Zeit und Ort unendlich verschieden seien, und ein vergebliches Beginnen, das Gute im allgemeinen für die Menschheit zu suchen“. „Es scheint mir,“ bekannte er, „daß die natürlichen und politischen Gesetze nur solange einleuchten, als man sie in Abstraktion betrachtet. In einem besonderen Staat, den soviel verschiedene Elemente zusammensetzen, verschwindet diese Beweiskraft notwendigerweise. Denn die Wissenschaft der Regierungen besteht nur aus Verbindungen, Anwendungen und Ausnahmen nach Zeit, Ort und Umständen.“[4]

Eine andere Frage ist es, ob Rousseau sich in seiner eigenen Tätigkeit an diese methodisch als richtig erkannten

Grundsätze gehalten hat. Es kann kein Zweifel sein, daß seine Studien den denkbar allgemeinsten Ausgangspunkt hatten: „die Natur des Menschen, seine Fähigkeiten und seine Bestimmung", daß er „versuchte, eine Sprache anzunehmen, die auf alle Nationen paßte", und daß er mit seinen „politischen Institutionen", von denen der „Gesellschaftsvertrag" nur als ein Teil anzusprechen ist, eine Art allgemeingültiger Prinzipienwissenschaft der Politik geplant hatte[5]. Auch ging, obgleich er erkannte, daß man, um Menschen zu studieren, damit beginnen müsse, sie in dem großen Bilde der Geschichte zu sehen — weil dort, was ihnen wesentlich ist und von ihnen untrennbar, von dem zu entwirren sei, was zufällig und nach Völkern und Zeiten veränderlich[6] — seine historische Unterscheidungskraft nicht weit über den Gegensatz von Natur- und bürgerlichen Zustand hinaus, und nur zu häufig gedachte er historische Fragen auf rein spekulativem Wege lösen zu können[7]. Keiner hat wie er für möglich gehalten, die national-politischen Einrichtungen der Antike zu beleben, weil ihm der Unterschied von den Römern und Griechen zu den Franzosen des damaligen Europa nicht tiefer begründet lag als in Vorurteilen, gesunkener Weltanschauung und kleinlichen Interessen, die ungeeignete Einrichtungen künstlich zur Entstehung gebracht[8] und bessere notwendig überwinden müßten. „Natur und Vernunft" waren seine einzigen Kampfgenossen[9], und wo er sie in Verehrung und Ekstase anruft, ist es heute, als spüre man etwas von der historischen Ungerechtigkeit, mit der die Revolutionsnacht des 4. August gegen alles Seiende und Gewordene vorging.

Und dennoch vermochte derselbe Rousseau, der abstrakt, normierend, dogmatisch und als ein utopistischer Träumer die „Abhandlung über den Grund der Ungleichheit unter den Menschen" und den „Gesellschaftsvertrag" geschrieben, praktisch, pietätvoll und vorsichtig der Eigenart eines Landes und seiner bodenständigen Einrichtungen Rechnung zu tragen und den national tief eigentümlich gefärbten Staat als erstes und letzes Ziel lebendiger Völker hinzustellen[10]. Er hatte sich stets gehütet, der vielgestaltigen Wirklichkeit der Gesellschaften eine Regierungsform als einzig taugliche aufzwingen zu wollen, als ob er dem Geist und Staatsgefühl, für dessen Erweckung unter den Menschen er arbeitete, nicht zutraute, in tausenderlei Formen Leben schaffen zu können. „Ich habe keine andere Regierungsform ausschließen wollen," verteidigte er sich in seinen „Briefen vom Berge", „im Gegenteil, ich habe gezeigt, daß jede einen Grund in sich trage, der sie je nach den Menschen, Zeiten und Orten allen anderen vorziehen läßt."[11] Schon den schmalen Reformen des Abbé de St. Pierre stand er mit aller erdenklichen Vorsicht gegenüber: „man urteile über die Gefahr, einmal die ungeheuren Massen zu bewegen, die die französische Monarchie ausmachen. Wenn auch alle Vorteile des neuen Plans unbestreitbar wären, welcher verständige Mensch könnte es unternehmen, die alten Gewohnheiten auszurotten, die alten Grundsätze zu ändern und dem Staat eine andere Form zu geben als die, zu der ein Zeitraum von 1300 Jahren ihn geführt hat?"[12]

Aber erst als man ihn zu praktischer Gesetzgebungsarbeit rief, offenbarte sich, wie bedeutsam ihm gerade das nationale Element im Dasein der Staaten und Völker erschien. „Wenn man die Nation, für die man arbeitet, nicht gründlich kennt, muß das Werk, das man für sie tut, so ausgezeichnet es in sich sein mag, in der Anwendung versagen, und noch vielmehr, wenn es sich um eine völlig fertige Nation handelt, deren Geschmack, Sitten, Vorurteile und Laster zu tief wurzeln, als daß sie durch neue Samen leicht erstickt werden könnten. Eine gute Verfassung für die Polen kann nur das Werk der Polen sein, oder jemandes, der an Ort und Stelle das polnische Volk und seine Nachbarn wohl studiert hat."[13] In der Tat suchte er „dem Nationalcharakter als erster Leitlinie zu folgen", nur freilich verfiel er übertreibend dabei der rationalistischen Vorstellungsweise, künstlich schaffen zu können, was natürlich nicht vorhanden. „Jedes Volk muß seinen Charakter haben," forderte er, „wenn er ihm fehlt, so muß man damit beginnen, ihm einen zu geben."[14]

Dieser Irrtum muß innerhalb der Gesamtheit seiner Anschauungen um so befremdlicher erscheinen, als Rousseau sich vielfach mit dem Problem der Nation an sich beschäftigt, und die Ergebnisse seiner Überlegungen ihn dahin geführt hatten, sie nach Entstehung und konstituierenden Merkmalen als ein durchaus natürliches Phänomen anzusprechen. Ganz im Stile des Jahrhunderts schrieb er Rasse und Klima, Boden, Luft und Wasser, Nahrung und Lebensweise, sofern ihnen Zeit gegeben sei, sich auszuwirken, bestimmenden Einfluß auf die Gestaltung der Nationen zu und hob vor allem die Bedeutung der natürlichen Grenzen hervor[15]. Es gab Augenblicke seines Lebens, da er über diese Spaltung der Menschheit in einzelne Völker trauerte, da sie die Ursache von so viel Haß und Neid und Feindschaft in der Welt geworden[16], aber im Grunde liebte er sie wie alles Natürliche und bedauerte das Verblassen der nationalen Unterschiede, wie sie die zunehmende Vermischung der Rassen untereinander und die Konzentration des nationalen Lebens in wenigen Hauptstädten Europas mit sich brachten[17]. Darum riet er seinem „Emile", das „Land" zu besuchen, jene unberührten Provinzen, wo sich das Volkstum immer am besten erhalte, wenn er wirklich von allem Reichtum der Erde und allen Erscheinungsformen der Menschheit einen Schimmer erhaschen wolle. „Alle Hauptstädte gleichen sich; alle Völker, alle Sitten verwischen sich dort. Nicht da muß man hingehen, wenn man Nationen kennen lernen will. Paris und London sind für mich nur dieselbe Stadt. In den entlegenen Provinzen kann man den Geist und die Sitten eines Volkes studieren. Die Franzosen sind nicht in Paris, sie sind in der Touraine, die Engländer sind mehr in Mercy als in London sie selbst, und die Spanier mehr in Galizien als in Madrid."[18] Schon lange hatte er gewünscht, daß eine große Stiftung vorhanden wäre, um eine völkerpsychologische Studienreise um die Welt zu ermöglichen[19], und dieser Gedanke war von feineren Motiven eingegeben als der banalen Kuriosität und Sammelfreude seines Jahrhunderts. Vielmehr war es wie ein erstes Aufleuchten der schönen Idee der Romantiker, daß nur die Versenkung in letzte Individualitäten zur wahren Totalität des Seins einer Persönlichkeit — gleichviel ob der des einzelnen oder eines Volkes — zu führen vermöge, und daß nur der zu tiefem Bewußtsein eigener Art gelange, der sich in fremder einmal verloren habe[20]. Sein Leben lang stand ihm fest, daß sich ein lebendiges Bild der Menschheit nur aus der Gesamtheit der Farben gewinnen lasse, die sie biete, und so trat er seiner erkenntnisstolzen Zeit gegenüber. „Die ganze Erde ist mit Nationen bedeckt, von denen wir kaum die Namen kennen, und wir maßen uns an, über das menschliche Geschlecht zu urteilen!" rief er und klagte über die Lässigkeit und Blindheit der damaligen Verfasser von Reisebeschreibungen, die „Peter und Jacob nicht voneinander unterscheiden könnten, weil jeder eine Nase, einen Mund und ein Paar Augen habe"[21].

Seltsam zu sehen, wie nun Rousseau alle diese Erkenntnisse auf politischem Gebiete längst nicht in dem Maße auszuwerten verstand, wie es das lebendige Interesse, das er dem Problem der Nation entgegenbrachte, erwarten ließe. Er dachte nicht daran, ob die Völker, denen er einen Staat gründen helfe, auch wirklich Nationen seien, und zum deutlichen Zeugnis dafür, wie wenig ihm die Frage am Herzen lag, stand er nicht an, den Polen selbst eine Teilung ihres Reiches zuzumuten[22], um sie in den Besitz der vermeintlichen Vorteile zu bringen, die kleine Gebiete für den Bestand eines Staatswesens in sich schließen. Auch ist von allem, was er unter dem Ideal der Wahrung eines national eigentümlichen Charakters des Staates befürwortete und in hoher Begeisterung anpries, nur das Geringste auf Rechnung seines Verständnisses vom Wesen der Nation zu setzen: vielleicht, daß eine Nation von Sitten lebt, die sie nur für sich allein besitzt[23], vielleicht, daß sie sich möglichst in sich selbst verschließen und in sich selbst ruhen solle[24] — ein Gedanke, von dem sich etwa noch der Weg bis zu seiner Forderung der nationalen Autarkie verfolgen ließe[25], und über dem ihm obendrein die kaum errungene Gewißheit eines gegenseitigen Geben- und Nehmenmüssens verloren ging.

Das tief und wahrhaft nationale Ethos aber, von dem die Vision seines Polenstaates getragen wurde, floß aus ganz anderen Quellen und war das Erbe aus der antiken Welt, in der Jean Jacques schon seit Knabentagen leidenschaftlich heimisch gewesen. „Lykurg zeigte seinem Volke ohne Unterlaß das Vaterland in seinen Gesetzen, in seinen Spielen, in seinen Häusern, in seiner Liebe, in seinen Festen. Er ließ ihm keinen Augenblick der Ruhe, um sich allein zu gehören, und aus diesem unaufhörlichen, zweckgeheiligten Zwang erwuchs jene glühende Vaterlandsliebe in ihm, die stets die stärkste oder vielmehr die einzige Leidenschaft der Spartaner war und übermenschliche Wesen aus ihnen gemacht hat."[26] Und so begann denn Rousseau sein Verfassungswerk, indem er bei den Polen den Sinn für den Wert und die Schönheit „exklusiver und nationaler" Sitten und Gebräuche zu erwecken suchte: für Festspiele und körperliche Übungen, die die Bürger öfters vereinen und sie einander kennen und schätzen lehren; für Schauspiele, die ihnen die Geschichte ihrer Ahnen, ihr Unglück, ihre Siege, ihre Tugenden ins Gedächtnis zurückrufen; für einen nationalen Kultus und nationale Tracht; öffentliche Ehrungen und Feierlichkeiten und ein besonderes Hofzeremoniell. Denn er wollte diesem Volke „eine nationale Physiognomie" verleihen, die „es von allen anderen unterscheiden" und sowohl „dem allgemeinen europäischen Hang, den Geschmack und die Sitten der Franzosen anzunehmen", wie der drohenden Russifizierung entgegenwirken sollte. „Wenn ihr daraufhin arbeitet, daß aus einem Polen nie ein Russe werden kann, so bürge ich euch dafür, daß Rußland Polen niemals unterjochen wird", versprach er und eiferte gegen die kosmopolitische Nivellierung seines Erdteils, wo es „keine Franzosen, keine Deutschen, keine Spanier und nicht einmal mehr Engländer gebe, sondern nur noch Europäer". „Ein Pole aber", sagt er, „soll mit 20 Jahren nur ein Pole sein, nichts anderes." Und wieder beschritt er jene „der Neuzeit unbekannten Wege, auf denen die Alten ihre Bürger zu völliger Hingabe an das Vaterland geführt“. Er verwarf die zu seiner Zeit so beliebte Erziehung durch ausländische Lehrer und trat für öffentliche, möglichst einheitliche Schulen ein, als deren hauptsächlichste Unterrichtsgegenstände er die nationale Literatur und Geschichte, die heimische Geographie und Wirtschaft und die bürgerlichen Gesetze empfahl.

So hoffte er durch die Erziehung „den Seelen die nationale Form aufzuprägen“, in der sie sich „aus Neigung, Leidenschaft und Notwendigkeit zugleich als Patrioten“ fühlen müßten, und sorgte, daß über ihr ganzes Leben der Zauber jener „nationalen Institutionen“ gesponnen bliebe, „die ein Volk sich selbst sein lassen und kein anderes, die ihm jene heiße, auf unausrottbare Gewohnheiten gegründete Vaterlandsliebe einflößen, die es bei den fremden Völkern inmitten der Lockungen, die ihm die Heimat nicht bietet, vor Sehnsucht sterben lassen“. Und so stark erschien hier der nationale Gedanke, daß er das Glücksstreben des einzelnen zu überwinden vermochte und die Heimat um ihrer selbst willen lieben ließ. „In einem Wort,“ so faßte Rousseau den Sinn seiner Ausführungen zusammen, „man muß ein schändliches Sprichwort umkehren und jeden Polen im Grund seines Herzens sagen lehren: Ubi patria, ibi bene.“

Freilich restlos fügte sich dieser exklusive Nationalismus nicht in die Rousseausche Gedankenwelt. Jene Forderung, daß „ein Kind, sobald es die Augen öffnet, das Vaterland erblicken und bis zum Tode nichts anderes sehen soll als dieses“[27], stimmt vielleicht noch zu den strengen Anschauungen des „Gesellschaftsvertrages“ von der Omnipotenz des Staates, aber wie seltsam würde sie sich zu der milden Menschlichkeit des „Emile“ ausnehmen![28] Weist nicht sein Lehrer diesen in die Welt hinaus, zu ergründen, wo in allen Staaten der Menschen er seiner Art am gemäßesten leben könne, und stellt er ihm nicht sein ausdrückliches Recht vor Augen, sich um irgendwelcher Vorteile willen von der Heimat zu lösen? Ja, in durchaus rationalistischem Geiste hält er es für nötig, ihm verfassungstechnische Maßstäbe an die Hand zu geben, damit „er wisse, was das Vaterland sei, worin es im Grunde bestehe und woran man zu erkennen vermag, ob man selbst ein Vaterland hat oder nicht"[29]. Er schied die Völker nach ihrer Art und Fähigkeit zu reisen und zu beobachten, um dem den Vorzug zu geben, das ihm von jener hohen, kosmopolitischen Abstraktionskraft erschien, die er seinem eigenen Zögling wünschte, und der er einzig vertraute, leidenschaftslos Zug um Zug das Bild der Menschheit herauszuarbeiten, so wie es „über Zeit und Raum erhaben" das gemeinsame Besitztum der „Weisen" sein sollte. So ließ er auch einen Schimmer von dem Ideal der Geistesrepublik über „Emiles" Leben fallen und riet ihm, sich „in jeder Nation einem Mann von Verdienst zu verbinden und mit ihm im Briefwechsel zu bleiben", als „eine ausgezeichnete Vorsichtsmaßregel gegen die Macht der nationalen Vorurteile, die uns das ganze Leben lang anfechten und früher oder später doch einigen Einfluß gewinnen"[30].

Schon in der Abhandlung „über die Ungleichheit" war mehrfach der Glaube des Jahrhunderts durchgebrochen, daß der wahre Philosoph und Menschenkenner Kosmopolit sein müsse und nur die Sache der Menschheit zu führen habe[31], ja, in warmer Begeisterung hatte Rousseau der „wenigen großen kosmopolitischen Seelen gedacht, die die künstlich erdachten Scheidewände zwischen den Völkern überschreiten und nach dem Beispiel des höchsten Wesens, das sie geschaffen, das ganze menschliche Geschlecht in ihrem Wohlwollen und natürlichen Mitgefühl umfassen"[32]. Aber dies bedeutete ihm nicht mehr als eine Ausnahmemoral für die Lehrer der Menschheit, die er auf sich selbst wie eine schwere Pflicht und als den Fluch des Genies lasten fühlte, während sein Herz in tausend Augenblicken nach der einfachen Sittlichkeit engererer aber glücklicherer Geister verlangte. „Es gibt Umstände," läßt er mit schmerzlicher Bewegtheit den Mentor in seinem Erziehungsroman sagen, „wo ein Mensch seinen Mitbürgern außerhalb des Vaterlandes nützlicher sein kann, als wenn er in dessen Schoße lebte. Dann muß er nur seinem inneren Drange gehorchen und die Verbannung ohne Murren tragen; das Exil selbst ist eine seiner Pflichten. Aber du, lieber Emile, den nichts zu diesen schmerzlichen Opfern zwingt, der du das traurige Amt nicht hast, die Menschen zur Wahrheit zu führen — lebe in ihrer Mitte, pflege ihre Freundschaft in süßem Umgang, sei ihnen Wohltäter und Beispiel."[83]

Etwas Antikes liegt über der edlen Überwindungskraft, mit der er die ihm von der Heimat angetanen Bitternisse trug und in der Ferne nicht aufhörte, das Land seiner Geburt zu lieben und sich von ihm verpflichtet zu fühlen. Kein deutlicheres Zeugnis für die innere Vornehmheit seines Charakters, als daß er nie versucht hat, das Vaterland, das ihn ausgestoßen und das Werk seines Lebens verachtet, zu schmähen und in den Augen der Welt herabzusetzen! Er war immer glücklich gewesen, „in ihm das Vorbild der Weisheit und des Glückes zu finden, die er in allen Ländern hätte regieren sehen wollen", und als die Stadt Genf ihren Bürger verbannte, „weil er die Gesetze seiner Heimat allen andern vorgezogen habe", „erfüllt er schweigend die letzte Pflicht", die ihm gegen dieses Vaterland zu tun blieb und gehorchte[84]. Vielleicht hat er es nie mehr „Vaterland" geheißen seit jenen Tagen; denn nach der Auffassung des Jahrhunderts verband auch er mit diesem Wort gewisse utilitarische Vorstellungen. Das „Vaterland" war ihm nicht schlicht und einfach das Land seiner Väter, sondern einzig das Land, das ihn wie ein Vater behüten und um sein Glück besorgt sein sollte[85]. Indes er spürte deutlich den Kampf der historischen und rationalen Mächte in seiner Brust, und der am feinsten und kompliziertesten fühlte unter seinen verstandessicheren Zeitgenossen, sollte auch als erster des Zaubers der Bande inne werden, die den Menschen einem noch so unväterlichen Vaterland verknüpfen! Noch vermied er es freilich, jenem Worte selbst den neuen Sinn zu leihen, indem er zwischen Heimat und Vaterland unterschied; noch verblaßte ihm der geistige Gehalt des Bildes der Heimat hinter den naturrechtlichen Vorstellungen vom Rechtsstaat und der einseitigen Schätzung moralischer Werte, die dieser vermitteln sollte — aber siegreich leuchtete doch über allem der Gedanke von der hohen verpflichtenden Kraft schlichtesten Heimatgefühls. „Wer kein Vaterland besitzt, hat wenigstens eine Heimat", heißt es im „Emile". „Wo ist der Ehrenmann, der seiner Heimat nichts zu danken hat? Wer immer er sei, er dankt ihr, was es Kostbarstes für den Menschen gibt, die Sittlichkeit seiner Handlungen und die Liebe zur Tugend. Denn sie hat ihn gelehrt, seine Interessen den allgemeinen Interessen zu opfern. Sage nicht, was kümmert mich, wo ich bin? Es muß dir daran liegen, dort zu sein, wo du all deine Pflichten erfüllen kannst, und eine dieser Pflichten ist die Liebe zur Stätte deiner Geburt. Deine Landsleute schützten dich, als du ein Kind warst, und du sollst sie lieb haben, wenn du ein Mann bist."[86] Und so mächtig ergriff ihn das heilige Feuer, daß alles von ihm abfiel, von dem er geglaubt, es könne sich zwischen einen Menschen und das Land seiner Geburt drängen, und daß er in reinster Selbstverleugnung all seine theoretisch-rationalistischen Erwägungen und die erlesenen Gedanken seines politischen Systems hinwarf vor dem einen Gefühl: Recht oder Unrecht, es geht um mein Vaterland! „Wenn auch der Gesellschaftsvertrag nicht beobachtet worden ist, was liegt daran!"[87] Verschwunden jeder Wunsch, seinen mit so viel Sorgen und Mühen ersonnenen Normalstaat verwirklicht zu sehen; nur die geheime und ewig unbefriedigte Sehnsucht seines Lebens nach einem Vaterland zittert durch diese Worte und die unbedingte Willigkeit seines Staatsbürgertums.

Denn er hätte freudig auch die von seinem Jahrhundert allgemein gehaßten Pflichten getragen, und tiefe Bitterkeit überkam ihn zuweilen, daß niemand sie von ihm forderte. „Wenn der Fürst oder der Staat dich zum Dienst des Vaterlandes ruft," gebot er seinem Emile, „verlaß alles, um auf dem Posten, den man dir zuweist, den ehrenvollen Beruf des

Bürgers zu versehen. Ist dieser Beruf dir lästig, so gibt es ein ehrenhaftes und sicheres Mittel, seiner ledig zu werden: nämlich ihn mit so viel Unbescholtenheit auszuüben, daß man ihn dir nicht lange lassen wird. Übrigens, du hast die Unannehmlichkeiten einer solchen Last wenig zu fürchten, so lange es Menschen dieses Jahrhunderts gibt, wirst du nicht zu denen gehören, die man zum Staatsdienst herbeiruft."[38] Wieder und wieder hat er es seiner Zeit zum Vorwurf gemacht, sie wolle keine Bürger und habe kein Herz fürs Vaterland; er haßte und beklagte sie darum zugleich und nannte sie „unglücklich und verachtungswert"[39].

Die vorurteilsfreien Tugenden, die das Jahrhundert an Stelle der alten Ideale gesetzt, vermochten weder sein sittliches Bewußtsein zu überzeugen, noch sein Gefühl zu befriedigen. Er wollte tätig opfern, wo er liebte, und diese hatten in der Tat den Einsatz einer ganzen Persönlichkeit verlangt, jene waren „aufgeklärt", aber billig! „Mißtraut den Kosmopoliten", klang sein Spott, „die in der Ferne und ihren Büchern die Pflichten suchen, deren Erfüllung sie zu Hause verachten. So mancher Philosoph liebt die Tartaren, um davon entbunden zu sein, seine Nachbarn zu lieben."[40] „Die Liebe zur Menschheit verleiht viele Tugenden, wie die Sanftmut, die Billigkeit, die Mäßigung, die Barmherzigkeit, die Nachsicht, aber sie flößt weder Mut noch Festigkeit ein und gibt ihnen nichts von jener Energie, die sie von der Vaterlandsliebe empfangen; denn diese erhöht sie bis zum Heldentum."[41] Wie ein einzigartiger und kostbarer, ja geradezu unersetzlicher Stein in dem Wertgebäude, das die ethischen Mächte in der Geschichte der Menschheit zu errichten am Werke sind, erscheint hier der Patriotismus; ein Traum von Rousseaus großer, verwundeter Seele, in dem ihre Sehnsucht nach der Antike widerglänzte. Zwar gab er der Humanität und dem Nationalismus theoretisch dieselben Wurzeln[42], aber er hielt sie praktisch für unverträglich miteinander, und eine Beschränkung dünkte ihm unabweisbare Notwendigkeit, wofern sich die Liebe zur Menschheit nicht selbst zu vollkommener

Wirkungslosigkeit verurteilen wollte. Die Menschheit war ihm nicht mehr als eine Idee, und Cato stand ihm höher als Sokrates. Denn „dieser hatte nur noch die Welt zum Vaterland, während jener das seine auf dem Grund seines Herzens trug und es nicht überleben konnte. Die Tugend des Sokrates ist die des weisesten der Menschen, aber zwischen Cäsar und Pompejus erscheint Cato wie ein Gott unter Sterblichen."[43]

Die eigenwillige Entwicklung der Kultur hat es später gegeben, daß gerade unter dem Einfluß Rousseauscher Ideen das Persönlichkeitsideal der Griechen von neuem zu einer lebensgestaltenden Macht emporwuchs, wogegen ihm selbst weit weniger an der freien Menschlichkeit des attischen Griechentums, als an der ragenden Größe und strengen Einseitigkeit Lakedämons oder Roms lag[44]. Es war ihm nicht entgangen, daß „die Menschlichkeit der Römer sich nicht weiter erstreckte als auf ihr Reich"[45], und während das Jahrhundert gewöhnt war, seine kosmopolitischen Banalitäten mit dem Geist antiker Philosophen zu verbrämen, fand der Träumer von Les Charmettes und Montmorency, dem so viele Staaten ihre Grenzen verschlossen hatten, gerade mit Hilfe der Alten den Weg zum tief national ausgestalteten Einzelstaat — wenn nicht sogar zum modernen Nationalstaat.

Der Konföderationsgedanke, dem er so gerne nachgehangen, und vielleicht seinem gesamten, uns leider verlorenen außenpolitischen System zugrunde gelegt hat, stand für ihn stets unter der Voraussetzung, daß die Selbständigkeit des Einzelstaates unangetastet bleiben sollte[46]. Nicht das fand er „Recht und Vernunft zuwiderlaufend, daß mehrere Staaten demselben Fürsten untertan seien, aber daß ein Staat einem andern Staat unterworfen, schien ihm unverträglich mit der Natur eines politischen Körpers"[47]. In einer Zeit, für die ausländische Garantien heimischer Verträge und Interventionsansprüche selbst in rein innerpolitischen Angelegenheiten an der Tagesordnung waren, hat er Einmischungen fremder Mächte in die Souveränität eines Staatswesens, fremde Besetzung oder fremdes Protektorat mit Heftigkeit abgelehnt, und Korsika verbot er, Fremden das Bürgerrecht zu verleihen[48]. Selbst der Religion hätte er einen durchaus nationalen Charakter gewünscht, und er stand nicht an, das Christentum, das die Menschen widersprechenden Pflichten unterwirft, „indem es ihnen zwei Gesetzgebungen, zwei Oberhäupter, zwei Vaterländer gibt", als Staatsreligion zu verwerfen. „Ich finde es gewissermaßen zu gesellig", verteidigte er seine Stellungnahme in den „Briefen vom Berge", „zu sehr das ganze menschliche Geschlecht umfassend, um zu einer exklusiven Gesetzgebung zu passen, es flößt mehr Humanität ein als Patriotismus und strebt eher danach, Menschen zu schaffen als Bürger"[49].

Wüßten wir nicht zu genau, wie tief er von der Echtheit des Wertes eines selbständigen Volkstums, seiner natürlichen Notwendigkeit und seinem Daseinsrecht durchdrungen war, könnten sich dennoch Zweifel darüber erheben, ob Rousseau mit seiner starken Betonung des nationalen Elements im Leben der Staaten und Völker nicht nur den gegebenen Verhältnissen Rechnung trug, für die er in gewissen Fällen einen unerbittlich realen Blick besaß[50]. Denn gerade in dem, was er als Richtlinien äußerer Politik aufstellt, verrät sich erschreckend wenig von großen Gesichtspunkten, und manchmal will es fast scheinen, als habe er nur deshalb zur Ausbildung eines eigenen Staates und zu nationaler Selbstbesinnung geraten, weil auf die europäische Solidarität weder in Verträgen noch Kongressen Verlaß und der Ehrgeiz böser Minister nur darauf lauere, daß ein Volk weltbürgerlich-pazifistischer Schwäche verfalle[51]. Wohl klagte er über den Mangel großer Prinzipien und die Sinnlosigkeit einer vermeintlichen Interessenpolitik, aber er vermochte keine Regel anzugeben, die Ansprüche der Souveräne zu beurteilen und fand nichts auszusetzen an der Basierung des St. Pierreschen Völkerbundes auf dem status quo, wodurch tausend ungerechtfertigte Eroberungen nachträglich sanktioniert wurden. Ja, selbst das Hauptbedenken, das sich ihm nach seiner gesamten Denkungsart so natürlich hätte ergeben müssen, stellte sich nicht ein: Rousseau hat in der Beurteilung des Friedensprojektes nicht einmal an der für St. Pierre grundlegenden Vorstellung zu rütteln versucht, daß es die Fürsten und nicht die Völker waren, auf denen die europäische Republik ruhen sollte[62].

Vielleicht spielt hier seine Überzeugung herein, daß die Leitung der auswärtigen Angelegenheiten eines Staates meist über das Verständnis des Volkes hinausgehe und daß es sich darin „auf seine Führer verlassen sollte, die immer klüger in diesem Punkte seien und kaum ein Interesse daran hätten, nach außen dem Vaterland nachteilige Verträge zu schließen". Und vergegenwärtigt man sich die Entwicklungstendenzen der Anschauungen moderner Staatsnationen über ihre Stellung zu den Fragen äußerer Politik, so muß ein Satz wie dieser, daß „die Bündnisse von Staat zu Staat, die Kriegserklärungen und Friedensschlüsse nicht Sache der Souveränität, sondern der Regierung seien"[63], seltsam und rückständig genug erscheinen. Vielleicht aber verrät sich hier auch die gewisse Unterschätzung der äußeren Machtgestaltung eines Staatswesens überhaupt, wie sie dem 18. Jahrhundert so natürlich war. Es ist der Kleinstaat gewesen, dem seine Liebe gehört hat, und eine gewisse Mittelmäßigkeit, die ein Land weder zum Gegenstand der Verachtung noch der Begehrlichkeit seiner Nachbarn macht, war sein Ideal[64]. Er wünschte die Bildung freiwilliger Volksheere und trat eifrig für den Gedanken allgemeiner Wehrhaftigkeit ein, weil „der Staat nicht ohne Verteidiger bleiben kann, und seine wahren Verteidiger seine Glieder sind"[65]. Aber der Kampf, den er gegen die Soldheere führte, stand ihm ausschließlich unter innerpolitischen Gesichtspunkten: sie waren ihm willige Werkzeuge in Tyrannenhänden und jederzeit bereit, „den freien Bürger zu fesseln und zu unterjochen". Nicht auf dem Schlachtfeld, glaubte er, offenbare sich das wahre Heldentum, und wenn römischer Geist genug in ihm lebte, daß er die Nationen nicht anders als tapfer und ruhmbegierig wollte, wenn es die Heimat zu schützen galt, so wehrte er diesem doch jeden Raum zu eigener Entfaltung[56].

Freilich kam in dem Protest, mit dem er sich gegen Krieg und Eroberung auflehnte, über die üblichen Argumente hinaus auch echtester Rousseaugeist zum Ausdruck: „Da die Eroberung selbst kein Recht ist, hat sie auch keines begründen können. Der Eroberer und die besiegten Völker bleiben immer im Kriegszustand miteinander, wenn nicht die in volle Freiheit zurückversetzte Nation freiwillig ihren Besieger als Haupt anerkennt."[57] Deutlich klingt hier das Motiv vom Selbstbestimmungsrecht der Völker an, und in dem Gedanken, die natürlichen Grenzen zwischen den Nationen als Grundlage der politischen Ordnung gelten zu lassen, war zugleich ein Prinzip gefunden, das dem nationalen Lebensdrang aufs glücklichste gerecht zu werden versprach[58]. Folgerichtig hat Jean Jacques Rousseau die Annexion Korsikas durch Frankreich nicht gebilligt; für ihn bestand nur das Recht, „Das ein befreites Volk besitzt, seine Freiheit zu erhalten, sich selbst Gesetze und staatliche Einrichtungen zu schaffen und unabhängig zu leben"[59]. In den unveröffentlichten Handschriften der Bibliothek von Neuchatel findet sich eine Stelle, die ihn in die vordersten Reihen der Vorkämpfer des Nationalitätsprinzips im 18. Jahrhundert rücken muß: „Daß man die Völker nach seinem Belieben wie Viehherden von Herrn zu Herrn verschieben könne, ohne ihr Interesse und ihre Meinung zu befragen, das im Ernst zu sagen, heißt, sich über die Leute lustig machen". Und soweit ging seine Fürsprache für die Nationalität, daß er die Glieder eines besiegten Volkes vor dem Zwange schützen zu müssen glaubte, in einem fremden Staate naturalisiert zu werden. Es war ihm ein Eingriff in ihre Freiheit und in ihr Glück. „Es widerstrebt der Vernunft", glaubte er, „zu andern zu sagen: ich möchte, daß du anders glücklich bist, als du selbst es willst."[60] Mit Recht behauptet Hermann Höffding, daß Rousseau „eine Renaissance des Nationalgefühls hervorgerufen habe"[61].

Indes soll nicht verkannt werden, daß auch er in seiner Formulierung des nationalen Selbstbestimmungsrechts nicht über das hinausgelangt ist, was vor ihm bereits von anderen Denkern des Jahrhunderts und zweifellos kleineren Geistern ausgesprochen worden. Aber was sich bei diesen, gewissermaßen als ein Negatives, nicht über Protest und Opposition gegen die bestehende Praxis erhob, bedeutete für jenen eine wahrhaft positive Potenz, erwuchs in müheloser und selbstverständlicher Hoheit als Blüte seiner gesamten Staatsauffassung, nach der die Nation nur sich selbst gehören und an Leib und Seele (auf ihrem Gebiet und in dem Zusammenklang der Wollungen, die den Staat geschaffen) frei sein sollte. „Es ist die große Wahrheit des ‚Contrat social'", sagt Paul Janet in seiner „Geschichte der politischen Ideen", „daß jedes Volk eine Persönlichkeit ist, die sich selbst angehört und die Leitung ihrer Schicksale in der Hand hat."

Denn das war nicht der Sinn des Rousseauschen Volkssouveränitätsgedankens, daß er der großen Masse im Gegensatz zu den Tyrannen, die sie früher beherrscht, zur politischen Macht im Staate verhelfen wollte.[62] Sondern es ging ihm darum, sowohl der Nation wie dem Staate ihre Würde zurückzugeben, die nur in dem Für- und Durcheinandersein beider bestehen konnte; es galt ihm, den Untertan zum Bürger[63], den Unmündigen zur Persönlichkeit zu bilden und den Staat und jede seiner Lebensäußerungen aus einer heteronomen Macht zur autonomen Schöpfung sittlichen Bewußtseins umzuwandeln. Fortan war das staatliche Sein nicht mehr auf Sollen, sondern auf Wollen gestellt, und die Volkheit bedeutete nicht länger ein Attribut, sondern ein Erlebnis. „Der Gesetzgeber", verlangte er, „muß sich imstande fühlen, die menschliche Natur gleichsam umzuwandeln, jedes Individuum, das für sich ein vollendetes und geschlossenes Ganze ist, zum Teil eines größeren Ganzen umzuschaffen, von dem es in gewissem Sinne Leben und Sein empfängt; das Wesen des Menschen zu ändern, um es zu stärken, und an die Stelle des leiblichen und unabhängigen Daseins, das wir alle von der Natur empfangen haben, ein teilweises und geistiges Leben zu setzen. Kurz, er muß dem Menschen seine ihm eigentümlichen Kräfte nehmen, um ihn mit fremden auszustatten, die er ohne den Beistand anderer nicht gebrauchen kann. Je mehr jene natürlichen Kräfte erstorben und vernichtet und je größer und dauerhafter die erworbenen sind, desto sicherer und vollkommener ist auch die Verfassung. Wenn also jeder Bürger nur durch alle anderen etwas ist und vermag und wenn die vom Ganzen erlangte Kraft der Summe der natürlichen Kräfte aller Individuen gleich ist oder sie übertrifft, erst dann kann man sagen, daß sich die Gesetzgebung auf der höchsten Höhe befindet, die sie zu erreichen imstande ist."[64]

Es war die heiligste Verbindung, die Rousseau zwischen Staat und Mensch aufrichten konnte, indem er diesen mit den Wurzeln seines sittlichen Seins in jenen versenkte. Wie wunderbar vertieft und erweitert zugleich erschien hier die alte naturrechtliche Vorstellung vom Wesen des Rechtsstaats und seinen erzieherischen Wirkungen! „In den Tiefen eines Waldes geboren, hätte der Mensch glücklicher und freier gelebt, aber da nichts ihm in der Befriedigung seiner Neigungen entgegenstand, wäre er gut gewesen ohne Verdienst, er wäre keineswegs sittlich gewesen, und jetzt ist er es trotz seiner Leidenschaften. Das öffentliche Wohl lehrt ihn, sich zu bekämpfen, sich zu besiegen, das eigene dem allgemeinen Interesse zu opfern."[65] So strahlte die wahre sittliche Freiheit, die im Gehorsam gegen das selbstgegebene Gesetz besteht[66], und die Humanität selbst von dem Rousseauschen Staate aus; durch die Gründung des Staates erst geschah es, daß der Mensch zum Menschen und das Volk zum Volke wurde[67].

Weit dahinten lagen die individualistisch-kollektivistischen Anschauungen der Zeit: das Volk war nicht länger die bloße Summe auseinanderstrebender Individuen[68], sondern eine intensive Wertgemeinschaft, und der Staat nicht länger ein bloßes Aggregat, sondern — „ungefähr wie chemische Verbindungen Eigenschaften besitzen, die von keinem der Elemente stammen, von denen sie gebildet werden" — eine Art höherer Wesenheit über seinen Gliedern[69]. Der Zentralbegriff des „Gesellschaftsvertrags", die „volonté générale", verlieh beiden Mächten eine gewisse Kristallisationskraft, vor der alles Singuläre verschwand. „Der Souverän kennt nur das Ganze der Nation, und von denen, die sie zusammensetzen, besteht kein einziger vor ihm." [70] Zwar ergab sich auf diese Weise eine seltsame Scheidung zwischen der Nation als Souverän, der nur „als Ganzes und Körper betrachtet werden kann" und den einzelnen als Untertanen, von denen „jeder eine individuelle und unabhängige Existenz besitzen sollte" [71], aber mit wirklichem Dasein war für ihn nur der ideale Körper der Nation ausgestattet, während die einzelnen nur ein zurückgebliebenes oder noch unentwickeltes Stadium des Staatsbürgertums darstellten. Denn sein Ziel war, daß jeder individuelle Wille zuletzt mit dem Gesamtwillen zusammenfallen sollte[72], und so tief war sein Glaube an die Kraft der Vernunft im Universum, daß er die Verwirklichung dieses Ideals für durchaus möglich hielt. Hier liegt der tragische Irrtum seines Systems, an dem dessen Realisierung für immer scheitern muß: hier ist aber zugleich eine Höhe des nationalen Gedankens erreicht, auf der vor ihm oder nach ihm keiner wieder gestanden hat. Nur wer viel zu geben hat, pflegt viel zu fordern. Das Bemühen all derer, die an dem modernen Volksstaat, d. h. an der Vereinigung von Staat und Nation gearbeitet haben, ist darauf gerichtet gewesen, den Staat zum Ausdruck des Mehrheitswillens zu machen. Er aber trachtete nicht, den Staat nach den Wünschen des Volkes zu formen[73], sondern das Volk in den Willen des Staates hineinwachsen zu lassen. Die „volonté générale" ist nicht die „volonté de tous" und nicht der Wille der Mehrheit, sie ist das Ethos des Staates, der untrügliche Maßstab des allgemeinen Besten, der Ausdruck der nationalen Notwendigkeiten[74]. Es war nur natürlich, daß sie nach der Sprache und Geistesart des 18. Jahrhunderts als Ausfluß der Vernunft, der höchsten Wesenheit, die die Zeit kannte, erschien[75], aber in Wahrheit lagert etwas Mystisches um sie her, und Rousseau selbst war sich bewußt, daß sie für den Verstand ein ewiges Rätsel sein werde, „so wie die Wirkung der Seele auf den Körper der Abgrund aller Philosophie ist“[76].

Es ließ sich niemals verleugnen, daß er in seinem Staate alles auf Persönlichkeit und Leben gestellt hatte. Die „Abhandlung über die Staatswirtschaft“ bereits hatte in breiter Ausführlichkeit eine Art organischer Staatstheorie vorgetragen, und wenn sich auch später Zweifel aufdrängten, unter denen der lebendige Staatskörper wieder zu einem flüchtigen Vernunftgebilde verblaßte, so steht er doch in der endgültigen Fassung des „Gesellschaftsvertrags“ als ein beseeltes Ich, mit Herz und Hirn, mit Atem und Willen, dem Gesundheit und Kranksein, Leben und Sterben gegeben ist, wie einem Menschen[77].

Erst von diesen Voraussetzungen aus läßt sich die Intensität des Rousseauschen Staatsbürgertums ermessen. „Das Leben von Staat und Nation ist das dem Ganzen gemeinsame Ich, das gegenseitige Aufeinander-Reagieren und das innere Sich-Entsprechen aller Teile. Hört diese Verbindung auf, erstirbt die formelle Einheit, gehören die aneinandergrenzenden Teile nur noch äußerlich zusammen, so ist der Mensch tot und der Staat aufgelöst.“ „Tausend Schriftsteller haben zu sagen gewagt, daß der politische Körper ohne Leidenschaften ist und daß es keine Staatsraison gibt, außer der Vernunft. Als ob nicht im Gegenteil sichtbar wäre, daß das Wesentliche an der Gesellschaft in der Tätigkeit ihrer Glieder besteht und daß ein Staat ohne Bewegung nur ein toter Körper sein würde! Als ob die Weltgeschichte uns nicht zeigte, daß erst die äußere oder innere beständige Wirkung und Gegenwirkung aller Glieder Zeugnis von der Lebenskraft des gesamten Körpers ablegt!“[78] Und dies ist Rousseau nicht müde geworden zu betonen. Er wollte jedes Herz im Staatsgedanken wurzeln und schlagen lassen, jedes Einzeldasein nur als einen Teil des staatlichen Organismus ansehen, um endlich dazu zu gelangen, daß jeder in dem größeren Ganzen aufgehe bis zu völliger Identifikation[79].

Indem er das vornehmste Recht des Staates, die Gesetzgebung, restlos in die Hand der gesamten Nation legte und sogar die Vertretbarkeit der Souveränität ablehnte, glaubte er in jedem einzelnen die Überzeugung zu wecken, daß staatliche Fragen persönliche Angelegenheiten seien[80]. „In einer wohlgeleiteten Stadt", sagt er, „fliegt alles zu den Versammlungen; unter einer schlechten Regierung tut keiner gern einen Schritt darum. Sobald nur einer von den Staatsangelegenheiten sagt: was kümmerts mich? kann man darauf rechnen, daß der Staat verloren ist."[81] Es war wieder das Ideal des antiken Bürgers, das Rousseau vorschwebte und ihn die völlig unrealisierbare Forderung stellen ließ, das Dasein der Söhne des Vaterlandes solle von früh bis spät mit staatlichen Pflichten erfüllt sein. Durch eine öffentliche Erziehung, „einen der ersten Grundsätze volkstümlicher Regierungen", wollte er bereits in den Kindern „den gemeinsamen Wetteifer aller heranbilden, für das Vaterland zu leben und zu sterben und das unfruchtbare und eitle Geschwätz der Sophisten durch Mannes- und Bürgertaten zu ersetzen"[82]; indem er das römische System einer Stufenlaufbahn zu den öffentlichen Ämtern wieder aufnahm, das jeden Staatsbürger unter den Augen des Volkes halten und jeden Erfolg von der öffentlichen Hochachtung abhängig machen sollte[83], gedachte er, Jünglingen und Männern Bürgersinn und Staatsgefühl zur zweiten Natur werden zu lassen.

Im hohen Flug seiner Gedanken ist ihm nie ein Bedenken gekommen, wie ein ganzes Volk, rein äußerlich genommen, diesem gerüttelten Maß zeitraubender staatsbürgerlicher Pflichten gerecht werden könne. Sein Souveränitätsbegriff drohte hier Formen anzunehmen, die geradezu die Verhältnisse antiker Aristokratien vorauszusetzen scheinen, wie sie zwar für Polen, wo Bürger und Bauern auch durch die Rousseausche Verfassung außerhalb der Nation blieben, zutreffen mochten, im Rahmen des „Contrat social" aber unmöglich wären.

Vielleicht gehörte Rousseau zu den großen Einseitigen, wie das Genie es oft gewesen ist, vielleicht hat er wie Macchiavell sein Problem reinhalten wollen von allen Nebenfragen. Der Gedanke des Staates sollte die Völker ergreifen, so wie er ihn ergriffen hatte; an einzelnen Einrichtungen lag ihm nichts. Mit unerbittlicher Logik und brennendem Herzen wollte er Nationen bilden: der „Contrat social" hat Stellen, wo er mit mathematischen Formeln Recht und Pflicht von Untertan und Regierung bis auf den Bruchteil errechnet und von der leisesten Verschiebung der Verhältnisse Unheil befürchtet; aber den Polen sieht er eine schlechte Gesetzgebung nach, wenn nur die Liebe zum Vaterland sie erfüllt, und dem Jüngling, den er vor allen Menschen nach seinem Herzen erzogen, sagt er: „Die Freiheit ist in keiner Regierungsform, sie ist im Herzen des freien Mannes. Ob der Gesellschaftsvertrag beachtet worden ist oder nicht, was tuts? sei glücklich in der Liebe zur Heimat!"[84]

In jedem Falle verlangte er den ganzen Menschen; das Beste und Letzte der Nation besaß fortan der Staat, dem sie sich vorbehaltlos übergeben[85], um durch ihn zu wahrem Leben zu gelangen. Und in diesem Sterben und Werden glaubte Rousseau den Widerspruch gelöst zu sehen, unter dessen Last seine Philosophie geboren war: „Laßt den Menschen eins sein, und ihr werdet ihn so glücklich machen, wie es möglich ist. Gebt ihn ganz dem Staat, oder laßt ihn ganz sich selbst, aber wenn ihr sein Herz teilt, zerreißt ihr es. Ihrer Natur nach Menschen für die Gesellschaft und ihrer Neigung nach Staatsbürger, werden sie eins sein, werden sie gut und glücklich sein. Ihr Glück wird das des Staates sein; denn da sie nur durch ihn sind, werden sie auch nur für ihn sein, er wird haben, was sie haben, und sein, was sie sind." „Unser süßestes Dasein ist relativ und in einer Gesamtheit beschlossen, und unser wahres Ich ist nicht ganz in uns."[86]*)

---

*) Bis hierher Dissertation der Universität Leipzig.

6. Mably und Raynal.

> Il faut prendre le monde comme il est? Point du tout, il faut le rendre meilleur.
>
> Mably, Etude de la Politique.

Wie der Name Enzyklopädisten eine Schar Männer zusammenfaßt, die zwar gemeinsam zum Banner der Vernunft als der bestimmenden Macht des Lebens und Weltalls schwuren, im übrigen aber die widersprechendsten Anschauungen und Tendenzen vertraten, so vermag auch die Bezeichnung Ideologen, unter der man die Philosophen der eigentlichen Revolutionszeit in Frankreich begreift, diese nicht einheitlich und programmatisch zu charakterisieren. Korrekterweise kann man nur die cartesianisch-erkenntniskritische Einstellung dieser Denker damit begreifen, die man gleicherweise als Mitglieder in den Nationalversammlungen der Revolution wie im Institut de la France und als Gäste der Mme Helvétius zu Auteuil aus- und eingehen sah. Aber in dem allen selbstverständlichen Intellektualismus erschöpft sich bereits das gemeinsame Gedankengut dieser gewiß befreundeten Geister, und wer wollte darüber hinaus versuchen, den handfesten Materialismus eines Holbach und die kalt-mechanistische Denkungsart eines Helvétius mit dem ruhigen Christenglauben Turgots, die untadelige gelehrte Gewissenhaftigkeit Condorcets mit dem propagandistischen Draufgängertum des Abbé de Siéyès in dasselbe Schema der Betrachtung zu zwängen! Mably nun vor allen verdient es, herausgerückt zu werden aus der Gruppe der Ideologen, und steht deshalb mit voller Absicht hier, als Brücke gleichsam, von Heroen zu Epigonen hinüberführend, nicht wegen der Größe, sondern der rätselvollen Eigenwilligkeit seiner Persönlichkeit, die ihn von dem überfliegenden Idealismus seines Lehrers Rousseau wie von dem kahlen Verstandesdünkel eines Helvétius gleich weit entfernt hielt.

Mably hat keine auch nur einigermaßen systematische Staatslehre aufgestellt. Er ist bekannt mit den großen Arbeiten Montesquieus und Rousseaus und hat sich wie die Mehrzahl der Ideologen für die Volkssouveränitätslehre entschieden. Aber dies scheint wenig für ihn zu besagen, der vielmehr historisch-politische Fragen — für die er ein so starkes Interesse besaß, daß er zu Zeiten klagt, wie schmerzlich er darunter leide[1] — niemals von einer vorgefaßten Meinung aus behandelt und nicht den naiven Glauben an irgend ein Allerweltsheilmittel aufbringt, wie etwa an die „natürlichen Rechte" oder die „vernunftgemäße Regierung", von deren Verwirklichung sich die meisten seiner Zeitgenossen Wunder versprachen. Wir stoßen hier sofort auf etwas von Mablys innerstem Wesen, auf die überraschende Demut dieses Mannes vor den irrationalen Grundgewalten des Lebens, mit der er nahezu isoliert in seinem vernunftstolzen Zeitalter steht.[2] „Ich glaube nicht an die Politik der Vernunft," bekennt er, „sie ist den Menschen fast immer fremd gewesen. Aber ich glaube fest an die Politik der Leidenschaften, weil ich diese in der Welt regieren sehe."[3]

In seiner Abhandlung „Über das Studium der Geschichte" hat er dieser pessimistischen Grundstimmung, wie Leidenschaften, Glück und Zufall den Lauf der Welt bestimmen und einen Spielball aus Menschen und Völkern machen, deutlichen Ausdruck verliehen[4]. „Tumult und Chaos" nennt er dort, was andere als wohlgegliederte und durchdachte Arbeit gestaltender Weltvernunft empfanden und priesen, und was sich Condorcet und dessen Freunden als ein Bild lückenloser Verwirklichung des Fortschritts in der Geschichte der Menschheit darstellte, das zeigt sich ihm als tückisch und unergründlich, von Tiefen und Höhen durchzogen, der Bemeisterung durch Menschenhand ewig spottend. „Im

Gang der Dinge liegen Niedergänge nach Höhen. Glaubt nicht, daß dieser Gedanke mich bedrückt. Unser Jahrhundert, das trotz der Aufgeklärtheit, deren es sich rühmt, beginnt, sich rückwärts zu entwickeln, weist auf einen wenn möglich noch größeren Verfall hin, und ich tröste mich dessen. Dieser Umschwung liegt in der Ordnung der Dinge."[5]

Etwas von vorsichtiger Resignation und Selbstbeschränkung strahlt von dieser Zentralerkenntnis Mablys auf seine politischen Anschauungen aus und verleiht ihnen eine glückliche Sachlichkeit. „Wenn es wahr ist," so fragt er, „daß die Dinge den Menschen weit öfter gebieten als die Menschen den Dingen, ist es dann nicht wesentlicher, den Geist eines Unternehmens zu untersuchen als den Geist dessen, der es leitet?"[6] Folgerichtig wurde es sein Bemühen, die den Dingen unabhängig von allen idealen Forderungen innewohnenden Kräfte für seine Pläne einzufangen und zu benutzen. Er sah etwas Segensreiches in diesem „Instinkt"[7] der Nationen, wie er es nannte, einer einmal eingeschlagnen Richtung treu zu bleiben, und konnte sich heftig ereifern, wenn ein Drauflosregieren nach unsicheren und unsteten Prinzipien ihm diesen dunklen Drang zu verfälschen und zu stören schien. „Große Nationen leben niemals aus Reflexion heraus. Sie werden von einer Art Interesse bewegt, vorwärtsgetrieben, zurückgehalten oder belebt, das nichts weiter ist als das Ergebnis erworbener Gewohnheiten. Dieser Nationalcharakter ist von einem Gewicht, das alles mit sich fortreißt."[8] Wir wissen, welche bedeutende Stellung Montesquieu seinem Esprit général innerhalb des staatlichen Lebens eines Volkes einräumte und wie leidenschaftlich sich Rousseau gemüht hat, durch allerhand Maßregeln einen Nationalgeist in seinen Staatsvölkern zu schaffen! Hier aber tritt uns zum ersten Male das Gefühl für das Unverwischbare und Eigengewachsene in dieser Macht entgegen. Sie ist nichts Gemachtes, sondern etwas Gewordenes, im Laufe der Geschichte aus erlebtem Glück und Unglück geboren und von Generation zu Generation weitergegeben als Tradition, „eine Art zu sehen und zu denken, die von den Vätern in den zarten Geist der Kinder übergeht, die der Erziehung als Grundlage dient und die Moral des Staates wird," „der man gehorcht wie aus Instinkt und die man schließlich als Stimme der reinsten Vernunft empfindet", die in ihrer „Hartnäckigkeit" kaum je durch noch so heftige Bewegungen zu erschüttern oder noch so bedeutende Ereignisse zu verändern ist[9]. In Wahrheit war Mably bereits zu dem Verständnis durchgedrungen, daß es sich hier um eine Gewalt des staatlich-geschichtlichen Lebens handle, die höher sei als alle Vernunft. „In Lagen, wo der Verstand keine Rettung mehr sieht und ein Volk aus Klugheit einen feigen oder zweideutigen Entschluß fassen würde," meint er, „hält der Nationalgeist Hoffnung aufrecht, wo keine Hoffnung mehr ist und besitzt einen solchen Schwung, daß er die Seelen über die vorgeschriebenen Regeln der Vernunft hinaushebt und sich selbst alle Hilfsquellen schafft, deren er bedarf und die ihm Genüge tun."[10]

Auch auf sozial-psychologisches Gebiet hatte Mably das Problem mit einem Interesse, das an dem Bruder Condillacs kaum Wunder nehmen kann, hinübergezogen und war zu dem ganz bestimmten Ergebnis gelangt, daß nur ein überrationales Element nationales Dasein möglich und verständlich erscheinen lasse. Er formulierte das, indem er die staatlichen Lebensäußerungen eines Volkes in seiner Seelenlehre schlechthin unter die „Leidenschaften" einreihte und darüber hinaus rückfolgernd aus der Verschiedenheit der Völker der Erde den Leidenschaften und ihrem Ablauf jede vernünftige Regelung bzw. Regulierbarkeit abstritt[11]. Seiner sensualistischen Einstellung entsprechend, erklärte er die Bildung eines Kollektivcharakters wie die der individuellen Bewußtseinsinhalte aus einer Art Kindheitsperiode, in der ein Volk wie ein unbeschriebenes Blatt jedem neuen Eindruck unterworfen und nach ihm modellierbar sei, bis eine Leidenschaft inmitten flüchtiger Neigungen zur Herrschaft gelange, indem sie sich die Unterstützung des Verstandes sichere[12]. Doch schwächte er alsbald den Eindruck dieser psychologischen Konstruktion wieder ab, indem er den rätselhaften Ursprung und die unkontrollierbare Macht nationaler Strebungen mit Hilfe gerade derjenigen Naturgewalt zu veranschaulichen suchte, die bis heute aller wissenschaftlich-technischen Beherrschung spottet: der Sturmwinde. „So wie zu gewissen Zeiten über bestimmte Küsten und Meere Passatstürme wehen, so, sage ich, unterliegt jede Gesellschaft und jede staatliche Gemeinschaft ihren Passatwinden, die das Segel, will heißen die Anschauungen, Gedanken und Leidenschaften der Bürger nach einer bestimmten Seite gedreht und gewendet halten und über Glück und Unglück der Fahrt entscheiden.“[13]

Es muß in diesem Zusammenhang wundernehmen, warum Mably nicht den Urgrund jener nicht weiter auflösbaren Bedingtheiten der Völkerschicksale, die sein Denken so stark beschäftigten, in das Klima verlegte, das doch der Mehrzahl seiner Zeitgenossen als Mutterschoß alles dessen erschien, was ihnen an Imponderabilien — Irrtümern und Lastern, wie man in der rationalistisch-moralischen Sprache des Jahrhunderts sagte — in einem geschichtlichen Bild entgegentrat. Aber wie Mably überhaupt Montesquieu gegenüber eine durchaus selbständige Meinung einnahm, übte er auch an dessen Klimalehre heftige Kritik und stellte ihr das ebenso einfache wie treffende Argument entgegen, daß ja unter dem gleichen, der Entwicklung menschlicher Vollkommenheit so günstigen Himmel Griechenlands zwei so verschiedene Völker wie die Athener und die Spartaner oder die alten Griechen und die modernen Griechen gelebt hätten[14]. Geistige Faktoren erschienen ihm jedenfalls viel wirkungskräftiger als physische[15], und unter den geistigen Mächten waren es wiederum ethische, in die er das stärkste Vertrauen setzte.

Wir stehen hier vor einer innerhalb der naturrechtlichen Denkungsart immerhin eigenartigen Verbindung zwischen Moral und Politik, die das Werk Mablys im Lichte echter philosophischer Bedeutsamkeit erglänzen läßt, auch wenn dessen Strahlen viel weiter zurückzuverfolgen sind als in das persönliche Lebensideal dieses Franzosen. Mably hatte nicht die Bedeutung des nationalen Charakters im Ablauf des geschichtlichen Lebens erkannt, um sich damit zufrieden zu geben. Letzten Endes war er ein Idealist, was zunächst nicht mehr heißen soll, als daß er an ein Bestimmtsein und eine Bestimmbarkeit der Welt durch geistige Mächte glaubte, und außerdem verlangte sein politischer d. h. aufs Handeln eingestellter Sinn darnach, diesem wunderbaren Phänomen irgendwie beizukommen und dem Zwecke dienstbar zu machen, den er dem Staate setzen zu müssen glaubte. Dieser Staatszweck bestand in der bei den Naturrechtlern üblichen Weise im Glück der Bürger, indes nicht im Sinne der Befriedigung individueller Selbstsucht, sondern der Entfaltung menschlicher Würde und menschlichen Adels. Es war ihm von der Lektüre des so heiß bewunderten Plato her natürlich, die wissenschaftliche Politik in engste Verbindung mit ethischen Fragen zu bringen; vor allem aber war der Geist Shaftesburys, der so viele Enzyklopädisten beeinflußte, in Mably aufs tiefste lebendig. Mit ihm teilte er den Glauben an eine natürliche Veranlagung des Menschen für die höhere Sittlichkeit und darüber hinaus jene schönheitssüchtige Auffassung der Tugend als der glücklichsten Einheit aller Kräfte und Neigungen, die bei ihm zwar nicht wie bei dem Engländer den Bedürfnissen einer künstlerischen Natur entsprach, dafür aber dem Lebensideal nahezukommen schien, das ihn im Kulturbild der Antike sein Leben lang so stark berührte. So hütete er sich, sein politisches System einseitig auf das starre Prinzip der Eigenliebe zu gründen und gebot der Gesellschaft und dem Staat, die geschaffen seien, „die Menschheit zu veredeln“, das „Politisch-Schöne“ zu erzeugen, in dem er „die Quelle und das Prinzip des Moralisch-Schönen“ erblickte [16].

Es war indes nicht das erlösende Erlebnis sittlicher Freiheit, von dem aus Rousseau die ganze Herrlichkeit des Staatsgedankens aufgegangen war, das Mably vor Augen schwebte, wenn er sich seinem Idealbild der Ethokratie und des schönen Staates hingab. Was er als das

Politisch-Schöne berwunderte, war „die Harmonie innerhalb der Teile“ eines Staatwesens, jenes Aufeinanderabgestimmtsein aller persönlichen und sachlichen Faktoren, „daß sie einander wechselseitig Kraft verleihen“, wie es ihm in der Schöpfung Lykurgs, dem Staate Sparta, einzigartig verkörpert schien. Auch in Rom, meinte er, sei „alles vereint gewesen an Einrichtungen, Handlungen, Leidenschaften, um dem diesem Staat eignen Zwecke der Welteroberung zu dienen, und er kenne kein Volk, das stetiger und fester auf sein Ziel zugeschritten sei; aber doch ergebe sich daraus gewissermaßen nur ein Schönes zweiter Ordnung“[17]. Denn nicht die Leistungsfähigkeit eines Gemeinwesens als solche ließ Mably als Maßstab für dessen Sinnerfülltheit gelten, sondern Harmonie, Wohlklang, Schönheit schienen ihm erst dann erreicht, wenn ein Staat versittlichende Arbeit an seinen Bürgern leiste und zwar in dem Sinne, daß die Totalität ihrer Menschlichkeit zur Entwicklung gelange. „Das Politisch-Schöne kann sich nur aus dem Gebrauch ergeben, denn die Gesellschaft von unsern körperlichen und seelischen Fähigkeiten macht, um uns zu dem Glücke zu führen, für das uns die Natur bestimmt.“[18] Nach der Terminologie Shaftesburys und in voller Übereinstimmung mit den Anschauungen, die Helvétius in seinem vielgelästerten Buche „De l'Esprit“ vertrat, waren es die Leidenschaften, die sein Humanitätsideal bestimmten, von denen er das individuelle Dasein emporheben und das staatliche Leben tragen lassen wollte. „Sie, die uns großen Lastern aussetzen, bereiten uns auch zu der Ausübung der erhabensten und schwierigsten Tugenden“, war seine Überzeugung, und nichts ängstigte ihn, der sich als ein Arzt der Nationen fühlte, mehr bei der Analyse eines Volksorganismus, als wenn er ihn der Trägheit, der Ruhe des Kirchhofs verfallen sah, ohne jene Dynamik der Leidenschaften, ein „Körper ohne Seele“[19]. „Verlangt ihr, daß kalte Mumien gute Bürger werden? Bewegung muß in den politischen Körper, oder er ist nur ein Leichnam“[20], sagte er mit aller Entschiedenheit und warnte vor einfältigem Geduldigsein und einer Ruhe, die den Bürger zu Stein erstarren lasse. Er segnete außenpolitische Kämpfe unter diesem Gesichtspunkt, daß sie den Staat und die Nation wach erhalten, und hätte sogar den Bürgerkrieg verteidigt, wenn er für ein Volk fürchtete, es werde sonst unter dem angenehmen Dämmerzustand eines wohlwollend despotischen Regiments einschlafen. „Wehe jedem Staat," rief er aus, „der nicht eifersüchtige und unruhige Nachbarn hat, die er fürchtet, die den Rausch seiner Leidenschaften bändigen oder unterbrechen und ihn manchmal an die Grundsätze erinnern, die er zu seiner Sicherheit aufgestellt hat, sie ihm teuer machen und ihm helfen, sich einen Charakter zu bilden."[21]

Keine noch so rationalistische Formulierung, die dem einstigen Jesuitenzögling und späteren Gefährten der Enzyklopädisten nur in wenigen glücklichen Augenblicken zu überwinden gelang, kann über den dynamisch-vitalistischen Charakter dieser nirgends kleinlichen Staatsauffassung hinwegtäuschen, die überall duldete, überall verzieh, überall glaubte und nur die eine Gleichung eigensinnig festhielt: Verlorener Charakter, verlorenes Leben — verlorenes Volk. „Ein Gemeinwesen, das aus Automaten besteht, muß zugrunde gehen, wenn es von Feinden angegriffen wird, die Menschen sind," warnte er mit deutlicher Sorge um sein eignes Vaterland, für das er das Schicksal Spaniens voraussagen zu müssen glaubte, weil hier wie dort „die Menschen aufgehört hätten, Bürger zu sein und aller Schwung aus den Seelen der Untertanen entwichen sei". „Frankreich, das eins der glücklichsten Völker der Erde in sich einschließen sollte, wird in einen Zustand des Verfalls, des Elends und des Siechtums geraten, wie schließlich jeder Staat, der die Bürger hindert, sich den öffentlichen Angelegenheiten hinzugeben."[22] Es kann nicht wundernehmen, daß dem unfrohen Manne von seiten der allzeit zum Spotten aufgelegten politisch-literarischen Kreise der Pariser Hauptstadt, der Mably zudem persönlich fern blieb, der Name eines „Unglückspropheten" zugelegt wurde. In der Tat hat er mit seinem unbelehrbaren Pessimismus und strengen Anklagen[23], mit der Herbheit, in der er die heitere Rokokowelt seiner Tage an der starren Bürgertugend eines Cato maß, gerade in der Beurteilung seines eignen Volkes schwer geirrt, dessen nie erstorbner nationaler Schwung sich der ganzen Welt schon vier Jahre nach Mablys Tode mit denkbar machtvoller Unwiderstehlichkeit erwies.

Indes bleibt es bewundernswert, wie stark der Gedanke von der Notwendigkeit einer inneren Belebtheit des Staates durch gleichviel welches geistige Prinzip ihn ergriffen hatte und wie wenig die Rücksicht auf formale Elemente der Verfassungstechnik ihm den Sinn für das Lebendige und Besondere getrübt hatte! Die einseitige Beeinflussung eines Staatsvolkes durch seine Regierungsform kam für Mably, wie bei seinen sonstigen Anschauungen leicht erhellen wird, überhaupt nicht in Betracht. Aus der überkommenen Dreiheit von Demokratie, Aristokratie, Monarchie befriedigte ihn weder die eine noch die andere: die erstere mache die Bevölkerung wild und ehrgeizig, die zweite führe zu Gleichgültigkeit und Intrigensucht, die dritte erziehe Knechtsgeist und seelenlose Schlaffheit, dazu seien alle drei der Entartung geweiht. Einer Mischung allein, dem „gouvernement mixte" traute er jene staats- und menschlichkeitsbildende Kraft zu, in der er das Kennzeichen des echten Staates erblickte: das Spiel der menschlichen Leidenschaften so zu beherrschen, daß eine Erhöhung der Bildung, die Entwicklung aller Talente und die Blüte der größten Tugenden daraus hervorgehe. Doch gab er sich nicht eben viel Mühe um eine staatsrechtlich klare Zeichnung dieses wundersamen Verfassungsapparates[24] und tat von seinem Standpunkt sicherlich Recht daran, er, der überzeugt war, daß keine noch so vollkommene Politik je soviel Macht über die Bürger gewinnen könne, wie die Moral. Obwohl Mablys Hauptwerk „die Staatsverträge seit 1648", durch das er berühmt wurde, hervorragend juristischen Charakter besitzt, bleibt bestehen, daß keiner unter den Staatsphilosophen der Vorrevolution den Staat so wenig juristisch gesehen hat wie er, keiner so wenig Vertrauen in die öffentliche Gesetzgebung an den Tag gelegt hat. Beinahe simpel, gefühlsmäßig laienhaft steht er unter diesem Volk von „Legisten“, dem Leidenschaft und Talent für die Juristerei gleicherweise eigentümlich ist. Es kam ihm dabei zustatten, daß er dem Staat nicht mit dem beständigen Mißtrauen gegen zu erwartende Ein- und Übergriffe gegenüberstand, das für den Liberalismus sonst so charakteristisch war, und daß in seiner politischen Gedankenwelt mit ihrer kommunistischen Grundeinstellung der Eigentumsbegriff, um den die anderen mit dem größten Aufwand von Scharfsinn die kompliziertesten Garantiegebäude aufführten, so gut wie keine Rolle spielt. Da er leugnete, daß der Ursprung der Gesellschaft in dem Wunsch der Individuen gelegen habe, ihr Eigentum zu schützen[25], entging er von vornherein der „Lächerlichkeit“, den Staat als Sicherheitsanstalt für die Bedürfnisse des Individuums zu erklären und gewann überall Raum für „geistige Tendenzen“, ideale Forderungen. Der Gedanke der Menschenrechte war ihm nicht fremd, aber auch sie empfangen ihr Leben bei ihm nicht aus handfestem revolutionären Trotz, sondern schimmern nur blaß durch ethische Überzeugungen hindurch: „Staat und Gesellschaft, die geschaffen sind, die Menschheit zu veredeln, dürfen ihr nichts nehmen, wovon man den Menschen nicht trennen kann, ohne ihn zu erniedrigen.“[26] Sittliche Voraussetzungen sind der Maßstab, und von ihnen hängt das eigentliche Glück der Nation wie des Staates ab.

In den „Gesprächen mit Phocion“, die von den Beziehungen der Moral zur Politik handeln und aufs deutlichste von griechischem Geiste erfüllt sind, nennt er vier Haupttugenden als unerläßlich, daß ein Volk glücklich sei: Mäßigkeit, Arbeitsfreudigkeit, Liebe zum Ruhm und Ehrfurcht vor der Religion[27]. Es könnte verwunderlich erscheinen, daß der Vaterlandsliebe an dieser Stelle nicht Erwähnung getan wird, doch geschah das völlig bewußt, da Mably glaubte, diese sei keine primäre Tugend und wachse vielmehr erst aus jenen hervor[28]. „Vergeßt nie, daß es die häuslichen Tugenden sind, die die öffentlichen Sitten machen", lehrt Phocion, „das politische Gift, das die ganze Masse des Staates ansteckt", so heißt es an anderer Stelle, „ist das Laster unseres Privatlebens" [29]. In nüchterner, ja prosaischer Form sprach sich hier der schöne und berechtigte Gedanke von der inneren unlösbaren Verbundenheit der individuellen und der staatlichen Lebenskreise aus und daß das wahre Staatsbürgertum nur aus einem reinen und edlen Menschentum geboren werden könne. Von der Eigenliebe zum Patriotismus, die in den utilitaristischen Konstruktionen vieler seiner Zeitgenossen so nahe beieinander lagen, war es für ihn ein weiter Weg[30], und eine seltene Kraft war es, in die er das Wesen der Vaterlandsliebe verlegte: Opferfreudigkeit und Hingabe, wie die Antike wohl sie gekannt, für die aber das jetzige Geschlecht mit seiner Neigung zu Habsucht, Ehrgeiz, Wollust und Ichsucht bereits viel zu klein geworden. „Das Herz unserer Väter war im Gegensatz zu uns nicht erfüllt von diesen verhängnisvollen Gegenständen, ihr Geist öffnete sich mühelos und gern der Wahrheit, die sie lehrte, daß das öffentliche Wohl ihr kostbarstes Gut sein sollte. Daraus ging auf die natürlichste Weise die Vaterlandsliebe hervor, diese immer tatenfrohe, immer edle, immer großmütige Tugend." [31] Schonungslos sprach er es seinem eigenen Volke ab, „daß es noch ein Vaterland besitze", und erklärte es für „unfähig, sein Vermögen oder seine Vergnügungen dem Staat zu opfern"; etwas milder beurteilte er die Engländer, aber auch an ihnen erschreckte ihn das schlimme Laster, in dem er den untrüglichen Beweis fand, daß das Nationalbewußtsein eines Volkes zum Sterben verurteilt sei: Krämergeist und Geldgier[32]. „Für den Geizhals gibt es kein Vaterland mehr, keinen Verwandten, keinen Freund", behauptete er und vermerkte es mit offner oder heimlicher Angst, wenn eine Nation zu viel Handel treibe und zu reich werde: „die Kaufleute haben kein Vaterland und werden ihre Freiheit jedem verkaufen, der einen Preis dafür zahlt." Mit doktrinärem Eifer kämpfte er gegen das Schlagwort, daß das Geld der Nerv der Staaten und des

Krieges und die Seele der Politik sei und mahnte mit tiefem Ernst: „Mit Geld kann man ein großes Reich weder schaffen noch erhalten.“ [83]

Er liebte das Angesicht der nationalen Geschichte heroisch und erfreute sein Herz am Anblick „großer Hindernisse und Gefahren, über die durch große Tugenden und Talente triumphiert wird“, am Feuer der Ruhmesliebe, „die uns die Größe unsers Ursprungs und unsrer Bestimmung kennen lehrt und zum Bewußtsein bringt, daß wir das Werk eines Gottes sind“ [84]. Da er das erste und höchste Gut jedes Staates in seiner Unabhängigkeit erblickte, faßte sich ihm der Patriotismus vornehmlich in dem mannhaften und kriegerischen Mut zusammen, die Freiheit der Heimat zu schützen und zu verteidigen bis aufs letzte. „Ihr müßt den Mut haben, alles Unglück des Krieges zu ertragen und euch lieber unter den Trümmern eures Staates begraben zu lassen, als zuzustimmen, eine Unabhängigkeit zu haben, die nur unsicher ist oder durch eine auswärtige Macht aufrecht erhalten.“ [85] Auch als Bürgschaft innerpolitischer Freiheit schien ihm die Erziehung der Nation zu eigner Wehrkraft unerläßlich. Er predigte es dem sterbenden Polenstaat, der einen politischen Arzt nach dem andern konsultieren ging, wie den jungen aufstrebenden Gemeinwesen von Übersee, die unbekümmert um die Erfahrungen alter Nationen sich ihre politischen Seinsformen zu prägen begannen, und suchte ihnen den Abscheu vor den Soldheeren einzuimpfen, den er mit so vielen seiner philosophischen Freunde teilte: „ich wünschte, eure Truppen wären Volksheere (troupes nationales), vertraut euer Heil nicht diesen Banden von Landstreichern und Deserteuren an, die kein Vaterland haben und sich unterschiedslos jedem verkaufen.“ „Was für ein Interesse können wohl Männer, die man aus ihrem Heim gerissen oder aufs Geratewohl aus der Hefe des Volkes zusammengelesen hat, für die öffentlichen Angelegenheiten aufbringen! Und doch ist es dieses Interesse, das die Seele erhebt, und ohne eine hohe Seele ist man nichts als ein minderwertiger

Mensch." „Unser Staat also sei wehrhaft (militaire), jeder Bürger sei bereit, sein Vaterland zu verteidigen." [86]

Dabei war Mably jede nationalistische Einstellung fremd. Er nahm die denkbar kühlste und objektivste Haltung zu den geschichtlichen Leistungen seines Volkes ein, gleichviel ob macht- oder kulturpolitischer Art, und daß das Herz eines Sohnes seiner Heimat in ihm schlug, verrät sich nur hier und da durch zitternde Trauer, nie aber durch die Äußerung eines Stolzes, Franzose zu sein [87]. Er nannte die Liebe zur Menscheit offen und uneingeschränkt der Liebe zum Vaterland überlegen und tadelte die Gesetzgeber, „die sich zu wenig der Schranken bewußt seien, die die Vernunft dem Patriotismus anweise und wie sie ihn lenken und leiten müsse". „Es ist unbedingt nötig, die gegenseitigen Pflichten der Staaten untereinander zu erkennen, sonst ist die Vaterlandsliebe nur ein blinder und ungerechter Eifer, der einen großen Teil des Unglücks hervorruft, von dem die Menschheit betroffen ist." „Erhebe deinen Blick jenseits der Mauern von Athen", so klingt es aus dem Munde Phocions, „gibt es etwas, das dem Glück der Gesellschaft mehr entgegengesetzt ist als jener Haß, jene Eifersucht und Rivalitäten, die die Völker voneinander trennen? Laß die Grenzlinien und -wälle verschwinden, die Attika von Griechenland und das Land der Griechen von dem der Barbaren scheiden, und es kommt mir vor, als ob mein Verstand sich erweitert, mein Geist sich erhebt, mein ganzes Wesen größer und vollkommener wird" [88]. Das Vorbild der Antike hatte auch hier Mably entscheidend berührt. Er fühlte die eigene Menschlichkeit wachsen in dieser brüderlichen Erfassung des Erdkreises, die Sokrates und Plato, Cicero und Marc Aurel vertreten hatten, und damit war er ihr verfallen; nirgends hat er sich selbst Lügen gestraft, er, der so viel mehr aus der Echtheit seiner sittlichen Überzeugungen lebte, als aus den Einsichten seines immerhin nicht gewöhnlichen Verstandes. Alles andre ist daher die Weltbürgerlichkeit Mablys als ein spielerisches Zugeständnis an die Modephilosophie. Vielmehr veredelte sie das realpolitische Empfinden seiner im Grunde äußerst mißtrauischen Natur und ließ ihn zu einer Forderung gelangen, die dem Zeitalter der hemmungslosesten Staatsraison, wo jeder Politiker die Regungen seines Gewissens in den Tiefen verbarg, seltsam genug in die Ohren geklungen haben mag: die Forderung sittlicher, d. h. den Grundsätzen der Moral entsprechender Führung der Politik. „Trotz der Mode sehe ich die Gerechtigkeit, die Wahrheit und die Mäßigung als Grundlagen des politischen Gedeihens an", bekannte er ohne Wenn und Aber und machte sich anheischig, „die Irrtümer all jener politischen Schriftsteller in Verruf zu bringen, welche die Tugend für nichts zählen"[39]. Mably war kein Träumer und kein Utopist: er kannte die weiten und vielfach verschlungenen Machtverhältnisse und Kraftlinien der modernen europäischen Politik mindestens so gut wie die durchsichtigen Staatsbildungen des Altertums, und die sehr gründlichen historischen und staatsrechtlichen Studien, zu denen er während seiner Tätigkeit als Sekretär und rechte Hand des Kardinals von Tencin, des damaligen Ministers der auswärtigen Angelegenheiten, gezwungen war, würden allein genügen, seinen Meinungen auf diesem Gebiete Gewicht zu verleihen. Er durchschaute die Prinzipienlosigkeit in dem Verhalten der großen Mächte, „durch die Europa in vollkommene Anarchie geraten sei", wie die heuchlerische Geschicklichkeit der Konvenienzpolitik, „die jeden Knoten durchschlage, anstatt ihn zu lösen"; die Augenblickswillkür in den Vertragssystemen, „denen nur Ehrgeiz, Habsucht und Furcht zugrundeliegen", wie die Ideenlosigkeit, durch die das erfreulich brauchbare Schlagwort der Aufrechterhaltung des Gleichgewichts, „das die ganze politische Wissenschaft darauf reduziert, ein einziges Wort zu kennen", zu unverdienter Bedeutung gelangt[40]. „Es ist die Gleichgültigkeit gegen Gerechtigkeit und Ungerechtigkeit, Faulheit, Intrigensucht, Mangel an Geduld, an Gesichtspunkten, an Festigkeit und Einsicht, die diese Politik zu Ansehen gebracht haben", rief er aus und beklagte die Völker, deren Rechte durch flüchtige Übereinkommen und willkürliche Entschließungen beiseite geschoben werden, die man „ohne ihre Zustimmung einem Herrn schenkt wie eine Gutsherde und wie eine solche regiert zum privaten Vorteil des Eigentümers.“[41]

Alle diese Einsichten und Formulierungen Mablys würden, wie wir wissen, innerhalb des philosophischen Gedankenguts seiner Zeit weder etwas Neues noch etwas Vereinzeltes bedeuten. Aber gerade bei ihm erhalten sie einen persönlich und sachlich besonderen Akzent, weil sie nicht einfach vorgetragen werden mit einem lachenden, einem weinenden Auge, achselzuckend, kompromißbereit, sondern mit dem Pathos des Sehers, der Überwindungsmöglichkeiten und neues Land verkündet. In der Tat stand Mably eine besondere Art der Staatskunst vor Augen, die ihm im höchsten Sinne national und sittlich zugleich dünkte und seinen Verstand wie sein Gewissen befriedigte. Es war eine Politik des Charakters, wie man sie nennen könnte, eine Politik der Gradlinigkeit in der Durchführung staatlicher Ziele über Generationen hin, der Treue an der einmal als wesentlich und eigen erfaßten Seinsart eines Staates und einer Nation, wie sie ein halbes Jahrhundert später im Geist eines Leopold von Ranke sich reif und glänzend vollenden sollte. „Alle Staaten, die in der Welt zählen und etwas bedeuten, sind erfüllt von besonderen, ihnen eigenen Tendenzen; unsere Lehre ist, daß ein jedes Volk seine eigene Politik habe“, lesen wir bei Ranke[42], und ganz ähnlich klingt es bei Mably: „Jede Macht Europas soll sich eine eigene Art schaffen, mit dem Ausland Verträge abzuschließen und zu unterhandeln. Jeder Staat hat nach seinen Gesetzen, Sitten und seiner geographischen Lage eine Art zu sein an sich, die ihm eigen ist und allein über seine wahren Interessen entscheidet, und alle Unternehmungen eines Reiches sollen gemäß diesem seinem grundlegenden Interesse begonnen und geführt werden.“[43] „Ich halte dafür,“ war Rankes Standpunkt, „die echte Politik muß eine historische Grundlage haben, auf Beobachtung der mächtigen und in sich selbst zu namhafter Entwicklung gediehenen Staaten beruhen"[44], und Mably erklärte: „Ihr müßt aufs sorgfältigste die chimärischen und besonderen Interessen untersuchen, die jeder Staat sich geschaffen hat und die er für ebensoviele Regeln seines Verhaltens ansieht. Politiker sein ohne Hilfe der Geschichte, heißt Physiker sein, ohne die Natur durch Experimente zu befragen."[45] Er hatte sein Urteil gewöhnt, blendende Augenblickserfolge diplomatischer oder militärischer Führung von der entsagungsvollen Kleinarbeit einer Politik auf lange Sicht zu unterscheiden und dieser unterzuordnen, und es war seine Überzeugung, daß „das Glück einer Nation, weil es eine lange Folge von Jahrhunderten umfaßt, nicht von einigen seltnen und außergewöhnlichen Zufällen abhängen, sondern vielmehr nur das Werk einer systematischen Führung sein könne". „Mir ist der Unterschied voll bewußt, der zwischen dem Taumel eines Eroberers besteht, der nur blenden und von sich reden machen will, ohne daran zu denken, was aus seinem Reich nach ihm werden wird, und der besonnenen Politik eines Staates, der seine Herrschaft festigen will, indem er sie ausbreitet."[46] Es war hauptsächlich die überragende Gestalt Friedrichs des Großen, an der Mably gelernt hatte, wie töricht es sei, jegliche Macht- und Eroberungspolitik mit der üblichen Entrüstung als fluchwürdig abzulehnen und wie sie vielmehr als Notwendigkeit im Dienste der Erhaltung und Fortentwicklung eines Staatskörpers zu begreifen und vor dem sittlichen Empfinden zu rechtfertigen sei: „Seht," rief er, den Blick auf den genialen Preußenkönig gerichtet, „mit welcher Kunst er seine alten Provinzen festigt, durch die neuen, die er erwirbt! Schlesien schließt sich an und deckt die Mark Brandenburg, und die Länder, die er den Polen abgenommen hat, dienen als Band zwischen Preußen, Pommern und Schlesien. Aus all diesen Provinzen formt er eine geschlossene Macht, die nur einen gemeinsamen Geist und ein gemeinsames Interesse haben kann."[47] Dagegen sah er in den Kriegen des Sonnenkönigs seines Vaterlandes nur eine Schwächung Frankreichs, ein Mittel, „seine Feinde noch mehr zu erbittern und seine Freunde argwöhnisch zu machen". „Erschöpft durch Unternehmungen, die unsern Interessen fremd und über unsere Kräfte gingen, sind wir jetzt seit Jahren verdammt, für den Ehrgeiz, den Glanz, den Ruhm, die Habsucht und die Verschwendung Ludwigs des Vierzehnten zu büßen."[48]

Es ist überall die Einstellung auf große Epochen hin, die Mablys Urteil entscheidet, und so vorteilhaft sie seinen Blick für das Sachlich-Richtige beeinflußte, doch seinen Sinn für die Größe und den Glanz einer heroischen Einzelpersönlichkeit trüben mußte. Die bewundernde Haltung des Epigonen lag ihm nicht, er verzichtete lieber auf ein großes Jahrhundert nationaler Geschichte, wenn dieser Glanz nur von den persönlichen Eigenschaften eines Fürsten abhing und nicht vermochte, das ganze Staatsgetriebe und die Seele des Volkes dauernd mit sich emporzureißen, und selbst angesichts der europäischen Geltung, die König Friedrich der Zweite sich und seinem Werke erworben, bewegte ihn die Sorge, ob das Land nicht dereinst den Haß und Neid, die Friedrichs Erfolge geweckt, schwer zu bezahlen haben werde[49]. Um so mehr aber als er bezweifelte, daß eine Einzelpersönlichkeit — und sei sie noch so stark und genial — einen ganzen Staat tragen und erhalten könne, gewann seine Forderung an Gewicht, die Nation in ihren bewußten und selbständigen Schichten — denn von der Masse und dem Pöbel hielt er nie das Geringste[50] — zu politischem Verständnis und staatsbürgerlicher Reife heranzubilden. „Ein Fürst, der fähig ist, zu führen und seine Untertanen mit sich fortzureißen, möge überlegen, wie er sie zu Bürgern umschafft", rief er aus und tadelte den Geschichtsschreiber, der vor lauter Heldentaten eines Königs übersehe, was das wahre Staatsrecht bedeute: Art und Wesen der Nation[51]. Vor allem auf den dritten Stand, der ihm durch alles dazu bestimmt schien, die „Größe und den Ruhm der Nationen zu bilden,"[52] hatte er sein Augenmerk gerichtet und bemühte sich, ihm die Grundzüge europäischer Politik so durchsichtig und bürgerlicher Moral so entsprechend wie möglich darzustellen; wahrscheinlich gerade, um ein Gegengewicht zu schaffen für eitle nnd persönliche Träume unruhiger, begabter Herrscher, von denen er fürchtete, sie möchten die stille Auswirkung systematisch-politischer Pläne stören. Denn auf Charakter und Tradition war ja sein aussenpolitisches System angelegt, und er wünschte für jeden Staat als Dauerndes im Wechsel „eine ruhende Körperschaft, die mit religiöser Treue das Vermächtnis der Gesetze, der Politik und des Nationalcharakters hüten sollte wie die Vestalinnen das heilige Feuer“[53].

Von Zuverlässigkeit und Stetigkeit allein versprach er sich dauernde Erfolge in der Politik[54]. Er riet zu äußerster Vorsicht beim Abschluß von Verträgen, entsprechend seinem Grundsatz, daß ein Staat nicht fremden Interessen dienen solle und der Starke am stärksten allein sei, aber einmal eingegangenen Bindungen gebot er, selbstverleugnende Treue zu halten, solange nicht der Untergang des eigenen Staates in Frage stehe: „ein Volk kann Schlachten verlieren und große Provinzen vertragsmäßig abtreten, ohne sich zu erniedrigen, aber die Ehre ist der festeste oder vielmehr der einzige Schutzwall der Staaten“. „Zwar kann und soll ein Staat seine Verpflichtungen lösen, wenn sie seinen Ruin herbeiführen, aber es muß sich auch um seinen Ruin handeln und nicht um einige Unannehmlichkeiten, die einfach sein Wohlbefinden stören.“[55] Es kann nicht wundernehmen, daß bei solchen Anschauungen das französisch-österreichische Bündnis von 1756 Mablys Empfinden von nationaler Politik völlig zuwiderlaufen mußte: Frankreich und Österreich, wußte er, waren „zwei Mächte, gewöhnt einander zu hassen und zu beleidigen“. „Es ist immer ein großer Fehler, die dauernden Interessen eines Staates einem vorübergehenden Vorteil zu opfern, und solange der Ehrgeiz nicht aus der Mode gekommen ist, müssen wir Österreich als unsern natürlichen Feind ansehen, der daran arbeiten wird, unser Ansehen in Deutschland zu vernichten und womöglich das Elsaß und Lothringen zurückzufordern.“[56] Allerdings war seinem politischen Scharfblick die große Umstellung des 18. Jahrhunderts nicht verborgen geblieben, die die europäische Rivalität der Häuser Habsburg—Bourbon durch den nunmehr weltpolitisch bedeutsamen Gegensatz Frankreich—England ersetzt hatte, und sie schien sogar seinen Gerechtigkeitssinn irgendwie zu befriedigen, weil er glaubte, England besitze keinen Ehrgeiz auf dem Kontinent, und wünschte, Frankreich möchte im Interesse des Friedens auf seine kolonialen Ansprüche verzichten[67]. Um so mehr aber beschäftigte ihn die Sorge, die kontinentale Machtstellung Frankreichs diplomatisch zu sichern, wie es das Vordringen Rußlands im Osten, dem man seiner Meinung nach lange nicht genug Beachtung schenkte, gebieterisch forderte. In der herkömmlichen Weise befürwortete er zu diesem Zwecke das Bündnisverhältnis zu Polen und der Türkei und in unbeirrbarer Erkenntnis des preußischen Aufstiegs den Anschluß an Friedrich den Großen[68], dessen gerade Konsequenz in der Durchführung seiner politischen Ziele ihm — wenn auch beinahe wider seinen Willen — soviel Vertrauen und Bewunderung abnötigte.

Wir, die wir um fast anderthalb Jahrhundert von den Tagen entfernt sind, da Mably seinem Vaterland dieses politische System vorzeichnete, müssen ihm bestätigen, daß es den großen historischen Linien der erfolgreichsten französischen Politiker aufs genaueste entsprach, und verstehende Betrachtung wird sicherlich den Geist eines weisen Patriotismus darin wehen fühlen. Aber es mag sein, daß es seine Zeitgenossen irgendwie kühl anrührte aus seinen schlichten Darlegungen, daß sie den Schwung und die Phantasie eines wegweisenden Propheten darin vermißten, der Frankreich hätte zu neuen Taten begeistern und neuen Zielen entgegenführen können. Und Mably selbst stand wohl unter dem Eindruck, daß er den rechten Zauber nicht besitze, eine Nation seinen Erkenntnissen zu gewinnen, und daß alles, was jung und von vaterländischem Eifer und Optimismus in seiner Heimat, ihm entgleiten werde. „Unser Ruhm oder unsere Träume“ nennt er tiefsinnig die Abhandlung von 1779, in der er wesentliche Teile seines außenpolitischen Systems auseinandersetzt und dem oberflächlichen Optimismus entgegentritt, mit dem man in Frankreich die leichte Hebung des französischen Ansehens zu Anfang der Regierung des sechzehnten Ludwig begrüßte. Bitter klingt es aus seinem Munde: „Nichts ist schwerer, als einen vernünftigen politischen Plan für eine Nation zu entwerfen, die so eitel ist, sich zu großen Dingen berufen zu fühlen und doch in Wahrheit jeder edelmütigen Anstrengung unfähig." Oder aber er resigniert mit der Überlegenheit des politisch Einsichtigen gegenüber dem gefühlsbeherrschten Volk: „Daß die Menge ihre Niederlagen nur mit Ungeduld erträgt, ist ein Beweis, daß sie noch Adel und Hoheit in der Seele hat, aber die Leute, die berufen sind, sie zu führen, dürfen solche Ungeduld nicht haben." [59]

Zweifellos lag etwas Aristokratisches in der maßvollen Art und Weise, mit der er an die Beziehungen von Staat zu Staat herantrat. Die Sophrosyne, jene größte menschliche Tugend des Altertums, dem er sich verschworen — hier machte sie sich aufs glücklichste geltend und zwang ihn gleichsam, sich vorm Schicksal nicht zu überheben und jedes Staatswesen als einen Charakter, eine Persönlichkeit zu achten und ihr mit edlem Maß zu begegnen. „Die Politik kann niemals alle Launen des Glückes voraussehen, noch alle Gefahren, von denen sie bedroht wird. So mächtig auch immer der Staat ist, soll dieser Gedanke an die Klippen, von denen er umgeben ist, ihn erschrecken und ihn lehren, daß er kein dauerndes Gedeihen genießen kann, noch auch nur sich lange erhalten, wenn er nicht durch Gerechtigkeit, Mäßigkeit und Wohltätigkeit daran arbeitet, sich treue und eifrige Verbündete zu schaffen." [60] Sein Wunsch war es, daß ein Staat sich jeder, auch der friedlichsten Durchdringung fremder Reiche enthalten möchte, so gut wie er die Selbstbestimmung nach innen und außen für sich in Anspruch nehme: „Mag euer Land für niemand offen stehen, wenn ihr frei und unabhängig sein wollt, aber schafft auch keine Tore, bei den andern einzudringen, wenn ihr euch nicht der Versuchung aussetzen wollt, habgierig, ungerecht und ehrgeizig zu sein." Gewiß wirkte auch Mablys Abneigung gegen Handel, Reichtum und Luxus mit, wenn er dem Ideal der Autarkie und dem Prinzip der geschlossenen Tür im Zeitalter des laisser faire, laisser passer so eifrig das Wort redete. Aber im tieferen Sinne war es doch der Glaube, daß „die Heimat einem Volke die Welt bedeuten" könne, der ihn zu der Höhe einer schönen und weisen politischen Selbstbeschränkung führte. „Was nützt Pommern Schweden?" fragte er. „Es öffnet ihm, so sagt man, Deutschland. Aber was haben wir in Deutschland zu tun!" „Auswärtige Besitzungen sollten verboten sein, sie geben einem Staat zweierlei Interessen", und ebenso meinte er, ein Volk solle nie Krieg führen, um seine Prinzen auf fremde Throne zu setzen[61]. Es beweist den selbständigen Geist dieses Mannes, wenn er angesichts der sklavischen Furcht, die alle Staaten an den Tag legten, irgendwelchen Machtzuwachs des Nachbarn unkompensiert zu lassen, nicht die geringste Bewunderung vor großen Staatsbildungen an den Tag legte, und sie ihm vielmehr bestimmt erschienen, von ihrem eigenen Gewicht zermalmt zu werden. „Warum uns ängstigen, wenn einer unserer Nachbarn sich vergrößert. Das wahre Glück, das die Politik sich zum Ziel setzen soll, ist die Mittelmäßigkeit!"[62]

Ergreifend zu sehen, wie über diesen einheitlichen und von echter Überzeugung getragenen Grundsätzen immer wieder die Betrübnis und die Hoffnungslosigkeit in Mably durchbrechen, daß die bestehenden Zustände seinen schlichten Forderungen so wenig entsprechen! Wie eine vollkommene Verzweiflung ist es, daß jemals eine befriedigende Lösung des Problems vom Führertum möglich sein werde, eine Verzweiflung, die heute gerade seltsam zeitgemäß erscheint. Er appellierte dann wohl einmal an die Stimme der Nationen, ihren Beauftragten das Recht aus der Hand zu nehmen, Kriege zu erklären[63], aber als der Geistesaristokrat, der dieser frühe Kommunist nun einmal war, rief er dann wieder die Gesetzgeber der Welt auf, „die Pflichten ihrer Nation gegen die Fremden zu regeln und so den Frieden in der allgemeinen

Gesellschaft der Menschen zu wahren. Ohne dies Hilfsmittel wird das Völkerrecht nie auf feste Gründsätze gestellt, die Politik eines Volkes immer unsicher und schwebend sein, und seine Interessen werden so oft wechseln, wie die Ansichten und Leidenschaften der Persönlichkeiten, die es im Laufe der Zeiten führen werden."[64] Man hat Mably oft die Undurchführbarkeit seines Werkes zum Vorwurf gemacht und ihn einen unausstehlichen Ideologen gescholten. Er war es nicht[65]. Wenn auf dem Grunde seiner Seele der Gedanke an einen Idealstaat lebte, so hat er ihm niemals Macht über sein Denken vergönnt[66]. Aber es war ihm auch nicht die Kraft gegeben, mit einem genial und einseitig erfaßten Dogma die Seelen seiner Zeitgenossen oder Nachkommen zu beherrschen, so viel einzelne tiefe und wahre Gedanken auch erglänzen mögen auf dem dunklen Hintergrund, den seine unfrohe Persönlichkeit bietet. Und es kann ihn nur ehren, daß er dieser Einsicht, die ihm bestimmt nicht fremd geblieben ist, männlich zu begegnen gewußt hat in seinem Innern, daß er der Verkennung der Mitwelt wie den Enttäuschungen seines Lebens als politischer Zuschauer mit der stillen Weisheit des antiken Philosophen gegenübertreten konnte: „Unter diesen Umständen hat der aufgeklärte Bürger keine Pflicht mehr zu erfüllen: er verrichtet die öffentlichen Funktionen, er hüllt sich in seine Philosophie, er beschränkt sich, Mensch zu sein". „So haben es alle Philosophen gemacht, die am Heil ihres Staates verzweifelten."[67]

* * *

Es kann keine Frage sein, daß der Abbé de Raynal mit den acht Bänden „Philosophische und politische Geschichte der beiden Indien", die er hinterlassen hat, nicht entfernt das Format Mablys erreicht. Und doch soll er gerade hier angeschlossen sein, weil ihm wie Mably dieselbe Nachlässigkeit für die Systematik verfassungsrechtlicher Fragen eignet uud derselbe aufgeschlossene Sinn und die unbestechliche Gerechtigkeit in der Würdigung außenpolitischer

Verhältnisse. Er hat bewußt die kühlste Erhabenheit seines Standpunktes als Autor angestrebt, indem er wünschte, daß „seine Leser in kommenden Jahrhunderten nicht wissen sollten, in welcher Gegend er geboren sei, noch unter welcher Regierung er lebte, noch welchen Beruf er in seiner Heimat ausübte, sondern daß sie vielmehr alle ihn als ihren Mitbürger und ihren Freund ansehen sollten". Ja, er verstieg sich bis zu dem Schwur, daß „seine Hand verdorren möchte, wenn er durch eine nur zu allgemeine Neigung sich selbst und andere über die Fehler seiner Nation täuschen würde"[68].

In der Tat ergriff er seinen Gegenstand, die Eroberung, Erhaltung und Loslösung von Kolonien überhaupt und des englisch-französischen Kampfes um die beiden Indien und Kanada im besonderen mit denkbar größter Vorurteilsfreiheit. Und zwar war es nicht irgendwelche abstrakte und dogmatische Humanitätsschwärmerei, die seine Stellung zur Eingeborenenpolitik wie später bei so vielen Mitgliedern der Constituante beeinflußte, sondern ein warmherziges Menschentum, das nicht nur den Begriff der Menschheit verehrte, sondern tatsächlich alle Glieder der kinderreichen, lebendigen Erde mit freundlichem Wohlwollen umfaßte. Man mag etwas spezifisch Französisches in der Gleichmütigkeit sehen, mit der er sich über Rassenunterschiede hinwegsetzte und Rassenmischungen im Sinne der Bereicherung und Vermannnigfaltigung der Nationen befürwortete[69], man mag sogar lächeln über die Unbefangenheit, mit der er Invasionsversuche der Schwarzen in zivilisierten Ländern mit der erobernden Kolonialpolitik der Europäer moralisch auf dieselbe Stufe stellte[70] — aber man wird die Echtheit des Gefühls und die Kraft der Argumentationen gelten lassen müssen, die Raynal zu einem der beredtesten vorrevolutionären Anwälte des Selbstbestimmungsrechts der Völker machen. Unerschrocken klang sein Schlachtruf gegen die Usurpationen, die sich die Europäer in der neuen Welt anmaßten. „Nur ein verlassenes und unbewohntes Land darf man sich aneignen. Wenn es im ganzen bevölkert ist, habe ich von Rechts wegen nur Anspruch auf die Gastfreundschaft und die Hilfe, die der Mensch dem Menschen schuldet ... Wenn aber Seefahrer in eine Gegend der Neuen Welt kommen, die noch von keinem Volk der alten okkupiert ist, pflanzen sie sofort ein kleines Metallschild auf, worein sie die Worte gegraben haben: dieses Land gehört uns. Und warum sollte es? Ihr habt kein Recht auf die rohen und empfindungslosen Erzeugnisse des Landes, wo ihr anlangt, und ihr maßt sie euch über den Menschen, euresgleichen an! Anstatt in diesem Menschen den Bruder anzuerkennen, seht ihr einen Sklaven in ihm, ein Lasttier. So denkt ihr, meine Mitbürger, so treibt ihr es, und ihr habt die Idee der Gerechtigkeit, Sittlichkeit und die heilige Religion, eine gemeinsame Mutter mit denen, die ihr so tyrannisch behandelt."[71] Am härtesten aber ergoß sich sein Spott über den Papst, der die europäischen Monarchen auf ihr Ansuchen in ihren überseeischen Besitzungen bestätigt hatte, „der als Oberhaupt der heiligsten Religion verschenkte, was ihm nicht gehörte: Schändlicher Priester! und wenn diese Gegenden, über die du verfügst, einen rechtmäßigen Eigentümer haben, so gedenkst du ihn ihrer zu berauben! Wenn sie einen legitimen Herrscher haben, so meinst du, seine Untertanen sollen ihm die Treue brechen! Törichter Fürst! und du fühlst nicht, daß es nur angemaßte Rechte sind, die man auf dich überträgt!"[72] Wir werden sehen, daß Raynal durchaus nicht unempfindlich gegen den Gedanken war, Angehöriger eines alten Kulturvolkes zu sein und daraus gewisse Berechtigungen oder Verpflichtungen abzuleiten, aber sein Gefühl für verletztes Menschenrecht, und sei es das eines Barbaren, war stärker als der Missionsdrang oder das Herrenbewußtsein des zivilisierten Europäers und Franzosen.

Gleich so vielen seiner philosophischen Geistesbrüder im Zeitalter Voltaires litt er unter der unverhüllten Brutalität, mit der sich das Machtstreben des Staates damals äußerte und die zu vertreten, er entweder mehr Nerven oder weniger Ideale hätte besitzen müssen. Vor allem richten sich seine Anklagen gegen die Willkür der Fürsten, die das Völkerrecht zum Fürstenrecht umgewandelt habe. „Sie maßen sich das barbarische Recht an, ihre Provinzen und Untertanen zu veräußern oder zu verpfänden wie bewegliche und unbewegliche Güter, während die Einkünfte ihres Hauses, die Wälder ihres Besitzes, die Kleinodien ihrer Krone unveräußerlich heilige Wertgegenstände sind, die man selbst um die dringendsten Staatsnotwendigkeiten nicht anzutasten wagt."[73] Aufs deutlichste tritt hier wieder zutage, wie die Forderung nationaler Selbstbestimmung parallel mit dem Dogma von der Volkssouveränität erwuchs. „Die Könige verdanken den Völkern, was sie besitzen", folgert Raynal. „Darnach ist das Heil und das Wohl der Völker das höchste Gesetz, von dem alle andern abhängen und das kein anderes über sich erkennt. Wenn ich nun diese Regel auf die Teilungs- und Abtretungsverträge anwenden will, die die Könige untereinander abschließen, sehe ich, daß sie das Recht haben, die Völker zu kaufen, zu verkaufen und auszutauschen, ohne sie zu befragen . . ."[74] Ja und sogar die tiefere, die eigentlich im nationalen Gedanken wurzelnde Begründung jenes Protestes gegen willkürliche Lostrennung einzelner Glieder vom Volkskörper ist bei Raynal anzutreffen, die Berufung auf die den nationalen Zusammenhängen zugrundeliegende Blutsgemeinschaft, die niemals durch die rechtliche Übereignung eines Volksteils an einen fremden Souverän zerstört werden kann: „Gefühllose Mutter," so läßt er die Kolonialfranzosen die Heimat anklagen, „du hast mich verlassen! Ohne mein Wissen hast du mich durch einen Handel gebunden, dessen Heimlichkeit allein schon Verrat war. Undankbare! so hast du gegen die Stimme der Natur die Bande zerreißen können, die mich schon durch meine Geburt an dich knüpften. Meiner Familie hast du mich entrissen, um mich einem Herrn zu geben, den ich mir nicht erwählt hatte. Da kannst mich wider meinen Willen zwar einem Joch unterwerfen, das mein Herz zurückstößt, aber sicherlich nur für eine geringe Zeit."[75]

Die Haltung des Revolutionärs ist gewiß das letzte, das an Raynal frappieren könnte. Seine Darstellung plätschert im allgemeinen sanft und in epischer Breite dahin, und nur maßvoll, niemals wild erscheint die Oberfläche durch das Pathos wohlverstandner Vaterlandsliebe und den Schwung edler Menschlichkeit bewegt. Aber hier in seiner Entrüstung über die Prinzipienlosigkeit und Selbstsucht, von denen er die verantwortlichen politischen Führer erfüllt sah, fühlt man doch etwas vom Grollen und Drohen nationaler Stimmungen, die, bis zum Brechen belastet, der Revolution entgegentrieben: „Ein Staat, wo man Krieg führt und Frieden schließt, ohne Wünsche und Meinungen des Volkes zu hören — sieht so das Vaterland aus, dem man sein Blut dahingeben soll?" „Die Zeit wird kommen, wo man alle Ungerechtigkeiten vor den Gerichtshof der Nationen zitieren und die Macht, die sie begeht, ihrerseits von ihren Opfern aburteilen lassen wird." [76] Wie Mably glaubte er, durch großzügige Selbstbeschränkung die herrschende Politik des Neides und des Überwollens entkräften und die Staatskunst zu einer philosophischen und vernünftigen, d. h. dem Gang der Dinge und der Natur der Menschenseelen entsprechenden Wissenschaft umgestalten zu können. „Was man nicht halten kann, soll man freigeben und sich selbst überlassen, was man nicht glücklich machen kann", meinte er und nahm mit dem Hinweis auf die natürlichen Grenzen, an denen die Macht jedes Staates von selbst aufhöre, ein Motiv auf, das bei Turgot besondere Entfaltung gefunden hat und nicht wieder aus der staatsphilosophischen Literatur verschwinden sollte. In bezug auf die Kolonien wiederholte er häufig und freimütig diesen Grundsatz, Freiheit und Neutralität zu gewähren, obwohl er — weltoffner und genußfreundlicher als der kommunistische Mably — in der kommerziellen Erschließung der überseeischen Länder die größten Vorteile erblickte und auch den völkerverbindenden und -verfriedenden Geist rühmend anerkannte, der den vielfach verschlungenen internationalen Handelsbeziehungen innewohnte [77].

Aber nicht nur auf das Verhältnis zwischen Mutterland und Kolonien, sondern auch auf die Politik der großen Mächte untereinander und den kleineren Staaten gegenüber wollte er jenen Geist der Mäßigung ausgedehnt wissen: „Wer nur einiges Interesse am menschlichen Geschlecht nimmt, wer nicht die enge Seele eines Mönchs in sich trägt, dem die Wände seines klösterlichen Gefängnisses alles sind und der Rest des Weltalls nichts, kann der sich etwas Widersinnigeres und Grausameres vorstellen, als diese niedrige Eifersucht der Großmächte, diesen schrecklichen Mißbrauch ihrer Kräfte, um die schwachen Staaten an jeder Besserung ihrer Lage zu hindern?" Mit Namen rief er die Völker alle auf, um ihnen hohnvoll zu sagen, wofür eigentlich sie einander bekämpften: nämlich um zu wissen, für wen unter allen das ausschließliche Vorrecht der Tyrannei und das Monopol des Glückes bleiben solle[78]. Unbeirrt durch seinen Stolz auf den französischen Kriegsruhm ging er gerade mit seinen Landsleuten schonungslos ins Gericht: „Immer noch durchdrungen von jenem Geist des Rittertums, der solange die glänzende Torheit ganz Europas gewesen, halten die Franzosen ihr Blut für bezahlt, wenn es die Grenzen ihres Vaterlandes hat weiter zurückschieben helfen, d. h. wenn sie ihren Fürsten in die Notwendigkeit versetzt haben, sie schlechter zu regieren — und glauben ihre Ehre verloren, wenn ihre Besitzungen geblieben sind, was sie waren. Diese Eroberungswut muß man barbarischen Zeiten verzeihen, aber aufgeklärte Jahrhunderte sollten darüber nicht zu erröten brauchen."[79] Es ist ungemein befriedigend zu sehen, wie diesem Übernationalismus Raynals, dessen Polemik gegen Eroberungen und Völkervergewaltigung jeder moderne Pazifist unterschreiben würde, nirgends auch nur eine Spur kraftloser Schwäche anhaftet. Den Patriotismus nannte er den Geist, ohne den die Staaten Bevölkerungen und nicht Nationen seien, nationale Ehre erschien ihm als das höchste Gut, dem gegenüber alle Schätze der Welt verblaßten, und die Würde der äußeren Unabhängigkeit selbstverständlich: „Kein Staat darf sich protegieren lassen. Wenn er klug ist, soll er die seiner Stellung entsprechenden Kräfte haben und niemals mehr Feinde als

Hilfsmittel. Wisset, daß der Monarch, der nur friedliche Tugenden hat, wohl von seinen Untertanen geliebt werden kann, aber daß nur die Macht ihn bei seinen Nachbarn gefürchtet macht, daß die Könige keine Verwandten haben und die Familienpakte nur solange dauern wie die Vertragsschließenden ihr Interesse dabei finden."[80] Er nannte das Studium der Nationen das Interessanteste, was er kenne, und sprach mit Vorliebe von ihrem Genius: so war es ebensoviel Einsicht und Klugheit des Soziologen wie hoher sittlicher Standpunkt des rationalistischen Staatsphilosophen, wenn er den Zeitgenossen in bewegten Worten vor Augen hielt, daß ein Volk nationale Demütigungen niemals auf die Dauer ertrage: „Man erniedrigt ein Volk nicht ohne unheilvolle Konsequenzen. Seine Ehre kann eine Zeit lang schlummern, aber früher oder später erwacht es und rächt sich, und wie unter allem Schimpf die Demütigung am meisten verletzt, so wird sie auch am lebhaftesten empfunden und am grausamsten gerächt"[81].

Auch in schlichteren Tönen und mehr aus dem alltäglichen Gang des staatlichen Lebens heraus hat Raynal sich über das Wesen vaterländischen Fühlens und nationaler Bewußtheit ausgesprochen. So hatte er mit großer Feinheit erkannt, wie sehr die Wirksamkeit und Wirkensmöglichkeit patriotischen Sinnes abhängig sei vom Vorhandensein großer Massen, wie der einzelne, der als Glied einer großstädtischen Menge für jede leidenschaftliche Aufwallung politischer Tugend empfänglich sei, für sich allein nüchtern und unbedenklich persönliches Glück auf den öffentlichen Ruin aufbauen würde[82]. Er täuschte sich nicht darüber, daß ein Staat die Kinder, die er in eine neue Heimat entlasse, verloren geben müsse: „Hat er den Äquator überschritten, ist der Mensch weder Engländer mehr, noch Holländer, noch Franzose, noch Spanier, noch Portugiese. Er behält von seinem Vaterland nur noch die Grundsätze und Vorurteile, die seine Handlungsweise berechtigt erscheinen lassen oder entschuldigen. Er ist ein gezähmter Tiger, der in den Wald zurückkehrt:

allgemeine Sucht, der Drang nach dem Golde!"[83] So liberal er war und so tolerant in politischen Dingen, so verurteilte er doch Auswanderungslust und innere wie äußere Wurzellosigkeit aufs entschiedenste. Er vermochte sich keine anderen als minderwertige Motive vorzustellen, die einen Menschen bewegen könnten, dem Vaterland den Rücken zu kehren, und dachte nicht daran, sich von dem Aktivismus, der ausziehende Kolonisten gewöhnlich kennzeichnet, imponieren zu lassen. Ein wenig kleinbürgerlich, hausväterlich — durch die innerpolitische Akzentuierung — mutet seltsamerweise auch an, was er über den Ruhm, »*la gloire*«, dieses französischste aller Ideale zu sagen weiß. Ausdrücklich betont er, dieser sei „nicht das Los des Genies, sondern der Tugend, der nützlichen, großen, wohltätigen, leuchtenden Tugend. Er ist das Los eines Monarchen, der sich während einer stürmischen Regierung dem Glück seiner Untertanen gewidmet hat und zwar mit Erfolg, das Los eines Untertanen, der etwa sein Leben dem Wohl seiner Mitbürger geopfert hat, eines Volkes, das lieber hat sterben wollen als in Knechtschaft leben, das Los nicht eines Cäsar oder Pompejus, sondern das eines Regulus oder eines Cato, das Los eines Heinrich des Vierten."[84]

Und doch hatte Raynal all den Sinn und all die Freude am großen Individuum, am großen Einzelexemplar der kleinen Gattung Mensch, die in diesem individualistischen Zeitalter so häufig anzutreffen ist, das sich wie keines vor ihm um die Wohlfahrt des „Volkes" mühte und eben dies „Volk" nicht selten gründlich verachtete. „Überall", sagt Raynal, „haben die großen Männer mehr geleistet als die großen Körperschaften. Völker und Gesellschaften sind nur die Werkzeuge der Männer von Genie; diese sind es, die Staaten und Kolonien gegründet haben."[85] Der instinktmäßigen Sicherheit, mit der ein Staatswesen seinem ureignen großen Interesse nachlebe, ist bei Raynal im Gegensatz zu Mably keinerlei Rolle zugewiesen. Er hat die üblichen Erörterungen über Nationalcharaktere angestellt, und darüber hinaus zeigen einige feinsinnige Bemerkungen, daß es ihm wohl wert schien, das Instrument nach Struktur und Qualität zu untersuchen, auf dem der politische Führer spielen soll. Aus der Färbung der Ereignisse, den Nuancen, die körperliche und geistige Momente ihm geben, aus Verkleidungen und Spielarten getraute er sich den jedes Volk auszeichnenden Zug herauszufinden, ein X, von dem jedes Jahrhundert, jedes Zeitalter eine andere Gleichung gibt und das sich als allen gemeinsam zugrunde liegende Wahrheit herauslösen lasse. Gewissermaßen als Probe aufs Exempel hat er eine ausführliche und reizvolle Analyse des französischen Nationalcharakters gegeben, aus der aber merkwürdigerweise nicht eine Spur von Vertrauen spricht auf die Eignung und Fähigkeiten seiner Landsleute für politische Selbstverantwortlichkeit[86].

Seltsam zu sehen, wie dieser vom Volkssouveränitätsprinzip ehrlich durchdrungene Patriot nirgends an der für die französische Nation überkommenen Führung durch den König zu rütteln wagt. Er hofft auf Ludwig den Sechzehnten mit all der Anhänglichkeit, die er selbst als charakteristisch für die Franzosen hervorgehoben hat, „die ihren König lieben, verehren, ja anbeten, wenn er es will"; er sucht ihm seine Aufgabe als groß und wertvoll hinzustellen und entschuldigt gleichsam seine Untertanen vor ihm, wenn sie jetzt nicht mehr den Hochstand aufweisen, den sie einmal besaßen: „Du regierst über das schönste Reich des Erdballs. Trotz des Verfalls, in den es geraten ist, gibt es keinen Ort der Welt, wo sich Kunst und Wissenschaft mit solchem Glanz erhalten. Die Nachbarvölker brauchen dich, während du sie entbehren kannst."[87] Mit scheinbarer Gelassenheit mühte er sich, den machtpolitischen Niedergang Frankreichs als eine natürliche Atempause hinzustellen „nach dieser erstaunlichen Blütezeit, die unter einem einzigen Herrscher genug große Männer erzeugt hatte, um zwanzig Regierungsperioden unsterblich zu machen und die Größe von zwanzig Völkern zu erhöhen"[88]. Aber man braucht nur seine unversöhnliche

Feindschaft gegen England, den Erben der französischen Kolonialmacht und Bedroher der französischen Hegemonie in Europa, ins Auge zu fassen, um den Eindruck zu gewinnen, daß Raynal sich nie und nimmer damit abgefunden hatte, die augenblicklichen Verhältnisse als endgültig anzuerkennen. Er haßte England mehr als Österreich, den früheren Rivalen, und hätte mit Freuden die Franzosen einen Krieg zur Befreiung der Inder von der englischen Herrschaft unternehmen sehen. Seine Klagen über mangelnde Verteidigungsbereitschaft der maritimen Stützpunkte Frankreichs reißen nicht ab: „Welche Schande, welches Unglück für Frankreich, wenn es sich diese rauben lassen würde!" Mit Eifer trat er für den Ausbau der Flotte ein, da er für Frankreich alle Voraussetzungen gegeben meinte, „eine wirkliche Seemacht zu werden". Durch eine wohlausgerüstete Handelsmarine, die sich durch die günstigsten Lebens- und Anstellungsverhältnisse für die Seeleute auszeichnen sollte, gedachte er eine solide Basis für die maritimen Streitkräfte zu schaffen, mit denen er England die Weltherrschaft streitig machen wollte[89]. Der alte, fromme französische Selbstbetrug, die nationalen Interessen und Aspirationen denen Europas oder gar der Menschheit gleichzusetzen, dazu der ihm persönlich eigne Idealismus ließen Raynal eine hehre Mission in diesem Kampfe erblicken. So seltsam modern es anmuten mag — 140 Jahre vorm Weltkrieg schrieb der Autor der „Geschichte der beiden Indien" das Schlagwort von der Freiheit der Meere auf seine Fahne: „Europa wird seine Freiheit nicht für gesichert halten, bis es eine Flagge auf dem Ozean schwimmen sehen wird, die nicht vor der des britischen Reiches zittert. Die Stimmung der Völker ist jetzt für diejenige Macht, die sie gegen den Anspruch eines einzelnen Volkes auf die Alleinherrschaft zur See zu verteidigen wissen wird."[90]

Es zeigt, wie zwingend für diesen Mann immer wieder der Sprung vom nationalen zum weltbürgerlichen Denken war. Er besaß einen ausgezeichneten Blick für das Individuelle und Singuläre des politischen Lebens und wußte recht wohl, wie Frankreichs Machtstellung im Kontinentalen wurzelte: daß es ohne die Entdeckung der Neuen Welt dasselbe sein würde, was es ist und immer sein wird, während Holland z. B. ohne Übersee nichts und England sehr wenig bedeuten könnte[91]. Dennoch wies er seinem Volk jene imperialistische Aufgabe zu, anstatt ihm wie Mably zu gebieten, in seiner Heimat die Welt zu sehen — und er tat es im Sinne einer Weltmission, weil wahre Größe seiner Meinung nach darauf gerichtet sein müsse, das Gesicht nicht eines einzelnen Landes, sondern des Universums entscheidend zu beeinflussen. „Das Weltall ist das Vaterland eines großen Mannes", rief er Friedrich dem Zweiten zu, für dessen deutsche Aufgabe er doch das wohlwollendste Verständnis hatte, „das Weltall ist der Schauplatz, der deinen Talenten zukommt. Schenke der Erde die Ruhe! Möge die Gewalt deiner Vermittlung, die Macht deiner Waffen unruhige Nationen zum Frieden zwingen! Werde der Wohltäter aller Völker!"[92]

Man sieht, wo Raynal liebte und bewunderte, waren universalistische Ziele das Gesetz, nach dem er maß: einem Helden zu persönlicher Vollendung aufgerichtet und einer Nation zur Erfüllung ihres Sinnes innerhalb der Menschheit. In dieser Zwiespältigkeit seiner Ideale beruhten alle Antriebe seines Wesens. Sein Glück und den Zweck seines Daseins fand er in der Verkündung dieser Hinaufentwicklung nationaler Energien zu übernationalen Werten, und mit biblischem Pathos bekannte er, wenn er die Befreiung der Welt von der englischen Seeherrschaft erlebe, habe er nicht umsonst gelebt. Dann werde er die Augen gen Himmel richten und sagen: „Jetzt kannst du mich abrufen; denn meine Augen haben den Glanz meiner Heimat gesehen und die Freiheit der Meere allen Völkern zurückgegeben!"[93]

7. Helvétius und Holbach.

Le génie du gouvernement
fait le génie des nations.
Helvétius, De l'Esprit.

In Helvétius und Holbach begegnen wir den beiden letzten für das vorrevolutionäre Frankreich repräsentativen Geistern, die noch ohne Rücksicht auf die Tagespolitik und in philosophischer Reinheit dem Flug ihrer Ideen folgen konnten. Sie standen den Ereignissen von 1789 weder zeitlich so nahe, daß die praktisch-technischen Fragen des staatlichen Lebens, mit all der notwendigen und entsagungsvollen Kleinarbeit des Alltags, ihnen den Sinn für die großen Probleme, an denen das Herz der vorangegangenen Generation gehangen, hätten verkümmern müssen — noch hat der äußere Lebenslauf beider Männer sie wie etwa Turgot, der ja auch den Ausbruch der Revolution nicht erlebte, aber als Minister Ludwigs des Sechzehnten den verzweifelten Kampf um das Vertrauen der Nation gegen die schicksalhaft abrollenden Verhältnisse führen mußte, gezwungen, ihre theoretischen Überzeugungen durch den Filter geschichtlichen Lebens hindurchgehen zu lassen. Dennoch entläßt uns das Werk der beiden klugen und höchst einflußreichen Männer nicht ohne ein Gefühl leiser Enttäuschung und Befremdung. Es ist, als ob eine einst blühende und bezaubernde Gedankenwelt verarmt und verkleinlicht vor uns liege, und dies, obgleich sie in all ihren Grundüberzeugungen besteht, ja sich versteift hat und selbstverständlich geworden ist. Aber mit dem siegreichen Vordringen des Atheismus und Materialismus in dieser späteren Generation von Rationalisten ist jene Welt alles dessen entkleidet, was das vorangegangene Geschlecht als seelenvoll oder heilig in ihr verehrt hatte. Ihre Pole sind gleichsam enger zusammengerückt, und der weite Himmel, der früher über ihr ausgespannt schien, hat sich einem kleineren Horizont anbequemen müssen. Dadurch verliert er das Strahlende und Beherrschende, das er besaß, als noch der leidenschaftliche Genius eines Rousseau ihn erfüllte. Und für unser Problem — das wie kein zweites damals bestimmt nur von dem leben und sich nähren konnte, was jenseits des Alltags lag — wird diese ernüchterte Einstellung besonders fühlbar: kaum geeint, drohen Mensch und Bürger, Staat und Nation in selbstsüchtiger Vereinzelung wieder auseinanderzuklaffen und rechnender Geschäftsgeist aufzusaugen, was bereit war, sich schrankenlos hinzugeben. Nur von ferne rühren Helvétius und Holbach an außenpolitische Grundfragen: das Ringen um ein Verständnis für die nationalen Grundlagen der Politik, das die gesamte Staatsphilosophie des Jahrhunderts bewegt hatte und doch allein den Schlüssel zur Erkenntnis von Sinn und Eigenwert des Staates in sich barg, erscheint völlig aufgegeben. Das innerpolitische Feld beherrscht den Gesichtskreis. Das Individuum richtet seine Forderungen an Staat und Gesellschaft: Moral verlangt es von beiden und bietet selbst in Entgegnung dafür eine innere und äußere Haltung, die es Moral nennt. Herrschertugend und Bürgertugend, Moral der Regierung — wodurch Begriff und Gedanke des Staates fast restlos ersetzt sind — und Moral des Staatsbürgers bilden das Thema der „Natürlichen Politik“, des „Socialen Systems“, des „Systems der Natur“, der einschlägigen Teile des Buches „Über den Geist“, in dem man den Inbegriff des Enzyklopädismus verehrt und verfemt hat. In der Tat kam darin die Vorliebe des Jahrhunderts, das sich soviel auf seine naturwissenschaftlichen Leistungen zugute tat und Empirismus mit Rationalismus in seiner wissenschaftlichen Denkweise so eigenartig vereinte, rückhaltlos zum Ausdruck. Insofern verfuhren Helvétius und Holbach am charakteristischsten, d. h. am typischsten und konsequentesten mit der Aufstellung ihrer politischen Ansichten: naturalistisch, indem sie die naturhaft gegebenen

Strömungen des Lebens und der Menschenseele, Egoismus und Glücksstreben ergriffen; rationalistisch, indem sie die alles regulierende und regulieren könnende Vernunft über diese Kräfte setzten und sie in einem wohlausgewogenen Gleichgewichtssystem festbanden. Rückblickend zeigt sich, wie wenig die verständige und wohltemporierte Philosophie des 18. Jahrhunderts für den Staatsgedanken geleistet haben würde, wenn eben dies 18. Jahrhundert nicht soviel geniale Menschen erzeugt hätte, die, ohne die Denkformen des Naturrechts zu sprengen, sich doch nicht damit begnügten, ihr Objekt in diese Formen zu fassen, sondern es mit der beseelenden Leidenschaft ihrer Persönlichkeit erfüllten.

Verfolgen wir nun unser Sonderproblem bei Helvétius zunächst, so gewahren wir — und das wird sich bei Holbach wiederholen — ein seltsames Durch- und Übereinandergreifen von Gegensätzen in der Würdigung von Staat und Nation, das uns geradezu spitzfindig erscheinen müßte, wenn nicht die naive Selbstverständlichkeit, mit der sie vorgetragen werden, dieser Auffassung widerspräche. Es wird einmal die Idee der Nation zertreten und verlacht, um das Gewicht des allein schöpferischen und willensmächtigen Staates zu erhöhen, dann aber die also gedemütigte emporgerissen, um ihr, als der allein Weg und Richtung verleihenden Macht, den blutlosen Schemen des Staates zu Füßen zu legen. Was wir meinen, wird klar werden, wenn wir im ersten Falle den Begriff des Staates durch Regierung, im zweiten den der Nation durch Volk ersetzen. Die Nation als Bluts- und Schicksalsgemeinschaft, wie sie bisher von all unsern Staatsphilosophen mehr oder weniger dunkel erfaßt wurde, bedeutet für Helvétius nicht das Geringste. Er macht sie zur Puppe in der Hand der Regierung, zum Mannequin, das durch eine Konstitution, ein Gesetz bekleidet wird, wie es ihm gut dünkt. Dafür aber dominiert die Nation als Volk, d. h. hier als Summe der zur Gesellschaft vereinigten Individuen, indem sich in ihren Zwecken der Sinn des Regierens erschöpft, durchaus über den Begriff des Staates, von dessen geistigem

Eigenwert und tiefer Bedeutung für die Entfaltung einer nationalen Individualität Helvétius nichts ahnt. „Nur der verschiedenen Verfassung der Reiche muß man alle Verschiedenheiten des Geistes und Charakters zuschreiben, die man an den Nationen entdeckt", lehrte Helvétius[1]. In einem eigenen Kapitel bekämpfte er den Irrtum, für Natur zu halten, was Folge der Regierung sei[2], und spottete über „die Eitelkeit der Nationen, von denen jede sich von der Natur mit besonderen Merkmalen ausgestattet glaube" und „jede verlange, daß man ihren Buckel trage, wenn man unter ihnen reise und es zu etwas bringen wolle"[3]. Auch die Klimalehre lehnt er aufs entschiedenste ab: „Die physikalische Lage Griechenlands ist immer dieselbe," argumentierte er, „warum sind die Griechen von heute so anders als die Griechen von damals? Weil die Form ihrer Regierung sich gewandelt hat, weil — dem Wasser vergleichbar, das die Form aller Gefäße annimmt, in die man es gießt — der Volkscharakter für alle Arten Formen empfänglich ist, weil in allen Ländern der Geist der Regierung den Geist der Nationen gestaltet."[4]

Konsequenterweise erstreckte sich seine Abneigung bis auf die in der politischen Publizistik seiner Tage üblichen psychologischen Portraits, die man von den verschiedenen Nationalcharakteren zu entwerfen pflegte: „Es gibt im allgemeinen nichts Lächerlicheres und Falscheres," meinte er und ereiferte sich, „daß nur immer ein Schriftsteller weiter schleppe, was tausend andere vor ihm gesagt hätten, ohne die Wandlungen zu bedenken, von denen durch die Veränderungen in der Verwaltung und den Sitten einer Nation ihr Charakter getroffen worden sei". „Man hat gesagt, die Franzosen seien vergnügt, man wird es in alle Ewigkeit wiederholen. Niemand sieht, daß, da die Not der Zeit die Fürsten gezwungen hat, erhebliche Steuern auf das Land zu legen, die französische Nation nicht vergnügt sein kann, weil die Bauernbevölkerung, die für sich allein zwei Drittel der Nation ausmacht, in Dürftigkeit lebt und die Dürftigkeit niemals vergnügt ist."[5]

Es kam Helvétius nicht in den Sinn, wie abstrakt und kahl und darüber hinaus wie wenig zwingend seine Argumentation war: eben daraus, daß an dem Franzosen trotz des herrschenden Steuerdrucks noch immer die Leichtigkeit und Heiterkeit seines Lebensgefühls dem Nationen vergleichenden Beobachter ins Auge fiel, hätte ihm die Offenbarung werden müssen, wie ungeachtet aller sachlichen — in Helvétius' Sprache ausgedrückt konstitutionellen — Elemente eine irgendwie irrationale Grundgewalt des Völkerlebens sich hier äußere. Dies zu fassen, war seinem Verstande nicht gegeben, so wenig wie seine handfeste sensualistische Psychologie ausgereicht hätte, dem Unbegreiflich-Souveränen einer Einzelindividualität gerecht zu werden.

Darum zog er jeden Staatsbürger wie die Nation, die ihm ja nur „die Ansammlung der Bürger war, die sie zusammensetzen"[6], durch das Mühlwerk seiner Interessenlehre, in der sein mechanistischer Geist die Grundlage politischen und gesellschaftlichen Seins ergriffen zu haben glaubte. Er unterschied individuelle und allgemeine Interessen, und zwar hielt er das, was den Menschen vom Staat trennt, für mächtiger als was ihn mit dem Staate verbindet[7]. Aber die Forderung der öffentlichen Wohlfahrt stand ihm unweigerlich höher als alle Ansprüche individuellen Glückes, und damit ergab sich als selbstverständliche Aufgabe des Staates, die möglichst weitgehende Übereinstimmung der Interessen des Individuums mit dem allgemeinen Interesse zu erzeugen[8]. Weiter tat er den für den naturrechtlichen Moralisten charakteristischen Schritt, die Übereinstimmung des persönlichen mit dem allgemeinen Interesse der Tugend gleichzusetzen. „Unter den Begriff der Tugend kann man nur das Streben nach dem allgemeinen Glück verstehen, und man kann die Menschen nur tugendhaft machen, indem man das persönliche Interesse mit dem allgemeinen vereint."[9] Der Staat erschien nun als der eigentlichste Erzieher zur Tugend. Mit grenzenlosem Vertrauen legte es Helvétius in die Hand des öffentlichen Gesetzgebers, sittliche Menschen und dadurch glückliche Völker zu schaffen. „Tugenden und Laster eines Volkes sind immer die notwendige Wirkung der Gesetzgebung und der Weisheit der Verwaltung“ [10], war seine Lehre; den Reichtum Roms und Griechenlands an tugendhaften Männern schob er auf die Geschicklichkeit, mit der die Gesetzgeber dieser Völker das Privatinteresse an das öffentliche geknüpft hätten, und fügte mit deutlicher Beziehung auf Montesquieus berühmtes Buch hinzu: „in dieser Verbindung nämlich besteht der wahre Geist der Gesetze“ [11]. Blickt man hier vergleichend auf das Rousseausche Ideal von Staatsbürgersinn und seine Träume von einem einstmaligen Zusammenfall der volonté de tous und der heiligen volonté générale zurück, so liegt zwischen diesen und der helvetianischen Patentlösung einer Verbindung von privatem und öffentlichem Interesse die ganze weltweite Verschiedenheit eines flammenden Herzens von einem bloß vernünftigen Kopf. In Rousseau war der englische Utilitarismus siegreich überwunden; wenn er dem Staate das Geschenk der sittlichen Persönlichkeit verdanken wollte, so erinnerte das an die Sehnsucht der Renaissance, aus dem Individuum zu machen und zu entfalten, was die Natur an Möglichkeiten des Werdens hineingelegt. Er war bereit, mit seinem ganzen Selbst in diese höhere Individualität einzugehen, der er die Erlösung seines Menschentums schuldete: alles war auf Freiwilligkeit und Autonomie gestellt. Und gerade dafür hatte Helvétius kein Organ: er sah nicht die individuelle sittliche Tat der Hingabe an den Staatsgedanken, er sah das Problem der Moralwissenschaft, den Staatsbürgersinn als eine durch ihre Vorteile so einleuchtende Tugend darzustellen, „daß es fortan keinen lasterhaften Menschen mehr geben solle als den Narren“. „Ein moralwissenschaftliches Meisterstück“, wie er sagte — ersonnen zu frommem Betrug am natürlichen Egoismus des Erdensohnes, und keinen wahrhaft zu binden imstande, der es durchschaute! Aber so klein dachte dies Jahrhundert, das sich an der Idee vom reinen Menschentum berauschte, vom konkreten Menschen, daß es trachtete, ein niedriges System von Belohnungen und Strafen zu ersinnen, um aus der befriedigten Selbstsucht des Bürgers Gewinn zu ziehen für die notwendigen Bedürfnisse des Staates und die moralische Verbesserung der Menschheit[12]. Helvétius hatte das Recht des Alltagsmenschen für sich, obwohl er, wie wir ihn heute sehen, genau so Enthusiast war wie Rousseau — nur Vernunft- nicht Willensenthusiast —: er verlangte nicht das Unmögliche und nicht das Heroische; er schwieg vom Hineinwachsen des Individuums in die höhere Wesenheit und von der tat- und opferfrohen Teilnahme an jedem Atemzug des Staatsorganismus, die sein demokratischer Antipode fordert. Gewiß vertrat er die Forderungen des Liberalismus und versprach sich ein leichteres Funktionieren der Interessenharmonie, wenn jeder Bürger teil habe an der Souveränität[13]. Soweit verstand er die Bedeutung des Verwurzeltseins der staatlichen Ziele im Grunde der Nation, daß er die Größe eines Staates nicht auf die einer Einzelperson basieren wollte: „Erfolge, die an der Weisheit der jeweils regierenden Könige haften und nicht an der Staatsverfassung, sind immer ebenso vergänglich gewesen wie glänzend. Anders in den Regierungen, wo wie in Rom und Griechenland, die Macht zwischen Volk, Großen oder Königen geteilt war. In diesen Staaten verwandelt das eng an das Gemeinwohl geknüpfte persönliche Interesse die Menschen in Staatsbürger. In diesen Ländern kann das Volk auf dauernde Erfolge hoffen, weil es sie seiner Regierungsverfassung verdankt."[14]

Und auch die Lebendigkeit jener tragenden Gewalten, auf denen sich der Staat erhebt, wollte er betont wissen. Soweit sollten Vernunft und Sitte nicht Herr werden über die Volksgenossen, daß lähmende und starre Ruhe sich über das politische Dasein ausbreiten könnte. Er fühlte sehr wohl die Durchschnittlichkeit und Mittelmäßigkeit des »homme de bon sens«, der zwar gemeinhin nicht in die Irrtümer verfalle, in die große Leidenschaften treiben können, aber in Ausnahmezeiten und auf Höhepunkten des staatlichen Seins versage und sogar gefährlich zu werden vermöge. „Wenn alles klug und vorsichtig wäre," meinte er, „stünde es schlimm um ein Volk, in dem sich niemand mehr finden würde, Soldat zu sein oder Mutter zu werden. An Torheit und Unvorsichtigkeit demnach hat der Himmel die Erhaltung der Staaten und den Bestand der Welt geknüpft."[15]. Diese glückliche Einsicht in die irrationale Lebensader des Weltgetriebes erwies sich als sehr fruchtbar für seine Staatsauffassung. „Die Ruhe eines Staates beweist nicht immer, daß seine Untertanen glücklich sind. Man hält in diesen Ländern Erstarrung für Ruhe. Nur die Leidenschaft für den Ruhm, die bei jenen Nationen unbekannt ist, kann im politischen Körper die sanfte Gärung unterhalten, die ihn stark und gesund erhält und alle Arten Tugenden und Gaben entwickelt. Deshalb sind die den Wissenschaften günstigsten Jahrhunderte zugleich auch die fruchtbarsten an Generälen und großen Politikern, dieselbe Sonne läßt Zedern und Platanen wachsen."[16] Es war eine Weisheit, die das Jahrhundert Ludwigs XIV. deutlich gepredigt hatte und die doch selten so unbefangen anerkannt worden war. Helvétius wurde damit dem Leben in seiner wundervollen Mannigfaltigkeit gerechter, als man bei seiner intellektualistischen Geisteshaltung erwarten sollte; er hat nie verlangt, daß die Philosophen allein Könige seien und einen großen Charakter einem großen Intellekt als politischen Führer vorgezogen[17]. Auch er zollte der Shaftesburyschen Wertschätzung der Leidenschaften seinen Tribut und bekannte, daß „nur die Leidenschaften zu großen Taten befähigten und Gefahr, Schmerz, Tod und den Himmel selbst überwänden"[18].

Die vaterländischen Tugenden der Ruhmbegier und des Patriotismus rechnete er hier mit ein[19], und es ist seltsam zu sehen, wie klar er erfaßte, daß er mit der Verherrlichung dieser Gefühle, zu denen er systematisch erziehen wollte, Verzicht leistete auf die höheren Ideale der Liebe zur Menschheit und der Weltverbrüderung. Er selbst gestand für sich als Philosophen, daß ihm „die Erde unmerklich zum kleinen

Raum zusammenschmelze und in seinen Augen die Form eines Marktfleckens annehme, der von verschiedenen Familien bewohnt ist, die den Namen China, England, Frankreich, Italien, kurz der verschiedenen Nationen führen"[20]. Aber die Menge der Menschen hielt er für diese Auffassung offenbar nicht reif. Soweit ich sehe in der politischen Publizistik des 18. Jahrhunderts, hat sich keiner so ruhig wie er damit abgefunden, daß der Patriotismus menschheitsbeglückende Arbeit ausschließe und daß auf absehbare Zeit eine Verdrängung der nationalen Interessen durch ein universalistisch übergreifendes unmöglich sei. „Weltbürgerliche Tugend", meinte er, „ist noch nichts als eine platonische Schimäre. In der Tat, wenn die gegensätzlichen Interessen der Völker sie untereinander im Zustand fortgesetzten Kampfes halten, wenn die Friedensschlüsse unter den Nationen eigentlich nur Waffenstillstände sind, wenn die Völker ihre Eroberungen und ihren Handel nur auf Kosten ihrer Nachbarn ausdehnen können; kurz wenn das Glück und die Vergrößerung eines Volkes fast immer vom Unglück und der Beeinträchtigung eines anderen abhängt; ist es augenscheinlich, daß die Leidenschaft des Patriotismus, diese so wünschens- und schätzenswerte tugendhafte Leidenschaft für den Staatsbürger, die allgemeine Menschenliebe, wie das Beispiel der Griechen und Römer zeigt, vollständig ausschließt. Damit diese Tugend unter den Völkern entstünde, müßten sie sich untereinander durch gegenseitige Gesetze und Verträge verbinden wie die Familien innerhalb des Einzelstaates, das nationale Sonderinteresse einem allgemeineren Interesse unterwerfen und endlich, indem sie die Vaterlandsliebe in ihren Herzen auslöschten, darin das Feuer der Liebe zur Menschheit entzünden — eine Voraussetzung, die sich auf lange hinaus nicht verwirklichen wird."[21]

Mit vollkommenem Realismus wird das vorgetragen, ohne Protest und Anklage, ohne den leisesten Anklang einer Sehnsucht nach Umgestaltung der politischen Weltverhältnisse. „Der Bruch eines Vertrags, den zu verletzen vorteilhaft ist, bildet eine stillschweigende Klausel aller Verträge, die ja nur Waffenstillstände sind", berichtet er. „Wenn demnach ein Volk die günstige Gelegenheit ergreift, seinen Nachbarn zu demütigen, tut es nichts als diesem zuvorzukommen. Diese Art der Räuberei unter den Völkern muß bestehen, bis alle Nationen oder wenigstens die meisten von ihnen allgemeine Konventionen eingegangen sind, bis sie sich entsprechend dem Plan Heinrichs IV. oder des Abbé de St. Pierre gegenseitig ihre Besitzungen garantiert und sich verpflichtet haben, sich gegen dasjenige Volk zu bewaffnen, das sie unterwerfen will, und bis endlich der Zufall ein solches Mißverhältnis der Macht eines Einzelstaates gegenüber allen anderen verbündet herbeigeführt hat, daß diese Verträge durch Gewalt aufrecht erhalten werden und die Völker dieselbe Polizeimacht untereinander einrichten können wie sie ein weiser Gesetzgeber über die Bürger setzt."[22] Was Helvétius hier ausspricht, ist inhaltlich Gemeingut der politischen Schriftstellerei seiner Zeit, wie wir wissen, aber dem Tone nach ist es viel weniger als das, klingt es viel unpersönlicher und viel nachlässiger als im Munde aller derer, bei denen das Pathos mitschwang, die Beziehungen der Völker und Staaten untereinander, der Würde des Menschengeschlechts und dem Recht der Nationen entsprechend, zu versittlichen. Und dies berührt um so fremdartiger, als Helvétius gerade das staatliche Leben so gänzlich auf Moral zu stellen trachtet und seine politischen Begriffe mit ethischen Überzeugungen nahezu identifiziert hatte!

Aber der Staatsraison gegenüber scheint sein sittliches Gefühl zu versagen. Schon für das innerpolitische Leben war er soweit gegangen, alles zu billigen, was für das allgemeine Wohl geschehe[23], und in auffälligem Relativismus „die Redlichkeit in allen Jahrhunderten und verschiedenen Ländern als das gewohnheitsmäßige Handeln zum Wohl des eigenen Volkes" zu erklären[24]. „Man muß die Handlungen in sich selbst als indifferent ansehen und fühlen, daß es den Staatsnotwendigkeiten zukommt, zu bestimmen, welche der Wertschätzung und welche der Verachtung wert sind.“[25] Von Staat zu Staat nun gar gab er unbedenklich das Bestehen einer völlig anderen Moral zu: „Die Idee von der Gerechtigkeit muß von Volk zu Volk ganz anders sein als vom einzelnen zum einzelnen.“ „Warum entehren ungerechte Eroberungen eine Nation nicht wie ein Diebstahl den Privatmann entehrt? Völker leben abgesehen vom Völkerrecht im Naturzustand. Es gibt also kein Gesetz, kein Eigentum, keinen Diebstahl und keine Ungerechtigkeit; da alle Nationen gezwungen sind, sich dem Vorwurf der Ungerechtigkeit oder dem Joch der Knechtschaft auszusetzen, stehen sie nur vor dem Entweder-Oder, Sklaven oder Herren zu sein.“[26] Schmerzliche, alte, stets erfolglos bestrittene Wahrheiten, und doch, von Helvétius, dem Anwalt des humanitären Gemeinschaftsstaats, der seine Rechtfertigung nur durch sittliche Gesichtspunkte erhält, mit weltmännisch überlegener Geste als längst erledigt vorgetragen, nehmen sie sich merkwürdig genug aus! Die Schranken des inneren Wesens dieses Mannes werden hier offenbar; die Schranken des Realisten und jeder normativen Philosophie, die sich nicht hinüberzufliegen getraut in den Himmel, den sie erzeugen will. Denn damit sie von ihrem Weltenthron steige, hätte Helvétius die Gottheit aufnehmen müssen in seinen Willen; doch lieber ergab er sich in den Bruch seiner sittlichen Welt und ließ dem Staat das Recht auf eigne Moral. Viele taten so seit Machiavellis Tagen. Aber dieser hier, Moralist und Volkserzieher, kann nicht bezwingen mit solcher Robustheit des Gewissens; denn sein gesamtes sonstiges Lebenswerk straft er Lügen, wenn er sich beruft auf die grundsätzliche Schlechtigkeit und Kulturlosigkeit der Völker, die man auf eigene Weise zum Glück gelangen lassen müsse.

* * *

Die Erscheinung des Barons Holbach ist der des Helvétius in vielem verwandt. Und doch wirkt sie im ganzen weit erfreulicher! Man empfindet sofort, daß ein warmherzigerer

Menschentyp aus ihm spricht, der Unebenheiten des Denkens gefühlsmäßig glättet und dem man gewisse Widersprüche nachsieht, weil man ahnt, er leide selbst darunter und weiß keine Hilfe. Auch bei ihm steht die Forderung des Rechtsstaats nach innen im Vordergrund. Um ihrer Interessen willen haben die Menschen sich verbündet, und die Gesellschaft hat nur das Ziel, sie die Vorteile sicherer genießen zu lassen, die die Natur oder ihre körperlichen oder geistigen Anlagen ihnen verschaffen. „Was schuldet die Gesellschaft jedem ihrer Glieder?" fragt er. „Sie schuldet ihm das Glück, oder ihn im Genuß der Vorteile zu erhalten, auf die er Anspruch hat, soweit sie mit der Gemeinschaft verträglich sind; sie schuldet ihm die Sicherheit, ohne die jene Güter unnütz würden."[27] Die wertvollsten jener Vorteile oder Güter waren für ihn im Sinne der liberalen Vorstellungen von den Menschenrechten: Freiheit, Eigentum und Sicherheit[28], und erst auf der Voraussetzung ihrer Realisierung war für ihn Staatsleben und staatsbürgerliches Fühlen denkbar. Für seine eudämonistische Sinnesart stand es von vornherein fest, daß der Staat, wie der liebe Gott selbst Rücksicht auf das dem Menschen eingepflanzte Glücksstreben zu nehmen habe und nicht verlangen könne, daß man ihm Liebe entgegenbringe oder sich an ihn gebunden fühle, wenn man keinen Vorteil dabei sehe[29]. In der naivsten Weise behielt er sich deshalb vor, seinem Vaterlande den Rücken zu kehren, wenn es ihn enttäusche: „Der Mensch zieht vor, allein zu leben, wenn er die Gesellschaft als Mitschuldige der Übel erkennt, die er erleidet, oder die Hoffnung verliert, sie Abhilfe schaffen zu sehen; der tugendhafte Bürger verläßt ein undankbares Vaterland, dem er nicht mehr dienen kann, das duldet, wie man ihn bedrückt und die Dienste verkennt, die er ihm leistet."[30]

Immerhin entsprang diese kluge Kapitulation vorm Menschlichen-Allzumenschlichen, die Holbach den herrschenden philosophischen und psychologischen Zeittheorien entsprechend vornahm, nicht bloßer Bequemlichkeit noch jener leichten

Gereiztheit, mit der der liberale Individualismus den Staat sich vom Leibe zu halten pflegte. Vielmehr war er so überzeugt von der inneren Berechtigung des menschlichen Glückstrebens[81], daß er durch dessen Befriedigung alle guten, schönen und großen Gefühle der Menschenseele freizumachen und zur Blüte zu bringen hoffte, mit denen er das staatliche Gemeinschaftsleben ausschmücken wollte. Denn das eben war der Sinn der „natürlichen Politik", im Einklang mit der Natur Staatsbürger aus Wilden zu erziehen. „All unsere Einrichtungen trachten gemeinhin danach, die Natur zu stören," klagte er, „die Antriebe, die sie uns gibt, zu verfälschen und abzulenken, zu töten und durch andere zu ersetzen, die die Ursache unseres Unglücks werden."[82] Dies aufs politische Gebiet anwendend, folgerte Holbach nun so: die Natur erschuf den Menschen zum Glück, störe ihm dieses Glück nicht, o Staat, erhöhe es ihm vielmehr, und du wirst das Höchste vom Menschen erwarten dürfen! So gab er dem Patriotismus zwar bewußt die egoistische Grundlage, die unserm heutigen Empfinden widerstrebt, aber er erfüllte das so erzeugte Gefühl mit einem bedeutsamen und würdigen Inhalt und wußte eine freundliche und ruhige Flamme daraus zu entfachen, die das nüchterne Getriebe des Staatsapparates auf wärmste und glücklichste belebte. „Was heißt denn Vaterland, wird der Sklave sagen, dessen niedrige Seele noch nicht gewöhnt ist, zu reflektieren; ist das diese einfältige Liebe zu dem Boden, der unsere Geburt mit angesehen hat? Nein, es ist eine aufgeklärte Liebe zu uns selbst, die uns lehrt, die Regierung zu lieben, die uns beschützt, die Gesetze, die uns Leben und Eigentum sichern, die Gesellschaft, die an unserm Glück arbeitet. Die Freiheit allein kann diese Vorteile verschaffen, ohne sie also gibt es kein Vaterland. Heimatliebe ist niemals etwas anderes als Selbstliebe."[83]

Soweit der utilitaristische Philosoph! Aber der warmherzige Mensch fuhr fort: „Um ein wahrer Patriot zu sein muß man eine große Seele haben, muß man Kenntnisse, ein rechtschaffenes Herz, muß man Tugend haben. Der Patriotismus ist eine edle, stolze, hochherzige Leidenschaft und mit der Habsucht unverträglich." „Jeder Bürger ist, um seinem Vaterlande zu dienen geschaffen, er schuldet ihm seine Talente, seine Reflexionen, seine Ratschläge. Ihm seinen Beistand versagen, heißt sich der Undankbarkeit, der Ungerechtigkeit, der Unmenschlichkeit schuldig machen."[84] Auch versöhnt im weiteren mit der Kleinlichkeit des Hin- und Herrechnens von Vorteilen und Nachteilen die enthusiastische Betonung des Freiheits- und Gerechtigkeitsideals; in ihnen sah er die innigsten Bande, ein Volk seinem Staate zu verknüpfen, und feierlich beschwor er seine große Göttin, die Freiheit, vaterländische Helden zu schaffen nach dem Vorbilde der Antike „mit jener Leidenschaft für das Vaterland, die soviele Sklaven der Willkürherrschaft als Schimäre und Torheit ansehen". „Belebe in unseren Seelen dies Feuer, mit dem du früher soviel Helden verzehrtest, schaffe in unserer Mitte Menschen, die ihnen gleichen."[85]

Wenn er dann die Unmöglichkeit betonte, ein Vaterland unter einem Despoten aufzubauen[86], und seine Ideen vom gerechten und guten Staate entwickelte, wo alles zum Wohle der Nation geschehe und allein der Gemeinwille regiere, bewegte er sich im wesentlichen in den Bahnen Montesquieus, seltener in denen Rousseaus[87]. Aber von beiden unterschied ihn der ausgesprochen moralische Schein, in dem sich ihm ähnlich wie Helvétius die politische Welt malte. „Die Politik ist die Moral der Nationen", sagte er, und „gerecht sein ist die erste Pflicht des sozialen Lebens"[87]. „Es verpflichtet uns demnach alles, je nach unsern Kräften dem Vaterlande zu dienen, und soweit es an uns gelegen ist, zur Glückseligkeit unserer Mitbürger und der gesamten menschlichen Gattung beizutragen."[88] Trotz seines individualistischen Ausgangspunktes gelang also auch ihm die Wendung seines moralischen Denkens ins betont Altruistische[89] und damit die Glorifizierung des Staates als der eigentlichen S p h ä r e d e r S i t t l i c h k e i t. „In einer wohleingerichteten Gesellschaft sollten Regierung, Erziehung, Gesetze, Beispiel, Unterricht gemeinsam daran arbeiten, jedem Bürger zu beweisen, daß die Nation, deren Glied er ist, ein Ganzes ist, das nicht ohne Tugend glücklich sein noch bestehen kann, die Erfahrung sollte ihn zu jedem Augenblick überzeugen, daß das Wohlbefinden der Glieder nur aus dem des ganzen Körpers folgen kann."[40] Etwas vom besten Glauben des 18. Jahrhunderts leuchtet aus diesen Worten, die Ahnung, daß das bedrohliche Ungeheuer Staat vielleicht doch noch endgültig dem Reich des Geistes, des Guten und Lichten zu gewinnen sein würde, wenn man sein Gedeihen auf die freie Sittlichkeit seiner Bürger gründe und diese wiederum von ihm als dem Erschaffer und Erzieher von Recht und Sitte gänzlich erfülle[41].

Holbach hat diesen Typ des sittlichen Gemeinschaftstaates ungewöhnlich rein vertreten und nahm — wie wir noch sehen werden — im Gegensatz zu Helvétius sein Gerechtigkeitsideal selbst mit hinüber auf das Feld der außenpolitischen Beziehungen. Für die Entfaltung des nationalen Gedankens im Sinne des 19. Jahrhunderts konnte diese Einstellung unmittelbar gewiß nicht viel leisten, aber sie schuf immerhin die psychologischen Voraussetzungen dafür. Durch „eine Kette von Diensten und Abhängigkeiten" band er die Glieder der Nation untereinander und diese als Ganzes an den Staat. Ein organischer Aufbau der Gesellschaft ergab sich so, deren Kraft nicht in äußerem Reichtum, sondern in dem Geist, von dem sie getragen ward, gesehen wurde: „Der Geist einer Nation macht immer ihre Stärke aus, er ist nichts als der Wille der Bürger, ihre Fähigkeiten zu einem gemeinsamen Ziel arbeiten zu lassen. Je mehr ein Staat von diesem Geist belebte Menschen vereint, um so mächtiger wird er sein".[42] Freilich blieb hier vieles äußerlich und oberflächlich, das Zahlenmäßig-Mechanistische in Holbachs Denken ließ sich nicht verleugnen, und daneben verdunkelten seine grob physiokratischen Überzeugungen ihm die rechte Anschauung vom Wesen einer Nation und insbesondere einer Staatsnation. Wenn er schon definierte:

die Nation sei die größte Anzahl von Individuen, die eine Gesellschaft ausmachen, so betrieb er die Auswahl eben dieser Individuen, die er zur Nation rechnen wollte, einzig nach dem Gesichtspunkt, daß es „der Boden, die Erdscholle sei, die den Bürger mache". „Was verknüpft den Bürger mit seinem Vaterland?" fragte er und antwortete mit physiokratischem Dogmatismus; „seine Besitzungen sind es, von denen sein eignes Wohlergehen abhängt, der Grund und Boden, der ihm gehört, macht ihm dies Vaterland lieb, dieser Besitz vereint ihn mit seiner Heimat; auf den Grund und Boden beziehen sich direkt oder indirekt die Steuern, Glück und Unglück, die einem Volk zustoßen, zur Verteidigung des Grundbesitzes ist der Krieg bestimmt, zur Verteilung der Gaben, die die Erde erzeugt, ist der Handel nötig, und die Jurisprudenz hat ihren Nutzen in der Sicherung der Ländereien ihren Eigentümern gegenüber. So schafft der Grundbesitz den wahren Bürger, und jeder wahre Bürger muß im Staat vertreten sein."[43]

Ausdrücklich schied er aber das Volk in diesem Sinne, das er als zahlreichsten Teil der Gesellschaft den Körper der Nation nannte, von dem stumpfsinnigen Pöbel, den man sonst als Volk bezeichne und der gemeinhin im Gegensatz zu jenen seßhaften Volkselementen jedem Aufwiegler verfalle[44]. Dennoch betrachtete er auch den dritten Stand vorzugsweise als bloßes Objekt der Regierung. In humanitärem Wohlwollen billigte er dem Mann aus dem Volke seine „Verdienste um die Beschaffung der Notdurft, um den Überfluß und die Annehmlichkeiten des Lebens" zu, aber er hielt ihn für unfähig, selbst zu regieren[45]. Jeder vernünftigen Einsicht bar, undankbar, argwöhnisch, eifersüchtig, ungerecht, ein blindes Werkzeug[46] — das war das Bild des Volkes, wie er es naiv genug in seinem Aristokratenhirn trug. Indes hätte er nicht der Aufklärer sein müssen, der er war, wenn er nicht an die Erziehbarkeit und Entwicklungsfähigkeit eben dieses Volkes geglaubt haben würde[47]. So traten entschieden volksfreundliche Tendenzen[48] neben den natürlichen Hochmut und das Mißtrauen des in die Führerkaste Geborenen; neben den Satz: das Volk ist zum Regieren nicht reif, stellte er den andern: aber es ist all unsrer Sorge wert. Nicht nur die eigentliche Volksbildung lag ihm am Herzen[49], sondern auch die innere Angleichung und Vereinheitlichung der Nation; den Korpsgeist bekämpfte er als dem Patriotismus zuwiderlaufend[50] und wollte die Vorrechte der Geburt dem Adel des Talents und des Gemüts zugutekommen lassen[51]. Zwischen Führern und Geführten sollte das innigste und würdigste Vertrauensverhältnis bestehen, um den Begriff der Nation und des Vaterlandes zu verwirklichen an Stelle der „frechen" Vorstellung von einem Gebieter und Untertanen[52]. Auch er hat keine Bedenken getragen, an der monarchischen Spitze für seinen gerechten Staat festzuhalten, um so mehr als er weder nach Temperament noch Einsicht einer Regierungsform den absoluten Vorzug gab und gerade darüber allerlei Schönes zu sagen gewußt hat, wie in beiden, dem Volk und seinem Bürgerkönig, fortgesetzt der Gedanke an das größere Ganze gegenwärtig sein müsse, das keines für sich allein darzustellen imstande sei. Er wollte beide identisch im Geist — zwei Pole, die sich um eine gemeinsame Achse drehen — aber hütete sich, sie „als Synonyma aufzufassen, damit nicht der Unterschied zwischen Wille und Werkzeug verwischt und die Völker mit ihrem Besitz zum Eigengut des Monarchen würden. Vielmehr seien diese die Hüter und nicht die Eigentümer der Güter der Nation, treue Interpreten und nicht Gesetzgeber."[53] Und nach der andern Seite suchte er in die Nation das Bewußtsein zu pflanzen, daß es „das Vaterland sei und nicht dessen Haupt, dem der Bürger zu dienen habe"[54] — Beweis genug nach beiden Richtungen, daß es Holbach immerhin gelungen war, die Idee des Staates von seinen Organen zu lösen.

Ein anderes war es, den so als Ausdrucksform und notwendiges Geschöpf eines Volkstums begriffenen Staat mit dem Zauber der Individualität eben dieses Volkstums in

Verbindung zu bringen oder bringen zu wollen. Man wird das bei Holbach vergeblich suchen, obgleich ihm wertvolle Einsichten in das unterschiedliche Sein und Meinen der Nationen der Erde nicht fehlen. Er erfaßt sie durchaus als „große Individuen" und sieht sie wie diese als geistige Wesenheiten Erkenntnissen und Irrtümern unterworfen, als organische Körper aber Krisen, Zuckungen, Erschütterungen, Formenwechseln ausgesetzt. „Sie werden geboren, entwickeln sich, welken, nacheinander gehen sie aus Gesundheit zur Krankheit über und aus Krankheit zur Genesung, endlich wie alle menschlichen Lebewesen, haben sie eine Kindheit, eine Jugend, ein Mannesalter, Verfall und Tod, ein Ziel, wie es die Natur allen Werken ihrer Hände gesetzt hat."[55] Das Temperament einer Nation leitetete er bequemer Weise aus „den Leidenschaften und Neigungen ab, die sich gewohnheitsmäßig in der Seele des zahlreichsten Teils ihrer Angehörigen verwurzelt finden" und glaubte, daß es durch Bedürfnisse, Verhältnisse, Klima, Boden, Erzeugnisse, Nahrungsmittel usw. eines Volkes gebildet und genährt sei. Daraus zog er dann den üblichen Schluß: „All diese Dinge geben der Seins- und Denkweise der Nationen fast unzählige Schattierungen und Farbtöne, so daß es ein lächerliches und frivoles Unterfangen wäre, wenn man alle menschlichen Gemeinschaften nach einheitlichen Gesetzen regieren wollte"[56]. Darüber hinaus relativierte er im Hinblick auf das wunderbar wechselvolle Entwicklungsspiel innerhalb einer und derselben Nation jede einzelne nationale Gesetzgebung: „Gesetze können nicht ewig gelten, die Nationen ändern sich, also muß man ihre gegenwärtigen Bedürfnisse und die weiter fortgeschrittene Vernunft befragen"[57]. Aber für alles das überwiegt doch der Eindruck, daß diese Rücksichtnahme und Anpassung, dies Unterscheidungsvermögen und diese Abstraktionskraft nur eben seinem relativistisch-treulosen Geiste entspringen und entgegenkommen, anstatt einer individuell historisierenden Anschauung[58].

Immer wieder wird es fühlbar, daß Holbach vor allem Moralist ist und daß seine eigentliche Leidenschaft nicht der Politik gehört. Wenn er die Nationen so oft betontermaßen als Individuen hinstellte[59], geschah es nicht aus Freude an dieser reichen lebendigen Schöpfung der Weltvernunft noch aus Anerkenntnis ihres organischen Seins und Bedürfens, sondern einmal der logisch-systematischen Vorteile wegen, die das Arbeiten mit juristischen Personen als Trägern politischer Handlungen bot, hauptsächlich aber um seiner sittlichen Ideale willen, die er nur sittlich verantwortlichen Persönlichkeiten auferlegen konnte. „Eine Nation schuldet einer andern Nation, was ein Mensch einem andern Menschen schuldet, sie schuldet ihm Gerechtigkeit, den guten Glauben, Menschlichkeit, Hilfe, weil sie diese Dinge für sich selbst begehrt. Eine Nation muß die Freiheit und das Eigentum einer andern Nation achten. Eine Nation muß einen Teil ihrer Rechte zurücktreten lassen hinter den Rechten aller andern Nationen als Ganzes genommen."[60] Ernsthafter und unbedingter hatte niemand die Versittlichung des Staates noch gefordert; der Grundsatz freiwilliger Selbstbeschränkung der Nationen war hier aufgestellt, um allen Nationen das gute Recht auf Selbstentfaltung zu gewährleisten. Ein Nationalitätsprinzip! — aber auf rein ethischer, nicht naturalistischer Grundlage. Menschlichkeit und Gerechtigkeit — das waren die höchsten Tugenden, die er verehrte[61]. Wo patriotische Pflichten mit diesen sittlichen Werten zusammenstießen, zögerte er nicht, das Vaterland um der Sache der Humanität willen preiszugeben. „Alle einzelnen Verbindungen, die des Blutes und selbst die des Vaterlandes sind der Gerechtigkeit untergeordnet und müssen ihr weichen," sagte er streng und entschied, „daß es keine Tugend von Wert gebe, deren Maßstäbe nur der Nutzen eines Individuums oder einer Nation sei und die nicht mit den bleibenden Interessen des menschlichen Geschlechts, dem allgemeinen Nutzen der Menschen übereinstimme"[62]. Sogar mit der in der politischen Literatur herkömmlichen Pietät antikem Heldentum und antikem Vaterlandsgefühl gegenüber brach er: „Die Alten haben den Namen der Tugend fälschlich einer zügellosen

Leidenschaft für das Vaterland beigelegt, einem Fanatismus, welcher oft aus griechischen und römischen Helden sehr schlechte Bürger der Welt, d. h. sehr grausame, sehr ungerechte, sehr unmenschliche Menschen gegen die andern Nationen gemacht hat, also Schuldige vor den Augen der gerechten Vernunft." „Die Spartiaten waren nur durch einen politischen Fanatismus bewaffnete Mönche. War nicht die Liebe zum Vaterland, die den römischen Bürger charakterisierte, ein geschworener Haß gegen alle anderen Nationen, und bestand sie nicht darin, einem ungerechten und unvernünftigen Idol alles zu opfern? Haben die Vornehmsten der Römer, diese Eroberer und Tyrannen, die Billigkeit gekannt, die allgemeine Wohltätigkeit, das Erbarmen, die Menschlichkeit, mit einem Wort: die Tugenden, welche geschaffen sind, der Wissenschaft von der Moral als Grundsatz zu dienen? Prüfet die Folgen des Patriotismus der Römer, und ihr werdet finden, daß er ihren Landsleuten für alle nützlichen Verbrechen die Sanktion lieferte."[63]

Mit unbeirrbarer Konsequenz forderte nun Holbach von der aufgeklärten Welt, sich von der Menschlichkeit binden zu lassen wie von einem Vertrage[64] und Politik fortan als das vornehmste Mittel im Dienste der Moral zu brauchen. „Daß das Interesse die einzige Regel staatlicher Führung und die Macht der einzige Maßstab staatlicher Rechte sein solle", nannte er „verderbte Grundsätze einer unmenschlichen Staatskunst". Vielmehr sei es die Aufgabe der äußeren Politik, so meinte er, vermittelst der Aufrechterhaltung eines Gleichgewichtes der Kraft, die Nationen zu verhindern, die Regeln der Billigkeit zu übertreten und durch Eingriffe in ihre gegenseitigen Rechte die Gesetze der Moral zu verletzen[65]. Er dachte sich diese Idee des Gleichgewichtszustandes wie eine Art «volonté générale» der Erde, ein höchstes Gesetz der politischen Welt, hinter das er bereit war, die vereinigte Macht aller Staaten als eine Art Exekutivgewalt zu stellen, wenn irgend ein Störenfried — ein „Tollwütiger" es wagen sollte, die Ordnung und das Gleichgewicht, das alle Völker begehren, zu erschüttern[66]. Krieg um des Friedens willen also, Verteidigungskrieg im Dienste der nationalen Selbstbehauptung hatte immerhin Raum im Denken dieses entschlossenen Gegners des Machiavellismus, der „der Macht nur da ein Recht zuerkannte, wo sie auf Gerechtigkeit gegründet war", und „die menschlichste Politik für die nützlichste" hielt[67]. Mit Nachdruck finden wir bei ihm die Theorie vom gerechten Kriege vertreten, zu dem „die Natur selbst ermächtige, wenn es einem Volk anders unmöglich sei, sich zu erhalten, und den man ansehen müsse, als stehe der Mensch im Kampf mit dem wilden Tier"[68]. So, obwohl er dem Gedanken der allgemeinen Wehrpflicht meilenweit fernstand, wünschte er im Interesse der Sicherung nationaler Unabhängigkeit, daß „jeder Bürger die Waffen zu führen imstande sein möchte"[69], und billigte unter steter Betonung der Notwehrklausel sogar den Bruch ungerechter Verträge[70]. Den Götzen der Macht und des Ruhmes aber begegnete er mit verächtlichem Haß und forderte unnachsichtlich, daß „jede kluge und vernünftige Nation sich das strengste Verbot, jemals die Waffen um äußerer Vergrößerung willen zu ergreifen, zum unwiderruflichen Grundgesetz machen solle"[71]. „Können die Übel der Kriege", so fragte er, „aufgewogen werden durch einen vermeintlichen Ruhm oder vielmehr durch den Rausch einer nationalen Eitelkeit, an der sich zu weiden, ein frivoles Volk verrückt genug ist?"[72] Kopfschüttelnd bedauerte er, wie leicht die Völker sich in Kriege verstricken ließen, obgleich sie nicht wüßten, warum sie das Volk von jenseits der Grenze haßten, und kein Interesse daran hätten, es zu versklaven[73]. Holbachs Freiheitsfanatismus und Despotenhaß gesellten sich hier zu der moralischen Entrüstung über Unmenschlichkeit und machtpolitische Skrupellosigkeit: erbittert gedachte er der Kabinettskriege und willkürlicher Völkerverschiebungen, die aller Welt vor Augen standen, und suchte die Nationen aufzurütteln, sich nicht im Dienste der persönlichen Interessen ihrer Fürsten verbrauchen und launischen Verträgen opfern zu lassen, die sie nicht selbst geschlossen und gebilligt[74]. „Die Nationen dienen nur dazu, Pläne zur Ausführung zu bringen, die ihnen völlig fremd sind. Man könnte meinen, die Natur habe all die Völker nur geschaffen, damit sie das Spielzeug der Leidenschaften einer kleinen Anzahl Fürsten werden, die, ohne ihre Untertanen zu befragen, über deren Schicksal, Person, Gut und Leben verfügen und sie unaufhörlich ihren persönlichen Torheiten opfern." „Blinde Despoten, eure Abmachungen können die Völker niemals binden, deren Interessen ihr nie berücksichtigt!" Und noch bitterer erklangen seine Klagen: „Die Souveräne fügen zur Ungerechtigkeit auch noch die Verhöhnung. In der Tat, gibt es für die Nationen etwas Verhöhnenderes als die Art und Weise, auf die ihre Führer über sie verfügen, ohne sie zu würdigen, befragt zu werden? Sie verkaufen sie, sie vermieten sie, sie tauschen sie aus, sie geben sie als Mitgift, sie verfügen über sie wie über Viehherden, die nicht das Recht haben, ihren Hirten zu wählen." [75] Wieder meint man, deutlich das Prinzip des Selbstbestimmungsrechts der Völker aufleuchten zu sehen: gedacht ist es nach seinem sachlichen Inhalt, gefühlt mit seinem charakteristischen Empfindungsgehalt, gewollt als rettender Fingerzeig aus tausendfach beklagter Wildnis — nur das Wort fehlt, die zündende Formulierung als Prinzip. Wohl plante und schaute Holbach eine Erlösung in einer „nützlichen Organisation und Disziplinierung der Nationen", aber was bis jetzt dafür geleistet worden, mußte er „als Schimäre" erkennen[76]. Zudem ließ sein an sich erfreulich entwickeltes Gefühl für europäische Gemeinsamkeiten ihn alle Hoffnungen auf das Gleichgewichtsprinzip setzen, um so mehr als ihm ja auch dieses nicht entfernt verwirklicht, sondern überall durch „falsch verstandene Staatsraison und Konvenienz und die fortgesetzten Differenzen von Interessen, Vorurteilen und Leidenschaften" getrübt erscheinen mußte[77]. Und theoretisch genommen hätte dieser Grundsatz — so wie Holbach ihn verstanden haben wollte: nicht als Hilfsmittel partikularistischer Interessenpolitik, sondern als sittliches, universalistisch übergreifendes Prinzip — recht wohl die Bürgschaft in sich tragen können, die Würde und das Recht der Nationen auf Selbstbestimmung und dessen Korrelat, die Pflicht der Selbstbeschränkung, hochzuhalten.

Ansatzpunkte bot also seine Lehre immerhin für die Entwicklung moderner Prinzipien nationaler, nicht-nationalistischer Politik, und in besonders reiner Form, weil Holbach, der geborene Deutsche, es so gänzlich unterließ, mit Beziehung auf ein bestimmtes Land zu sprechen! Von der geschichtlichen Praxis aus gesehen, mußte hingegen die Wahl des Gleichgewichtsprinzips als Stützpunkt von vornherein aussichtslos sein, weil dieses längst zum Instrument exklusiver und willkürlicher Machtpolitik herabgesunken war. Hier fehlte Holbach die Größe des Geistes und der Seele, wo er Neuland sah und wollte, entschlossen die alten Krücken fortzuwerfen. Hier, wo es schöpferischen Idealismus gebraucht hätte, konnte der gütige Optimismus nicht taugen, mit dem er versuchte, neuen Wein in alte Schläuche zu füllen.

8. Turgot und Condorcet.

Il arrivera donc ce moment, où le soleil n'éclairera plus sur la terre que des hommes libres.

Condorcet.

In seiner Biographie Turgots hat Condorcet das vaterländische und staatsbürgerliche Fühlen und Meinen seines Freundes folgendermaßen charakterisiert: „Der Fanatismus der Freiheit und des Patriotismus erschienen ihm nicht als Tugenden, sondern — vorausgesetzt, daß diese Gefühle aufrichtig seien — als ehrenvolle Verirrungen starker und erhabener Seelen, die man aufklären müsse und nicht auf die Spitze treiben. Er fürchtete immer, von diesen Tugenden würde sich, wenn man sie einer strengen philosophischen Prüfung unterwerfe, herausstellen, daß sie dem Hochmut nahestehen, dem Wunsch, über andere den Sieg davonzutragen, daß die Liebe zur Freiheit die Neigung sei, sich über seine Mitbürger emporzuschwingen, die Liebe zum Vaterland der Wunsch, aus dessen Größe Nutzen zu ziehen, und er bewies es, indem er aufzeigte, wie wenig es der großen Menge darauf ankomme, auf die öffentlichen Angelegenheiten Einfluß zu haben oder einer herrschenden Nation anzugehören"[1]. Aus Freundesmund über einen Mann gesagt, dessen in Pflichterfüllung für König und Vaterland verbrauchtes Leben offen vor aller Augen lag und dessen hochgesinnten persönlichen Patriotismus damals und heute niemand ernstlich in Zweifel zu ziehen gewagt hat, vermögen diese Worte das Bild Turgots nicht zur Schulmeisterlichkeit zu entstellen, aber — sofern wir überhaupt zugeben, daß etwas darin aufgefangen ist vom Spiegel seiner Persönlichkeit — hinterlassen sie den Eindruck eines Zuges der Nüchternheit und einer zum mindesten pessimistischen Menschen- und Welteinschätzung in seinem Wesen.

Eine Bestätigung dafür wäre in der Tatsache zu erblicken, daß Turgot allen modernen und auch liberalen Gedankenelementen zum Trotz, die er seiner geistigen Welt mit leichter und spielender Assimilationskraft eingebaut hatte, Absolutist war und blieb. Alle Ideale seiner Zeit hatten eine Stätte in seinem Herzen, aber er hielt die Menschen für so unfähig, zu ihnen und damit zum Glück vorzuschreiten, daß er es ihnen durch den Willen einiger Einsichtiger aufzwingen wollte. So groß war sein Glaube an den Wert der Idee, so klein sein Vertrauen auf die Kraft der Menschen: „Gebt mir fünf Jahre Despotismus, und Frankreich wird frei sein“[2]. Das Leitmotiv seiner Taten ist damit angeschlagen, gleich charakteristisch für seine Methoden und Ziele: denn nicht im Dienste der königlichen Gewalt noch der Staatsautorität hat dieser tüchtigste der glücklosen Minister Ludwigs XVI. die Gesetzgebungsmöglichkeiten des absoluten Staates eisern ausgenutzt, sondern für das Glück und die Entfaltung der Nation, in denen ihm der höhere Sinn der Politik beschlossen schien[3]. „Gesetze müssen die Menschen fesseln, aber zu deren Glück sollen sie es“, formulierte Turgot diesen Kompromiß zwischen alter und moderner, obrigkeitlicher und volkstümlicher Staatsauffassung. „Eine glückliche Harmonie zwischen dem regierenden und dem gehorchenden Teil, die der Tyrannei und der Zügellosigkeit gleich fern steht, muß dauernde Ordnung und Ruhe im Staate aufrecht erhalten.“[4] Und dieselbe Zweiheit der Pflicht zum Gehorsam und des Rechts auf Glück wird 25 Jahre später in einem Mémoire an den König angerufen: „Solange Sie nicht von der Gerechtigkeit abweichen, können Ew. Majestät sich als absoluter Gesetzgeber ansehen und für die Ausführung Ihrer Befehle auf Ihr gutes Volk rechnen. Es ist ein großes Volk — damit daß es gehorcht, ist nicht alles getan: man muß sicher sein, es gut regieren zu können, und um dabei nicht Irrtümern zu verfallen, muß man seine Lage, seine Bedürfnisse, seine Fähigkeiten bis in ziemliche Einzelheiten hinein kennen. Das ist wichtiger als das Historische vergangener Verhältnisse."[5] Wie ernst ihm persönlich diese volksfreundlichen Anschauungen waren, dafür gibt es kein rührenderes Zeugnis als jenes berühmte Wort männlicher Hingabe, da sein Kollege Malesherbes ihm vorwarf, er gönne sich keine Zeit: „Was wollen Sie? Das Volk braucht so ungeheuer viel, und in meiner Familie stirbt man an der Gicht mit fünfzig Jahren!"[6]

Und doch erschöpft sich nicht etwa das Verhältnis Turgots zur Nation in Wohlwollen und Sorglichkeit. Vielmehr nimmt er zwischen jenen aufgeklärten Absolutisten des Schlages: alles für das Volk, nichts durch das Volk und den demokratischen Politikern, die die Revolution ans Ruder brachte, eine vermittelnde Stellung ein. Man könnte sagen: er regierte viel — mit der bewußten Tendenz, das Regieren überflüssig zu machen; er herrschte — mit der seltnen Bereitwilligkeit, den Nachfolger, den er schon hinter sich fühlte, in seine Kunst Einblick nehmen und daran reifen zu lassen. Darum führte er die Gesetzerlasse mit Motivierung ein, die Voltaire so beglückt als Gegensatz zu dem früheren «tel est mon plaisir» empfand, darum suchte er den Gedanken der Selbstregierung und Selbstverwaltung durch die Provinzial-Versammlungen dem Könige plausibel zu machen, darum ließ er sich von dem Plan einer staatsbürgerlichen Erziehung der Nation begeistert ergreifen. „Die Quelle des Übels", so setzte er seinem königlichen Herrn auseinander, „liegt darin, daß Ihr Volk keine Verfassung hat. Es ist eine Gesellschaft, die sich aus verschiedenen nur lose verbundenen Ständen zusammensetzt und dem Volke, dessen Glieder untereinander nur sehr wenige soziale Bande fühlen; folglich ist darin jeder fast nur mit seinem ausschließlichen Privatinteresse beschäftigt, und fast niemand bemüht sich, seine Pflichten zu erfüllen oder seine Beziehungen zu den anderen kennen zu lernen. Sie sind gezwungen, über alles zu beschließen und meistens durch einzelne Kundgebungen, während Sie regieren könnten wie Gott, durch allgemeine Gesetze, wenn die wesentlichen Bestandteile Ihres Reichs eine regelmäßige Organisation und untereinander festliegende Beziehungen hätten"[7]. Obwohl selbst ein Anhänger des Zentralismus, wollte Turgot demnach jene oft verspottete Gängelei des Ancien Régime ersetzen durch Organisation, wie er es nennt, Organisation, die sich mit allgemeinen Direktiven begnügen und Einzelheiten der Nation überlassen sollte. Das Vertrauen, das er dieser schenkte, meinte er, würde sie vielfach bezahlen, indem an Stelle der jetzt allgemein herrschenden polititchen Gleichgültigkeit und Müdigkeit[8] ein lebhaftes Gefühl für den Staat treten müßte, der die natürlichen nationalen Lebenskreise der Gemeinden, Dörfer und Städte nicht länger ignoriere, sondern darauf rechne, das ihnen Notwendige und Gemäße von ihnen selbst erkannt und getan zu sehen. „Während jetzt kein Dorf und keine Stadt etwas vom andern weiß und sie sich über die notwendigsten öffentlichen Arbeiten nicht verständigen können, müßte man die Individuen an ihre Familien binden, die Familien ans Dorf oder an die Stadt, zu der sie gehören, die Städte und Dörfer an das Arrondissement, in dem sie beschlossen sind, die Arrondissements an die Provinzen, deren Teile sie bilden, die Provinzen schließlich an den Staat. Dann würde der jetzige Geist des Auseinanderstrebens einem Geist der Geordnet- und Verbundenheit weichen[9].

Bei diesem Werk der inneren Einigung der Nation, die er sich zum Ziel gesetzt hatte, war seine größte Hoffnung der Gedanke einer allgemein obligatorischen staatsbürgerlichen Erziehung. Gemeinsame Sitten, so schloß er, vermögen am ehesten Menschen untereinander zu verbinden, und „die Grundlage der Sitten ist die Erziehung. Während man Methoden und Einrichtungen hat, um Mathematiker, Physiker, Maler auszubilden, gibt es keine, um Bürger zu erziehen"[10]. Nach seinem Plan sollte ein besonderes Ministerium für

Nationalbildung (Conseil de l'instruction nationale) errichtet werden, das die Lehrpläne der ihm unterstellten Institute bis zu den kleinen Schulen nach dem Grade der Nützlichkeit aufstellen sollte, den die Unterrichtsfächer für das Vaterland besitzen. „Die Kenntnis der Pflichten des Bürgers als Mitglied der Familie und des Staates sollten die Grundlage aller anderen Studien bilden und durch besondere Bücher und Lehrer in jedem Kirchspiel den Kindern mit dem Lesen, Schreiben und Rechnen gleichzeitig beigebracht werden. Es sollte ein Unterricht sein, der ihnen gehörig dartäte, was sie an Verpflichtungen gegen die Gesellschaft und die königliche Gewalt, die sie beschütze, besäßen, was an Pflichten diese Dankesbande ihnen auferlegten, wie ihr Interesse darauf ausgehe, diese Pflichten zum allgemeinen und zum eignen Wohle zu erfüllen."[11] Von wärmster Freude und innerer Anteilnahme scheinen Turgots Worte bewegt, wenn er sich der Schilderung der Folgen hingibt, die er von dieser „guten und staatsbürgerlichen Erziehung" erwartet: „In zehn Jahren würde die Nation nicht zum Wiedererkennen sein. An Einsicht, an guten Sitten, an aufgeklärtem Eifer im Dienste des Königs und des Vaterlandes würde sie unendlich hoch über allen Völkern stehen. Die Kinder, die jetzt zehn Jahre alt sind, würden dann Männer von zwanzig sein, auf den Staat eingestellt, dem Vaterlande zugetan, der Obrigkeit nicht aus Furcht, sondern aus Überzeugung ergeben. Der Patriotismus würde zu jenem hohen Grad der Begeisterung emporgetragen werden, von dem einzig die alten Völker einige Beispiele gegeben haben, und diese Begeisterung würde weiser und nachhaltiger sein, weil sie auf einem größeren realen Glück ruhen würde. Kurz, im Verlauf einiger Jahre würden Ew. Majestät ein neues Volk haben und das erste der Völker."[12]

Turgot stand weder mit der Forderung und dem Programm einer staatsbürgerlichen Erziehung, noch mit dem Vertrauen, das er in ihre Kraft setzte, isoliert da. Rückblickend scheint er selbst wesentlich angeregt von der „Abhandlung über nationale Erziehung“ des Herrn de La Chalotais, die in Genf im Jahre 1763 erschienen war[13], und im Verlauf der Ereignisse werden wir seine Anschauungen wiederum wirksam sehen im Werke Condorcets, des eigentlichen Schulpolitikers der Revolution bis in die Zeiten des Konvents hinein. Im Gegensatz zu beiden bot das Problem für Turgot kein selbständiges Interesse, das ihn immer wieder in seinen Bann gezogen hätte: er wertete es lediglich als einen hilfreichen Faktor in seinem Programm, „aus der Nation nur einen einzigen Körper zu machen, der beständig von dem einen Gegenstand erfüllt sein sollte, die Rechte aller und das öffentliche Wohl zu erhalten“[14]. Was er an Hingabe der Nation an den Staatsgedanken verlangte, blieb dabei merkwürdigerweise sehr bescheiden — sei es aus Vorsicht oder Pessimismus oder aber, weil er das Instrument nicht recht kannte, mit dem er doch arbeiten zu müssen glaubte. Schon die enge Abzirkelung der als Bürger anzuerkennenden Volksgenossen durch die Forderung von Grundeigentum, während das Verhältnis des Nichtbesitzenden zum Vaterland nur „als ein Gefühl und glückliches Vorurteil der Kindheit“, nicht aber als eine reale Verbundenheit gelten gelassen wurde[15], war dazu angetan, den nationalen Gedanken aller elementaren und naturhaften Gewalt zu berauben. Auf diese Weise konnte das Bild des Staates nicht heimisch werden im Herzen seiner Bewohner, Liebe und Geborgenheitsgefühl nicht erwachsen zur Nation als dem segnenden Mutterschoß, der alle seine Kinder aus sich entlassen und deren keines verleugnete. Sobald der Staat wie ein wählerischer Herr abzuwägen begann, was jeder mitbringen müsse zur Aufnahme in die neue Lebensgemeinschaft, deren er teilhaftig zu werden begehrte, lag der andere Schritt nur zu nahe, ihn seinerseits in Erwiderung für die Interesseneinlagen der Genossenschaftler deren Privatzwecken dienstbar zu machen. Wirklich vermochte auch Turgot von dem alten naturrechtlichen Grundsatz von Leistung und Gegenleistung als Pole der Staatsauffassung nicht loszukommen, und was er als gesellschaftliche Zwecke nicht eben originell formulierte, bestand wesentlich im Schützen, Fernhalten, Bewahren, im Verhüten von Schaden anstatt im Schaffen von Glück und Kultur. „Die Interessen der Nationen und die Erfolge einer guten Regierung fassen sich zusammen in der ehrfürchtigen Scheu vor der Freiheit der Personen und der Arbeit, in der unverletzlichen Erhaltung der Eigentumsrechte, in der Gerechtigkeit gegen alle . . . . ."[16] Und weit individualistischer zugespitzt: „man hat sich in den Regierungen viel zu sehr daran gewöhnt, das Glück der einzelnen immer den vermeintlichen Rechten der Gesellschaft aufzuopfern. Man vergißt, daß die Gesellschaft für die einzelnen gemacht ist."[17] In einer interessanten Briefstelle vom 22. März 1778 zeigt sich, daß Turgot nicht einmal die durchgängig wiederholte liberale — er sagt republikanische — Definition billigte, daß die Freiheit darin bestehe, nur den Gesetzen untertan zu sein. Das Ziel der Sehnsucht eines Locke, Montesquieu und Rousseau erschien ihm, dem allmächtigen Minister eines absoluten Königs, als Vergewaltigung der Rechte der Persönlichkeit. „Wie kommt es," schreibt er an den Dr. Price nach London, „daß Sie ungefähr der erste unter Ihren Gelehrten sind, der richtige Vorstellungen von der Freiheit hat und auf die Falscheit jener von fast allen republikanischen Schriftstellern nachgeschwatzten Meinung aufmerksam macht, daß die Freiheit darin bestehe, nur den Gesetzen unterworfen zu sein, als ob ein Mensch, den ein ungerechtes Gesetz bedrückt, frei wäre? Das würde nicht einmal stimmen, wenn man voraussetzt, alle Gesetze seien das Werk der versammelten Nation, denn schließlich hat das Individuum auch seine Rechte, und die Nation kann sie ihm nur durch Gewalt und einen unrechtmäßigen Gebrauch der allgemeinen Macht nehmen. Diese Wahrheit verdiente vielleicht, daß Sie sie mit noch mehr Nachdruck entwickelten, angesichts der geringen Aufmerksamkeit, die selbst die eifrigsten Verfechter der Freiheit darauf verwendet haben."[18]

So brüsk dieser Individualismus ausgesprochen wird und

so unversöhnlich die subjektiven Rechte des Menschen dem Staate entgegengestellt, klingt doch nirgends jener Ton egoistischer Kälte an, mit dem die übliche revolutionäre Kritik des Zeitalters zu Trotz und Staatsfeindlichkeit reizte. Turgot hat scharfes Gericht über Helvétius gehalten und ihm unter anderm vorgeworfen, daß das Hauptprinzip seines Werkes „Über den Geist": die einzige Triebfeder menschlichen Handelns sei das Interesse — nur einem fühl- und lieblosen Herzen entspringen konnte[19]. Demnach sah er ein reineres, ein altruistisches Moment im Patriotismus wirksam, und wenn er in seiner schmucklosen und jeder Phrase abholden Art auch nichts Zündendes zu diesem Thema zu sagen wußte[20], so ist ihm doch anzumerken, wie klar und unverfälscht durch philosophische Spitzfindigkeiten der Quell des vaterländischen Fühlens in ihm floß. Er hatte es nicht nötig, sich mit dem theoretisch unvereinbaren Gegensatz von Nationalismus und Universalismus herumzuschlagen, denn sein warmer Christensinn gebot ihm, das Nächste vor dem Entfernteren zu lieben[21], und freudig gestand er, daß er im eigenen glücklichen Volk den Mittelpunkt der Zivilisation erblicke[22]. Es war seine Überzeugung, nationaler Haß und Verblendung würden in der neueren Zeit immer mehr abnehmen, und wahrhaft großzügig erscheint es, wie er diese „verabscheuungswürdigen Leidenschaften" doch für die vorangegangenen Epochen als „notwendig hinstellt zur Verteidigung der Individuen und Völker". „Diese parteiische Verblendung zugunsten des Vaterlandes," sagte er beinahe poetisch, „bis das Christentum und später die Philosophie gelehrt haben, alle Menschen zu lieben, erinnert an das Wesen jener Tiere, die während des Winters ein dickes häßliches Fell tragen, das im Frühling fallen soll, oder wenn man will, diese frühen Leidenschaften sind wie die ersten Blätter, die den neuen Stengel einer Pflanze entwickeln und verbergen, dann beim Entstehen neuer Hüllen verschwinden, bis in allmählichem Wachsen dieser Stengel erscheint und sich mit Blüten und Früchten krönt." [23]

Es hing diese ruhige Überlegenheit des Blickes mit der allgemeinen Höhe des Standpunktes universalgeschichtlichen Fragen gegenüber zusammen, die Turgot verhältnismäßig mühelos und jedenfalls ohne die tragischen Erfahrungen, die seinen Freund Condorcet zur Reife führten, erklommen hatte. „Je heftiger die Gärung, desto besser der Wein", war seine Überzeugung, die ihn verhinderte, mit dünkelhafter Verachtung auf überwundene Irrtümer menschlichen Tuns und Meinens herabzublicken und gerade im Nichtvernünftigen den Hebel des Fortschritts erkennen ließ. „Die Vernunft, die die Gerechtigkeit selber ist," so führte er aus, „hätte nie jemand genommen, was ihm gehörte, würde auf ewig Krieg und Eroberung verbannt und die Menschen in eine Menge voneinander getrennter Nationen geteilt gelassen haben, die jede eine andere Sprache sprechen. In seinen Ideen beschränkt, unfähig zu jedem geistigen Fortschritt, da Kunst, Wissenschaft, Kultur aus der Vereinigung der Genies verschiedener Heimat erblühen, wäre das menschliche Geschlecht auf ewig in Mittelmäßigkeit stecken geblieben. Hätte man besser auf Vernunft und Gerechtigkeit gehört, so wäre alles durch sie erstarrt, die Leidenschaften aber sind ein Aktionsprinzip und damit die Grundlage des Fortschritts geworden."[24] Die Vermischung der Nationen lag demnach für Turgot durchaus auf der Linie des Fortschritts, und der Gedanke an die wachsende Solidarität des der Vollendung zueilenden menschlichen Geschlechts erfüllte ihn mit hohem Glück[25]. Indes kein rationalistischer Normalisierungsdrang, sondern vielmehr die vorgefühlte romantische Einsicht, daß aus der Mischung von Individualitäten erst der Reichtum der Totalität erzeugt wird, war es, die sein universalistisches Denken beflügelte. Sehr fein hat Turgot die „Nation als Nuance unter Nationen, ihren Nachbarn", aufgefaßt; ihr verschiedenes Schicksal und Erleben, meinte er, „hätten zwischen Volk und Volk Verschiedenheiten gelegt, wie sie die Erziehung zwischen Mensch und Menschen schafft," und „farbige fortwährend schattierte Bänder seien über die Erdteile gelegt, von Sprachen, Sitten,

Gesichtern in deutlicher Abstufung gebildet"[26]. Und wir erleben nun das seltsame Schauspiel, daß philosophisches Interesse und philologisch-ästhetische Freude an den Erscheinungen von Differenziertheit und Integration im Prozeß der Menschheitsentwicklung staatsmännische Gesichtspunkte für Turgot zeitweise gänzlich in den Hintergrund drängen: er hört auf, als Politiker zu urteilen und denkt in ganz anderen und weit größeren Gemeinschaften als Staaten.

Es ist in diesem Zusammenhang bezeichnend, daß Turgot bewußt die Begriffe Staat und Nation voneinander gelöst[27] und auch nur ihr gegenseitiges Tendieren aufeinander geleugnet hat. Für ihn war das Kennzeichen der Nation die gemeinsame Muttersprache, das des Staates die gemeinsame Regierung. Den Griechen, den Italienern, den Deutschen, stand er nicht ab, den Ehrennamen der Nation zuzubilligen, obgleich sie der staatlichen Einheit entbehrten. Und ohne Schärfe vermerkte er, daß nicht alles, was französisch spreche, der französischen Krone zugehöre, doch der französischen Nation[28]. Als zweites Merkmal trat dann für ihn die Voraussetzung hinzu, daß „der Name Nation nur auf ein großes Volk angewendet werden könne, das sich über eine weite Landstrecke ausbreite, die den Bewohnern liefere, was sie zur Befriedigung ihrer Bedürfnisse brauchten". Er forderte also von der Nation Autarkie. Das reine Agrarvolk ließ er so wenig als vollwertige Nation gelten wie ein bloßes Industrie- und Handelsvolk. Wenn es einigen Hafenstädten und Küstenländern gelungen sei, eigene politische Staaten zu bilden, getrennt von ihren Hinterländern, so meinte er, sei das ein Zufall, der an der Natur der Dinge nichts ändere und mit Nationenbildung nichts zu tun habe[29]. Eigentlich nahezukommen hoffte er diesem Probleme nur mit Hilfe der (physikalischen) Geographie, die er allerdings politische Geographie nennt und die noch besser mit der modernen Bezeichnung Geopolitik zu belegen wäre[30]. Sie sollte in ihrem „positiven oder historischen" Teile nachweisen, wie „die kleinen Gesellschaften, die in gewisse

Grenzen eingeschlossen waren, durch häufige Vermischungen einen Charakter herauskristallisiert, eine Sprache, Sitten, vielleicht sogar eine gemeinsame Erscheinung und dadurch Nationen geschaffen hätten"[81]. Es scheinen diese Fragen nach dem Zusammenhang des Phänomens der Nationen mit den natürlichen geographischen Einheiten, die das äußere Weltbild charakterisieren, vor allem aber das Problem der nationenbildenden Kraft natürlicher Grenzen Turgot ungemein interessiert zu haben. Dieser Gedankenfluß war es, in den schließlich auch seine politischen Träumereien mündeten: die Entwicklung, meinte er, müsse dahin auslaufen, daß die Grenzen der physischen Welt mit denen der politischen Welt zusammenfallen würden[82]. Bewegende Kraft in dieser Richtung verkörperte sich in ihm in der Assimilationsfähigkeit der Nationen, wie sie von kultureller, nicht politischer Überlegenheit bestimmt werde. Jedes Volk, so dachte er sich, das die andern in seinen Fortschritten überflügelt habe, sei wie eine Art Zentrum, um das sich eine politische Welt bilde, diese wieder müsse bei zunehmender Ausdehnung mit andern solcher Welten oder Kulturkreise zusammenstoßen, so daß ein ständiger Prozeß der Vereinheitlichung der Menschheit gewährleistet sei[83].

Der politischen Eroberung wies er dabei keinerlei Rolle zu, vielmehr gedachte er, die politische Geographie bei der endgültigen Grenzfestsetzung der äußeren Welt über das Staatsrecht triumphieren zu lassen, weil „auf jede Weise", wie er sagte, „die Natur doch schließlich den Sieg über die Gesetze davonträgt". Für ihn war es sogar ein wesentliches Merkmal des Begriffes Staat, daß er sich „auf die Grenzen beschränke, die die Natur ihm zugewiesen hat". „Man muß", bemerkte er, „in der politischen Sprache eine Macht von einem Staat unterscheiden. Der König von Preußen ist eine Macht, der französische König besitzt einen Staat. Die politische Geographie hat die Grenzen der Staaten vorgezeichnet, das Staatsrecht schafft Mächte."[84] Die Reduzierung Spaniens durch den gewaltigen Aderlaß von 1714 bedeutete für Turgot demnach die Gesundung, von der ab er das eigentliche Staat-Sein Spaniens datierte, es habe dadurch „eine Interessen-einheitlichkeit gewonnen, die seine bis dahin zersplitterten Kräfte zwangsläufig auf die ihm wahrhaft nützlichen Zwecke hinleiten würde“[85].

So ist Turgot an der Ideenverflechtung, aus der sich später das Nationalitätsprinzip herauslöste, mit einem äußerst charakteristischen Gedankenzug beteiligt. Denn sein Versuch, die Welt der politischen Prinzipien zu erneuern, besaß im Gegensatz zu den Postulaten der meisten zeitgenössischen Philosophen das auszeichnende Moment, nicht auf sittlicher, sondern auf naturalistischer Grundlage zu ruhen. Seine politische Geographie, deren Ergebnisse er anwenden wollte „auf die Interessen der europäischen Staaten in ihrer gegenwärtigen Lage, auf ihre Macht, ihren Handel, ihre Aussichten, ihre gut oder schlecht begründeten Hoffnungen, auf die verschiedenen politischen Systeme der einzelnen politischen Höfe, auf das Gleichgewichtsprinzip“[86], war eine Naturwissenschaft; die Nation, die er als Kristallisationspunkt in das Zentrum völkerrechtlicher Organisation rücken wollte, war als natürliche Macht gesehen, ihre Ansprüche nicht ethisch, sondern vitalistisch aufgefaßt. Zwar nicht ohne Rücksicht auf die Gerechtigkeit, aber biegsam, den Ideen ständig nachgebend, die „man von der staatlichen Lebensform einer Nation habe“, wünschte er das Völkerrecht zu orientieren[87]. Als heftigsten Feind einer gesunden und rationalen Gliederung der politischen Welt betrachtete er veraltete historische Ansprüche, die der Natur der Dinge nicht Rechnung trügen: „Der Grundsatz, daß man den Staaten Provinzen wegschneiden muß, wie den Bäumen Zweige, um sie zu kräftigen, wird noch lange in den Büchern stehen, ehe er in den Rat der Fürsten eindringen wird. Es steht fest, daß, wenn die Macht, die das einzige Mittel zur Erhaltung ist, auch das einzige zur Gewinnung wäre, die Ordnung bestehen geblieben wäre, die durch die politische Geographie zwischen den Mächten aufgerichtet ist, d. h.

durch die Grenzen, die die Natur zwischen die Staaten gelegt hat, und daß ein Fürst dann niemals etwas besessen hätte, was er nicht zu erhalten vermochte. Aber das fürstliche Erbrecht und die durch das Lehnsrecht eingeführte Staatszerstückelung hat diese natürliche Ordnung zerstört und die Staaten der Fürsten wie private Ländereien vermischt, weil das Los der Nationen durch dieselben Gesetze geregelt worden ist wie die Erbteilungen. Die Einheit des Staates ist nicht mehr im Körper einer Nation, der Herrscher ist der einzige einigende Punkt."[38] Daß aber die Fürsten selbst zur Einsicht kommen würden, wagte Turgot nicht mehr zu hoffen, und das Gleichgewichtsprinzip, das bis dahin als der politischen Weisheit letzter Schluß gegolten, schien ihm nicht entfernt beweglich genug, die stets wechselnden und verwickelten Weltverhältnisse zu meistern[39]. Nur von der Selbstbestimmung der Nationen konnte Änderung kommen; denn das hielt Turgot für eine triviale Wahrheit, „daß eine Nation niemals das Recht haben könne, eine andere Nation zu beherrschen, und daß die Tyrannei eines Volkes von allen Tyranneien die grausamste und unerträglichste sei"[40].

Fast könnte man meinen, Turgot sei schon dem Gedanken Ernest Renans nahe gekommen, daß Nation Wille sei, denn wenn wir nicht glauben wollen, daß er vom Individuum aus die Macht wieder zu zersetzen drohte, die er als Naturgegebenheit zu verehren lehrte, so stellte er doch dem einzelnen frei, die Zugehörigkeit zu der oder jener Nation zu wählen. „Das Land gehört nicht den Völkern, sondern den einzelnen Eigentümern der Güter", sagte er. „Die Frage zu wissen, ob der oder jener Kanton, dies oder jenes Dorf zu der oder jener Provinz und diesem oder jenem Staat gehören soll, darf nicht von dem vermeintlichen Interesse dieses Staates aus entschieden werden, sondern von dem der Einwohner dieses Bezirks oder Dorfs."[41] Jeder Zwang war ihm verhaßt, ob er die Nationen traf, oder ob diese ihn ausübten. Seine physiokratischen Überzeugungen von der Nützlichkeit des Freihandelssystems waren weltanschaulich unter- und ausgebaut. Und nicht nur auf wirtschaftlichem Gebiet, für das er erklärte, „wer nicht vergesse, daß es voneinander getrennte und verschieden geartete Staaten gebe, werde nie eine nationalökonomische Frage gut behandeln“[42], war ihm der Nationalismus fremd. „Falsche Grundlagen einer veralteten und vulgären Politik“, nannte er es, „einen größeren Handel als andere Völker haben zu wollen, keine Ware vom Ausland zu kaufen; eingebildetes Interesse, ein größeres Gebiet besitzen, die oder jene Provinz oder Insel oder das und jenes Dorf erwerben, anderen Nationen Furcht einflößen und sie an Waffenruhm oder Glanz der Künste und Wissenschaften übertreffen zu wollen“[43]. Deshalb begrüßte er die zunehmende Lösung der amerikanischen Kolonien von ihrem Mutterlande „mit solcher Freude“, wie er sagte, und konnte es „als Weltbürger“ kaum erwarten, die endgültige Trennung, die er selbst frühzeitig prophezeit hatte, zur Tatsache werden zu sehen. Denn er erhoffte davon den heilsamsten Einfluß auf die verwilderten politischen Leidenschaften Europas: sie werde die nationalistische Eifersucht und besonders den Handelsneid zerstören und damit die Kriegsursachen in dieser unglücklichen Welt um eine vermindern[44].

Dem alten Kontinent mit seinen tief verwurzelten nationalen Gegensätzen traute Turgot den Aufschwung nicht mehr zu, den er als Philosoph ersehnte und auch für in der Menschheitsentwicklung liegend hielt. Amerika, du hast es besser, rief er wie Goethe hinüber: „es sei die Hoffnung des menschlichen Geschlechts und vermöchte sich zu seinem Vorbild emporzuschwingen. Aber eins sei notwendig zu diesem Ende: es dürfe kein Abbild unseres Europa werden“[45]. Französisch mutet diese müde Selbstaufgabe gewiß nicht an, und auch wenn man dem Staatsmann Turgot ein gut Teil von jenem Pessimismus zugute rechnet, der keinem fern bleibt, den das kalte Räderwerk der Politik ergreift, bleibt sie seltsam. Denn schließlich ist keiner so wenig mit dem eignen Staat zusammengestoßen wie er, und doch hat dieser ihm so wenig bedeutet, daß er ihn als Lebensform gänzlich zu überwinden gedachte. Es ist Turgot vielfach vorgeworfen worden, er habe nicht die Qualitäten besessen, die den Sieg garantieren[46], und in der Tat wird man sich diesem Eindruck nicht verschließen können, wenn man sieht, wie er die Verwirklichung seiner politischen Ideale gleichmütig in kühle Fernen rückt und die großen Aufgaben, die er der Menschheit setzen zu müssen glaubt, nicht dem eignen, doch herzlich geliebten Volke, sondern Fremden zum Erbe gibt. Indem er sich dem Glauben an den unaufhaltsamen Fortschritt des menschlichen Geschlechts auftat, traf ihn auch die ganze Wucht des Gedankens von der engen Begrenztheit des Individuums innerhalb des Stromes der Entwicklung und nahm ihm die Illusion, aus der allein kraftvoll schöpferische Tat zu erwachsen vermag.. So wurde Turgots Gedankenwelt, die den modernen Historismus heraufzuführen geholfen hat, zugleich ein Opfer dieses Historismus. Nicht nur, daß er sich beschied, das Jahrhundert seinem Ideal nicht reif zu finden; er verzichtete sogar darauf, von der Zukunft eine bestimmte Gestaltung nach seinem Sinn zu erwarten. Aber er behielt die Kraft, sich mit Treue und Tapferkeit den Forderungen des Tages zuzuwenden, von denen er doch wußte und wünschte, daß ein spätererer Tag sie überwinden sollte. Und wie es sich fügte, hat die Geschichte nicht seine Träume, sondern seine Arbeit gesegnet und bestätigt. Denn was er im Dienste der Einigung der Nation geleistet, bestand: der Korpsgeist der alten Verbände Frankreichs, die er aufgelöst hatte, war so gebrochen, daß er sich weder unter Necker, noch unter der Revolution, noch unter dem Kaiserreich, noch der Restauration erholen konnte[47].

* * *

Turgot hat keinen heißeren Bewunderer gehabt als Condorcet. Und sicherlich war niemand imstande, ihn besser zu verstehen, als dieser ihm nach Geistes- und Gemütsart so verwandte Freund, der ebenso wie Turgot nur zu überzeugen und niemals hinzureißen verstand und dessen Treue den gemeinsamen Idealen gegenüber nur von seiner Glücklosigkeit übertroffen wird. Mit derselben Kühnheit des Denkens, die Turgot auszeichnete, ergriff Condorcet die kulturphilosophischen Gedanken des verehrten Meisters und führte sie klug und systematisch zu Ende; mit derselben vorsichtigen Besonnenheit, die an Turgot auffällt, trat er an praktische Fragen heran, um sie fast immer im Sinne Turgotscher Anschauungen zu lösen. Zwar bescherte seine politische Laufbahn ihm weniger Erfolge als jenem, weil es ihm noch stärker an persönlichen Führerqualitäten gebrach. Aber seine geistige Hinterlassenschaft ist genialer, und seine Wirkung in der Geistesgeschichte reicht weiter als die seines Lehrers. Da es uns im Zusammenhang unserer Arbeit nicht um das Bild Condorcets, sondern um das Problem des nationaldemokratischen Gedankens, wie es sich bis zum Ausbruch der Revolution entwickelt hatte, zu tun ist, wird unsre Betrachtung diesen Philosophen so wenig wie seine parlamentarischen Kollegen Siéyès und Mirabeau bis auf die Höhe seiner Wirksamkeit verfolgen können, da diese jenseits des Jahres 1789 liegt[48]. Die Äußerungen des Hauptes und Gründers des berühmten Klubs der »Amis des Noirs« und der »Société de 1789«, die Reden des Abgeordneten der Stadt Paris in der Legislative, die Berichte des Comité d'instruction publique, dessen Seele und belebender Geist er war, die Versöhnungsbestrebungen des Konventpolitikers, der außerhalb und über dem Gegensatz Gironde und Berg stehend, die große „nationale Partei" vertrat, den Verfassungsentwurf von 1793, der sein persönliches Werk war, werden wir nicht zu Hilfe nehmen können, um unsere Anschauungen über Condorcets Stellung innerhalb der vorrevolutionären Staatsphilosophie zu erhärten. Und ebenso muß sein Hauptwerk außerhalb der Betrachtung bleiben: die Riesenskizze zum „Bilde des Fortschritts des menschlichen Geistes", jenes staunenswerte Zeugnis einer alles überwindenden Geisteskraft, das er als Flüchtling unter niederdrückenden Umständen innerhalb von neun Monaten hinschrieb, während sein Name schon auf der Proskriptionsliste stand. Dennoch dürfen wir hoffen, einen klaren Eindruck von seiner Art Patriotismus und Staatsbürgertum zu erhalten, denn seine vorrevolutionären Publikationen sind zahlreich genug, und seinen ruhigen und stetigen Geist haben keine entscheidenden Wandlungen umgestaltet: die Größe seines Wesens liegt vielmehr darin, wie treu er sich selbst geblieben.

Die Aufgaben eines staatsbürgerlichen Schriftstellers (auteur citoyen) hat er einmal so umschrieben: „seinen Mitbürgern die Wahrheiten zu sagen, die er für nützlich hält, mutig verhängnisvolle Vorurteile anzugreifen, die Stimme gegen Mißbräuche zu erheben, wie mächtig auch deren Beschützer seien, die Fehler der heimatlichen Gesetze zu untersuchen und ihre Reform zu fordern, die Grundsätze der öffentlichen Verwaltung, von denen das Glück der Nationen abhängt, zu erörtern, die heiligen Namen Menschlichkeit und Gerechtigkeit, Toleranz und Freiheit ertönen zu lassen, ohne Heuchler und Tyrannen zu fürchten, die Wahrheit zu suchen und das Heil des Volkes“ [49]. Dieser Auffassung seines Berufs ist Condorcet in der Praxis seines eignen Lebens wahrlich nichts schuldig geblieben. Es könnte Wunder nehmen, mit welchem Interesse und welcher Gewissenhaftigkeit er, der von der reinsten und abstraktesten der exakten Wissenschaften, der Mathematik, herkam, sein Denken auf momentane, konkrete und selbst kleinliche Fragen der politischen Technik umgestellt hat, wenn man nicht seinen aufs Grundsätzliche und Gesetzmäßige gerichteten Geist immer wieder sich selbst gleichbleiben sehen würde. Wie Turgot bedeutete seiner positivistischen Denkungsart, die die Wahrscheinlichkeitsrechnung auf die menschlichen Entschlüsse anzuwenden suchte [50], die Politik schließlich nur die letzte der Naturwissenschaften. Wenn er an seinem Objekt, dem reformbedürftigen Frankreich der achtziger Jahre, unter sorgsamstem Eingehen auf alle Einzelheiten untersuchte, ob eine Nationalvertretung besser durch die Provinzial-Versammlungen oder die Generalstände gewährleistet, welches Wahl- und welches

Abstimmungsverfahren einzuschlagen sei, und ob das Bürgertum zweckmäßig Mitglieder der Aristokratie zu seinen Abgeordneten ernennen dürfe oder nur Angehörige des eignen Standes, so gedachte er dabei, ebenso von notwendigen und allgemeingültigen Axiomen ausgehen, wie zu notwendigen und allgemeingültigen Ergebnissen gelangen zu können, deren systematischer Ausbau zur völligen Durchleuchtung der Sinnzusammenhänge der menschlichen Gesellschaft und damit zu ihrer technischen Beherrschung durch die reine Vernunft führen müsse. „Nicht in der positiven Kenntnis von den Gesetzen, die die Menscheit aufgestellt hat, soll man suchen, was anzunehmen tauglich ist," sagte er in seiner Kritik des „Esprit des Lois", „sondern allein in der Vernunft. Da die Wahrheit, der Verstand, die Gerechtigkeit, die Menschenrechte, das Interesse an Eigentum, Freiheit, Sicherheit überall dieselben sind, ist nicht einzusehen, warum nicht alle Staaten das gleiche Strafrecht, das gleiche bürgerliche Recht, das gleiche Handelsrecht besitzen sollen. Ein gutes Gesetz muß gut sein für alle Menschen, wie ein wahrer Lehrsatz wahr ist für alle."[61] Mit dieser Leugnung aller historischen Abhängigkeiten, deren Bedeutung für das Funktionieren des staatlichen Organismus eine Reihe glücklicher und feinsinniger Denker kaum entdeckt hatte, scheint der schneidende Intellektualismus der eigentlichen Revolutionsmänner nahezu erreicht. Das Vorbild der Antike vermag nicht länger zu überzeugen[62], der bewundernde Blick wendet sich zum amerikanischen Neuland hinüber, das, unbeschwert von Vergangenheit und Tradition, seine Gesetze aus dem unverfälschten Quell der Vernunft, des »bon sens« schöpft. „Daran", meint Condorcet, „muß die Wertlosigkeit, ja die Gefahr jener zu lange bewunderten Haarspaltereien offenbar werden, dieser Systeme, durch die man die Gesetze und folglich Wahrheit, Vernunft, Gerechtigkeit zwingen will, ihre unveränderlichen Grundlagen unter Regierungsformen, vom Vorurteil geheiligte Gebräuche, ja Dummheiten, wie jedes Volk sie angenommen hat, zu beugen, als ob es nicht menschlicher gewesen wäre, gerechter und edler, in einer vernünftigen Gesetzgebung die Mittel zu suchen, sie davon zu erlösen."[53] Am ärgerlichsten waren seinem Uniformierungsdrang die traditionellen Unterschiede der Verwaltung der französischen Provinzen, die er mit höhnischem Zorn übergoß[54] und lange vor der Revolution war von ihm als tödliche Waffe der Plan geschmiedet, Frankreich neu und ohne Rücksicht auf die alten landschaftlichen Grenzen aufzuteilen in möglichst gleich große Gemeinden von etwa einer halben Tagesreise Radius. Unverkennbar trieb ihn dabei ein patriotisches Motiv: „Kleine Bezirke", meinte er, „möchten sich leichter übersehen lassen und in ihrem öffentlichen Interesse den Bewohnern verständlicher werden, so daß sich die Anzahl der Bürger (peuple citoyen) vermehren und die der Herde (populace) vermindern würde. Auch verbürge die Einheitlichkeit, daß niemand mehr Grund hätte, diesen oder jenen Bezirk vorzuziehen: sie wäre also ein Mittel, den Lokalpatriotismus zu schwächen und dafür den Gesamtpatriotismus zu stärken und den öffentlichen Sinn allgemeiner und kraftvoller zu machen, indem man ihm mehr Reichweite verleihe."[55]

So kahl war also seine rationalistische Staatsauffassung nicht, daß vaterländisches Fühlen nicht als ein starkes und tragendes Element Platz darin gefunden hätte. Es erschien ihm als ein „natürliches Gefühl, an dem unsre beiden moralischen Triebfedern Egoismus und Altruismus gleichmäßig teil hätten", und als einen solchen „Zug der Natur, der sich in großen Seelen zu geläutertem und beständigem Enthusiasmus vertiefe", ließ er es gelten. Für sich persönlich bekannte er freilich, daß er, „obgleich von aufrichtigem Eifer für die Sache seines Vaterlandes bewegt, versucht habe, mit derselben Unparteilichkeit und demselben kalten Blut seine Schlüsse zu ziehen, als ob es sich um die Interessen eines Volkes handle, das 2000 Meilen von ihm entfernt sei"[56]. Die Gefahr schien ihm darin zu liegen, daß das „natürliche und für die Erhaltung des Staates notwendige Gefühl der Vaterlandsliebe mit nationalem Hochmut oder lokalen Vorurteilen verwechselt werde, daß der Haß der Völker sich damit verbinden und dadurch die Kriege verewigen könne, daß ein Hang, von alten Gebräuchen und Meinungen nicht abzulassen, damit vermischt werde und sich dann nützlichen Änderungen entgegenstelle, so daß in Wahrheit nur den geheimen Feinden der Nation damit gedient sei". Dagegen glaubte er nicht, daß der Patriotismus ernstlich mit der allgemeinen Liebe zur Menschheit zusammenstoßen könne: „Wenn Marc Aurel, der sagte, er ziehe das Weltall seinem Vaterland vor, Krieg geführt habe, um die Grenzen des römischen Reichs zu verteidigen, so sei das nicht geschehen, weil er das Vaterland schließlich doch dem Universum vorgezogen, sondern weil er Rom irgend einem fremden Volke vorgezogen."[57] Freilich Condorcet ging kaum so weit, den Krieg zu gestatten: „der rechtmäßigste und gerechteste Krieg," meinte er, „müßte Schrecken und Widerwillen erregen, wenn nationalistische Vorurteile nicht die Gefühle der Natur und die Macht der Vernunft im Menschen erstickt hätten". Und so warnte er, sich „diesen edlen und stolzen Gefühlen" hinzugeben, die „bei so vielen Völkern zwar glänzende, aber nicht ruhige Tage heraufgeführt und soviel große Taten, doch so wenig Glück erzeugt hätten"[58].

Für ihn trug der Begriff des Patriotismus im wesentlichen einen innerpolitischen Akzent, und damit steht er vollkommen in der Auffassung der ersten Revolutionsjahre, wo das Wort „Patriot" außerordentlich beliebt war, um den Reformfreund schlechthin zu bezeichnen, wo sich eine „Partei der Patrioten" in der Nationalversammlung gründete, und der „patriote français", die „Annales patriotiques", „l'Ami des Patriotes" als Zeitschriften populär waren. „Von der Einigkeit aller Bürger, vom Patriotismus aller Stände und aller Provinzen hängt heute das Heil des Staates ab", schreibt Condorcet unmittelbar vorm Ausbruch der Revolution. „Von wahrhaft nationalem Geiste gelenkt, erinnern wir uns, daß wir uns nicht mit den jeweiligen Wünschen der drei Stände, sondern mit den Rechten aller Bürger zu beschäftigen haben!"[59]

Patriotisch, national! Die patriotische, die nationale Forderung ist jetzt die innere Einigkeit, der Burgfriede der Stände, da es noch keine Parteien gibt, gemeinsamer Wille und Richtung auf Reformation des Staates! „Was jeder wahre Patriot in Frankreich wünschen muß, ist also die Aufrichtung von Gesetzen, die den Bürgern Sicherheit, Freiheit, Eigentum, Gleichheit verbürgen, deren unsere alten Gesetze sie beraubt haben."[60] Der abstrakte Schwung der nationalen Idee ist verflogen vor den konkreten Aufgaben des Politik-Machens. Nicht wer den Willen zum Staat aus dem Erlebnis der sittlichen Freiheit und der Entwicklungssehnsucht der Menschheit ableitet, nicht wer Macht und Unveräußerlichkeit des Volkstums predigt — wer für die Provinzial-Versammlungen und die Aufhebung der Standestrennung eintritt, verkörpert den nationalen Gedanken. Die Anwendung des Wortes häuft sich, aber nicht mehr in dem hohen Sinn, zu bezeichnen, was dem inneren Wesen und der Eigenart einer Nation entspricht, sondern gleichbedeutend mit populär, dem Volke — und zwar in demokratischem Geiste — der Mehrheit des Volkes gehörig und dienlich oder ihrem Wunsche gemäß. „National" wird eine Versammlung nach Condorcet, indem ihre Mitglieder nicht durch die Regierung ernannt, sondern von den Bürgern gewählt werden, die Etats Généraux sind nicht „national", weil keine Nationalversammlung sie gewählt hat, weil sie unter aristokratischen Formen stehen, weil die Privilegierten zwei Drittel davon ausmachen und die Nation nur eins. „National" soll ein Theater heißen, das sich der Kontrolle durch den Staat unterwirft, als „nationale" Feste genügen ihm Massenaufgebote zu Belehrungs- und Unterhaltungszwecken, ohne daß ein Gedanke an den Zauber bodenständiger, nicht übertragbarer völkischer Sitte, wie Rousseau sie als Grundlage jedes Nationalfestes forderte, ihn irgend zu streifen kam[61]. Als geschlossene Naturgegebenheit, als schicksalhaft Gewordenes von notwendigem So- und nicht Anders-Sein war ihm weder das Bild der eignen noch einer fremden Nation jemals erschienen, vielmehr vermochte er nur eine „Abstraktion“ darin zu erblicken, von deren „Glück und Unglück zu reden“ ihm logisch bereits nicht einwandfrei dünkte[62]. Das einzige — nicht formale — charakteristische Merkmal, das ihm der Begriff der Nation zu verlangen schien, war das Kennzeichen der Freiheit. „Menschen, die nicht frei sind,“ sagte er, „bilden keine Nation, sondern eine Herde Sklaven“[63]. Dagegen war seine Überzeugung von der Dummheit der Volksmassen[64] für ihn kein Hindernis, den zahlenmäßig größten Teil seines Volkes, den dritten Stand, als die eigentliche und alleinige Nation anzusehen[65], nach deren Wünschen schlechthin der Ausbau des Staates sich zu gestalten habe. Noch 1785 hatte Condorcet in einem Brief an Friedrich den Großen geschrieben: „Das Glück der Völker hängt mehr vom Verstande ihrer Herrscher ab als der politischen Verfassungsform. Je komplizierter diese Formen sind und je mehr sie sich der Demokratie annähern, um so weniger passen sie für die Völker, wo es der Allgemeinheit der Bürger an Bildung und Zeit fehlt, um sich mit den öffentlichen Angelegenheiten zu beschäftigen.“[66] Mag nun der gekrönte Empfänger des Briefes unwillkürlich etwas auf seine Abfassung eingewirkt haben — gewiß aber nicht soviel, daß Condorcet deshalb seine Anschauungen grundsätzlich verändert hätte: wer auf Friedrich Eindruck machen wollte, hatte nicht nötig, sich zu verstellen. Es beweist vielmehr die für die erste Revolutionszeit typische Radikalisierung des Intellektualismus, wenn wir an Condorcet wahrnehmen, wie solche Relativierungen des demokratischen Gedankens wie die obige, die die politische Lebensform eines Volkes in Abhängigkeit zu dessen Reife stellte, gänzlich verschwinden und diejenige Form des Patriotismus sich bei ihm durchsetzt, die mit den Reformfreunden durch Dick und Dünn gehen zu müssen glaubt, und was *die Nation* verlangt, auch *ohne weiteres* als *national* empfindet.

Sein Glaube an die zunehmende Vernunft in der Menschheitsentwicklung, der nachmals noch so starken Ausdruck gewinnen sollte, machte es ihm leicht, an der großen Bewegung mit zuversichtlichem Herzen teilzunehmen, in die er sein Volk auf einmal hineingerissen sah. „Warum verzweifeln am guten Erfolg einer Sache, in der die Begeisterung der Menge sich mit dem Eifer der aufgeklärten Bürger verbindet", rief er aus[67]. Nur sei es jetzt patriotische Pflicht, die Nation aufzuklären über die Quellen ihres Glücks und Unglücks — dann, wenn alle Irrtümer beseitigt seien, werde der Wille der Majorität immer im Einklang mit der Vernunft stehen, d. h. mit dem allgemeinen Nutzen, oder mit andern Worten die Macht im Einklang mit der Gerechtigkeit und dem allgemeinen Interesse — eine Verbindung, die das eigentliche Motiv, Ziel und Vollendung jeder sozialen Verfassung sei[68]. Es ist derselbe verhängnisvolle Optimismus, der Rousseau auf einen endlichen Zusammenfall der volonté de tous mit seiner hehren volonté générale hoffen ließ. Nur birgt er hier — rein theoretisch genommen — viel größere Gefahren in sich, da der gebieterische Staatsabsolutismus Rousseaus fehlt, dem dieser die Nation unterworfen hatte. Bei dem kühlen und aller Mystik abholden Condorcet wird man das Motiv der Eigengesetzlichkeit des Staates, seiner moralischen Energie, die er geheimnisvoll in sich trägt und siegend aus sich herauslebt, vergeblich suchen, weder als reine Idee noch als überindividuelle Wesenheit hat der Staat seinen Geist berührt. Darum verfällt Condorcet so leicht den Wünschen und Nahzielen eines Standes, einer Menschenklasse gewissermaßen, zu deren Anwalt er sich macht. Nicht Staatsenthusiast ist er in all seinem Patriotismus, sondern Philanthrop. Sein Temperament war nicht revolutionär: die Mäßigung bildete wohl die am meisten hervorstechende Eigenschaft seines Charakters, und diese ist es gewesen, die ihn während der stürmischen Revolutionsjahre, wo es rücksichtslos Partei zu nehmen galt, verhindert hat, zu eigentlicher politischer Macht zu gelangen. Sicherlich hatte er das Bestehen des alten Régimes, von dem er sagte, „es sei zwar absolut, aber süß"[69], persönlich nie schmerzlich empfunden, und wenn er sich mit solchem Eifer in den öffentlichen politischen Kampf warf, geschah es, weil er diesen als eine verpflichtende Gelegenheit ansah, der Vernunftentwicklung und damit dem Glück der Menschheit einen gewaltigen Sprung vorwärtszuhelfen.

Tatsächlich lassen sich seine politischen Programmpunkte sämtlich unter dem Gesichtswinkel einer rationalen Gestaltung des Bildes der französischen Nation beleuchten. Was die aufgeklärte Vernunft störte, sollte daraus entfernt werden. „Was die Unterschiede zwischen den Menschen festzuhalten oder zu vermehren trachtet, ist schlecht in sich selbst", behauptet er[70]. So begann er, mit aller Kraft, die Scheidewände niederzureißen, die die einzelnen Glieder der Nation bis dahin getrennt hatten, und pflanzte das Ideal eines einheitlichen Landes, einer einheitlichen Gesellschaft, einer einheitlichen Kultur und Bildung, eines einheitlichen Menschseins darüber auf[71]. „Die Unterscheidung der Stände muß fallen, sobald die Nation, die ihr mit dem Namen dritter Stand bezeichnet, diesen Wunsch äußert", steht kurz und klar in den „Empfindungen eines Republikaners" [72], und in den „Briefen eines Edelmanns an die Herren vom dritten Stand": „Ich betrachte euch als diejenigen, die im eigentlichen Sinne die Nation bilden und die Adligen als deren dauernde Beamte. Wenn die Nation meint, daß solche dauernde Beamte gefährlich sind oder auch nur unnütz, hat sie das Recht, sie abzuschaffen." [73] Es war ihm gewiß ernst mit dieser verantwortungsfrohen Auffassung des Adels als der öffentlichen Beamtenschaft der Nation, die jede Interessenverschiedenheit der beiden Stände zu beseitigen und sogar die Forderung einleuchtend zu machen angetan war, daß das Volk sich bei den Wahlen durch Mitglieder der höheren Stände und nicht nur durch Standesgenossen vertreten lassen sollte[74]. Aber ebenso ernst war seine Kampfansage gegen die Aristokratie zu nehmen, wo diese sich, auf vermeintliche Privilegien pochend, von der Nation trennen und Sonderinteressen durchsetzen wollte. „Ich liebe den Despotismus nicht, aber noch mehr hasse ich die Aristokratie, die der

Despotismus einiger weniger ist."[75] Es war seine Überzeugung, daß das Interesse des Hofs und das der Nation zusammenfalle in der Notwendigkeit gemeinsamer Verteidigung gegen das Vordringen der Priviligierten, und trotz seiner republikanischen Grundanschauungen war er willens, das Befreiungswerk mit dem König gemeinsam durchzuführen, so wie er gerecht genug urteilte, der französischen Monarchie zuzubilligen, daß sie es weder an Einsicht noch an gutem Willlen habe fehlen lassen, die erforderlichen Reformen in Angriff zu nehmen[76]. Sein Einheitsideal sollte Fürst und Volk und alle umschließen, die sich nicht selbst außerhalb der Nation stellten; es schwingt bereits die Stimmung durch seine Worte, die die Konstituierung des dritten Standes als Nationalversammlung und den Schwur im Ballhaus beseelte, und die sich so und so viele Mitglieder der privilegierten Stände selbst unterwarf; die Stimmung, deren Kern der Abbé de Siéyès, Condorcets Bruder im Geiste — obwohl ihm damals noch fremd — soviel zündender und packender in seiner berühmten Flugschrift vom „tiers état" formuliert hat.

Condorcets Mißtrauen gegen seine Standesgenossen ging sogar so weit, daß er das Zustandekommen der Etats Généraux vom Standpunkt des Volkes aus für nicht ungefährlich hielt, weil ihrer Organisation nicht das Prinzip der Nationalvertretung, sondern das Privilegiertenwesen zugrunde liege[77]. Sein Vertrauen gehörte den Provinzial-Versammlungen, die Brienne eben endlich im Sinne des Turgotschen Entwurfs ins Leben gerufen hatte und aus denen eine Nationalversammlung aufs zwangloseste hervorgehen könnte. Er war bereit, „wie die Verhältnisse in Frankreich lagen, jede vom Chef des Staates zusammengerufene Versammlung als gesetzmäßig und national anzusehen, sofern sie die Gesamtheit der Bürger in gleicher und freier Weise darstelle", aber er leugnete, daß Frankreich das je besessen habe. Weder die alten Märzfelder noch die Generalstände seien eine Nationalversammlung gewesen, und nach der langen Pause seit ihrer letzten Einberufung fehle ihnen jeder Rückhalt im Volk.

„Nicht die alte Form, sondern jede regelmäßige Form, die eine gleiche und freie Vertretung gewährleiste, sei für eine neue Versammlung vorzuziehen.“ [78] Wenn man bedenkt, daß eine aus den Deputierten der Provinzial-Versammlungen zusammengesetzte Nationalvertretung angesichts des indirekten und Zensuswahlsystems nur eine bereits drei- oder vierfache Filtration des Volkswillens darstellen konnte, so vermag man den Zauber dieser Vorstellung für den nationaldemokratischen Sinn Condorcets einzig daraus zu begreifen, daß er sie für frei von aristokratischen und partikularistischen Einflüssen halten durfte [79]. Er nahm für sicher an, daß, erst einmal vom Volksvertrauen gekräftigt, sie ihr höchstes Ziel darein setzen würden, „die Privilegien zu zerstören, und daß nur Angst und Opposition der bevorrechtigten Klassen zu dem allgemeinen Ruf nach den Generalständen geführt habe, in dem ein anderes Interesse walte als das nationale“ [80]. Desgleichen begriff er in seine Feindschaft gegen die unregelmäßigen und unklaren Formen des politischen Lebens seines Vaterlandes die Parlamente ein, in denen doch so viele, deren Denken auf das Staatswohl gerichtet war, den Senat der Nation, die Hüter der Gesetze, vorteilhafte Zwischengewalten einer wohlausbalanzierten Verfassung erblickten. Für Condorcet waren sie die Parteigänger einer despotischen Aristokratie, und er „wunderte sich, daß ihnen die öffentliche Meinung den Namen von Freunden der Freiheit und Feinden der Tyrannei zulegte“ [81]. Mit allem Haß aber, dessen er fähig war, bedachte er die Jesuiten und den Klerus als Stand, „der Könige und Völker unterjoche“ und nationale Kraft und nationales Gut fremden Zwecken dienstbar mache. Denn „die Staaten seien gegründet, um die Menschenrechte zu verbürgen, nicht aber die wahre Religion zu schützen“ [82]. Wie ein Vorspiel zu den großen Auseinandersetzungen in der ersten französischen Nationalversammlung klingt es, wenn Condorcet reinlich und klar die Scheidung aufrichtet zwischen nationalstaatlichen und geistlichen Rechten, wenn er den Klerus anklagt ob der Behauptung seines riesigen

Länderbesitzes, den er der Nation zu Unrecht entziehe. „Dieser Besitz", so stellte er fest, „kann immer nur als besondere Bestimmung eines Gutes angesehen werden, das dem Gesamtgut der Nation gehört, und der Nation oder dem Gesetzgeber, der sie vertritt, kommt es zu, zu urteilen, ob diese Bestimmung nützlich ist." Für ihn selbst war die Angelegenheit längst entschieden: er wollte die Kirchengüter schnellstens säkularisieren und die Geistlichen zu Staatsbeamten machen, um sie dem einheitlichen Ganzen der Nation zu assimilieren[83]. Immer wieder war es dieses Ideal, das sein Denken bestimmte.

Von ihm aus gesehen, ordnet sich weiterhin als wichtiger Punkt die Ausgleichung der Bildungsunterschiede innerhalb seines Volkes in Condorcets Bestrebungen ein. „Wenn," sagte er, „je mehr die oberen Klassen zur Aufklärung gelangen, die anderen in Unwissenheit und Dummheit verbleiben, so wird daraus eine Spaltung in jeder Nation entstehen: es wird ein Herrenvolk darin geben und ein Sklavenvolk und folglich eine wirkliche Aristokratie, deren Gefahren und verhängnisvollen Wirkungen die weisesten Gesetze nicht vorzubeugen und nicht Einhalt zu tun vermögen."[84] Die Turgotschen Gedanken einer allgemeinen staatsbürgerlichen Bildung hatten ihn aufs tiefste ergriffen, und als ihn später die Legislative zum Mitglied der Kommission für politische Bildung erwählte, zeigte sich, wie sehr er sie nach jeder Seite hin durchdacht hatte, die von irgendwelchem nationalen Interesse sein konnte[85]. In der „Abhandlung über die Provinzialversammlungen" von 1788 erscheint der Rahmen bereits ziemlich weit gespannt. „Es hat noch bei keinem Volk eine bürgerliche Erziehung, die dieses Namens wert gewesen wäre, gegeben", schreibt er da. „D. h. eine Erziehung, wo alle Individuen in ihren ersten Jahren sich richtige Ideen von ihren Rechten und Pflichten bilden, die hauptsächlichen Gesetzesverfügungen ihres Landes kennen lernen und die zur gewöhnlichen Lebensführung notwendigen Elementarkenntnisse erwerben können. Allen Menschen den Unterricht zuteil werden lassen, den sie brauchen, dafür sorgen, daß kein von der Natur verliehenes Talent mangels Ausbildung unnütz und verkannt bleibt, das würde das doppelte Ziel einer wahrhaft öffentlichen, wahrhaft nationalen Erziehung sein." Im eigentlichen Sinne als staatsbürgerlich erscheinen in diesem Plan allerdings nur zwei Elemente: nämlich Verfassungs- und Gesetzeskunde als Unterrichtsgegenstand der allgemeinen Volksschule[86]. Davon mehr als einen nur formalen Gewinn für die Beziehungen des Individuums zum Staat zu erhoffen, gehörte zu den Utopien des Rationalismus, der ja keine anderen Wege kannte, zu den Gemüts- und Willenskräften des Menschen vorzudringen, als verstandesmäßige Einsichten und Erkenntnisse. Für Condorcets Auffassung vom Staat aber bleibt es charakteristisch, welch ungeheure Kulturaufgaben er diesem auf die Schultern legen zu können glaubte. In dem Prozeß der Aufwärtsentwicklung der Menschheit zum Licht der Vernunft wurde dem Staat und seiner Macht über den Menschen plötzlich eine hochbedeutsame Stellung angewiesen: durch sein Eingreifen in das Werk der Verbreitung und Verallgemeinerung der Bildung würden „die Fortschritte der Vernunft fortan nicht mehr diejenigen einzelner Geister, sondern die der Nationen selbst sein". Die Vision innerhalb ihrer selbst ausgeglichener und wertvoller nationaler Kulturen steigt vor Condorcets begeistertem Auge auf: „Die Zeit ist nahe, wo die aufgeklärten Menschen mit jedem ihrer Brüder den unermeßlichen Schatz teilen werden können, den sie doch nicht gefahrlos allein genießen können und nicht, ohne fürchten zu müssen, ihn zu verlieren."[87] Auch den Frauen wünschte er all die Bildungsmöglichkeiten zu eröffnen, die seiner Meinung nach das Gefühl für Menschenwürde und -reife als Selbstverständlichkeit forderte, so wie sein demokratischer Sinn überhaupt die staatsbürgerlichen Rechte auf das weibliche Geschlecht ausgedehnt wissen wollte[88]. Weder der Nutzen des Staates noch der besondere Ruhm Frankreichs als Vorbild des zivilisierten Europa — ein Motiv, das noch bei Turgot eine Rolle spielte — lenkte bei alledem seine Erwägungen, nichts erscheint mehr in seinen Programmen, was spezifisch auf Frankreich zugeschnitten wäre. Nicht zur Liebe für die Verfassung, sondern zur Kritik an den bestehenden Staatseinrichtungen sollen die Kinder erzogen werden, das Aufklärungsideal und die Kulturpflichten des Staates sind Selbstwerte, absolute Forderungen der Humanität, deren Mißachtung jede Regierung als barbarisch anklagen würde. Noch die mündigen Bürger sollten von Zeit zu Zeit zu Bildungskursen verpflichtet sein, neue Gesetze und Erfindungen durch den Staat beständig bekannt gegeben und mit Hilfe der Herausgabe staatlicher Handbücher gesorgt werden, daß wache und teilnehmende Menschen, nicht stumpfsinnige Herdentiere den Typus des Franzosen darstellen würden. Ein lebhafter geistiger Austausch mit fremden Kulturvölkern war gedacht, das Bildungswerk an der Nation zu krönen, denn „es komme sehr darauf an, daß die Nationen weder im Raum noch in der Zeit isoliert seien". „Das Glück eines Volkes, weit entfernt, durch das Unglück oder die Schwäche seiner Nachbarn zu wachsen, nimmt vielmehr mit dem Gedeihen der andern Völker zu, weil es von ihnen dann das Beispiel guter Gesetze oder der Überwindung von Mißbräuchen, neue Wege der Arbeit, kurz alle Vorteile empfängt, die aus einem Kulturaustausch hervorgehen."[89] Es ist, als ob der Gegensatz von Menschheit und Volkheit überhaupt keinen Ansatzpunkt fände, Condorcets Denken zu berühren: in der wahren Nation steckt die Menschheit, „lassen die allgemeinen Interessen der Menschheitlichkeit der Nation jedes lokale oder partikulare Interesse verschwinden"[90]. Niemand, der den Schatten Condorcets zu beschwören unternimmt, wird sich dem Eindruck der Erhabenheit dieses Standpunktes entziehen können. Und den deutschen Betrachter mag es vielleicht gemuten, als ob der edelste Geist der deutschen Aufklärung, Gotthold Ephraim Lessing, zum zweiten Male, nur auf anderem Boden und anderem Arbeitsfeld Erscheinung geworden sei[91]. „Das hätte Menschen geben sollen", heißt es im „Nathan" als Inbegriff höchsten und wünschbarsten Wertes, und ganz im gleichen

Sinne beruht Condorcets Patriotismus einzig darin, daß er die Genossen seines Volkes zum Besten heranbilden wollte, was er je erdacht und erfühlt hatte: zu menschlichsten Menschen.

Condorcet ist 1792 zum überzeugten Vertreter des Propagandakrieges gegen die europäischen Fürsten geworden. Es ist nicht unsere Aufgabe, aber wäre leicht nachzuweisen, wie auch darin die Gedankenwelt festgehalten wurde, in der er wurzelte und aus der heraus er mitten im Krieg in seinen Verfassungsentwurf die berühmten Artikel aufnahm, daß das französische Volk der Freund und natürliche Verbündete freier Völker sei und daß es sich nicht in die Regierung der andern Nationen einmische. Er wollte den Zweck, das freie, Menschenwürde verkörpernde Frankreich so stark, daß er schließlich auch das Mittel, die bewaffnete Fernhaltung der hindernden Auslandsmächte wollen mußte, obgleich er sein Leben gewünscht hatte, ohne es auskommen zu können. Wenn die Heterogonie der Zwecke diesem Krieg andere Motive verwob, so spricht das einzig gegen die Richtigkeit der Condorcetschen Anschauungen, nicht aber gegen die Lauterkeit seines Wollens[92]. In allen Mitteln erobernder oder vordringender Machtpolitik: monopolistischen Handelsverträgen, kriegerischen Bündnissen, Annexionen sah er „eine ewige Quelle von Kriegen, die den nationalen Haß schüren und auch innerpolitische Zwietracht säen".[93] Seiner Meinung nach gehörte „der Volksvertretung das Recht, den Krieg zu erklären, und nur für den Fall, daß eine feindliche Nation den Kampf eröffnet hätte; ja darüber hinaus sollte erst Rechenschaft für die begangenen Feindseligkeiten verlangt und nur, wenn diese abgelehnt, zur eigentlichen Kriegserklärung geschritten werden". Bei Gebietsabtretungen forderte er das Auswanderungsrecht bzw. die Entschädigungspflicht für die betroffenen Volksgenossen, denn „ein Staat, der seine Bürger nicht mehr verteidige, verliere seine Rechte über sie". Bei Neuerwerbungen dagegen sollten die Bewohner des eroberten Landes vom Friedensschluß ab Glieder des Staates werden und alle Rechte der alten Bürger unverkürzt genießen[94]. Fremdkörper fürchtete er im Staate und verzichtete lieber, eine neue Provinz verwaltungsmäßig einzugliedern, wenn keine Hoffnung bestand, sie wahrhaft zu assimilieren[95]. Er war ein Feind der stehenden Heere und hätte sie lieber durch eine Miliz nach dem Vorbild der Schweiz oder der Vereinigten Staaten ersetzt gesehen, die „vielleicht weniger soldatisches Können, aber mehr Ehrenhaftigkeit und patriotischen Mut verbürge", aber das eine Gute rühmte er naiv genug der Institution der Soldtruppen nach, daß sie nämlich „die Nationen den Kriegen, die man in ihrem Namen führe, fremd gemacht habe". Durch ein internationales Schiedsgericht hoffte er die Welt vor Kriegen oder zum mindesten den größten Schrecknissen der Kriege künftighin mehr und mehr bewahren zu können; die Vernunft, der ja sein ganzes Vertrauen gehörte, meinte er, müsse nach und nach die Solidarität der Völker immer besser verstehen lehren, so daß in ferner Zeit die ewigen Friedenspläne des Abbé de St. Pierre, die er durchaus „nicht für schimärisch" ansah, doch noch zu schöner und wohltuender Wirklichkeit werden könnten. „Je mehr die Zivilisation sich auf der Erde ausbreiten wird, desto mehr wird man Krieg und Eroberung, wie Sklaverei und Elend von ihr verschwinden sehen." [96]

Es war der Entwicklungsoptimist und Philanthrop, der auch auf außenpolitischem Gebiet die nationalen Fragen zu menschheitlichen Zielen hinüberbog und darin aufgehen ließ, und keine andere Lösung für die Wirrnis des internationalen Lebens hätte seinem inneren Wesen so entsprochen. Nur eine Waffe hielt er für tauglich im Kampf um Glück und Vollendung des menschlichen Geschlechts, und daraus folgten Vorzüge und Schwächen seines Werks, von dem er selbst das Fazit zog, indem er bekannte: „nach einem Leben der Forschung und des Nachdenkens über die Mittel, das Los der Menschheit zu bessern, könne er nicht umhin zu glauben, daß es nur ein einziges gäbe, nämlich: den Fortschritt der Vernunft zu beschleunigen" [97]. „Condorcet war im eigentlichsten Philanthrop", sagt sein Biograph Cahen über ihn. „Er hat die Menschheit geliebt und sie glücklich machen wollen. Von Jugend an hegte er ein herrliches Ideal sozialer Gerechtigkeit und allgemeiner Brüderlichkeit. Er hat am Heraufkommen einer neuen Gesellschaft arbeiten wollen, wo die Menschen als Herren ihres Schicksals, ruhige Besitzer ihrer Rechte, ihrer Pflichten und Interessen klar bewußt, in Frieden leben und arbeiten könnten."[98]

9. Graf Mirabeau und der Abbé de Siéyès.

Le désir d'être utile à son pays est le besoin d'une belle âme.
Mirabeau.

An manchen Menschen besticht nicht die Tiefe, sondern die Weite ihres Lebensgefühls, mit dem sie an sich reißen, was ihnen zu Glück und Dasein nottut. Geschlossenheit der Weltanschauung darf man in ihnen nicht suchen, aber ihre Witterung für den Gang der Dinge, ihre Lust am Sich-Treiben-Lassen und ihr Vertrauen, Einhalt gebieten zu können, sobald sie wollen, haben etwas Bezwingendes, wie das Kind bezwingt in der Hingegebenheit des Spieles oder Abenteuers. Die Leidenschaftlichkeit seines Lebenslaufs, die strahlende Dämonie seines Wesens machen Mirabeaus Persönlichkeit anziehend — allen Mängeln seines Charakters zum Trotz — und reihen ihn unter jene Vollblutnaturen, die der Welt immer etwas zu sagen haben, weil sie jede Möglichkeit der historischen Lage ihrer Zeit für ihr inneres oder äußeres Werden auszunutzen verstehen. Dreihundert Jahre früher zur Welt gekommen, wäre Mirabeau vielleicht einer der großen Condottieren geworden, die die Renaissanceperiode beherrschen. So — in den Übergang zweier Zeitalter gestellt — kostete er die ganze Süßigkeit der Lebenskunst des Ancien Régime zu individueller Befriedigung aus, um schließlich, vom Strome der Revolution getragen, den Typus des modernen Volkstribunen zu schaffen und, ein Mittelpunkt der nationalen Liebe und des nationalen Hasses, als Opfer der eignen Verwegenheit zu fallen.

Wenn historischer Sinn das Vermögen bedeutet, Lebenskräfte

aus der Vergangenheit zu ziehen, Werdendes an Gewordenes zu knüpfen, Bahnen künftiger Entwicklung im Seienden sich abzeichnen zu sehen, so ist Mirabeau wirklich, wie Faguet sagt, ein historischer Kopf gewesen. Nicht, daß die rein rationalen Ziele seines Zeitalters keine Macht über ihn gehabt hätten: die Vernunft war sein Idol so gut wie das des aufklärerischsten der Aufklärer[1]. Aber da nicht sie ihn zur Politik trieb, sondern etwas viel Vitaleres, Dumpferes, das dem Kern seiner aufs Handeln gerichteten Natur entsprang, so wird auch sein Patriotismus aus anderen Quellen gespeist und durch andere Momente bestimmt als von der abstrakten Genugtuung, durch seine Arbeit und Kritik zu der vernunftgemäßen Ausgestaltung des heimatlichen Staates beitragen zu können. So revolutionär sich der Siebenundzwanzigjährige in seinem Frühwerk „Über den Despotismus" gebärdet, schämt er sich doch nicht, einem leidenschaftlichen Nationalstolz Ausdruck zu geben. Wehmütig träumt er von der alten Machtstellung, „die das weite und gefürchtete Frankreich solange innegehabt hat", „sein Vaterland, die geliebte Tochter der Natur, das schönste Land Europas!" „Wer kann das Maß der Achtung und Macht vergessen, das wir gewonnen oder verloren haben, da doch die öffentlichen Geschehnisse uns unaufhörlich darin erinnern. Unsere Könige, ehemals die Lehensherren einer Insel Europas, die der Eroberung eines Vasallen ihrer Krone verfiel, empfangen auf ihren Meeren und fast innerhalb ihrer Häfen, Befehl von diesem Lande, das uns solange tributpflichtig war und worüber die Natur uns so viele Vorteile verliehen hat. Verzeiht mir, liebe Landsleute, wenn ich meine gerechte Entrüstung über die Straflosigkeit einer solchen Schmach nicht habe zurückhalten können, die Erinnerung daran ist noch zu frisch und das Maß unsrer Erniedrigung droht mich zu Boden zu schmettern!"[2] Sein Zorn war um so heißer und bitterer, als Mirabeau weit entfernt blieb von dem Standpunkt Voltaires: die französische Nation habe die Politik, die sie verdiene. Zwar beschönigte er die offenbare Frivolität nicht, die sich der Franzosen in einer Weise bemächtigt habe, „daß man sie nachgerade für deren wesentlichen Charakterzug halte", aber er sah darin nur eine Verdunkelung und Entstellung des ursprünglichen Bildes seines Volkes, die den Sünden einer unverantwortlichen Regierung zur Last zu legen sei, natürliche Reaktion auf ein Jahrhundert falscher Behandlung durch seine Führer. „Die Franzosen haben vielfach gemischtes Blut, das durch ein denkbar gutes Klima aufs glücklichste beeinflußt, aber durch ein in ganz Europa unerhörtes Regierungssystem völlig verwandelt und verfälscht worden ist." „Ihre Unbeständigkeit erkläre sich wohl zu gleichen Teilen aus Blut und Schicksal, jeder Franzose sei, als Individuum genommen, vielleicht aus dem Blut zehn verschiedner Nationen zusammengesetzt", die über seine Heimat hingebraust seien und ihre Spuren dort hinterlassen hätten. Aber „diese unzuverlässige Leichtigkeit sei immer wieder ausgeglichen worden durch ihren Fleiß, ihren Tätigkeitsdrang, ihren Geist oder wenn man so sagen wolle, ihre Gutartigkeit"[3].

Und das war nun die leidenschaftliche Anklage, die der „Essai über den Depotismus" gegen die Krone schleuderte: daß sie in den letzten hundert Jahren die Axt an die Wurzel der Nation gelegt und diese nun schwankend dem Sturme preisgegeben habe. „Ludwig XIV.", sagte er schonungslos, „hat alles zusammengerafft, was noch an Mark in der Nation lebte, und hat es seinem Ruhme und dem seines Hauses dienstbar gemacht, den er, weil er nicht wußte, was Ruhm bedeutet, immer von den eigentlichen Interessen seines Reiches getrennt gehalten"[4]. Der Absolutismus und die Zentralisation auf Paris habe fertig gebracht, was fünfhundert Jahre Bürgerkrieg nicht vermocht: genau so sei „auf die römische Würde infolge Anwachsens der Hauptstadt und der Anstrengungen des Despotismus der Leichtsinn und die Frivolität aufgekommen, die Juvenal seinen Landsleuten vorwerfe"[5]. Und so klang nun seine Drohung: auf den Schützen werde der Pfeil zurückfliegen, die Nation, die man so beflissen zu „Sklavenfurcht erzogen und dadurch gelehrt habe, Menschenwürde und nationale Würde gleicherweise zn verraten", werde sich furchtbar rächen, indem sie sich mit eben der Gleichgültigkeit, die man ihr angewöhnt, jedem neuen Herrn in die Arme werfen werde, der die Hand nach ihr ausstrecke. „Hat man uns erst so weit, daß wir nur noch in völliger Passivität gehorchen, so wird es uns ganz gleich sein, diesen Gehorsam, wem immer es sei, zu erweisen. Der Geist der Unzufriedenheit und des Widerwillens wird schließlich auch die Erinnerung an nationale Demütigungen verwischen."[6] Soviele Motive bereits heraustönten aus der großen Fuge des französischen Vaterlandsgefühls, an deren Schluß der Sturmgesang der Marseillaise stehen sollte — noch nirgends ist uns so stark entgegengetreten, daß der Wille zur Revolution aus verletztem Nationalstolz ebenso gebieterisch hervorsprang wie aus dem rationalistischen Enthusiasmus philosophischer Verfassungssystematiker. In wehmutvollem Zorn zitiert Mirabeau eine Stelle aus dem alten Geschichtsschreiber Philipp de Commines, „daß nach der inneren Zersetzung einer Nation ihre äußeren Feinde über sie herzufallen pflegen. Die erste dieser Prophezeiungen ist lang erwiesen", fügt er hinzu, „die zweite wird auch an die Reihe kommen. Der größte Teil der Franzosen würde zwar seufzen ob dieses vermeintlichen Unglücks, so treu und so beharrlich ist die Nation, und so schwer sind die Bande des Hergebrachten zu durchbrechen. Ich aber, als Bürger der Welt und Bruder aller Menschen, als treuer Untertan der guten Könige und Feind aller Tyrannen, ich werde dies Schauspiel mit Gleichmut sehen, wenn die Franzosen nur den Herrn wechseln, ich werde mit Freuden seiner Zeuge sein, wenn ihr Schicksal sich dadurch bessern sollte!"[7] Gekränkte Liebe panzert sich da mit kaltem Gleichmut, aber sie kann auch emporflammen und drohen: „Der ehrliche Bürger," so ruft Mirabeau dem König am Ende seines Buches zu, „der hier vor euren Ohren Klage über euch führt, verabscheut den Mord und würde sich dem gedungenen Sklaven entgegenstürzen, der die verbrecherische

Hand gegen eure Brust erheben würde. Aber derselbe Bürger würde der erste sein, eure Söldlinge zurückzuwerfen und seinen Landsleuten zuzurufen: Der Monarch ist nur dann der Ehrfurcht wert, wenn er der Vater und Verteidiger und das Werkzeug des Vaterlandes ist, zu dessen Vorteil er erhoben wurde." [8]

Schmerz über die außenpolitische Ohnmacht seines Vaterlandes und Entrüstung über die hoffnungslose Lähmung staatsbürgerlichen Sinnes in seinen Volksgenossen wirkten demnach zusammen, ihn den Kampf gegen den Despotismus aufnehmen und die Revolution als vaterländische Pflicht preisen zu lassen. Freiheit hieß das erste und vielleicht einzige seiner politischen Ideale, das er souverän und verwirrend aufrichtete und ohne die weisen Begriffsbestimmungen, durch die man solange im Geiste Montesquieus den Dämon gebändigt und unter das Gesetz gestellt hatte. Dagegen klang Mirabeaus Freiheitsdevise weit und deutbar, ein Sich-zur-Wehr-Setzen gegen jede Beschränkung der Persönlichkeit und zugespitzt wie der Kampfruf des jungen Schiller: in tyrannos! Wie dieser hatte ja Mirabeau den lastenden Druck einer herrischen Autorität über seiner Jugend gefühlt, als der strenge Vater ihn im Kerker zu Vincennes seinem Willen unterworfen. Keine der Forderungen der modernen Staatstheorie konnte auf mehr Erlebnisgrund bei ihm stoßen, keine überzeugter zurückgegeben werden. „Welche Veränderung der Rechte, Gewohnheiten, Gesetze von uns Franzosen," klagt er, „uns sanftem und unvorsichtigem Volk, das vom höchsten Grad einer vielleicht zu wenig bewußt empfundenen Freiheit sich in die tiefste und engste Knechtschaft gestürzt hat!" [9] Und schwärmerisch feiert er die Freiheit: „sie ist die Seele der Seele und des moralischen Lebens des Menschen, die Quelle aller Tugenden, der Kompaß jeder gedeihlichen Verwaltung, der Reichtum, der Ruhm, der Halt der Fürsten, die sie regieren. Und wir Abkömmlinge dieser stolzen Gallier, deren am Busen der Freiheit genährte und unaufhörlich belebte Tapferkeit den römischen

Schriftstellern das Geständnis entriß, welchen Schrecken Rom vor ihr empfand: wir lassen aus unserm Schoß diese Freiheit entfliehen, die unsern Vätern ihren ruhmvollen Namen und die lange Dauer eines weiten und blühenden Reichs einbrachte. Tugendhafte Männer, kämpft für diese heilige Freiheit!"[10] Und noch zwölf Jahre später, als der Überschwang überlegter Sachlichkeit gewichen war, resümiert er in seinen acht Büchern „über die Preußische Monarchie" die Regierungskunst durch den Begriff der Freiheit: „Bürgerliche Freiheit aller Untertanen, Freiheit der Industrie, Freiheit des Handels, Freiheit der Religion, Freiheit des Denkens, Freiheit der Presse, Freiheit der Dinge und der Menschen."[11] Unverkennbar hat die Theorie der Menschenrechte auf die Formulierung dieses Satzes eingewirkt, und doch — in seiner Anschaulichkeit und demagogischen Aufmachung — klingt er nicht mehr wie bloße rationalistische Theorie. Im Munde des geborenen Staatsmannes hat sie sich unmerklich zum politischen Programm gewandelt, das seinen Urheber nicht verleugnet.

Gewiß muß Mirabeau, der die englischen Verhältnisse aus eigner Anschauung kannte und aus der englischen Revolutionsgeschichte die Lehre gezogen hatte, wie furchtbar die Übermacht einer Volksvertretung auf einer Nation lasten könne, dem philosophischen Liberalismus zugerechnet werden. Seine ausschließliche Einstellung auf das Freiheitsideal, der Anspruch, in den Schutz des Eigentums und sonstiger individueller Rechte der Menschen den Staatszweck setzen zu dürfen[12], seine Forderung, den Tätigkeitsbereich des Staates ja genau festzulegen und abzugrenzen[13], reihen ihn unter die Jünger Lockes und Montesquieus; wie denn auch später seine Politik, ein gefahrenreiches Balancieren zwischen altem und neuem Despotismus, zwischen einem Parlament, das alles werden wollte und einem Königtum, das alles bleiben wollte, wahrhaft liberal gedacht und gefühlt war. „Er ist ein großer Liberaler gewesen," sagt Faguet mit beinahe widerwilliger Anerkennung, „ein Mann, der die wesentlichen Bedingungen der Freiheit wohl verstanden und ungefähr alles, was er konnte, getan hat, um sie aufzurichten."[14]

Indes bleibt viel zu viel Persönliches an den Mirabeauschen Anschauungen, als daß sie durch die Unterordnung unter den Begriff des Liberalismus gedeckt werden könnten. In seiner Anhänglichkeit an die französischen Parlamente[15] und der unbedenklich ausgesprochenen Wertschätzung einer Rangordnung im Staate[16] könnte man ein Echo der ständischen Anklänge in Montesquieus Staatsphilosophie erblicken, aber sein sonstiger Aristokratenhaß, der ihm zur zweiten Natur geworden war seit den bitteren Tagen von Vincennes, nimmt sich einigermaßen seltsam daneben aus und ebenso die gänzlich unmoderne Verehrung des Lehnssystems, der Mirabeau wiederholt Ausdruck gegeben hat. Karl der Große erschien ihm stets als der beste Fürst, den Frankreich besessen habe, und es wäre nicht seine Schuld, wenn das Lehnssystem, in dem das vernünftige Prinzip der nationalen Mitbestimmung und des Steuerbewilligungsrechtes lag, später versagt habe und das Königtum durch den privilegiensüchtigen Adel zu sehr geschwächt worden sei[17]. „Zwischen Monarch und Nation", meinte er, „bestehe eine natürliche Interessengleichheit, auf die eine Verfassung wohl aufzubauen sei[18]; bei den bevorzugten Ständen aber treibe zu leicht die Versuchung zur einseitigen Ausnutzung ihrer begünstigten Stellung und damit zur Trennung von der Sache der Nation". Es ist reizvoll zu sehen, wie der junge Mirabeau, dem es, seinem unvergessnen Groll zum Trotz, Bedürfnis war, aristokratische, wenn nicht höfische Kultur um sich zu atmen, zwar noch nicht wagt, die Abschaffung der Privilegien und Stände zu fordern, aber durch Auferlegung erhöhter Verantwortung und verdoppelter Pflichten die Verbindung mit dem großen Ganzen des gemeinsamen Staates retten und das Ideal der Bürgertugend dadurch von Stufe zu Stufe der gesellschaftlichen Organisation gleichsam steigern und vervollkommnen will. „Zweifellos hat der Bürger Pflichten gegen sein Vaterland, an welcher Stelle er immer geboren sei", behauptet Mirabeau. „Aber je mehr er durch Geburt, Titel, Rechte, Privilegien, Vornehmheit oder was dasselbe sagen will: durch Wohltaten der Gesellschaft erhoben ist, desto strengere Verpflichtung besteht für ihn, seine Heimat und deren Verfassung mit Gefahr seines Lebens, seiner Güter und selbst seiner Freiheit zu verteidigen; denn die Unterschiede, die die Gesellschaft zwischen Volk und Adel gelegt hat, sind zum Wohl aller und nicht zum ausschließlichen Vorteil der Großen errichtet."[19] Demnach: solange Adlige mehr vermochten, sollten sie mehr leisten, aber nirgends sollte der Staat um ihretwillen mit Schätzen und Gütern geizen und diese vor einem andern seiner Kinder verschließen. Denn Mirabeau wußte, daß nationale Kultur nur auf der Grundlage der Durchdringung der ganzen Nation erwachsen könne und daß der Staat „als erster Triebfeder" des immer wachen, teilnehmenden Sinnes seiner Bürger bedürfe[20]. Wie intensiv und lebendig das bei ihm gedacht war, zeigt, daß er keinen ausnahm bei der Aufstellung des „heiligen und unzerstörbaren Prinzips, daß es Pflicht und ernstes Interesse jedes Bürgers sei, für das Vaterland zu kämpfen,"[21] wobei es ihm gleich galt, ob das mit der Waffe in der Hand gegen äußere Feinde oder durch Wort und Schrift für die Sache der inneren Freiheit geschah.

Es ist charakteristisch für den freien und klugen Geist Mirabeaus, daß so kurz vor der Revolution sein patriotisches Denken doch keinerlei parteimäßige oder überhaupt doktrinäre Verengung aufweist[22]. Für andere, die nicht entfernt so heiß und leidenschaftlich für die nationale Sache werben konnten wie er und bei denen jeder Satz so kahl und abstrakt klang, als sprächen sie von fernsten Angelegenheiten und Problemen, lag dennoch Religion darin. Sie waren innerlich gefangen genommen bis zur Unfähigkeit, den Blick zu wenden, während man für Mirabeau wohl nicht fehl geht, wenn man ihm eine gewisse Trockenheit und Unbewegtheit der Seele vorwirft[22]. Sein glänzender und beweglicher Intellekt bog die Dinge mit rascher Meisterschaft zurecht, ehe sein

Herz sich ihnen auch nur einmal hingegeben hatte. Darum hat er leicht herrschen und praktisch sein, „frei von jeder Partei und unabhängig von den Göttern des Tages". Evolution, nicht Revolution heißt seine Losung; er denkt nicht an „radikale Änderungen und Metamorphosen, er sinnt auf Heilmittel und Palliative". „Wir sind keine Wilden, die nackt von den Ufern des Orinoko kommen, um einen Staat zu gründen", sagte er später einmal höchst verständig den Revolutionsmännern. „Wir sind ein altes Volk und zweifellos zu alt für unsere Epoche. Wir müssen soviel wie möglich all diese Dinge, die vor der Revolution schon da waren, passend zusammenstellen und damit den plötzlichen Übergang decken." Und mit Bezug auf die Reformen Josephs von Österreichs bemerkte er: „Er handelt gegen die Natur der Dinge, darum gelingt ihm nichts"[24]. In dem staatsphilosophischen Zusammenhang, in den er gehört, könnte Mirabeau um dieser Wirklichkeitsgebundenheit willen leicht altmodisch erscheinen, vom Standpunkt des Historismus aus präsentiert er sich um eben dieser Ursache willen als außerordentlich modern — wie sein ganzer Persönlichkeitstyp intellektueller Leidenschaftlichkeit modern ist. In der Welt der Aufklärung, die, als sie sich selbst zu zersetzen begann, bestenfalls um den Gedanken des Kulturstaates gerungen hat, wo sie sich nicht mit dem Rechtsstaatsideal begnügte, weckt Mirabeau durch seine Bemühungen um das Verständnis des werdenden preußischen Staatsgebildes den Sinn für die Lebensbedingungen eines Machtstaats und zwar eines Machtstaats auf nationaler Grundlage. Denn seine acht Bücher „Über die preußische Monarchie" waren nicht nur eine Verherrlichung der wundervoll klar gesehenen Persönlichkeit Friedrichs des Großen, sondern zugleich eine Kritik und vielleicht sogar Verwerfung des friederizianischen Regierungssystems von dem Gesichtspunkt und Anspruch der nationalen Mit- und Selbstbestimmung aus[25]. Was er über die Bedeutung König Friedrichs für die Entstehung eines preußischen, ja deutschen Nationalgefühls gesagt hat, verdiente neben Goethes berühmten Worten in Dichtung und Wahrheit genannt zu werden, daß die Nation fritzisch gesinnt wurde. „Kein Monarch hat je wie Friedrich der Große bewiesen, was für einen Fürsten und sein Volk die persönliche Tüchtigkeit vermag, die er besitzt und die Wertschätzung, die daraus folgt. Der Ruhm Friedrichs flößte den Preußen eine Begeisterung und eine staatsbürgerliche Gesinnung ein, wie sie Engländern Ehre gemacht haben würde. Alle trugen gleichsam unbewußt zur Stoßkraft einer Regierung bei, die eine erhabene Seele und etwas wie nationaler Schwung beseelte ..."[26] Wie wäre dieser Satz möglich innerhalb des Rahmens, den Condorcet und Siéyès dem Begriffe „national" ziehen wollten, innerhalb einer Blickabgrenzung, wo die nationale Tat nicht anders denkbar ist, denn als Vollzug des Willens der Volksmehrheit! Gleichsam wider ihren Willen, „unbewußt", sagte Mirabeau, vollstreckten sie, was im nationalen Interesse lag. Irgendwie liegt hier doch wieder oder schon die Vorstellung zugrunde, daß der Staat aus einer eignen Energie und Gesetzlichkeit lebt und wie ein starker Gott durch wenige, die ihn verstehen, alle vorwärtstreibt, die ihn nicht kennen. Darum auch hob Mirabeau so ruhig die Härten hervor, die in der Führung durch eine Persönlichkeit liegen, in der das Wesen eines Staates und einer Nation sich kongenial verwirklicht: „Güte allein an der höchsten Stelle wird niemals etwas der Nation wahrhaft Nützliches zustande bringen. Um sie wieder aufzurichten, sie zu vergrößern, zu erheben und selbst um sie glücklich zu machen, kommt es mehr darauf an, daß sie gehorcht, als daß sie liebt." Es war der tiefste Eindruck, den die Gestalt des großen Königs ihm zu vermitteln vermocht hatte und unter dem die Bücher über die preußische Monarchie sich zu echter sachlicher Würde erheben. Unsentimental und hoheitsvoll spricht er es aus, daß niemand sich zu verwundern brauche, warum Friedrichs Tod nach 46 Jahren einer beispiellos ruhmvollen Regierung sein Volk so völlig kalt ließ, auf dem die Größe des Herrschers schon lange drückend gelastet hatte und „das seiner müde war bis zum Haß"[27].

Es fügt sich gut in die nach mehr als einer Seite hin eigenwillige Denkungsweise Mirabeaus, daß er, obgleich er wußte, in seinem Jahrhundert „sei alles gegen Eroberungen gestimmt“, kein Bedenken trug, die preußische Machtpolitik zu rechtfertigen. Und zwar tat er es nicht, wie der glatte Voltaire aus Liebedienerei für den verehrten Fürsten, sondern aus der realpolitischen Überzeugung, daß es „die erste Sorge eines Staates sei, zu bestehen“[28]. Die ersten beiden schlesischen Kriege nannte er „so gerecht, wie Krieg und Eroberung sein können“, vom dritten behauptete er sogar, „es habe nie einen gerechteren gegeben“[29]. Den deutschen Fürsten riet er offen zur Rüstung und Bewaffnung, „es sei kindische Spielerei, wenn sie nur die Aristokraten und Herren großer Territorien spielen oder dem eignen Genuß leben wollten, ohne daran zu denken, zu ihrem Teile an der Aufrechterhaltung des Reiches gegen die österreichischen Herrschaftsansprüche mitzuarbeiten. Haltet den Frieden aufrecht! aber auf die einzige Art und Weise, die dem Weisen und Starken ansteht, indem ihr euch immer zum Kriege bereit haltet und ihn kraftvoll, ja schrecklich führt, sobald er unvermeidlich geworden. Darauf, wer ihn beginnt, kommt es nicht an, wenn die Umstände — entschlossen, doch vorsichtig abgewogen — ihn zu fordern scheinen — schlagt los!“[30] Indes ging er nicht so weit, die Praktiken und Kunstgriffe der Kabinettspolitik in Bausch und Bogen gutzuheißen, mit deren Hilfe allein man damals das europäische Gleichgewicht erhalten zu können glaubte. So viel war von der Stimmung des Essai „über den Despotismus“ doch übrig geblieben, wo Mirabeau es „ein ebenso falsches wie unehrliches Prinzip genannt hatte, die Staatsraison und das Staatsinteresse über die Redlichkeit zu stellen“[31]. Die Vorteilhaftigkeit von Länderteilungen und Gebietsaustauschen, von Abrundungen und Angliederungen zu vertreten, wies er weit von sich als eine „unmögliche und verbrecherische“ Verbeugung vor Tyrannenmacht und diesem „Frieden der Knechtschaft“, in dem Europa liege. „Das wolle Gott verhüten, daß wir diese usurpatorische Politik ermutigen wollten, die die Konvenienz für alles und die Völker für nichts zählt", bricht er los, als er die Frage aufgeworfen hat, wie Preußen zu festigen und zu entwickeln sei. „Ja nicht etwa solle man die Bistümer Deutschlands dazu benutzen; erst müsse man wissen, ob die Völker unter eine andre Regierung als die ihrer vom Domkapitel gewählten Bischöfe zu gelangen wünschten. Die staatlichen Tauschhandel seien nicht weniger ungerecht als die Abrundungen. Wenn die Bevölkerung dieser Provinzen zustimmt, tauscht die Lausitz gegen die Markgrafschaften aus, aber es ist ein Akt der Gewalt und der Tyrannei, der des aufgeklärten Zeitalters, in dem wir leben und in dem die Menschenrechte endlich bekannt sind, unwürdig ist, wenn man einen solchen Tausch ausführen würde, ohne die Bewohner um ihre Meinung zu fragen."[82]

Wir sehen die Frage des Selbstbestimmungsrechts der Völker wieder angeschnitten und wieder auf das alte Gleis geschoben, auf ein und dasselbe Gleis mit der Forderung der Volkssouveränität und der Proklamation der Menschenrechte. Daß auch Mirabeau nicht daran dachte, die nationale Einigung eines großes Volkes als Selbstwert zu erfassen, erhellt aufs deutlichste aus seiner Stellungnahme zum deutschen Problem, das er mit großer Ausführlichkeit besprochen hat. „Wenn nun", so fragte er, „aus Deutschland ein wirkliches großes Reich würde, an Stelle dieses unförmigen und bizarren Chaos von größeren, mittleren, kleinen und kleinsten Fürstentümern, die noch mit einigen freien Reichsstädten durchsetzt sind, die untereinander wieder ebenso ungleich sind, wie die anderen politischen Körper, die sich in diese herrliche Gegend teilen, würde es dann nicht an Kraft, an Einheitlichkeit, an Glanz, an Ruhm, an Macht gewinnen?" Und seine Antwort darauf lautet: „Das sei nur die Sprache der Eitelkeit und der Vorurteile, die in Deutschland selbst umgehe und verhängnisvollerweise draußen unterstützt werde"[83]. Dabei war diese Meinung nur zum Teile von der Eifersucht des Franzosen eingegeben, dem der Ausgang eines Kampfes zwischen seiner

Heimat und einem geeinten Deutschland „zum mindesten zweifelhaft“ erschien, ja, der sich sagte, „seine Landsleute seien nicht so militärisch wie das deutsche Volk, und wenn sie aktiver, stürmischer, mehr zum Unmöglichen fähig seien, so doch weniger empfänglich für Ruhe, Unterordnung, Disziplin, was fast alles im Krieg bedeute“[84]. Aber noch fielen diese Befürchtungen nicht ins Gewicht vor der oft empfundenen Bedrohung Frankreichs durch die Habsburgischen Machtaspirationen, noch überwog in Mirabeau der Wunsch, der „jeden guten Weltbürger an das Glück Preußen-Deutschland binde“, daß es stark genug sein müsse, „als Damm gegen den österreichischen Strom zu dienen, der es zu überschwemmen drohe“[85]. Hingegen gerade „als Philosoph, für den das Wohlergehen aller Menschen und folglich auch das jeder besonderen Gemeinschaft im großen Ganzen des menschlichen Geschlechts den höchsten Genuß und den dauernden Gegenstand seiner Wünsche bilde“, „unter dem heiligen Gesichtspunkt der Interessen der Menschheit“ lehnt er das geeinte Deutschland mit vollster Überzeugung ab[86]. Die Verschiedenheit seiner Bestandteile störe nicht und sei in Frankreich fast ebenso stark anzutreffen, die vielen Souveränitäten hielten einander in Schach, und ihre Kleinheit sei ein vorteilhaftes Hindernis für die Entwicklung des Despotismus, die Staatsbünde als Ganzes aber böten die größten Entfaltungsmöglichkeiten für die menschlichen Qualitäten ihrer Bewohner[87]. Diesen traditionellen Vorzügen der Kleinstaaten und Konföderationen hatte er einen Gegenwert in dem Ideal der geeinten Nation nicht entgegenzustellen und das, obgleich er sich mit viel Hingabe in das Wesen des Nachbarvolkes hineingedacht hatte. Als nationales Ganzes hat er die damaligen Deutschen stets empfunden und mit Selbstverständlichkeit von der deutschen Nation gesprochen, als gute und beste Deutsche daran verzweifelten, ob wir schon eine Nation seien. Freilich den höchsten und gewaltigsten Ausdruck seines Volkstums, den geeinten nationalen Staat diesem Volke zu gestatten, das er in seinem kulturellen Sein doch verehrte, dazu ist auch Mirabeau nicht gelangt. Wenn er am Schluß seiner Bücher über die preußische Monarchie die Deutschen feierlich apostrophiert als ein „Ausländer, der sie verehre, weil sie eine große, weise und gebildete Nation seien und von lautererem Charakter als die meisten anderen Völker", so fügt er bezeichnenderweise hinzu, wie wertvoll ihm innerhalb dieser Beurteilung ihre politische Machtlosigkeit erschien: wie „gut es sei, daß sie durch ihren Charakter so entfernt, wie durch ihre politische Verfassung unfähig seien, Europa zu unterjochen oder unglücklich zu machen"[88].

Wir haben Mirabeau nirgends kleinlich gefunden und deutschen Verhältnissen gegenüber jedenfalls so vorurteilslos und wohlwollend, daß nichts uns berechtigt, aus diesen Worten das Mißtrauen eines ehrgeizigen Franzosen herauszuhören. Viel mehr sprechen sie wahrscheinlich dafür, daß ihm der Staat für seine innere Persönlichkeit selbst nicht allzu viel bedeutete. Sonst hätte er die Sehnsucht auch eines fremden Volkes nach diesem Staat wenigstens verständlich gefunden und die Tendenz auf eine nationale Einigung als auf die Dauer schwer überwindlich aufgezeigt. Aber in seiner eignen Brust verlangte nichts nach dem Staat. Weil er ihn als Gegebenheit vorfand, hat er sich bemüht, das Beste daraus zu machen und den Menschen darin glücklich zu sehen; aber nichts hätte ihn dazu getrieben, ihn neu zu erfinden, um die Vollendung der menschlichen Natur dadurch zu sichern, wie es denen Bedürfnis war, die die höchsten Werte allgemeiner Humanität in ihn hineingeheimnißten.

* * *

In diesem Sinne — daß die politischen Anschauungen aus den Lebensidealen ihrer Träger geboren wurden und einzig von diesen aus Licht und Nahrung empfingen — war die große Zeit der Staatsphilosophie wohl überhaupt zu Ende. Auch Siéyès, der letzte berühmte Publizist, der in jenen Tagen des ausgehenden Ancien Régime das Wort zu unsern

Problemen ergriff und der insbesondere den Sinngehalt des Wortes Nation auf Jahre hinaus festlegte, bedurfte der Anregung durch Einzelfragen, die seinen Verstand beschäftigten, ohne seine Seele zu quälen. Mit Condorcet teilte er die Vorliebe für logisch-mathematische Spekulationen, aber er nutzte sie mehr im Dienste seiner rhetorischen Begabung, als zur Spezialisierung tieferer philosophischer Interessen. So hat ihn nichts unterjochen können — überall nützlich, und nirgends zu fassen, überlebt er die Revolution, und das Kaiserreich hat ihn nicht verbrauchen können[39]. Neben den großen Toten seiner Epoche und selbst neben Condorcet betrachtet, stellt er den reinsten und eigentlich einzigen Typus revolutionär-unabhängiger Denkungsart dar — freilich nicht im Sinne genialer Eigenart, sondern naiver Unbekümmertheit. So wenig er als Literat in irgend einem wesentlichen Punkt historisch abhängig ist — denn er kannte weder Montesquieu noch Rousseau genauer — so wenig besteht für ihn irgend eine Gebundenheit der gesellschaftlichen Phänomene an den geschichtlichen Rahmen, in den sie doch zwangsläufig gefaßt sind. Im Anfang war die Nation — so lautet sein Glaubensbekenntnis — und die Nation gehörte zum Naturrecht, und das Naturrecht war die Nation. „Die Nation besteht vor allem, sie ist der Anfang von allem. Ihr Wille ist immer gesetzmäßig, er ist das Gesetz selbst. Vor ihm und über ihm gibt es nur das Naturrecht. Es wäre lächerlich, die Nation an die Formen oder die Verfassung gebunden zu glauben, denen sie ihre Beauftragten unterworfen hat. Die Nation besteht einzig durch das Naturrecht. Sie ist alles, was sie sein kann, dadurch daß sie überhaupt ist.“[40] Es kann in diesen Sätzen weniger der Gedanke überraschen, daß die Nation an ihre eigenen Gesetze nicht gebunden ist und das Recht auf Revolution gleichsam in Permanenz erklärt wird — das lag in der Konsequenz des Volkssouveränitätsgedankens und war von Rousseau bereits ausgesprochen. Erschrecken muß vielmehr der Verzicht auf jede inhaltliche Bestimmtheit für die Erscheinung der Nation und für den

Maßstab ihrer Beurteilung innerhalb der geschichtlichen Welt. Durch den bloßen Wunsch, sich zu vereinigen, wird aus Individuen eine Nation, konstatiert Siéyès[41]. Und nichts mahnt ihn, diesem rein formalen Gesichtspunkt einen materiellen beizugesellen und dieses Produkt bloßen Willens zum Dasein einer sittlichen Forderung zu unterwerfen. Wenn Rousseau die Volkwerdung eines Volkes an die sittliche Tat der Unterwerfung unter den Gemeinwillen bindet, die der Eroberung der Freiheit gleichkommt, so ist damit die Nation eingereiht in die Welt der sittlichen Zwecke und ihr eine Bahn vorgezeichnet, die sie zu durchlaufen hat und von deren Ziel sie in jedem Augenblick mehr oder weniger weit entfernt gedacht ist. Dieser sittlichen Dynamik hat Siéyès sein Objekt von vornherein entzogen: es ist alles, was es sein kann, dadurch, daß es überhaupt ist. „Auf welche Weise auch immer eine Nation will, es genügt, daß sie will, alle Formen sind gut, und ihr Wille ist immer das höchste Gesetz." [42]

In der Tat enthielt sich Siéyès der Meinungsäußerung über ein etwa aufzustellendes politisches System und warnte bezeichnenderweise, sich durch irgend ein gegebenes Vorbild wie die von seinen Zeitgenossen bis zum Überdruß bewunderte englische Verfassung beeinflussen zu lassen. Da es ihm fern lag, darin den Ausdruck oder die Entwicklung eines Prinzips zu sehen, wie Montesquieu es getan hatte, er aber die ihr innewohnenden Elemente historisch-kontinuierlichen Werdens als verdächtig empfand, so erklärte er, sie sei nicht „eine Schöpfung der Einsicht, sondern vielmehr ein Produkt des Zufalls und der Verhältnisse", um sie damit ein für allemal zu diskreditieren[43]. „Fassen wir doch selbst plötzlich den Ehrgeiz, den andern Völkern ein Beispiel sein zu wollen", rief er[44], und wie sich die Dinge ihm darstellten, kann kein Zweifel aufkommen, daß er es für die einfachste Aufgabe der Welt hielt, ein vernünftiger Staat zu werden und zu sein. Den nationalen Willen ausfindig zu machen, dazu bedurfte es nur der individuellen Willensäußerungen der Glieder der Nation, daß aber der nationale Wille auch das nationale Interesse treffe, verbürgte ihm folgender Syllogismus Rousseauschen Formats: „Das Interesse, in dem die Bürger sich begegnen, gibt den richtigen Umfang des allgemeinen Interesses. Das Interesse, durch das ein Mensch sich mit allen seinen Mitbürgern verständigt, ist augenscheinlich der Gegenstand des Willens aller und der der allgemeinen Volksversammlung. Also muß ein mit Stimmeneinheit oder -mehrheit gefaßter Beschluß der Volksversammlung dem allgemeinen Interesse entsprechen."[45]

Daß einem so klugen Menschen wie dem Abbé de Siéyès nicht selbst das Unbefriedigende seiner Beweisführungen zum Bewußtsein kam, liegt offensichtlich darin begründet, daß er den Tätigkeitsbereich des Staates auf ein Minimum begrenzen wollte und sich deshalb nicht vorstellte, wie ein Gesetz individuell verschieden fühlbar werden und sich auf speziellere Dinge erstrecken könne, als den allen gemeinsamen Anspruch auf Schutz von Freiheit und Eigentum[46]. Über seiner großen und zündenden These von der unumstößlichen Einheitlichkeit der Nation war ihm der Sinn für die Vielheit im Ganzen, das Mannigfaltige in der Einheit verloren gegangen. So individualistisch sein Staatszweck gesetzt war, hatte er doch vergessen, welch selbständiges Leben dem Individuum eigen ist. Er meinte, „um den sozialen Mechanismus zu verstehen, müsse man sich entschließen, eine Gesellschaft wie eine gewöhnliche Maschine zu analysieren, jeden ihrer Teile getrennt betrachten und diese dann im Geiste einen nach dem andern wieder an seine Stelle setzen, um ihr Zusammenarbeiten zu begreifen und die allgemeine Harmonie zu erfassen, die daraus hervorgehen soll"[47]. Auf sein eigentliches Objekt übertragen, steht fest, daß Siéyès von der Harmonie des Ganzen aufs innigste überzeugt war, für die Betrachtung der Teile aber geschah es, daß ihm der Unterschied entschwand, der zwischen den bis zur Auswechselbarkeit normalisierten und zu eignem Leben unfähigen Teilen einer Maschine und den Gliedern einer Nation besteht, von denen jedes eine in sich vollkommene Individualität darstellt.

Das Element der Masse beginnt seine Rolle zu spielen. „Die Masse der Bürger ist immer die Hauptsache, der Gegenstand, der befriedigt werden muß", heißt es in der „Abhandlung über die Privilegien", und im „tiers état": „Man darf es sich nicht verheimlichen, daß die Bürgschaft der öffentlichen Freiheit nur da sein kann, wo die wirkliche Macht ist. Wir können nur mit dem Volk frei sein und durch das Volk." [48] Mit diesen brutal materiellen Argumenten hatte noch keiner die Ansprüche des Volkes angemeldet. Bis jetzt hatte es sich darum gehandelt, im Namen des Staates an die Nation heranzutreten und sie für ihn zu gewinnen, die teilnahmlos mit verschlossenen Händen und Herzen beiseite stand. Und Vernunft, Gerechtigkeit, Humanität mühten sich, den dritten Stand in diese Nation einzubeziehen — um seines gleichen Menschenwertes und Menschenrechtes willen. Die Flugschrift aber des Abbé de Siéyès unternahm es im Namen des dritten Standes, den Staat für die „nationale Masse" zu erobern und alle andern davon auszuschließen, weil sie allein die tatsächliche Macht habe, eine Nation zu sein. Sie verrichte alle private Berufsarbeit und fülle neunzehn Zwanzigstel der öffentlichen Ämter aus, ihr gehören 25 Millionen an gegenüber 200000, die auf die oberen Stände entfallen. Wenn man die letzteren wegnehme, so sei die Nation dadurch „nicht weniger, sondern mehr, denn der Adel sei ein Volk für sich, aber ein falsches Volk, das weil es aus Mangel an nützlichen Organen nicht für sich allein bestehen könne, sich an eine richtige Nation anhefte, wie Schmarotzerpflanzen, die nur vom Saft der andern, die sie austrocknen und ermüden, leben wollen". „Der dritte Stand umfaßt also alles, was zur Nation gehört, und alles, was nicht dritter Stand ist, kann sich nicht als zugehörig zur Nation ansehen." [49] Der Rigorismus dieser Auffassung wird um so stärker, als Siéyès sich bewußt war, daß die Dinge einst anders gelegen und es eine Zeit gegeben habe, wo nicht nur Rechte, sondern tatsächliche Macht dem Adel seine Position geschaffen und bewahrt hätten, und daß der dritte Stand — heute „die nationale Wirklichkeit, einst nur deren Schatten" — nur langsam in die Rolle des eigentlichen Machtträgers hineingewachsen sei[80]. Insofern brachte er als erster einen klassenkämpferischen Zug in den staatsbürgerlichen Gedanken: wie man den dritten Stand einst ferngehalten vom nationalen Leben, sollte dieser nun unter eifersüchtigem Ausschluß der andern die Gestaltung des Staates nach seinem Interesse durchsetzen. Eine neue kräftige Volksklasse war für eine alte verbrauchte zur Herrschaft und zur Statthalterin des nationalen Gedankens erhoben, aber ohne daß dieser dabei an Tiefe gewonnen hätte. Denn nur der Lebende bekam Recht, und weder die vergangenen noch die zukünftigen Geschlechter wurden zugelassen, den geistigen Gehalt der Wesenheit der Nation mitzubestimmen, und ihr die Verpflichtung aufzuerlegen, sich der Ahnen wert und den Nachkommen gegenüber verantwortungsbewußt zu zeigen. Es war wie eine Vorahnung der These der materialistischen Geschichtsauffassung, daß die Verfassung eines Staates nichts sei als der Ausdruck der tatsächlichen Machtverhältnisse, aber es war andrerseits auch viel weniger als Sozialismus, indem das Ziel der Siéyèsschen Staatsumwälzung nur die Vertauschung der Herrschaft eines Standes mit der eines andern darstellte — eine Gefahr, der allerdings auch der praktische Marxismus erliegen sollte.

Indes wäre es völlig unberechtigt, Siéyès vorzuwerfen, daß er bewußt Klassenpolitik habe treiben wollen. Es kann kein Zweifel sein, daß er den reinsten Glauben an die Sache des dritten Standes hatte als an die einzig und wahrhaft nationale Sache. Insofern der dritte Stand die Mehrheit der Nation repräsentierte, verkörperte er eo ipso den nationalen Willen und das nationale Interesse — die Rechnung stimmte bis auf den nicht zu vermeidenden kleinen Fehlerquotienten der zur Seite geschobenen 200000 Privilegierten. „Ich bitte zu bemerken," sagte Siéyès hierzu sehr scharf, „daß ein ungeheurer Unterschied zwischen der Versammlung des dritten Standes besteht und der der beiden andern Stände. Erstere vertritt 25 Millionen Menschen und berät über die Interessen der Nation. Sollten die beiden andern sich vereinigen, so stellen sie nur die Macht von 200000 Individuen dar und denken nur an ihre Vorrechte. Der dritte Stand, hört man sagen, kann nicht die Generalsstände bilden, nun um so besser, so wird er eine Nationalversammlung bilden. Ohne Schwierigkeit werden sie für die ganze Nation mit Ausnahme von nur 200000 Köpfen beraten, das ist gewiß genug, um sich den Namen Nationalversammlung beizulegen."[51] Der ständische Gedanke oder vielmehr die ständische Trennung der einzelnen Volksschichten hatte das Gefühl für die Einheit der Nation tief erschüttert[52]. Und Siéyès war ein Fanatiker der Einheitsidee — konnte die Einheit nicht mit den beiden ersten Ständen erreicht werden, wohlan, so mochte es ohne sie geschehen. „Bei drei Ständen und drei Vertretungen ist kein einheitlicher Wille möglich. Zwar können sich alle drei Versammlungen in gleicher Abstimmung begegnen, wie drei verbündete Nationen im gleichen Wunsch. Aber niemals werdet ihr daraus eine Nation, eine Volksvertretung und einen gemeinsamen Willen machen."[53] „Der einheitliche Wille" — verfassungsmäßig ausgedrückt: „die einheitliche Volksvertretung"— aber schien Siéyès unerläßliche Voraussetzung eines aktiven nationalen Lebens, eines „wollenden und handelnden Ganzen", das die Nation doch darstellen sollte. „Wir müssen uns noch freuen," sagte er bitter, „wenn unser Volk schließlich dahin gelangt, wo alle Nationen eigentlich anfangen sollen, nämlich eins zu sein."[54] Daher seine unerbittliche Feindschaft gegen das Privilegiertenwesen! „Im Moment", behauptete er, „wo ein Bürger sich bevorrechtet glauben dürfe, öffne sich seine Seele einem Partikularinteresse und schließe sich für die Sache der Allgemeinheit." „Die Idee des Vaterlandes verengt sich für ihn und schließt sich in die Kaste ein, in die er aufgenommen ist. Er betrachtet sich mit seinen Standesgenossen als einen Stand für sich, als ein auserwähltes Volk innerhalb des Volkes. Dieses wird in seiner Sprache wie in seinem Fühlen zur bloßen Menge von bedeutungslosen Leuten, zu einer Menschenklasse, die eigens geschaffen ist, um zu dienen, während er zum Herrschen und Genießen bestimmt ist."[55] Hiergegen setzte nun Siéyès die Bedürfnisse und Empfindungen des Volkes als einzig richtig und beachtenswert ein, „im Volke wohne das Vaterland, dem die hervorragenden Menschen ihre Dienste zu weihen berufen seien"[56].

Bezeichnenderweise rechnete er auch „den ersten Bürger", den König, nach Herz und Interesse zur Partei des Volkes, weil er ebenso unter der Machtanmaßung der Aristokraten leide wie das Volk selbst. Es sei „ein großer Irrtum zu glauben, Frankreich sei dem monarchischen Regime unterworfen. Der Hof regiere und nicht der Monarch, berufe und stürze die Minister, schaffe und verteile die Stellen". Damit rettete auch Siéyès die selbst für den damaligen Franzosen noch sprichwörtliche Anhänglichkeit an die Dynastie: die Revolution richtete sich nicht gegen sie. Wenn die Nation zur Selbsthilfe griff, geschah es zugleich, um ihren natürlichen Schützer zu befreien, dem man die Arme gebunden. „Das Volk hat sich gewöhnt, bei seinen Beschwerden den Monarchen von den Inhabern der Macht zu trennen. Es hat den König immer als einen Mann angesehen, der inmitten eines betriebsamen und allmächtigen Hofs so betrogen wird und so ohne Verteidigung ist, daß es nie daran gedacht hat, ihm all das Böse zur Last zu legen, das unter seinem Namen geschieht."[57]

Wenn man bedenkt, daß Siéyès selbst dem Adel angehörte und nirgends mit den Anschauungen seiner Welt so zusammengestoßen oder in persönlichen Wünschen und Erfahrungen von ihr enttäuscht worden war, daß er sich hätte entwurzelt oder deklassiert fühlen können, muß man die Kraft der Einfühlung bewundern, mit der er sich nicht nur die Ansprüche und Argumente des dritten Standes, sondern auch dessen in Jahrhunderten demütigender Niederhaltung erwachsenes Ressentiment zu eigen machte. Sicherlich hat ihm etwas gefehlt, was von aristokratischer Gesinnung untrennbar ist: das Gefühl für Tradition und Pietät, zwei Eigenschaften, die vielleicht überhaupt nicht die Stärke des Charakters der französischen Nation ausmachen, die nicht umsonst als einzige die Aristokratie abgeschafft hat. „Warum", so fragt Siéyès höhnend, „sollte der dritte Stand nicht all diese Familien in die fränkischen Wälder zurückschicken, die den verrückten Glauben hegen, von den Eroberungsgeschlechtern abzustammen und in ihre Rechte eingetreten zu sein? Die so gereinigte Nation kann sich, denke ich, trösten, wenn sie sich nicht für mehr ansehen kann, als Nachkommen der Gallier und Römer zu sein."[58] Siéyès hat dieses Mittel, zur nationalen Einheit zu gelangen, wieder und wieder empfohlen, ohne daß man ihm anmerkt, er habe sich nur unter Skrupeln dazu entschlossen. Und wie schnell und leicht sein Rat Eingang gefunden in die Stimmung der Nation, zögerten die Ereignisse nicht zu beweisen. Er hat sich selbst einen Bürger genannt, „dessen Seele brenne für den Gedanken eines freien Vaterlandes"[59], und zweifellos hat er einen gewaltigen Anteil an der Schaffung des eigentlich revolutionären Patriotismus gehabt, dessen besondere Akzentuierung uns schon bei Condorcet betroffen machte und ohne den die Haltung so vieler Aristokraten in der Entwicklung der Ereignisse nicht zu verstehen ist. Vor Siéyès konkreter, die augenblickliche Wirklichkeit packenden Art, die Dinge zu sehen, verstummte jeder Widerspruch. „Wo soll man die Nation fassen? Wo sie ist, in den 40000 Kirchspielen, die das ganze Gebiet umfassen, alle Bewohner und alle Tributpflichtigen des Staates — das ist zweifelsohne die Nation." Und ebenso sicheren Tones schob er die Mehrheit an Stelle der Ganzheit: „Ein Volk kann nicht beschließen, daß sein gemeinsamer Wille aufhören soll, sein gemeinsamer Wille zu sein. Also hat ein Volk auch nie beschließen können, daß die dem gemeinsamen Willen, d. h. der

Mehrheit, innewohnenden Rechte auf die Minderheit übergehen sollten."[60]

So war mit dem Begriff der Nation als der Summe aller zu einheitlichem Wollen zu einigenden Volksgenossen auch die nationale Forderung festgelegt und erhärtet. Sie bestand in der unbedingten Erfüllung des „nationalen Willens", wie nun an Stelle des Gemeinwillens gesagt wird[61], in der Verwirklichung der Wünsche der Volksmehrheit. Jede Opposition traf fortan der Vorwurf des Nicht-National-Seins, und wer nicht mit der Nation, d. h. dem dritten Stand gehen konnte, dem blieb nichts übrig, als auszuwandern. Die tiefe Verachtung, die Siéyès für alles in sich trug, was geworden und nicht aus bewußter Vernunft geschaffen, ließ ihn unbedenklich einen absoluten Trennungsstrich zwischen der Vergangenheit und der Gegenwart ziehen. Unbelastet von Pflichten und Idealen, außer den der „reinen" Vernunft entspringenden, sollte die Nation in die Epoche ihrer Souveränität treten und eine neue Zeitrechnung für Frankreich beginnen.

10. Schlußbetrachtungen.

> In Wahrheit liegt die Sache so, daß die Demokratie großenteils durch ihre eigene innere Dialektik den Nationalismus und dieser den Imperialismus hervorbringt.
>
> Ernst Troeltsch.

Erinnern wir uns, daß am Eingang unsrer Untersuchungen ein Blick auf die philosophischen Grundüberzeugungen des Jahrhunderts zu Bewußtsein brachte, wir würden unser Problem durch eine gewisse Ungunst der geistigen Verhältnisse des Zeitalters mannigfach erschwert und verdunkelt finden. Wir mußten annehmen, daß ein kostbarer Schatz patriotischer Überzeugungen und Strebungen, den die erfolgreiche Politik des absolutistischen Nationalstaats in den Herzen der Franzosen angehäuft hatte, verloren gehen würde durch das machtvolle Hervortreten eines Staatsideals, das gerade aus Kritik und Opposition seine besten Kräfte zog. Und sicherlich: der demokratische Gedanke, der sich selbst aus der allgemeinen Gleichheit der Menschen herleitet, der sein Pathos aus den Menschenrechten und sein Ethos aus dem Humanitätsideal empfängt, wird seine geistige Zusammengehörigkeit mit Weltbürgertum und Pazifismus niemals verleugnen können. Er drängt zu den Folgerungen einer übernational organisierten Völkergemeinschaft, innerhalb derer das Prinzip der Staatsraison der Idee der Gerechtigkeit gewichen und die nationalen Zielsetzungen soweit veredelt sind, daß der Politiker keine höhere Pflicht kennt, als dem Fortschritt der Menschheitskultur zu dienen.

Indes sind wir auf unserem Wege durch die staatsphilosophische Publizistik des 18. Jahrhunderts keinem begegnet, der sein Denken auf den Volksstaat der Zukunft richtete und bei dem die eigentlichsten Tendenzen der Demokratie nicht durch offenbare Regungen des Nationalbewußtseins gebrochen erscheinen. Seltsam ohnmächtig zeigt sich der zur Loslösung von Volk und Vaterland treibende „Geist der Zeit". So wahr ist es, daß diejenigen, die es sich zur Aufgabe setzen, den Kulturgehalt ihrer eignen Epoche geistig zu bewältigen, soviel Eigenes in diesen eingehen lassen, daß erst ihr Werk dem nachfolgenden Geschlecht eigentlich zum Geist dieser Zeit wird. Aber nicht so liegen die Dinge, daß die Eigenwilligkeit und Irrationalität der Persönlichkeiten einzig genügen soll, die Verbindung zweier scheinbar so auseinanderstrebender Denkrichtungen wie die des Nationalismus und des Demokratismus zu erklären. Denn nicht das psychologische Interesse an den Gestalten, die wir heraufbeschworen haben, und am Zauber ihrer Individualität beherrschte unser Denken, während wir das Bild ihrer Meinungen entrollten: sondern es galt, die Geschichte einer Idee lebendig zu machen und zu zeigen, wie aus immanenter Notwendigkeit ein Element in sie einging, von dem die öffentliche Meinung und die historische Kritik sie bisher getrennt hielt und dem sie in ihrem eignen Bewußtsein von sich selbst heute noch irgendwie unsicher gegenübersteht.

Nachdem Deutschland wie andere Völker den Weg zur Demokratie entschlossen betreten hat, besitzt diese Frage für uns eine geradezu schmerzliche Gegenwärtigkeit. Die ohnehin maßlos empfindliche Einheit unsres Volkes droht völlig daran zugrunde zu gehen, daß weite Kreise der Nation dem neuen Staate deshalb die Gefolgschaft versagen zu müssen glauben, weil sie der Demokratie ein befriedigendes Verhältnis zu unseren nationalen Traditionen und selbst den Sinn für nationale Würde einfach nicht zutrauen. Ein Blick auf unsre früheren Gegner müßte genügen zu beweisen, wie eng verschwistert demokratisches und nationalistisches Denken und Handeln auftreten kann. Aber entweder hat man sich so gewöhnt, die demokratischen Formen des politischen Lebens der Weststaaten als Heuchelei zu betrachten, oder aber man befürchtet von dem viel beschrienen unpolitisch-theoretisch gerichteten Geist der Deutschen, er werde den Weg vom prinzipientreuen demokratischen Denken zur lebendigen nationalen Tat nicht zu finden vermögen. Wir möchten dem Reiz nicht erliegen, Bedenken dieser Art mit dem Hinweis zu beschwichtigen, daß auch der deutsche Liberalismus erst im Laufe der Entwicklung zum Nationalliberalismus geworden ist und daß ebenso den Demokraten der Meister erstehen wird, der sie „national" macht. Denn unsere Absicht oder besser der Erkenntnisgewinn unsrer historischen Analyse geht vielmehr dahin, zu erhellen, daß der nationale Gedanke dem demokratischen Gedanken aufs stärkste verpflichtet ist und daß — ähnlich wie die großen Liberalen der Paulskirche zweifellos Patrioten waren, ohne Nationalliberale zu sein — der echte Demokrat auch vaterländisch gesinnt ist, weil dem demokratischen Prinzip als solchem Tendenzen innewohnen, die zur schönsten Vertiefung und Kräftigung des Nationalbewußtseins führen müssen.

Historische Betrachtung braucht nicht über die Unannehmlichkeit zu straucheln, daß der Begriff „national" nicht eindeutig ist. Sie darf ihre toten Helden sprechen und selbst bestimmen lassen, wie sie ein Wort verstehen und eine Idee fassen wollen, und ist in ihrer Auswahl und Wertsetzung an nichts gebunden als den Maßstab des Historisch-Lebendigen. Deshalb werden wir uns, wenn wir die Leistungen der französischen Aufklärungsphilosophie für den Gedanken des nationalen Staates ermessen wollen, wesentlich von Ideen des 19. Jahrhundert leiten lassen dürfen; zumal wir gewöhnt sind, in dem der Aufklärung folgenden Stadium des modernen Geistes den Höhepunkt der nationalpolitischen Denkungsart zu erblicken. Es sei hier die eingangs unsrer Arbeit benutzte Hilfskonstruktion noch einmal verwendet, die die Darstellung des Kraftfeldes der nationalen Idee durch die Unterscheidung der zwei Stromlinien des vaterländischen und des staatsbürgerlichen Gedankens zu erleichtern suchte. Das Wort vaterländisch, in einem engeren Sinne gebraucht, sollte dabei die Einstellung des politischen Denkens auf das Verhältnis der Nation zu anderen Staaten treffen, die staatsbürgerlichen Elemente sich um die Frage des Verhältnisses der Nation zu ihrem eigenen Staate konzentrieren. Wir haben beide Problemrichtungen in einer Reihe für das vorrevolutionäre Frankreich mehr oder weniger repräsentativer Geister verfolgt und konnten die erste zwar ständig und gleichmäßig durchführen, für die zweite aber einen weit größeren und wertvolleren Gewinn innerhalb der Ideengeschichte herausstellen. Sobald es sich darum handelt, den Staat als das höchste nationale Gut in Meinung und Gefühl eines Volkes durchzusetzen, hat die Demokratie eben völlig eigene und unersetzliche Werte einzuschießen, während sie zwar nicht weniger gute Patrioten beherbergt als jede andere Staatsform, aber einen besonderen patriotischen Typ nach der Richtung des Pathetischen hin nicht entwickeln kann.

Vielleicht ist auch der Gefühls- und Gedankengehalt dessen, was man üblicherweise als Patriotismus anspricht und was von der Beziehung auf die erreichte Machtstellung des betreffenden Staates innerhalb der äußeren politischen Welt niemals ganz zu trennen ist, tatsächlich ziemlich undifferenziert und jedenfalls im Zusammenhang mit jeder Staatsauffassung möglich. Überschauen wir, was „patriotisch" wirkte in all jenen Männern von d'Argenson bis Mirabeau, die vor unsern Augen standen! Es war der Stolz auf die Bedeutung, die Frankreich in Europa und der gesamten Kulturwelt besessen habe, die Trauer, daß es etwas davon eingebüßt, die Sehnsucht, daß es die alte Höhe wieder erklimmen werde! Man nimmt leidenschaftlichen Anteil an den Tagesereignissen, man klagt die Fehler der Nation und die Mißgriffe der Regierung an oder entschuldigt sie, man glorifiziert die nationale Vergangenheit und bezeugt dem König, in dem sich Staat und Volk symbolisieren, unbegrenzte Liebe und Verehrung. Man haßt Österreich, den Erbfeind, und mehr noch England, den neuen Rivalen, der Frankreich überall entgegentritt und dessen Überlegenheit selbst auf verfassungstechnischem Gebiet man nur widerwillig zugeben mag; man beeifersüchtelt das aufsteigende Rußland und hätschelt die alten Bündnisgenossen aus Schweden oder der Türkei; man ermuntert die so bequemen Nachbarn von jenseits des Rheins, in ihrer Redlichkeit und politischen Ohnmacht zu verharren, und duldet wohlwollend das Emporkommen Preußens, weil man es als Hofhund gegen die habsburgische Begehrlichkeit nützlich verwerten kann. Man arbeitet Pläne aus, der französischen Politik Klarheit und Ziel zu geben und dem altem Allianzsystem Festigkeit, indem man auf eine schlecht fundierte Kolonialpolitik verzichtet und allen Wert auf die kontinentale Vormachtstellung legt. Verantwortungsbewußte Sorglichkeit sucht den Machtwillen ehrgeiziger Phantasten auf erreichbare Möglichkeiten einzuschränken; man bemüht sich, die wahren Interessen des Vaterlandes von den nur eingebildeten, seinen „Ruhm“ von seinen „Träumereien“ zu scheiden und die öffentliche Meinung für die Erhaltung und Stärkung der nationalen Machtmittel zu erwärmen: ja, man beginnt den Gedanken der Verdrängung der Soldheere durch das Volksheer zu propagieren, um den Schutz der nationalen Ehre und Unabhängigkeit nur den treuesten Händen anvertraut zu wissen. Man begeistert sich an großen Persönlichkeiten und kriegerischen Tugenden, gibt Helden Raum und der Heldenverehrung, erörtert das Führerproblem und spricht es unsentimental genug aus, daß Rücksichtslosigkeit und Härte besser befähigen, einen Staat zur Höhe zu führen, als harmonische Kultiviertheit.

All das ist auswechselbar — kann man sagen — auswechselbar von Land zu Land und Zeitalter zu Zeitalter. Selbst scheinbar so französische Vorstellungen wie der Glaube an die Anwartschaft Frankreichs auf das allgemeine Schiedsrichteramt über die Welt oder Raynals Idee einer französischen Weltmission, die Meere der Erde von der Herrschaft der Engländer zu befreien, finden sich in dem nationalistischen Begriffsvorrat andrer Völker wieder, die eine historische Machtstellung zu verteidigen haben, wie etwa im britischen Imperialismus das Dogma von der gottgewollten Weltherrschaft der Angelsachsen. In dieser Undifferenziertheit seines Sinngehaltes scheint es begründet zu sein, daß die Sprache des Patriotismus aller Zeiten so gern in das Pathos der Antike schlüpft! Durch die gesamte politische Aufklärungsliteratur geht es als ein durchaus konventioneller Zug, das Beispiel der heroischen Vaterlandsliebe der Alten verehrend anzurufen, und das obwohl für das historische Bewußtsein der Epoche Christentum und Antike, Mittelalter und Neuzeit bereits denkbar scharf auseinandergetreten sind. Soweit ich sehe, ist es die einzige Stimme des gerechtigkeitssüchtigen Holbach gewesen, die sich warnend gegen die Verherrlichung des antiken Patriotismus und seine Übertragung auf die Neuzeit erhebt, wie er auch einer der wenigen ist, die zur Rechtfertigung ihrer völkerverbindenden, vom Machtwillen gelösten politischen Ideen die Berufung auf das Weltbürgertum Ciceros oder Marc Aurels verschmähen. Denn in diesem Zusammenhang ist die Feststellung bezeichnend, daß auch die vielbeschrieenen kosmopolitischen Elemente des Aufklärungsgeistes ihrem sachlichen Gehalt nach und bis in die Formulierungen hinein in engster Beziehung zur antiken Überlieferung stehen und deshalb zu ihrem größten Teile eben so konventionell wirken wie die Äußerungen des Gewohnheitspatriotismus. Forderungen wie die, daß ein Volk lieber sterben solle, als sich seiner Ehre berauben zu lassen, klingen so farblos und kehren so oft wieder wie die Bemerkung, daß der Philosoph den Staub eines undankbaren Vaterlandes von seinen Füßen schütteln müsse oder daß die Menschheit eine große Familie sei und ihr Wohl dem echten Menschen höher zu stehen habe als das seiner Heimat. Wenn trotzdem aus dem Einschlag kosmopolitischer Elemente in das nationale Denken der Zeit, wie wir sahen, eine neue Form von versittlichtem Patriotismus erblühte, so ist das der Erneuerung der ethischen Auffassung des Staatslebens durch den Humanitätsgedanken zuzuschreiben.

Indes muß einer andern Richtung des vaterländischen Geistes gedacht sein, in der es die Aufklärungsphilosophie zu einer ihr völlig eigentümlichen und sympathischen Färbung gebracht hat und die die Echtheit ihres patriotischen Gefühls viel besser zu erweisen angetan ist, als all ihre Erörterungen über das Wesen der Vaterlandsliebe. Charakteristischerweise handelt es sich dabei um das innerpolitische Gebiet, dessen geistige Durchdringung von den neu gewonnenen Staatsauffassungen besonders fruchtbar beeinflußt wurde und dem Willen zur patriotischen Tat klar erkennbare konkrete Aufgaben stellte. Und eben das macht das Wesen dieses Patriotismus aus, wie der Wille jede Erkenntnis und deren Konsequenzen bejahte und sich keiner der Notwendigkeiten der geschichtlichen Gegenwart versagte um der Gewinnung der Zukunft willen! Darin hat es seinen Grund, daß der Begriff des „Reformfreundes" gleichbedeutend mit Patriot wurde, wie wir wiederholt feststellen konnten. In der Tat setzten die Reformprogramme der Revolutionsphilosophen, die größtenteils selbst dem Adel angehörten, eine Opferfreudigkeit voraus, die zwar nicht das individuelle Leben für den Tod auf dem Schlachtfeld, dafür aber den Verzicht auf einen ganzen Typus Mensch und den Stil seines Herrentums forderte — eine Selbstentäußerung, zu der sich keine herrschende Klasse vor oder nach 1789 jemals fähig gezeigt hat! Wesentliches Merkmal dieses Patriotismus wurde weniger die Stellung zum Volk, für das man wohl viel Liebe, aber im allgemeinen doch wenig Vertrauen hat, als die S e h n s u c h t nach der inneren nationalen Einheit, der Wunsch, die ständischen Unterschiede und Getrenntheiten zu überwinden, als dessen Kehrseite bald der Haß der Privilegien und ihrer Träger bis in die Reihen der eignen Standesgenossen hinein hervortritt. Das politische Programm, das diesem vaterländischen Pathos entsprach, lautete demnach auf Einberufung einer

„Nationalversammlung" an Stelle der Generalstände, wie die Ereignisse sie dann auch später durchgesetzt haben, als der neue Geist sich unvereinbar mit den alten Formen zeigte.

Freilich liegt hier nur eine zeitweilige und gleichsam ad hoc entstandene Schattierung des nationalen Gedankens vor. Eine Wendung des nie erloschenen und biegsamen französischen Patriotismus auf die zur Zeit am stärksten gefährdete Position des Staatsgebäudes, von der aus einige Jahre später die Rückwendung auf die außenpolitische Linie mit der gleichen Elastizität vollzogen wurde — eine Klärung der Frage: Frankreich und die Reform seines Staates, ehe das Problem: Europa und die französische Revolution in den Gesichtskreis der französischen Politiker trat, um ebenfalls die Lösung eines neuen Patriotismus zu finden.

Beide Fragen und beide Antworten wären nicht denkbar ohne die schöpferische Leistung der vorrevolutionären Staatstheorie, die das Verhältnis zwischen Mensch und Staat und Staat und Volk auf eine völlig veränderte Grundlage gestellt hatte und deren Werk es war, wenn fortan jedes historische Schicksal auf einen neuen Typus des politischen Menschen stoßen mußte. Zwar ist die französische Staatsphilosophie des 18. Jahrhunderts und der demokratische Gedanke selbst alles andere als etwas Einheitliches. Und ebensowenig sollen Rationalisten in Romantiker umgedeutet werden. Aber klar erkennbar als ihr Verdienst ist eine wesentliche Wandlung des staatsbürgerlichen Denkens festzustellen: die Erfüllung des Staatsbegriffes mit neuem Sinn und Wert, die Hereinbeziehung des Staates in die Formen des Geistes und der Seele und damit ein ständiges Anwachsen der Macht des Staatsgedankens — allen ungünstigen Voraussetzungen und Gegenströmungen zum Trotz. Rückblickend, aber ohne uns hier an die naturrechtlichen Kategorien zu binden, in denen dieser Prozeß notwendigerweise vor sich ging, sehen wir die Entfaltung der neuen Lebensmacht Staat, die in der französischen Revolution zum ersten Male rein in die Erscheinung tritt, sich in mehreren, voneinander deutlich differenzierten Terraingewinnen vorbereiten, deren jeder einem Gegensatz abgerungen wurde, um zuletzt die eine große Synthese des modernen Nationalismus zu ermöglichen.

Da ist es zuerst die Meinung vom Staat, die sich in ungeahntem Ausmaß erhöht und das Interesse des Gebildeten an die staatstheoretischen Probleme fesselt als an Wert- und nicht bloße Zweckmäßigkeitsfragen. Das Sinken der Kirche und der Religion in der Schätzung der Menschen des 18. Jahrhunderts, die furchtlos nach Glück und Erkenntnis zu streben wagen, half das Odium überwinden, das dem Staat immer noch anhaftete, der sein Aktionsgebiet stets der kirchlichen Machtfülle hatte abstreiten müssen, und, unzulänglich für die Befriedigung der Bedürfnisse einer geistigen Welt, selbst nach der Reformation auf inferiore, äußere und irdische Zwecke beschränkt blieb. Jetzt da man gelernt hatte, kein anderes Maß als das des Menschen an die Dinge zu legen, stieg der Staat auf einmal hoch empor: er bedingt das Glück des Menschen, lehrten Helvétius und Holbach — also muß er mehr sein als der Mensch und das Volk selbst. Dabei war es ein wohltätiges und heilkräftiges Bild, das auf diese Weise zustande kam — in freundlicher Beziehung zum Menschen gedacht und völlig ungleich jenem fremden Ungeheuer Leviathan, mit dem das 17. Jahrhundert das Auge des Staatsbürgers geschreckt. Nicht wie unentrinnbar und grenzenlos die Gewalt des Staates über uns aufgehängt ist, ergab sich als Essenz der neuen mit Eifer verschlungenen Bücher, sondern wozu er Kraft und Vermögen besitzt, und wie er als mächtigste Hilfe dem Menschen gegeben, den Sinn seines Daseins zu vollenden. Er schafft nicht nur das größtmögliche Glück der größtmöglichen Zahl, er schafft auch die Moral, für die der Mensch in einem heiligen Sinne angelegt ist, indem er die Gemüter auf eine gemeinsame Ehre konzentriert und die Willen über sich selbst hinaushebt, nicht-egoistischen und allgemeinen Zwecken zu dienen — so stand es zu lesen. Er vermag Menschen aus Wilden zu machen und Völker aus Herden: denn durch das bloße Gesetz seines Daseins stellt er jeden, der ihm angehört, vor das Erlebnis der sittlichen Freiheit und vor die Entscheidung, Kultur zu wollen oder das Chaos. Darum nannte Rousseau den Entschluß des menschlichen Geistes zum Staate „den glücklichsten Augenblick, den der Mensch unaufhörlich preisen sollte, weil er ihn seiner alten Verfassung entriß und aus einem dummen und beschränkten Tier ein vernünftiges Wesen und einen Menschen machte" — darum hielten Turgot und Condorcet den Fortschritt der Humanität und Vernunft an das Werk des Staates geknüpft und lieferten ihm die Seele der Nation zur Erziehung und Bildung aus; darum vertraute Mably: „der Staat vermöge das Spiel der menschlichen Leidenschaften so zu beherrschen, daß eine Erhöhung der Bildung, die Entwicklung aller Talente und die Blüte der größten Tugenden daraus hervorgehe".

Freilich nicht unwidersprochen ging diese Apotheose des Staates zum Inbegriff der höchsten Werte vor sich, und zeitweilig rang in derselben Brust die ewig menschliche Sehnsucht, zu beseelen und zu verehren, mit dem Mißtrauen und der rechnenden Kühle, eine nüchterne Zweckinstitution innerhalb der Schranken zu halten, die der Zwecksetzer ihr bei ihrer Schöpfung angewiesen. Diese Geister standen erlebnismäßig noch zu tief unter dem Eindruck der Bedrückungen, denen ein allzu starkes Staatsregime unbeseelter Macht sie oder andere, denen ihre Sympathie gehörte, ausgesetzt hatte. Montesquieu, Voltaire und Diderot, der junge Mirabeau und Siéyès, zum Teil auch Helvétius und Holbach bringen diese Stimmung mehr oder weniger rein zum Ausdruck — obwohl auch sie nicht bloße Skeptiker sind und eine überindividuelle Macht über sich anerkennen, für die sie eifern. Denn das Verhältnis, in dem für sie Gesellschaft und Staat einander gegenüberstehen, ist gerade umgedreht: nicht der Staat schafft das Volk, sondern Individuum und Gesellschaft schauen souverän auf das Gebilde ihrer Vernunft herab, das sie zu seinem Dasein tausendmal voraussetzt; sie empfangen ihr Glück nicht dankbar aus seinen Händen, sondern verbieten ihm, sie in ihrem Wohlbefinden zu stören und handhaben ihn als ein Mittel ihres Ordnungswillens. Das liberale Prinzip stößt hier gegen das demokratische, der Volksstaat der Freiheit gegen den der Gleichheit, der juristische Begriff des Rechtsstaats, dessen wesentlichste Aufgabe es ist, Unrecht zu verhindern, gegen die ethische Auffassung des Gemeinschaftsstaates, dessen Sinn es ist, Kulturzentrum zu sein.

Indes sollte sich dieser Widerstand, den der Staat bei seinem Aufstieg in der Schätzung der Menschheit fand, als eine Antriebskraft von hohem Wert erweisen. Er wurde ein Stachel gleichsam, einem Thronanwärter ins Blut gesenkt, die Echtheit seiner Geburt vor aller Welt darzutun; den höchsten Erwartungen zu genügen, um jede Gegnerschaft innerlich zu entwaffnen; die unerbittlichsten Ansprüche an sich selbst zu stellen, um den Glauben und die Liebe seiner Jüngerschaft zu verdienen. In notwendigem Zusammenhang mit ihrem Meinen vom Staat sehen wir deshalb die Forderungen der Bürger an den Staat wachsen. Er soll nicht nur vernünftig sein, wie es dem Hirn jedes Küchenjungen plausibel dünkt, sondern er soll die Wahrheit sein in einem höheren Sinne, durchsichtig und „schön", eine Spiegelung der ordnenden Weltvernunft, die Verwirklichung ihrer Absichten, „harmonisch wie ein Kunstwerk", „abgestimmt in seinen Teilen". Er soll auch sittlich sein: gerecht und gut und human — nach innen wie nach außen. „Was der Mensch dem Menschen schuldet: Gerechtigkeit, den guten Glauben, Menschlichkeit, Hilfe", das haben Staaten ihren Bürgern und sich selbst untereinander zu erweisen — so will es das höchste Ideal der ausgehenden Aufklärung: die Humanität. Es ist wie ein Zögern des bewußten Geistes, der doch schon bereit ist, den Weg zum Staat zu gehen, ob das Ziel auch lohnen wird, ob die erstrebte neue Form auch Raum haben kann, ihn zu fassen. Denn dazu letzten Endes soll der Staat sich vergeistigen und beseelen und kann nicht genug vergeistigt und beseelt werden, damit er den Geist seines Volkes, die Seelen seiner Bürger in sich aufnehmen kann, damit er die Majestät des Individuums nicht reize durch grobe Unzulänglichkeit. Denn ohne Entrinnen lauert bereits wieder der Zwiespalt. Nicht alle bringen die Rigorosität eines Rousseau auf, der verbieten wollte oder umdenken, was darnach angetan ist, das Einbauen des nationalen Lebens in den Staat zu erschweren. Die Klaren und Selbstbewußten und Helligkeitsfrohen wissen, Mensch und Gesellschaft haben eigne und selbständige Tendenzen, geistige, wirtschaftliche, die den Staat nicht gebrauchen können von Anfang bis Ende, und die Zarten und Schamhaften fühlen, es gibt ein Leben, der Kunst, der Religion, das nie fähig sein wird, in ein anderes Gefäß einzugehen als in das heilig persönliche der individuellen Seele. Darum ließ Diderot als ein wackrer Ritter vom heiligen Geiste und der reizbare Voltaire selbst nicht ab, den Staat zu bekriegen; deshalb wollte der fein differenzierte Mably ein schönes freies Menschentum in Unabhängigkeit vom Staate züchten, um es zuletzt erst, wenn es gereift und weniger verletzlich, durch die politischen Werte bereichern zu lassen.

Aber es kamen auch viele der Patrioten und warnten, die idealen Forderungen an den Staat zu überspannen, weil sie ihn hinderten, seiner stolzesten Aufgabe, Hüter und Entfalter einer Nation zu sein, zu genügen. Lieber solle er hart und listig sein, wenn er nur stark bleibe und seinen natürlichen Gegnern gewachsen. Ein drittes spricht sich hier aus in der Geschichte der Vorbereitung des Aufstiegs des Staates, wie nämlich der Staat an Verständnis gewonnen im Laufe des Jahrhunderts und wie die Erkenntnis von seinem Wesen gewachsen. Die Resultate waren zwar auch hier nicht einheitlich; es blieben der Konstrukteure genug — und so edle Geister wie Condorcet fanden sich unter ihnen — die vermeinten, den Staat nach ihrem von außen, nämlich von der Vernunft und nicht aus dem Wesen des Objekts her angelegtem Schema aufbauen zu können, mit Gesetzen und Verfassungsformen, nach den gesicherten Ergebnissen der

Wissenschaft. Aber die Mehrzahl bemühte sich doch, wenn schon sie die Montesquieuschen Relativierungen ablehnte, induktiv dem Rätsel des Staatslebens nahezukommen, indem sie empirisch oder historisch beobachtend, zu erkennen suchte, wovon das organische Funktionieren seines gesunden oder kranken Körpers abhängig sei. Das Klima war nur eine der unergründlichen und unwägbaren Mächte, mit denen man ahnungsweise erklärte, warum das Phänomen des Staates nicht ein für allemal durch eine heteronome Gesetzgebung zu bezwingen sei, so wie es bei Montesquieu schon ein Sammelbegriff gewesen war. Bezeichnend ist es zu sehen, wie man langsam lernt, den Faktor der geographischen Basis eines Staatsgebietes, dem man sich gewöhnt hatte, unter den physischen Grundbedingungen des Gedeihens eines Staatswesens eine hervorragende Rolle zuzuteilen, unter dem Einfluß der Vergeistigung der Staatsauffassung anders zu bewerten. Nicht seine Größe oder Abgerundetheit im materiellen Sinne hält man mehr für entscheidend, sondern innere Einheitlichkeit, natürliche Geschlossenheit bei mäßiger Ausdehnung werden der ungefügen Weite eines Riesenreiches vorgezogen; man verspottet den spanischen Koloß und schaut bewundernd auf die Territorialpolitik Friedrichs des Großen. Turgots These von den „natürlichen Grenzen", sein Grundsatz, „daß man den Staaten Provinzen wegschneiden müsse wie den Bäumen Zweige, um sie zu kräftigen", kam zur rechten Zeit, Montesquieus und Mablys Lehren von der Weisheit der Mäßigung gleichsam biologisch zu ergänzen und die in einem andern Problemkreis gewonnene neue Entdeckung eines Gesetzes der nationalen Assimilationskraft, dem das Wachstum eines Staates unterworfen sei, aufs glücklichste zu bestätigen.

Denn in dem Maße, wie die Frage nach den differenzierenden Bedingungen, die Staaten ihr jeweilig eignes Gesicht geben, sich vertieft hatte zur Frage nach den tragenden Grundkräften überhaupt, aus denen Staaten ihr geheimnisvolles Leben empfangen, war das unübersehbare und beziehungsvolle Phänomen der Nation immer bedeutsamer hervorgetreten. Eine Reihe wertvoller Erkenntnisse bringt die wachsende Selbstbewußtheit der Nation ans Licht des Tages; ihre Deutung als Sprach-, Kultur- und Erlebnisgemeinschaft wird klarer oder verhüllter ausgesprochen; jenseits der abgegriffnen Portraitierungen der verschiednen lebenden Nationen, weiß man vom Wesen der Nation als solcher zu sagen, wie sie ein gänzlich Souveränes, Irrationales, Unheimliches sei, voll unbeirr- und unzerstörbaren Lebenswillens und wie ihr Urbild, das Individuum, dem Rhythmus von Leben und Tod unterworfen, aber unbegrenzter Vervollkommnung fähig. Freilich die Brücke zum Staate ist damit noch nicht geschlagen, und die kahl-atomistischen Definitionen des (Staats-) Volkes als Summe oder Anhäufung der Bürger, die ein und demselben Staatsverband angehören, schleppen sich durch die gesamte Literatur des Jahrhunderts. Und selbst reingehalten von politischen Beziehungen und abgesehen von den rationalistischen Formulierungen, fehlt der ganzen Problemstellung für uns, die wir durch das Zeitalter des deutschen Historismus gegangen sind, der kostbarste Schlüssel zum Verständnis des Phänomens der Nationalität: nämlich die Idee der Individualität. Vielleicht war man zu glücklich in dem eben gewonnenen, alles Auseinanderstrebende zusammenfassenden Fortschrittsgedanken, bestimmt gab es zuviel der einenden, Unterschiede verwischenden Gesichtspunkte, als daß der Glanz des Individualitätsbegriffes diesem Geschlechte nicht hätte verborgen bleiben müssen — und wäre er ihm verstandesmäßig zugänglich gewesen, so hätte doch das poetische Genie diesem Jahrhundert gefehlt, seine Strahlen aufzufangen und tausendfältig zu reflektieren.

Außerdem genügten die damals zu unverlierbarem Eigentum erworbenen Einsichten vom Wesen der Nation bereits, nicht nur den Staatsgedanken aufs wunderbarste zu beleben, zu erwärmen, zu vermenschlichen, sondern auch die Theorie der Staatskunst wesentlich zu bereichern. Vertieft und verschönt erschien die alte Interessenlehre; gebändigt die Zerfahrenheit diplomatischen Geschäfte-Machens in der Sammlung und Verpflichtung der Politik auf ein den Nationen innewohnendes, stetiges und untrügliches Prinzip; veredelt das Gezänk der Staatsmänner durch den Glauben an eine natürlich-geistige Energie, die allen Lebensäußerungen eines Volkes zugrunde liege. Und überall leuchtet verheißungsvoll über dem Wirrsal der nationalen Machtkämpfe, sich anschickend Gleichgewichts- und Konvenienzpolitik zu entthronen: die Idee vom Selbstbestimmungsrecht der Völker — zwar meist negativ formuliert als Protest gegen unwürdige Vergewaltigung und Herabsetzung der Nation zum Ding, aber doch unverkennbar, die Ethik des modernen Individuums auf Nation und Staat übertragen, der kategorische Imperativ, das Recht der eignen Persönlichkeit eine Grenze finden zu lassen am gleichen Rechte andrer. Dabei gab solches Denken den nationalen Lebensnotwendigkeiten Raum — wie dem Menschen das Recht auf Notwehr, ließ sie dem Staat das Recht zum Krieg, zur Härte, zum Bösen, wenn es sein müsse, und freute sich leidenschaftlicher Strebungen und Wünsche im Volkskörper als eines beredten Zeugnisses unverwelkten Lebens. Aber sie ließ die Entfaltung wiederum enden mit der Kraft eines Volkstums, sich neue Glieder anzugleichen und die Einheitlichkeit seines Wesens zu behaupten. So wollte es die neue, die „natürliche“ Politik, die „die Moral der Nationen“ darstellen sollte und mit „Ethokratien“ rechnete als dem neuen Staatstypus. Freilich könnte man zweifeln, ob hier überhaupt noch ein Erkenntnisgewinn für die Staatstheorie vorliege, und ob nicht vielmehr eine der gewaltigsten Einsichten der Geschichte: Machiavells Dogma von der virtù endgültig verschüttet worden sei. Aber wenn man denkt, welche Elemente von Machiavells Lehre damals lebten und darüber hinaus in welch trauriger Form sie lebten — die Sprache der Machiavellisten ist ja auch im 18. Jahrhundert niemals ganz verstummt — kann dieser Verlust nicht wiegen gegenüber dem Eindruck der unbeirrbaren und glücklichen Wendung des Staates zum Geiste.

Denn nur diesem Staate konnte das große Geschenk dargebracht werden, in dem das Ethos der Aufklärung seinen Höhepunkt erreicht: die Hingabe von Mensch und Volk an die politische Tat. Aus dem Zwiestreit der Stimmen, von denen die einen den Staat den Zwecken der Individuen dienstbar wollen und die andern den einzelnen der Staatsallmacht ausliefern, weil sie das Allgemeine repräsentiert, ergibt sich schließlich das gemeinsame Verlangen der Volksgenossen, den Staat nicht zu lassen, er segne sie denn, seine Aufgaben, seine Probleme, sein Wohlergehen zu den ihren zu machen, ihn in tägliches Brot und tägliches Werk der Bürger hinüberzuführen und nie wieder fremden Händen zu überantworten. Nachdem es gelungen ist, den Staat den Idealen von Individuum und Nation zu neigen, ihn tauglich zu machen, das Gefäß ihres Geistes zu sein, gehen beide ganz in ihn ein: seinen Willen zu vollziehen, von dem sie wissen, daß es ihr Wille ist und dennoch eine überindividuelle Macht. Als ein edles Material, willig und widerspenstig zugleich, wächst die Wesenheit des Volkes nunmehr dem Künstler entgegen, seines Hammers harrend, mit dem er es formen soll: Bildhauer, Staat, schlag zu, ich bin der Stein! Das ist der hinreißende Schwung, der dem Glauben Rousseaus an den Staat innewohnt und der der reinste Ausdruck des Jahrhunderts ist, weil er der abstrakteste ist.

Gewiß blieb eine große Schar zurück, die mit sich geizten oder nur in dem Maße zu geben bereit waren, als sie sichtbarlich Vorteile durch eine freundlichere Verbindung mit der staatlichen Ordnung einstrichen. Aber indem sie überhaupt begriffen, wie sehr die Beziehungen zwischen Mensch und Staat ins Persönliche hinüberzugreifen vermögen, und sein Dasein nicht als ein notwendiges Übel sondern einen notwendigen Wert bejahten, war auch ihr Wille zum Staate aufgerufen und ihre Hand, mitzutun an seinem Bau. Es kam nun alles auf das Werben des Staates um diese Menschen an, um ihm fortlaufend die Eroberung neuer Kreise und Lebensgebiete der Nation zu sichern. Denn unter allem

Sich-Sperren des Individuums gegen Autorität und staatliche Bevormundung liegt der geheime Wunsch verborgen, innerlich überwunden zu werden, weil gerade diejenigen, die persönlich der Pflege, Sorge und Stützung entraten zu können glauben, der großzügigen Atmosphäre des poltitischen Handelns mit ihrem Reichtum an Entfaltungsmöglichkeiten für starke Naturen am leichtesten verfallen.

Und wie dieses Bedenken zerstiebt, daß ein Teil der Volksgenossen den Sieg des Staatsgedankens gestört hätte, indem er ihm innerlich die Geltung versagte, deutet sich bereits am Ausgang der Aufklärung an, wie jene Gefahren gebannt werden würden, die dem Staat durch die Überspannung der moralisierenden Betrachtung etwa erwachsen waren. Denn mit der logischen Spannkraft eines unterdrückten Sinnelements schickte die Machtnatur des Staates sich an, aus der demokratischen Ideologie einen unerwarteten und dieser scheinbar völlig entgegengesetzten Gewinn zu ziehen. Aus dem Wissen, einem Volkstum Heimat, Schicksal und Lebensraum zu sein, erwuchs dem Staat so ungeheure Verantwortung und Verpflichtung, daß es ihn unerbittlich zu vermehrter Machtorganisation gedrängt hätte, auch wenn nicht der Zuwachs an Kräften, den die Mitwirkung der nationalen Masse am Staatsbetrieb und ihre Willigkeit zum Dienst am Vaterland mit sich brachte, dazu verführen würde. So sehen wir an der Stelle seiner höchsten Entfaltung das demokratische Prinzip bereits dicht vor dem Umschlag in den Nationalismus, seine offenbare Antithesis stehen — die geistige Vorwegnahme des geschichtlichen Bildes vom revolutionären Frankreich, das, durch den demokratischen Gedanken einig gemacht, jauchzend in den Eroberungskrieg zog. Der deutsche Idealismus, der sich mit den ihm allein eigenen und hohen Kräften von neuem an das Problem des nationalen Staates begab, mußte dieselbe politische Wendung an sich erfahren, und die modernen Demokratien haben, einer immanenten Logik gehorchend, alle mehr oder weniger dem Imperialismus gehuldigt, solange es möglich war.

Dieses charakteristische Schicksal bereitet, diese Gedankenwelt entfesselt zu haben, war die Leistung der vorrevolutionären französischen Staatsphilosophie in der Geschichte der Ideen von Vaterland und Staat; am endlichen Triumph dieser neuen Lebensmacht bleibt sie mit unvergänglichen Ehren beteiligt. Noch brauste der Strom nicht mit voller Macht; noch bedurfte er neuer Sammlung, Klärung, Kräftigung; aber schon sehen wir ihn willig, die nach ihm verlangenden Volksgenossen in sich eingehen zu lassen und sie dem gemeinsamen Ursprung und Vollender Geist entgegenzuführen. Kommt ihr alle! klingt sein Gesang.

Und nun schwillt er
Herrlicher; ein ganz Geschlechte
Trägt den Fürsten hoch empor!
Und so trägt er seine Brüder,
Seine Schätze, seine Kinder
Dem erwartenden Erzeuger
Freudebrausend an das Herz.

Anmerkungen.

Einleitung.

1. Faguet, Emile, Dix-Huitième Siècle, Paris 1898, p. VI, VIII, XII, XXIV. Dagegen Alexis de Tocquevillle, L'Ancien Régime et la Révolution, Paris 1877, p. 230: J'ose affirmer que je n'ai jamais rencontré de révolution où l'on ait pu voir au début, dans un aussi grand nombre d'hommes un patriotisme plus sincère. Vgl. Taine, Origines de la France contemporaine I, L'Ancien Régime, Paris 1876, p. 424.

2. Vgl. Hartmann, L. M., Die Nation als politischer Faktor (Schriften der deutschen Gesellschaft für Soziologie, II. Bd., 1912), p. 93 und ebenda Michels, Die historische Entwicklung des Vaterlandsgedankens, p. 162.

3. Faguet, a. a. O., p. 389.

4. Dilthey, W., Das 18. Jahrhundert und die geschichtliche Welt, Deutsche Rundschau 108, p. 378.

A. Philosophische und historische Grundlegung.

I. Die philosophischen Grundüberzeugungen des Jahrhunderts und der nationale Gedanke.

1. Sommerfeld, M., Aufklärung und Nationalgedanke, Literarisches Echo 1915, p. 1363.

2. Fueter, Ed., Geschichte der neueren Historiographie, München und Berlin 1911, zu vergleichen p. 339 über „den Geist des künstlichen Machens".

3. Max Lenz, Die großen Mächte, p. 42.

4. Dilthey, a. a. O., p. 365.

5. Meinecke, Friedrich, Weltbürgertum und Nationalstaat, München und Berlin 1917[4], p. 188 und 136.

6. Taine, a. a. O., p. 259, 246, 262, 426, 303f. Vgl. dazu auch Tocqueville, a. a. O., p. 216, und Hettner, Herm., Geschichte der französischen Literatur im 18. Jahrhundert, Braunschweig 1913[7], p. 556 und 129.

7. Jodl, Friedrich, Geschichte der Ethik, Stuttgart und Berlin 1906[2], p. 431.

8. Sorel, L'Europe et la Révolution, Paris, I. Bd., p. 105.

9. ter Meulen, Jakob, Der Gedanke der internationalen Organisation in seiner Entwicklung von 1300—1800, Den Haag 1917, p. 68.

10. Ebenda p. 177—314 zeigt sich, daß von den 30 Projekten, die ter Meulen bespricht, 20 aus dem 18. Jahrhundert und 9 allein von Franzosen stammen.

11. Vgl. Hasbach, W., Die allgemeinen philosophischen Grundlagen der von François Quesnay und Adam Smith begründeten politischen Ökonomie, Leipzig 1890, p. 173. Oberfohren, Ernst, Die Idee der Universalökonomie in der französischen wirtschaftswissenschaftlichen Literatur bis auf Turgot, Jena 1915. G. Lassudrie-Duchêne, J. J. Rousseau et le droit des gens, Paris 1906, p. 79.

12. Mehlis, Lehrbuch der Geschichtsphilosophie, p. 353.

13. Jodl, a. a. O., p. 457. Wundt, W., Ethik, I. Bd., Stuttgart 1903[3], p. 400. Dilthey, W., Die deutsche Aufklärung im Staat und in der Akademie Friedrichs des Großen, Deutsche Rundschau 107, p. 38.

14. Wundt, W., System der Philosophie, Leipzig 1907, II. Teil, S. 197.

15. Gierke, Otto, Joh. Althusius und die Entwicklung der naturrechtlichen Staatstheorien, Breslau 1880, p. 302ff. Dilthey, Die deutsche Aufklärung, p. 212.

16. Ranke, Historisch-politische Zeitschrift I, Politisches Gespräch, p. 786.

17. Ebenda p. 799.

18. Sorel, a. a. O., I, 103. Windelband, Geschichte der neueren Philosophie, Leipzig 1907, I, 445, am ärgsten Faguet, a. a. O., p. XXVIII und 448. Dagegen wird sie mit Recht in Schutz genommen durch Fueter, a. a. O., p. 340.

19. Sommerfeld, a. a. O., p. 1361.

20. Gierke, a. a. O., p. 96ff.

21. Stahl, Philosophie des Rechts II, p. 137.

22. Vgl. Gierke, a. a. O., p. 159f., 137, 158.

23. Montesquieu, Lettres Persanes LXXXI, De toutes les nations du monde, il n'y a pas qui ait surpassé les Tartares par la gloire . . . Ce peuple est le vrai dominateur de l'univers. Rousseau, Discours sur l'Inégalité, p. 50: Chez toutes les nations du monde les progrès de l'esprit se sont proportionnés aux besoins que les peuples avaient reçus de la nature. Lettres Persanes XII nennt Montesquieu die im Naturzustand lebenden Troglodyten «nation», in der staatlichen Vereinigung «peuple», Lettres CVI dagegen umgekehrt nation mit politischem Akzent . . . le droit des gens et le consentement unanime des nations . . ., ebenda peuples für Kolonialvölker, nation für die viel strenger staatlich zusammengefaßten Spanier und Portugiesen. Neumann, Fr. Jul., Staat und Nation, 1888, p. 33. Encyclopédie, Article Nation definiert «nation» als Staatsnation. . . . quantité considérable de peuple . . . qui obéit au même gouvernement.

24. Montesquieu, Lettres Persanes CXXX, . . . une certaine nation qu'on appelle nouvellistes.

25. D'Argenson, Journal II, 72: la nation de Normandie — Voltaire, Essai sur les Mœurs, Tome III, p. 505 von Hugenotten und Katholiken: deux nations absolument différentes l'une de l'autre. Montesquieu, Lettres Persanes CXXXV, nennt die Feueranbeter nation.

26. Voltaire, Essai I, 7: Les Albinos sout à la vérité une nation très petite et très rare. Rousseau, Inégalité, p. 158 . . . des nations d'hommes d'une taille gigantesque.

27. Voltaire, Siècle de Louis XIV, I, 214: La nation française était plongée dans l'ignorance, sans excepter ceux qui croient n'être point peuple. Rousseau, Lettres de La Montagne IX. Brief. La populace s'étaie du peuple le plus abject. Voltaire, Oeuvres XXIII, 150, stellt in Gegensatz: la populace et les bons citoyens.

28. Voltaire, Essai, Tome II, p, 368: La France est la seule ou l'où dise: le clergé, la noblesse et le peuple. Mably, XII, 79: . . . le clergé, les seigneurs et le peuple.

29. Encyclopédie, Articles état und peuple. Ähnlich Voltaire, Histoire du Parlement de Paris, p. 241: Les bourgeois se joignirent au peuple.

30. Condorcet, Oeuvres XII, 180: La distinction des ordres doit disparaître aussitôt que la nation, désignée chez vous par le nom de tiers état en formera le désir. Siéyès, Qu'est-ce que le tiers état? p. 30ff.: Tout ce qui n'est pas le tiers ne peut pas se regarder comme étant de la nation.

31. Neumann, a. a. O., p. 122f. Encyclopédie, Article peuple.

32. Siéyès, Tiers état, p. 31: Qu'est-ce qu'une nation? Un corps d'associés vivant sous une loi commune et représentés par la même législature. — Encyclopédie, Article Nation.

33. Condorcet, XII, 174: La populace, ce fléau des Etats policés . . ., ebenda, p. 224.

34. Taine, a. a. O., I, p. 311.

35. Encyclopédie, Article représentant. Aulard, Histoire politique de la Révolution française, Ière Partie, Paris 1901, p. 25, 28. Ranke, Ursprung und Beginn der Revolutionskriege, p. 27f.

36. Sommerfeld, a. a. O., S. 1363.

II. Die praktische Politik des Jahrhunderts und der nationale Gedanke.

1. Sorel, a. a. O, p. 199.

2. Vgl. Aulard, a. a. O., der nachweist, daß noch zu Anfang der Revolution niemand daran dachte, Frankreich in eine Republik umzuwandeln.

3. Michels, a. a. O., p. 150.

4. Taine, a. a. O., I, p. 102.

5. «Mon peuple n'est qu'un avec moi; les droits et les intérêts de la nation, dont on ose faire un corps séparé du monarque, sont nécessairement unis avec les miens et ne reposent qu'entre mes mains.» Kissensitzung vom 3. April 1866. Zitiert bei Taine, a. a. O., I, p. 16.

6. Wahl, Ad., Politische Ansichten des offiziellen Frankreich im 18. Jahrhundert, Tübingen und Leipzig 1903, p. 18 und 12.

7. von Sybel, H., Geschichte der Revolutionszeit, 1853, I, p. 186.

8. Vgl. Hettner, H., a. a. O., p. 563. Koser, R., Staat und Gesellschaft zur Höhezeit des Absolutismus, Kultur der Gegenwart II; V, 1, Berlin und Leipzig 1908, p. 279. Max Lenz, Die großen Mächte, p. 38, 41.

9. Sorel, a. a. O., I, p. 244.

10. Sorel, a. a. O., p. 244—253: l'Origine des Traditions. Dupuis, Charles: Le principe d'équilibre et le Concert européen de la Paix de Westphalie à l'Acte d'Algésiras, Paris 1908, p. 16.

11. Sorel, a. a. O., I, p. 257.

12. Ibidem p. 273.

13. Michels, a. a. O., p. 146.

14. Treitschke, Deutsche Geschichte im 19. Jahrhundert, Leipzig 1908[8]. I. Bd., p. 119. Ranke, Die großen Mächte, neu herausgegeben von Fr. Meinecke, Inselbücherei Nr. 200, p. 46f., 51.

15. Sorel, a. a. O., I, p. 290.

16. d'Argenson, Mémoires, V, 371. Nous avous des colonies que je troquerais contre une épingle si jétais roi de France.

17. Vgl. Wahl, Politische Ansichten, p. 33. Aulard, a. a. O., I, p. 25.

18. Sorel, a. a. O., p. 240.

19. Tocqueville, a. a. O., p. 116.

20. Siéyès, Tiers état, p. 32.

21. Diderot, Oeuvres Complètes, Ed. Assézat, Paris 1875, III, 382.

22. Ami des Hommes, A Avignon, 1755, I. Bd., p. 111ff., vgl. fast wörtlich Bd. IV, p. 199, dazu IV, p. 201. Diderot, Oeuvres, Bd. XV, p. 421; d'Argenson, Mémoires V, p. 375.

23. Voltaire, Oeuvres, Bd. XIX, p. 382 und 448. — Condorcet, Oeuvres, Bd XII, p. 165, auch 195.

24. Ami des Hommes, I, 313. Montesquieu, Lettres Persanes CVI. Raynal, Hist. phil. II, 357. Voltaire, XVII, 240. d'Argenson, Mémoires II, 376. Ami des Hommes, I, 333. Voltaire, XIV, 303, XIX, 242. d'Argenson, Mem. I, 214, Condorcet, XII, 201. Voltaire, XIX, 241, XXI, 269, Rousseau, Oeuvres XVII, 44, Montesquieu, Lettres Persanes LXXXVII, Voltaire, XVII, 216, Raynal, III, 101. Montesquieu, Pensées II, 178ff., Lettres Persanes XXIV, Voltaire, LIX, 94, Montesquieu, Pensées I, 158. II, 179. Voltaire, LVI, 504. vgl. auch Encyclopédie, Art. Caractère.

25. Montesquieu, Deux Opuscules, p. 35; Esprit des Lois, Livre IX, Chap. VII.

26. Voltaire, XIX, 26; LVIII, 81.

27. Rousseau, Jugement sur la Paix perpétuelle, p. 80f.

28. Ami des Hommes, I, 141. Mirabeau, Essai sur le Despotisme, p. 214f. d'Alembert, Oeuvres III, 173. Raynal, Hist. phil. V, 282; III, 101.

29. Montesquieu, Lettres Persanes LXXXX. Ami des Hommes, II, 207; d'Argenson, I, 231. Raynal, III, 101f.; V, 293. Mirabeau, De la Monarchie prussienne V, 391. Encyclopédie, Art. caractère. Ami des Hommes, III, 372. Mirabeau, Essai 221, 306; Raynal, VIII, 384f. a. a. O.

30. Raynal a. a. O., II, 46; V, 281.

31. Voltaire, Oeuvres XVII, 197.

32. Montesquieu, Deux Opuscules, p. 35. Esprit des Lois, Livre IX, chap. VII; Pensées II, 113; vgl. Ami des Hommes, II, 432. Voltaire, XIX, 252.

33. d'Argenson, Considérations V, 10, p. 178.

34. Rousseau, Emile V, p. 187.

35. Sorel, a. a. O., I, p. 35; vgl. Friedrich Meinecke, Die Idee der Staatsraison in der neueren Geschichte, München und Berlin 1925, p. 404. Niemals in der Tat, weder vorher noch nachher, gab es in der großen europäischen Politik so wenig universal-europäische Interessen und Ideen wie damals.

36. Lenz, Max, a. a. O., p. 41.

37. Sorel, a. a. O., p. 25 und 71.

38. Sorel, a. a. O., p. 10.

39. Ebenda, p. 55 und 66.

40. Dupuis, Ch., Le principe d'équilibre, p. 32, 31.

41. Sorel, p. 39ff.

42. Droysen, J. G., Historischer Beitrag zu der Lehre von den Kongressen, Monatsberichte der Kgl. Preuß. Akademie der Wissenschaften zu Berlin 1869, Berlin 1870, p. 658ff., bespricht deren fünf.

B. Die Staatsphilosophen des vorrevolutionären Frankreich und der Gedanke der nationalen Demokratie.

1. Der Marquis d'Argenson und Mirabeau der Ältere.

1. Wahl, Vorgeschichte der Revolution I, p. 167 und von ihm beeinflußt Durand, K., Die Memoiren des Marquis d'Argenson, Berlin und Leipzig 1908, p. 4.

2. Mémoires et Journal inédits du Marquis d'Argenson, Paris 1857, Tome V, p. 271.

3. Mémoires I, 216, 151, 214.

4. V, 280.

5. V, 59; II, 329 Regardons nos Français comme le peuple le plus porté à l'amour de ses rois qui sera jamais.

6. III, 303; II, 330.

7. II, 289.

8. III, 17; IV, 80.

9. II, 309, 321; III, 314; IV, 259.

10. II, 309, 293, 32, 25, 80.

11. II, 312; II, 346 vgl. auch Considérations sur le Gouvernement de la France, Amsterdam 1764, chap. VIII, Art. 2.

12. Considérations, IIe chap. Mém. IV, 168; V, 364.

13. IV, 40. Vgl. Considérations, chap. I, p. 6.

14. Considérations, chap. I, p. 6.

15. Considérations, chap. I, p. 6; chap. V, Art. III.

16. Mémoires IV, 116; V, 294; IV, 136, 299. Considérations VII, Art. 42. Vor 1748 (Betrachtungen) war er noch nicht geneigt, mehr in ihnen zu sehen als bloße Gerichtshöfe!

17. Mém. IV, 299.

18. Mém. V, 129 und 263. Considérations, chap. V, Art. 7; Chap. II und VIII, 2: Le bon des républiques répugne-t-il à la Monarchie?

19. Considérations VIII, 1 und chap. I.

20. Mém. IV, 189 (24. Juli 1754): On remarque qu'on n'a jamais autant parlé de nation et d'Etat qu' aujourd'hui. Ces deux noms ne se prononçaient jamais sous Louis XIV, on n'en avait seulement pas l'idée. On n'a jamais été si instruit sur les droits de la nation et de la liberté. Moi-méme . . . j'avais ma conviction et ma conscience tout autrement tourné qu'aujourd'hui; cela vient du Parlament et des Anglais.

21. Mém. IV, 284 und 104.

22. Mém. V, 306 und 262; vgl. auch Considérations, chap. Ier und Chap. VIII, Art. II und Chap. VI über seine Feindschaft gegen die Aristokratie und den Adel.

23. Mém. V, 387, 379; vgl. Considérations, chap. III, Art. II und Art. XIV, wo er sehr heftig gegen das Stellen von Truppen für Subsidien Front macht, „das das Stimmrecht der Nation in allgemeinen Angelegenheiten Europas verhandle".

24. Mém. II, 379 und III, 39.

25. Mém. III, 345; V, 365, 370. In diesem Sinne befürwortet er auch die Handelsfreiheit. Considérations, chap. VIII, Art. I (p. 292) und III, 8 (p. 66), nicht „rückhaltlos" wie Oberfohren, a. a. O., S. 136, herausliest. — Mém. V, 369 und II, 155. Allerdings befürwortet er, Considérations, Essai de l'exercice du Tribunal européen ..., p. 326, eine starke Marine.

26. Mém. II, 293.

27. Mém. V, 293 und 300; II, 306 und Considérations, p. 319: La France montre l'exemple depuis plus de 20 ans, de préférer la gloire de l'arbitrage à celle des conquêtes.

28. Mém. III, 95.

29. Mém. II, 305 und 307.

30. Considérations, p. 323 ff. Vgl. ebenda chap. II: Un nouveau trône mis dans une maison royale a coûté à la France la moitié de ses forces intérieures. — Mém. I, 210; II, 260; V, 116.

31. Considérations, p. 326: Une puissance comme la nôtre peut prononcer jugement sur chaque différend européen ... Violà la véritable Monarchie Universelle. — Mém. II, 117 ff.

32. Mém. III, 200: Rührend die Sorge, daß der Dauphin von den Pocken angesteckt werden könnte und die Hoffnung: mais enfin la Vierge protège la France. — Mém. II, 171; IV, 223; III, 208, 226, 230; II, 278, 281.

33. Vgl. dazu Essai, Considérations, p. 319 ff. und Mém. II, 216, 378, 219, 176; III, 155, 110, 141, 351.

34. Mém. II, 218.

35. Mém. IV, 277.

36. Mém. IV, 276, 287.

37. Mem. II, 391 und IV, 82. Vgl. Considérations, Chap. Ier, Définitions Chap. VI, p. 189 und VIII, Art. 1.

38. Mém. III, 345.

39. Mém. II, 252; V, 299 und 372. Vgl. auch Essai, p. 318.

40. Mém. II, 249: Les folles prétentions des Espagnols! Que nous importe qu'il faille selon les désirs de la reine régnante autant des têtes couronnées qu'elle a d'enfants. III, 30: Voilà plus d'établissements que l'Italie ne peut supporter.

41. Mém. II, 252.

42. Mém. III, 26, 29, 43 f., 367 und 32.

43. Essai, Considérations, p. 320: Convenons que la maison d'Autriche est plus dangereuse en Italie que le roi Don Carlos. Son expulsion est donc plus nécessaire.... Mém. III, 29, 44.

44. Mém. II, 249; III, 31 und 45, 51.

45. Mém. II, 250: Il nous est plus aventageux de les laisser partager entre les princes italiens de même que nous laissons partager l'Allemagne entre les Allemands. Mém. III, 38: Le roi de Sardaigne est à la maison d'Autriche ce que le roi de Prusse lui est en Allemagne....

46. Mém. III, 75: Während seiner Verhandlungen mit Holland stand ihm immer eine vermeintliche nationale Abneigung gegen diese Käseesser entgegen. Toute raison d'Etat, tout droit cèdent à cette passion. — Mem. II, 376; V, 207: vgl. auch I, 153.

47. Mém. II, 202.

48. Mém. I, 214 und V, 216.

49. Mém. II, 366.

50. Mém. II, 282; vgl. III, 284; III, 384; V, 197.

51. Ami des Hommes ou Traité sur la Population. A Avignon 1755, Band I, p. 36. Mais il est une autre sorte de bien qui vous appartient et qui vous assure tous les autres: ce sont les hommes; vous aurez tout, si vous savez tirer parti de ce bien. Vgl. p. 29.

52. II, 15. — Mémoire sur les Etats Provinciaux. 1758. Ami des Hommes Quatrième Partie, p. 47. — II, 98 und 371.

53. II, 18; I, 134; I, 287; I, 39; II, 207.

54. II, 209; I, 111, 103 und 305: La France, l'Etat sans contredit le plus heureux de tous ceux que les Annales entières de l'humanité puissent nous faire connaître.

55. Erdmannsdörfer, Mirabeau, 1900, Bielefeld und Leipzig, p. 16.

56. I, 219, 224, 202.
57. I, 194.
58. I, 418.
59. IV, 304 und I, 196.
60. IV, 42 und II, 137. Vgl. auch II, 507.
61. II, 197 f.; I, 359; I, 378; II, 180; I, 386; I, 390; I, 364, 382; IV, 187.
62. II, 201; II, 404 f. und IV, 48; I, 290.
63. III, 228; IV, 87 f., 309, 91, 182.
64. IV, 182: C'est là (ce caractère de Conté) le principe de cet amour des Français pour leur roi, poussé... jusqu'au fanatisme et dont on parle avec admiration dans le monde entier.
65. II, 194 und IV, 182.
66. II, 29; IV, 48; IV, 34, 36 und II, 145.
67. IV, 76; II, 207, 194 f., 287 f. und 289.
68. IV, 54, vgl. IV, 29 f.; IV, 290.
69. I, 335.
70. I, 306, 334; IV, 78.
71. I, 383 f.
72. I, 262 und II, 147.
73. I, 305.
74. I, 333.
75. III, 335; II, 364; II, 377 und 17; III, 344; II, 378.
76. I, 55; III, 19; II, 48 und 77.
77. II, 83 und III, 432; III, 435; II, 84, 380, 486.
78. III, 433.
79. III, 84 ff.; II, 85; III, 6 und III, 29.
80. III, 289; III, 81: Mon plan est uniquement que chacun vaille ce qu'il peut valoir relativement à son produit, à son travail et à son industrie: nos voisins en seraient plus puissants et nous en proportion. III, 108.
81. II, 487 und III, 563.
82. II, 488: Si quelque Puissance peut déterminer la politique vers ce genre de bonheur, c'est sans contredit la Puissance la plus forte, c'est nous.
83. II, 238 und II, 86.
84. III, 414, vgl. III, 420 und 428, wo er Heinrich IV. und Ludwig XIV. gegen den Vorwurf in Schutz nimmt, nach der Universalmonarchie gestrebt zu haben. II, 86; III, 439 und 568; IV, 94; II, 360 und III, 438.
85. II, 54; III, 404, 407; III, 116; III, 406.
86. III, 335, 355 f., 443.
87. II, 74; III, 149, 346; II, 438: S'ils se trouvent bons dans un pâturage, ils regagnent l'écurie quand le jour baisse.
88. III, 154: Wir brauchen eine unsern Rang in Europa entsprechende Marine; in Kriegszeiten, um unsern Handel zu schützen, III, 206: im

Frieden, um der französischen Fahne, d. h. der Nation Achtung zu verschaffen. Er tadelte auch Ludwig XIV., nicht verstanden zu haben, daß „wer Herr des Meeres ist, auch Herr des Landes ist". III, 180.

89. IV, 193: Que plutôt tout l'Etat périsse que si la main sacrée du souverain signait la plus petite injustice.

2. Montesquieu.

1. Encyclopédie, Art. Patriotisme. d'Alembert, I, 293 und Eloge de Montesquieu.

2. Albert Sorel, Montesquieu, Deutsch von Adolf Kreßner, Berlin 1896, p. 39.

3. Pensées et Fragments inédits, publ. par le Baron Gaston de Montesquieu, Paris et Bordeaux 1900, Tome Ier, p. 15 (11).

4. Pensées I, 34 (86) und 33 (85) und p. 9. Vgl. auch Lettres Persanes LXVII: Le coeur est citoyen de tous les pays . . .

5. V. Klemperer, Montesquieu, 2 Bde., Heidelberg 1914, 1915. I, 33.

6. Pensées I, 9, vgl. p. 17 (27): Je suis un bon citoyen, mais dans quelque pays que je fusse né, je l'aurais été tout de même. Pensées II, 273 (1656); II, 112 (1105); II, 300 (1729).

7. Lettres Persanes XIII, LXXIV, vgl. XXXXVI, dazu LXXXIV.

8. Esprit des Lois, Livre XI, Chap. XIII: Considérations sur les Causes de la Grandeur des Romains, Chap. Ier und XVIII: Les Romains parvinrent à commander à tous les peuples . . . par leur amour pour la gloire et pour la patrie.

9. Esprit des Lois III, 3 und Avertissement: Ce que j'appelle la vertu dans la république est l'amour de la patrie . . .

10. Esprit des Lois III, Chap. 5. Pensées I, p. 113 (232).

11. Pensées I, p. 17 (27); p. 402 (618).

12. Pensées II, p. 209 (1473) und I, p. 402 (617).

13. Mélanges inédits, publ. par le Baron de Montesquieu, Paris und Bordeaux 1892, p. 102: Dialogue de Xantippe et de Xénocrate.

14. Esprit des Lois l. III, Chap. 2, 1, 3, 4, 7 und 9.

15. Mélanges inédits, De la Politique, p. 160f.

16. Pensées II, 223: Il y a souvent dans les Etats une force inconnue. Vgl. Viktor Klemperer, der wiederholt darauf hinweist, wie Montesquieu in seinem Glauben an die Wirkungskraft der Vernunft geschwankt hat und oft mit einem Schicksalspessimismus gekämpft, der ihm den Sinn alles menschlichen Tuns und vor allem jede Arbeit des Gesetzgebers in Frage zu stellen schien.

17. Romains, Chap. XVIII: l'allure principale entraîne avec elle tous les accidents particuliers.

18. Esprit des Lois l. XI, Chap. 5.

19. Romains, Chap. X und XI.

20. Klemperer, I, p. 199.

21. Mélanges inédits, p. 110ff.: Essai sur les causes qui peuvent affecter les esprits et les caractères. p. 139: Les causes morales forment plus le caractère général d'une nation que les causes physiques. Aber Esprit des Lois XIX, 14: L'empire du climat est le premier de tous les empires.

22. Sorel, Montesquieu, p. 104.

23. Esprit des Lois XIV, 1; XIX, 27 und 4. Vgl. VIII, 10 und XIX, 19.

24. Pensées I, p. 154 und II, 149 (1410). Kapitelüberschriften Esprit des Lois XIX, 12, 13, 14, 19, 21—27 und Mélanges inédits, p. 137.

25. Esprit des Lois XIX, 5; I, 3 und XIX, 13.

26. Esprit des Lois XIX, 21; XXIX, 1.

27. Pensées II, 305; Esprit des Lois XIX, chap. 21—26, 27.

28. Vgl. E. Faguet, 18e siècle, p. 183.

29. Pensées I, p. 125 (263). Considérations, chap. VIII: Plus d'Etats ont péri parce qu'on a violé les moeurs que parce qu'on a violé les lois. Ebenda, chap. X.

30. Klemperer, I, 11.

31. Lettres Persanes LXIV. Un fils est né auprès de son père et il s'y tient: voilà la société et la cause de la société.

32. Vgl. Klemperer, a. a. O., II, p. 52. Er mag dem Staat kein Menschenopfer bringen, wie es Machiavell und später Rousseau taten. Vgl. auch Voyages de Montesquieu, publiés par le Baron de Montesquieu, Paris-Bordeaux 1894, p. 112. Pour rien ne voudrais être sujet de ces petits princes. Ils savent tout ce que vous faites, ils vous ont toujours sous les yeux; il vaut mieux être perdu dans les Etats d'un grand' maître.

33. Esprit des Lois XI, 6.

34. Faguet, a. a. O., Montesquieu, p. 181.

35. Esprit des Lois l. VI, chap. 6 und V, chap. 9 und 11, vgl. VIII, 5.

36. Esprit des Lois l. XI, 8.

37. Janet, Histoire de la science politique, Tome II, Paris 1887[3], Montesquieu, p. 362. Vgl. bei Montesquieu die wehmütige Betrachtung über die Parlamente, Lettres Persanes LXLII.

38. Pensées I, 424 (650), vgl. auch p. 262 (527), 264.

39. Lettres Persanes XXIV nennt ihn «un magisien qui fait penser ses sujets comme il veut», vgl. IC.

40. Pensées II, 310 (1770); Lettres Persanes CXXXVI.

41. Pensées II, 270 (1642); Lettres Persanes XXIV; Esprit des Lois IX, chap. 7; Pensées I, 372 (596); 368 (596).

42. Pensées II, 141 (1228) und Oeuvres V, 319: Dialogue de Sylla et d'Eucrate.

43. Esprit des Lois l. X, Chap. 4 und 2.

44. Ebenda und l. IX, chap. 1; l. IV, chap. 6; l. IX, chap. 2; X, 9 und 3.

45. Esprit des Lois l. X, chap. 9.

46. Ebenda l. X, chap. 3 und 4.

47. Lettres Persanes LXXXXV.

48. Mélanges inédits, p. 157: De la Politique. — Esprit des Lois l. X, chap. 2; Pensées II, 214 (1484): Les grands princes de l'Europe disposent des Etats des petits par des vues de leur intérêt et non de la justice. Vgl. ebenda I, 24 (60) und 368 (596).

49. Deux Opuscules, De la Monarchie universelle, p. 34 und fast wörtlich gleich Esprit des Lois l. IX, chap. 7. — Pensées I, 402 (618).

50. Pensées I, 169 (348): A présent tous les peuples sont si liés que l'histoire de l'un éclaircit toujours celle des autres. — Deux Opuscules, p. 96.

51. Pensées I, 267 (534).

3. Voltaire.

1. Vgl. Faguet, 18e siècle, Voltaire, p. 217. Landmann, M., Der Souveränitätsbegriff bei den französischen Theoretikern von Jean Bodin bis auf J. J. Rousseau, Leipzig 1886, p. 20f. und Hettner, a. a. O., p. 206.

2. Vgl. Sakmann, Voltaires Geistesart und Gedankenwelt, Stuttgart 1910, p. 321. Dazu Voltaire, Oeuvres Complètes, Paris 1819, Tome LX, p. 442, Lettre 236 — Tome LXI, Lettre 242, p. 6: La politique n'est pas mon affaire; je me suis toujours borné à faire mes petits efforts pour rendre les hommes moins sots et plus honnêtes.

3. Oeuvres LIX, p. 325, Lettre 77: Mon grand but après tout n'est pas l'histoire politique et militaire, c'est celle des arts, de la poésie, du commerce, en un mot de l'esprit humain.

4. XLVII, p. 247 (Lettre 151), p. 480 (Lettre 285), p. 432 (Lettre 256).

5. XLVII, p. 247 (Lettre 151). Vgl. die Einleitung zum Siècle de Louis XIV.

6. Vgl. z. B. Oeuvres XXI, p. 53f. (I, 1), wo angesichts des wüsten Völkergemischs, dem er in Rußland begegnet, das Problem ihm gar nicht darin liegt, wie dieses Konglomerat von Menschen zum Volke werden sollte, sondern wie hier eine Zivilisation entstehen konnte. „Wenn man sich über etwas wundern muß," bemerkt er, „so ist es, daß nicht alle Völker wie Tartaren leben."

7. Essai, chap. 7 (Oeuvres XIII, p. 29) und 196 (XVI, 342).

8. Ebenda, p. 336.

9. XXVI, p. 411, vgl. auch Dictionnaire philosophique, Art. climat (XXXIV, p. 462).

10. XXXVI, Dict. phil. Art. Francs, Français, vgl. ebenda p. 163.

11. XXXVI, Dict. phil. Art. génie. On appelle génie d'une nation le caractère, les moeurs, les talents principaux, les vices mêmes qui distinguent un peuple d'un autre. Il suffit de voir des Français, des Espagnols et des Anglais pour sentir cette différence. Noch viel kahler art. Francs, Français. Ainsi le caractère, le génie, l'esprit français résulte de ce que les différentes provinces de ce royaume ont entr 'elles de semblable.

12. XXVI, 411—413.

13. Im Siècle de Louis XIV sehe ich zwei Stellen, die die Beziehung der französischen Geschichte zum Volkscharakter unterstreichen: XVII, chap. 4 und 5 (p. 225 und 249). Vgl. Oeuvres XX, p. 5. On dit d'un homme, il était brave un tel jour; il faudrait dire en parlant d'une nation: elle paraîssait telle sous un tel gouvernement et en telle année.

14. XVI (chap. 178 des Tome IV des Essai sur les moeurs), p. 134.

15. Die Dummheit des Volkes ist ihm der Schlüssel zur Geschichte der Jeanne d'Arc und er schließt daran die Bemerkung: mon but est toujours d'observer l'esprit du temps; c'est lui qui dirige les grands événements du monde, XIV, p. 337 (Essai II, Chap. 80). Vgl XVI, 36 (Essai IV, chap. 174) und XIV, 43 (Essai II, chap. 46).

16. XIV, 317; XVII, 274. Vgl. auch seine Auffassung Peters des Großen, dessen persönliches Zivilisationswerk er stark überschätzt. Oeuvres XXI, 369 und 382 (Histoire de l'Empire de Russie I, 27 und II, 17). XV, 366; XVI, 48; XX, 193 (Histoire de Charles XII, chap. 5).

17. Vgl. Sakmann, a. a. O., p. 369 f. und die Zitate bei Hermann Hettner, a. a. O., p. 212 f.

18. Essai II, p. 234 (chap. 67), wörtlich dasselbe XXXVII, Dict. phil. Art. Patrie, p. 453 und XXXV, p. 515, Art. Etat Gouvernement; vgl. auch XXXVI, p. 310: Quelle est donc la destinée du genre humain? Presque nul grand peuple n'est gouverné par lui-même. Oeuvres XVIII, Siècle de Louis XIV, p. 445. Vgl. Sakmann, a. a. O., p. 327 und Faguet, a. a. O., p. 193.

19. Sakmann, a. a. O., p. 326.

20. XIV, 318 und 367 (Essai II, chap. 78, 65 und 83).

21. XVII, p. 291; XIV, 374; XVII, 233 und XXIII (Histoire du Parlement de Paris), p. 17 und 21. Vgl. Sakmann, a. a. O., p. 351.

22. Ebenda, p. 365.

23. Faguet, a. a. O., p. 275.

24. XVII, 428: Cette action semble horrible entre des particuliers, l'intérêt des peuples semble établir une autre morale pour les princes. XVI, 15 und XXI, chap. X, p. 293; XXXII, 317. Vgl. Sakmann, a. a. O., p. 346.

25. Sakmann, p. 329.

26. XXXV, p. 517: Dict. phil. Art. Etat. XXIII, p. 421 und 400 führt er die Erfolge der englischen Kolonialpolitik auf den starken patriotischen Geist zurück.

27. XXXVII, 451 und 449. Vgl. XXVI, 23: Un républicain est toujours plus attaché à sa patrie qu'un sujet à la sienne par la raison qu'on aime mieux son bien que celui de son maître.

28. XXXVII, Dict. phil. Art. Patrie. Je suis une partie du tout, une partie de la communauté, une partie de la souveraineté, voilà ma patrie. Ebenda, p. 450 und 451.

29. XVIII, 287; XXVI, 79: Les Droits des Hommes et les Usurpations des Papes. XIV, 219: Quel besoin les hommes ont-ils d'un concile et d'un pape, pour savoir que chaque gouvernement est indépendant et qu'on ne doit obéir qu'aux lois de sa patrie.

30. XXVI, Le Cri des Nations, 1769, p. 132 und 127. XXXII, p. 314: Que tout Etat doit être indépendant.

31. XVI, 344.

32. XVIII, 232; XXI, 87; XXI, 47.

33. XVIII, 265, 268, 270; XLVII, Lettre 285, p. 476, 480.

34. XVIII, 213: De ces nations il n'y en a aucune qui ait eu plus d'éclat en tout genre depuis environ un siècle que la nation formée en quelque sorte par Louis XIV. Vgl. XXI, p. 7: Préface historique et critique, wo er sein Siècle de Louis XIV eine Arbeit nennt, qui respire l'amour de la patrie mais dans lequel cet esprit de patriotisme n'a rien dérobé à la vérité. XLVII, p. 427/9.

35. XLVII, p. 479. XVIII, Supplément, p. 422 und 426.

36. XXV, 513. Man vgl. dazu XLVII, 249 (Lettre 151) und beachte die selbstverständliche Nebenbedeutung von Weltbürger in dem Wort Philosoph. Dazu auch LX, p. 113 (Lettre 62): Ce serait d'un homme qui n'aime que son trône et son Etat, et cette façon de penser n'est pas selon nous autres philosophes.

37. VII, p. 159: Je n'ai jamais écouté le prejugé national...., auch XXXII, 267. — XLI, 211, Discours aux Velches, polemisiert er gegen den Beinamen «le premier peuple de l'Europe, le premier royaume», den seine Geschichtsschreiber Frankreich geben. — p. 216 — XLI, 238 — XXI, 293 — XIX, 370 — XV, 287. Vgl. dazu LX, 183 (Lettre 100) — XVIII, 273, 275 — XXIV, Lettres sur les Anglais, Lettre XXII (p. 138).

38. XXXVII, 478 Dict. phil.

39. XXVI, 25.

40. XVIII, 278. — LX, Lettre 66 (p. 121): Le petit nombre des êtres pensants est excellent chez nous et demande grâce pour le reste. Etwa seit seinem Aufenthalt in der Schweiz gebraucht Voltaire dafür die Scheidung in Welsche und Franzosen. Vgl. XLI, 233: Les Welches étaient les ennemis de la raison et du mérite, les fanatiques, les sots, les intolérants, les persécuteurs et les calomniateurs; les philosophes, la bonne compagnie, les véritables gens de lettres, les artistes, les gens aimables étaient enfin les Français. C'est à eux à se moquer des autres quoiqu'ils ne fussent pas les plus nombreux.

41. XLVIII, Lettre 240 aus Potsdam (p. 297), Lettre 245 (p. 314).

42. Oeuvres XI weisen Gedichte auf an Friedrich II. von Preußen, Katharina II. von Rußland, Georg I. von England, Christian VII. von Dänemark, Gustav III. von Schweden.

43. LVIII, 319 an Gustav III. Si je ne suis pas né votre sujet, je le suis par le coeur. Ebenda p. 260 an Katharina II.: ... un vieux Suisse que vous avez naturalisé votre sujet. XXXII, Dialogue entre A, B, C. XLVI, Lettres 217, 244, 273, 320, 330, 331 erwähnen den ernstlichen Plan einer Übersiedlung nach England aus den Jahren 1733/4, enfin je finirai par renoncer ou à mon pays ou à la passion de penser tout haut. — Der oft wiederholten Phrase, er wünsche, „zu Friedrichs Füßen zu sterben", lag in der Tat seit dem Tode der Frau von Châtelet die

Absicht zugrunde, in Preußen zu bleiben. Vgl. XLVIII, Lettres 240, 241 (p. 297 und 304) und den Briefwechsel mit Friedrich. — Auch XVIII, p. 418 — LVIII, Lettre 95 (p. 171): Daignez observer, Madame, que je ne suis point Velche, je suis Suisse et si j'étais plus jeune, je me ferais Russe. — LVIII, p. 219, 264 nennt er sich moitié Suisse, moitié Français. L, 69 (Lettre 44) un Suisse qui aime la France. Auch die Unterschrift le suisse Voltaire ist häufig.

44. An d'Alembert, 22. Juni 1780.

45. Faguet, a. a. O., p. 275 ff.

46. XII, Le Russe à Paris von 1760 und LVIII, p. 131, 186, 216 — LXI, 128, Lettre 302 etc. — LIX, 94 (Lettre 23) — LVIII, 149 (Lettre 84).

47. XXXVI, Dict. phil. Article Francs, Français, p. 171 — XXI, 399 — XXXXVIII, Lettre 250 (p. 325). — XIX, Chap. 36 nimmt er sein Volk in Schutz und erinnert sofort, daß andere auch ihre Torheit und ihr Unglück hätten. Selbst gegen Friedrich, der ihnen Feigheit vorwarf (im ersten schlesischen Krieg): Ils n'ont guère cédé qu'en mourant. LX, Lettre 83 (p. 148).

48. XL, Lettre 381 (p. 532).

49. L, Lettre 78 (p. 114). Vgl. Lettre 128 (p. 183): «Cette horrible journée perce l'âme, je suis Français à l'excès. Ah pauvres Français!» (1759 nach der Niederlage bei Minden) und Lettre 131 (p. 188).

50. Faguet, a. a. O., p. 295.

51. LVIII, 171 (Lettre 95).

52. XXVI, Le tocsin des rois 1771, p. 106. — LX, p. 59 (Lettre 268) nennt er den Türkenkrieg plus raisonnable que celle de 1756 qui n'avait pas le sens commun. Vgl. p. 100 (Lettre 290), LVIII, Lettre 18 (p. 31). Vgl. Lettres LII, p. 88 und 76 und seinen Philhellenismus! Dagegen ironisierende Stellen: LIX, p. 35 und 87.

53. XXI; Hist. de l'Emp. de Russie I, 5 — XIII, 431 — XVII, 273 — XIX, 250. Vgl. XXIII, 332: Paris et Londres sont rivaux en Europe, Madras et Pondichéri le sont encore plus dans l'Asie.

54. XVII, 191 — XVI (Essai IV, Chap. 176) — XVII, 261 f.

55. Siècle de Louis XIV, Introduction (XVII, 189).

56. XVII, 220 — XIII, 442. Die eigentliche Kriegsgeschichte im Siècle de Louis XIV bringt «la gloire et la félicité de la nation» ungefähr auf jeder Seite. Sogar Ludwigs Pläne gegen Holland nennt er „groß". XVII, 318 (I, 10).

57. XVII, 331 (I, 10).

58. XVIII, 205 (Siècle de Louis XIV; II, chap. 29). Vgl. XXIII, Fragm. Hist. Art. Ier, p. 335: Louis XIV qui allait à la gloire et à l'avantage de sa nation par toutes les routes. Siècle II, chap. 24: Il faut avouer que Louis eut toujours dans l'âme une élévation qui le portait aux grandes choses en tout genre. Vgl. chap. 27, XVIII (p. 152), 21; I, 14 (XVII, 376); I, 10 (XVII, 340).

59. XVI, 37; XVIII, 210, 183; Supplément, p. 447 und 206.

60. Oeuvres XX, Hist. de Charles XII, p. 1 und 313. Vgl. p. 4.

61. XXXII, 296. Vgl. Dict. phil. Art. Guerre (XXXVI, 360), Art. Politique (XXXVIII, 2) und Art. Gouvernement (XXXVI, 307). Dazu XVII, chap. 1, p. 207f., 278; XXI (I, 18): Il n'y a point d'exemple dans nos nations modernes d'aucune guerre qui ait compensé par un peu de bien le mal qu'elle a fait. LIX, 250 (Lettre 54).

62. LX, 100 und 104f. (Lettres 55 und 57).

63. Allerdings spottete er gelegentlich, Frankreich käme ihm vor „wie ein sehr reicher Mann, der von kleinen Leuten umgeben ist, die nach und nach zugrunde gehen. Er kauft ihre Güter zu Schleuderpreisen, so ungefähr hat dieser große Körper das Roussillon, das Elsaß, die Freigrafschaft, die Hälfte Flanderns und Lothringens verschluckt". IL, Lettre 61 (p. 276.) — Voltaire war sich eines französischen Rechtes auf Lothringen durchaus nicht sicher. Vgl. ebenda und Annales de l'Empire, p. 568, Oeuvres XXII. — Dagegen XXVII, 554: „Gerecht" auch der erste schlesische Krieg. LX, 150 (Lettre 84) — XVII, 288.

64. Vgl. XLVIII, Lettres 78, 81ff. — IL, Lettres 260, 265, 289, 360 — L, Lettres 36, 48, 108 und 142. Oeuvres XXIII, 421 — XIX, 300. Briefe L, 48, 287 — XV, 340.

65. XIX, Précis, chap. 10 (p. 88) und 12 (p. 111). IL, Lettre 153 (p. 232), 287 (p. 448), 382 (p. 534) — XIX, Précis, chap. 28 (p. 244), 35 (p. 305) 33 (p. 256).

66. XXII, Annales de l'Empire, p. 100. Vgl. XXI, Partie II, chap. 4: Tel a été souvent le sort de plusieurs milliers d'hommes pour les querelles de deux hommes. XVII, p. 352; XXI, 161, 310.

67. XVII, 278; XVI, 344.

68. XVII, chap. 8: Entre les rois la convenance et le droit du plus fort tiennent lieu de justice, surtout quand cette justice semble douteuse. Vgl. XXVI, 75; XXI, 100; XIV, chap. 101. Les mariages des princes font dans l'Europe le destin des peuples.

69. XXII, 467.

70. XXVI, 75 und XIX, 260 (Précis, chap. 31). Vgl. auch ebenda chap. 40, p. 365, wo er trotz seiner Befriedigung über die Erwerbung Korsikas durch Frankreich die Frage aufwirft: Il restait à savoir si les hommes ont le droit de vendre d'autres hommes; mais c'est une question qu'on n'examina jamais dans aucun traité!

71. XV, 74: Ce n'est pas chez les peuples libres un titre pour régner que d'être parent de leur roi. XVII, 444: Tout cela n'était qu'un intérêt personnel, la nation espagnole était comptée pour rien, on ne la consultait pas, on ne lui demandait pas, quel roi elle voulait. XXXII, 296 und XXXVI, Dict. phil. Art. Guerre, p. 356: La province qui est à quelques centaines de lieues de lui, a beau protester qu'ellle ne le connaît pas, qu'elle n'a nulle envie d'être gouvernée par lui, que pour donner des lois aux gens, il faut au moins avoir leur consentement.

72. XXXVI, Art. Guerre, p. 359 — XXVI, De la Paix perpétuelle, p. 35: ... une chimère! Les animaux carnassiers se déchireront toujours à la première occasion. Ce n'est que les armes à la main qu'on force une nation à céder une province. XVII, p. 40: La politique consiste à être

riche et à entretenir de bonnes armées. Vgl. XXXII, Dialogue, p. 294; XIX, 270; XVI, 136.

73. LXI, Lettre 305 (p. 134) und 290 (p. 100): Vous pourriez encore vous accommoder chemin faisant de quelques provinces pour vous arrondir (an Friedrich). Vgl. LVIII, Lettre 45 (p. 76) und 56 (p. 93) an Katharina: Je ne vois pas pourquoi tant se modérer avec ce moustapha qui ne se modérerait pas s'il était vainqueur.

4. Diderot, d'Alembert und die Enzyklopädie.

1. Diderot, Oeuvres Complètes, Edition Assézat, Paris 1875, Tome XX, p. 49, au Docteur Clerc, 8 avril 1774, vgl. auch Rosenkranz, Diderots Leben und Werke, Leipzig 1866, 2 Bde., p. 219. Vgl. Hettner, a. a. O., p. 327.

2. II, Supplément au Voyage de Bougainville, p. 246.

2. Faguet, a. a. O., p. 295.

4. VI, 450: Fragments échappés. — II, 247.

5. Vgl. Sakmann, Diderot, Preußische Jahrbücher 153, p. 305.

6. Vgl. d'Alembert, Oeuvres XVII, Brief vom 25. April 1774: On m'écrit que Diderot est à la Haye, la maladie du pays le pressait de revenir en France.

7. II, Principes de politique des Souverains, 1775, p. 493 (182). Vgl. auch II, Voyage autour du monde, p. 206.

8. V, p. 386. — XV, p. 230, Art. intérêt und p. 421, Art. Législateur.

9. III, Essai sur les règnes de Claude et de Néron, sur la vie et les écrits de Sénèque 1778—82, p. 250 (XXII).

10. IV, Fragments politiques, p. 41. — Seinem Freunde Falconet, der den Spruch dulce et decorum est pro patria mori wohl bewundernswert, aber nicht sehr weise gefunden hatte, antwortet er Oeuvres XVIII, 148: Quoi! Parce que j'aurais pensé que le plus noble usage d'un effet périssable, c'était le sacrifice avantageux que j'en ferais à la patrie, je suis moins sage que vous. Rêvez-y-mieux, mon ami, et vous verrez que le véritable héroïsme ne peut jamais contrarier la sagesse.

11. XV, 424, Art. Législateur.

12. Ebenda p. 427.

13. XV, 431. Spranger, Ed., Hölderlin und das deutsche Nationalbewußtsein, Neue Jahrbücher für das klassische Altertum, 1919, 4./5. Heft, 2. Abteilung, hat denselben Zug im Vaterlandsgefühl des griechenbegeisterten Hölderlin festgestellt. Außer bei Diderot ist er bei Rousseau und selbst in der Enzyklopädie zu finden; auch bei Condorcet.

14. II, 500 (214): On est fier d'appartenir à une nation victorieuse, on est reconnaissant envers un prince à qui l'on doit cette illustration, compagne de la sûreté.

15. XVIII, 480: Le sentiment patriotique qui embrasse le bonheur actuel et futur de la cité, la spendeur présente de la ville et sa longue durée, porte ses vues bien au delà du présent.

16. XVIII, 148.

17. VI, 373: Maudit soit l'impertinent qui aime mieux insulter à un peuple qui a des vices sans doute, que d'arrêter ses yeux sur une multitude d'excellents ouvrages en tout genre, ... Maudit soit l'impertinent qui ne voit pas que les Français n'ont jamais respiré un sentiment plus profond et plus réfléchi de la liberté. Vgl. zu diesem Optimismus auch II, p. 275.

18, XV, 434f. — IV, 42. Rameaus Neffe ist natürlich Kosmopolit! V, p. 423.

19. XV, Art. Législateur, p. 435, 436.

20. Ebenda. Car il y aura toujours des guerres en Europe. On peut s'en fier là dessus aux intérêts des ministres. Cette diversité de mœurs et de sentiments qui naissent de différents gouvernements s'opposent au progrès de cette mollesse, de cette douceur excessive des mœurs, effet du commerce, du luxe et des longues paix.

21. IV, 42; vgl. II, p. 480 (106).

22. XVI, p. 117, Art. mercenaire und p. 188, Art. paix. — XVI, p. 32f., Art. Macchiavélisme. Er definiert ihn: espèce de politique qu'on peut rendre en deux mots: par l'art de tyranniser. — II, 502 (222).

23. XVI, 346, Art. Politique; II, p. 490 (165 und 166) und p. 203f.

24. II, 203f.

25. III, 264.

26. VI, Fragments échappés, p. 448.

27. II, 381, vgl. XV, 431. Danach war ihm die Geschichte aller Nationen nur das Werk einer sehr kleinen Anzahl großer Männer. II, p. 500 (221).

28. III, 381.

29. VI, 449 z. B. wollte er seinen Acker brach liegen lassen, wann er wollte. Il faut abandonner à l'homme en société la liberté d'être un mauvais citoyen en ce point. Auch für die Nation verlangte er das Recht, an gemeinsamen Torheiten festhalten zu dürfen. III, 265.

30. III, 264. — XV, 428. — Für die französischen Könige machte er eine Ausnahme, XIII, 399! XIV, 189, Art. citoyen. II, p. 476 (79).

31. II, 472 (58), 487; XV, 418. — Doch nicht für Frankreich, für das es le plus grand des malheurs sein sollte, wenn die Dynastie ausstürbe. XVIII, 399.

32. II, 473; III, 324; II, 416; XVI, 17.

33. XIV, 300, Art. Droit naturel; XVII, 146 (Société); XIII, 396.

34. Z. B. fehlt jede Andeutung über den Anteil des Volkes an der Gesetzgebung, siehe Art. Représentant. Für die vorhandenen Bestrebungen zur Beschränkung des französischen Königtums hat er keine Sympathien geäußert. Die Parlamente hat er VI, 402 aufs schlimmste verrissen.

35. XIV, 299: C'est à la volonté générale que l'individu doit s'adresser, pour savoir jusqu'où il doit être homme, citoyen, sujet, père, enfant et quand il lui convient de vivre ou de mourir . . .

36. R o u s s e a u, Version primitive du Contrat Social, Edition Dreyfus-Brisac, Paris 1896, p. 252 (l. I, chap. 2).

37. XV, 145, Art. Humanité. Il ne nous porte pas à nous dégager des chaînes particulières: il nous fait meilleurs amis, meilleurs citoyens.

38. Oeuvres, III, 324.

* * *

39. d'Alembert, Oeuvres philosophiques, historiques et littéraires, Paris, an XIII, Tome II, 222. Er war sogar bereit, die Wissenschaft nach dem Gesichtspunkt ihres staatlichen Nutzens zu bewerten. Ebenda p. 230.

40. II, 186. Or son établissement est dans les décrets du Créateur qui a rendu les hommes nécessaires les uns aux autres. — C'est donc à des motifs purement humains que les sociétés ont dû leur naissance. II, 182: C'est par ces besoins réciproques que nous parvenons à connaître ce que nous devons à la société et ce qu'elle nous doit. — II, 192, 202, 226.

41. II, 186.

42. II, 192.

43. III, 58 — XVII, 249 — II, 232 wird überhaupt eine besondere Moral für den Philosophen aufgestellt.

44. Vgl. Mémoires de d'Alembert. Oeuvres I, p. XXXV und XLVI — XVIII, p. 226 — XVII, p. 14. Vgl. I, 360: Incapables de manquer à notre patrie qui est le seul objet dont l'expérience et les réflexions ne nous aient pas détachés...

45. XVIII, 226: C'est là le prix qu'on me donne de sacrifices que j'ai faits à mon pays et de 45 années de travail sans que j'aie jamais mérité aucun reproche comme citoyen, ni dans mes écrits, ni dans ma conduite. — XVIII, 217 und V, 179. Alle Vorwürfe wälzt er auf die Pfaffen ab.

46. XVIII, 278, 208, 181, 58 — in betonter Übereinstimmung mit dem Gefühl der Nation. XVII, 7, 8 — XVIII, 11 (7. Februar 1775) — 27 (27. Mai 1775) — 45 (15. September 1775) — 33 (10. Juli 1775) — 58 (15. Dezember 1775) — XVII, 406 f. (12. September 1774) — 424 (15. Dezember 1774), p. 414 (31. Oktober 1774) — XVIII, 65 (gegen die Parlamente) — XVIII, 34, 401 und Tome V: Sur la destruction des Jésuites en France.

47. XVIII, 208, 247, 384 und XVII, 7 — XVIII, 161 und 181. — Den amerikanischen Unabhängigkeitskrieg riet er abzubrechen, XVIII, 125 und 308! XVII, 111 und 308 als Zeugnisse seiner Angst vorm Krieg; ebenso XVIII, 65,73, 404.

48. XVII. 321, 296.

49. XVIII, 340: Si nous sommes déchus, nos tenons encore au moins la place la plus distinguée. Vgl. VIII, 58.

50. XVIII, 96 — XVIII, 20, 163, 178 entschuldigt er die Vorgänge beim Tode Voltaires: Il serait bien injuste de rendre la nation responsable de toute cette infamie qu'elle aurait empêchée et réprimée, si elle avait le pouvoir en main. — III, p. 19 und 55 f. — 135.

51. I, 282 — III, 173, 338.

52. Er schrieb einen Essai sur la Société des Lettres et des Grands. Vgl. auch XVII, 276.

53. XVIII, 308: Je ne connais point de pays où il y ait à la fois dans le même peuple deux nations plus différentes et plus évidemment distinguées qui n'ont entr'elles rien de commun . . .

54. IV, 88 und VIII, 146. Vgl. XVII, 155: Les philosophes qui ouvrent la main trop brusquement sont des fous, mais ceux qui la tiennent fermée absolument ne font pas pour l'humanité ce qu'ils doivent. Vgl. p. 215 ebenda.

55. I, 218.

56. Réflexions sur le génie des langues. II, 283 ff., p. 286: Il n'y a point d'ouvrage écrit originairement dans une langue, qui étant traduit dans une autre ne doive à certains égards y perdre plus ou moins et y gagner plus ou moins à d'autres. Man vergleiche auch seine Ausführungen über die Unterschiede der „Seele" der französischen und italienischen Musik!

57. Ganz analog seine Geschichtsbetrachtung. Vgl. seine Réflexions sur l'Histoire, speziell Oeuvres IV, 188.

58. IV, 15 und die umgekehrte Abhängigkeit XVII, 409.

59. I, 219. Vgl. Oeuvres II, Eléments de Philosophie, chap. X: Sur la morale des Etats.

60. II, 222 — XVIII, 319 — XVIII, 84 (7. Oktober 1776) — XVII, 111, 322, 414 sowie oben Anmerkung 47 — XVII, 113: Je regarde en particulier cette république romaine tant célébrée dans l'histoire comme un des plus grands fléaux qui ont désolé l'humanité. XVII, 186 und 216: Ce serait la matière d'une grande discussion de savoir, s'il a fait plus de mal que de bien à son royaume, s'il n'a pas été un fléau pour l'Europe en donnant aux autres princes l'exmple de ces armées nombreuses que les plus sages sont aujourd'hui forcés d'entretenir.

61. IV, 200.

* * *

62. Von Diderot im wesentlichen die Artikel: Société, Souverain, autorité politique, politique, droit naturel, législateur, citoyen, humanité, intérêt, machiavélisme, mercenaire, représentant.

63. Soviel ich zu sehen vermag, fällt aus dem Rahmen eigentlich nur der Artikel Colonie mit einer äußerst altmodisch-merkantilistischen Auffassung des Verhältnisses zwischen Kolonien und Mutterland.

64. Von ihm stammen die unten benutzten Artikel: Gouvernement, Etat, monarchie, France, Patrie, Patriotisme, nation, peuple, milice, éducation, guerre, conquête, Italie, Europe. Diderots Artikel haben oben Berücksichtigung gefunden. Ebenso Voltaires Artikel Français, Francs und esprit.

65. Vgl. Biographie Universelle (Michaud) Ancienne et Moderne. Tome 20: Le Chevalier de Jaucourt était d'un caractère doux et affable; il n'avait d'autre passion que celle de rendre service. Les morceaux sortis de sa plume sont peut-être ceux où l'on trouve le moins de choses repréhensibles.

66. Encyclopédie ou Dictionnaire Raisonné des Scienes, des Arts et des Métiers. Par une Société de Gens des Lettres. Mis en ordre et publié par M.*** A Neufchastel. Chez Samuel Faulche et Cie. Tome VI. Art. Etat. — Art. Gouvernement. Les gouvernements de quelque espèce qu'ils soient, qui ont pour fondement l'acquiescement libre des peuples ou exprès ou justifié par une longue et paisible possession, sont également légitimes.

67. Artikel Gouvernement.

68. Vgl. die oben zitierten Stellen und seinen engstens an Montesquieu angeschlossenen Artikel conquête, wo er von diesem wörtlich die Stelle übernimmt: La société est l'union des hommes et non pas les hommes, le citoyen peut périr et l'homme rester. (Esprit des Lois l. X, Chap. 3.)

69. Tome VII, Art. Gouvernement. Vgl. seine Definition vom Vaterland: le sens que nous attachons au mot d'Etat libre, dont nous sommes membres et dont les lois assurent nos libertés et notre bonbeur. XII, Art. Patrie. Desgleichen die Definition vom Staat, VI, Art. Etat. Société civile par laquelle une multitude d'hommes sont unis ensemble sous la dépendance d'un souverain pour jouir par sa protection et par ses soins, de la sûreté et du bonheur qui manquent dans l'état de nature.

70. XII, Art. Patrie.

71. XII, Art. Patriote. — Art. Patrie et Patriotisme.

72. Art. peuple und auch Art. France, wo er die übliche Identifizierung zwischen Königtum, Staat und Nation vollzieht. — Art. peuple: Les rois n'ont point de sujets plus fidèles, et si j'ose le dire, de meilleurs amis.

73. VIII, Gloire: La patrie d'un sage est la terre, son héros est le genre humain (Marmontel). Art. Philosophie, philosophe. Der Artikel cosmopolitain ou cosmopolite, Tome IV enthält auch nur Aussprüche antiker Philosophen und verweist bezeichnenderweise als Ergänzung auf den Artikel philosophe. XII, Art. Patriotisme.

74. XII, Art. guerre. (Droit naturel et politique.)

75. Art. Gloire, vgl. Art. guerre: Les principes arbitraires de gloire, de bienséance, d'agrandissement, d'utilité ne sont pas des droits, ce sont des horreurs. Art. Convenance beleuchtet sehr scharf, wenn auch versteckt, das politische Prinzip der Konvenienz. Art. Italie verschleiert nicht die Leiden des unglücklichen Landes. Ce sont de petits Etats ouverts comme des caravansérails, forcés de loger les premiers qui y abordent.

76. Art. Gloire: En supposant donc le fléau de la guerre inévitable pour l'humanité, la profession des armes doit être la plus honorable, comme elle est la plus périlleuse. — La gloire des nations est dans la main des gens de lettres. Vgl. VIII, Art. héroisme. Nul prince n'y peut prétendre, s'il n' offre pour l'obtenir que des victoires et des trophées. Mais le peuple est toujours peuple et comme il n'a point d'idée de la véritable grandeur, souvent tel lui paraît un héros qui réduit à sa juste valeur, est la honte et le fléau du genre humain.

5. Rousseau.

1. Vgl. das Wort der Mme de Staël: Il avait uni le génie du nord et celui du midi de telle façon que quoiqu'il eût écrit dans notre langue, il appartenait à l'école germanique et avait infusé à notre génie national une sève étrangère. Vgl. das Buch von Joseph Texte, J. J. Rousseau et les origines du cosmopolitisme littéraire. Etudes sur les relations littéraires de la France et de l'Angleterre au 18e siècle. Paris 1895.

2. Vgl. M. Jules Vuy, Les origines des idées politiques de J. J. Rousseau 1878—1881. Vgl. Nourrisson, J. J. Rousseau et le Rousseauisme Paris 1903, p. 494: C'est constamment Genève qui est présente à sa pensée; c'est toujours un Genevois qui disserte sur la politique . . .

3. J. J. Rousseau, Oeuvres. Collection Complète des oeuvres de J. J. Rousseau, Citoyen de Genève. Genf 1782. Band XI, Rousseau juge de Jean Jacques p. 224f., vgl. p. 22ff., wo er sich wiederholt als «habitant d'un monde idéal» betrachtet, vgl. p. 348.

4. Oeuvres XII, p. 162; XVI, p. 215; XII, 79 c'est ici, ce me semble qu'on retrouve le défaut ordinaire à l'Abbé de St. Pierre qui est de n'appliquer jamais assez bien ses vues aux hommes, aux temps, aux circonstances. — Lettre à d'Alembert 1758 VI, 442, vgl. Discours sur l'Inégalité Oeuvres I, p. 183 Mais les hommes diffèrent tellement selon les temps et les lieux. — XII, p. 160f.

5. Rousseau, Oeuvres et Correspondance Inédites publ. par M. G. de Streckeisen-Moultou. Paris 1861, p. 319. — Discours sur l'Inégalité I, 46. Je me supposerai dans le lycée d'Athènes, répétant les leçons de mes maîtres ayant les Platon et les Xénocrate pour juges et le genre humain pour auditeur. — Contrat Social l. II, chap. 7, Emile, l. V (Oeuvres V, 420 und 403 stellt er sein Ideal einer politischen Wissenschaft deutlich der Montesquieus entgegen. Vgl. Discours sur l'Economie Politique. 1757 (Oeuvres I. p. 367) . . . les règles les plus universelles et les plus sûres sur lesquelles on puisse juger d'un bon ou d'un mauvais gouvernement.

6. Oeuvres Inédites, p. 192. Traité élémentaire de Sphère.

7. Inégalité, I, 126, 45 und 86.

8. Considérations sur le Gouvernement de Pologne chap. I.

9. Inégalité I, 115, 128. Contrat Social, l. II, chap. 6.

10. Vgl. Janet, Histoire de la Science politique II, p. 445: On considère souvent R. comme un logicien intraitable, ennemi du possible . . . Mais lors qu'il eut à donner son avis sur le gouvernement de Pologne, il se garda bien de vouloir appliquer de force à cet infortuné pays les maximes du Contrat Social; mais il chercha tant qu'il put dans les circonstances, dans les moeurs, dans les traditions d'ingénieux mais impuissants remèdes à une situation irremédiable.

11. Emile V, 418: On a de tout temps beaucoup disputé sur la meilleure forme de gouvernement, sans considérer que chacune est la meilleure en certain cas et la pire en d'autres. Vgl. wörtlich Contrat Social, l. III, chap. 3. — Lettres de la Montagne V (VI, 297).

12. Jugement sur la Polysynodie de l'Abbé de St. Pierre. Oeuvres XII, p. 80.

13. Considérations, chap. 1. Vgl. für Korsika Oeuvres Inédites, p. 26, Lettre II und p. 36f., Lettre IV: . . . Tout ce qui fait le mieux connaître le génie national ne saurait être trop expliqué. Über das Grundsätzliche dazu vgl. Contrat Social, l. II, chap. 11; l. III, chap. 8. Economie pol. I, 375. Der Einfluß Montesquieus ist deutlich sichtbar.

14. Oeuvres inédites, p. 76.

15. Oeuvres inédites, p. 254: Considérations sur l'influence des Climats. Vgl. Inégalité I, 94, 152, 159, Note 10 und Lettre à d'Alembert Oeuvres VI, Inégalité I, 93; Emile V, p. 394.

16. Inégalité I, 108, 143, Note 9, XII, p. 4.

17. Emile V, 393, 395: L'inconstance européenne ne laisse à nulle cause naturelle le temps de faire ses impressions. — L'on ne connaît que les grands peuples et les grands peuples se ressemblent tous.

18. Emile V (Oeuvres V, 423 und 425.

19. Inégalité, p. 160.

20. Ebenda, p. 161: „Wenn jemand, der mit den Augen Montesquieus die Welt gesehen", meinte er, seine Beobachtuugen niederschreiben würde, «nous verrions nous-mêmes sortir un monde nouveau de dessous leur plume et nous apprendrions ainsi à connaître le nôtre.

21. Inégalité I, p. 161 und 159: Les traits vrais qui distinguent les nations et qui frappent les yeux faits pour voir, ont presque toujours échappé aux leurs. De là est venu le beladage de morale si rebattu par la fourbe philosophesque que les hommes sont partout les mêmes, qu'ayant partout les mêmes passions et les mêmes vices, il est assez inutile de chercher à caractériser les différents peuples. Vgl. Emile V (Oeuvres V, 389).

22. Die Korsen nennt er, Oeuvres Inédites, p. 19, une nation naissante. — Considérations, chap. V: Ce serait un grand mal pour les parties démembrées, mais ce serait un grand bien pour le corps de la nation (!).

23. Considérations, chap. II: Sein Beispiel war das Judenvolk.

24. Oeuvres Inédites, p. 75f.

25. Ebenda, p. 62f., 87, erklärt er sogar das Geld für unnötig unter dem Gesichtspunkt, daß Korsika die Fremden nicht brauche. Vgl. auch Contrat social l. II, chap. 8—10.

26. Für das Folgende vergleiche Considérations, chap. II—IV.

27. Considérations, chap. IV.

28. Vgl. Nourrisson, a. a. O., p. 247: Il y a loin assurément de cet idéal du jeune Polonais à cet être d'abstraction qui «en sortant des mains de Rousseau, ne sera ni magistrat, ni soldat, ni prêtre, mais premièrement homme».

29. Emile V (V, 395, 398, 419).

30. Inégalité, p. 160. — Emile V (V, 429).

31. Inégalité I, p. 183. Vgl. ebenda, p. 158f., seinen Tadel, die Philosophie sei nicht international genug.

32. Inégalité I, p. 107. Er selbst klagte in der ursprünglichen Fassung des Contrat Social, Edition Dreyfus, p. 314: il n'est plus permis d'être homme et de plaider la cause de l'humanité.

33. Emile V (V, 435).

34. I, 399. Vgl. Contrat Social, l. I, Vorrede. Lettres de la Montagne, VI. Brief (VI, 285). Confessions, Livre X (XVI, p. 189). VI, 296. Lettres de la Montagne, IX. Brief (VI, 416).

35. Vgl. dazu die Worterklärung der Enzyklopaedie, Art. Patrie, und für Rousseau insbesondere das Zitat aus Anmerkung 29.

36. Emile V (V, 434f.). Vgl. Inégalité I, 184: Il faut fixer quand on le peut, son séjour dans sa patrie pour l'aimer et la servir. Heureux celui qui privé de cet avantage, peut au moins vivre au sein de l'amitié, dans la patrie du genre humain ... C'est sur ce grand théâtre de la fortune, du vice et quelquefois des vertus qu'ou peut observer avec fruit le spectacle de la vie, mais c'est dans son pays que chacun devrait en paix achever la sienne.

37. Emile V (V, 433).

38. Emile V (V, 436 mit bezug auf den Militärdienst).

39. Economie politique I, 388, 389: Comment l'amour de la patrie pourrait-il germer au milieu de tant d'autres passions qui l'étouffent? et que reste-t-il pour les concitoyens d'un coeur déjà partagé entre l'avarice, une maîtresse et la vanité. Vgl. Windenberger: La République Confédérative des Petits Etats. Essai sur la système de politique étrangère de J. J. Rousseau. Paris 1899, p. 18. — XI, 433. XII, 87 zählt er die Vaterlandsliebe unter die «chimères évanouies, depuis longtemps dont il ne reste plus de traces que dans quelques petites Républiques».

40. Emile livre Ier.

41. Windenberger, a. a. O., Appendice. Extraits des manuscrits inédits de la Bibliothèque de Neuchatel, p. 303.

42. Economie Politique I, p. 381, stellt sich der Patriotismus als „aktive und konzentrierte Humanität" dar. — Aber: Lettres de la Montagne, Lettre Ière, Oeuvres VI, p. 150: Le patriotisme et l'humanité sont par exemple deux vertus imcompatibles dans leur énergie et surtout chez un peuple entier. Le législateur qui les voudra toutes deux n'obtiendra ni l'une ni l'autre. Cet accord ne s'est jamais vu, il ne se verra jamais, parce qu'il est contraire à la nature.

43. Dreyfus-Brisac, Du Contrat social. Version primitive. Appendice, p. 248: Il est certain que le mot de genre humain n'offre à l'esprit qu' une idée purement collective qui ne suppose aucune union réelle entre les individus qui le constituent. — Economie polit. I, 382.

44. Vgl. Considérations chap. II. Dazu I, 369. — Contrat Social l. IV, chap. 7: Quand Sparte a prononcé sur ce qui est ou n'est pas honnête, la Grèce n'appelle pas de ses jugements.

45. Dreyfus, Contrat social, p. 253.

46. Emile V, 420. Contrat Social l. III, chap. 15 note. Dazu Windenberger, La République Confédérative des petits Etats, passim. Über

das äußere Schicksal der kleinen Abhandlung Rousseaus, vgl. auch Janet, a. a. O., p. 462f.

47. Oeuvres Inédites, p. 122.

48. Considérations chap. XV: Vous ne serez jamais libres, tant qu'il restera un seul soldat russe en Pologne et vous serez toujours menacés de l'être tant que la Russie se mêlera de vos affaires. — Oeuvres Inédites, p. 114.

49. Contrat Social l. IV, chap. 8. Par cette religion sainte, sublime, véritable, les hommes se reconnaissent tous pour frères, et la société qui les unit, ne se dissout pas, même pas à la mort. — Lettres de la Montagne, Lettre Ière. Oeuvres VI, 150.

50. Oeuvres inédites, p. 246. — Z. B. erkannte Rousseau auch, daß das Völkerbundsprojekt Heinrichs IV. von Frankreich das einzig aussichtsreiche gewesen sei und zwar, weil nationale Machtaspirationen dahinterstanden. Jugement Oeuvres XII, 48ff.

51. Extrait du Projet de Paix Oeuvres XII, p. 5ff., vgl. p. 19 seinen Spott über die Kongresse. Considérations, chap. 15. — Oeuvres XII, p. 31. Dreyfus, Du contrat social Appendice II, p. 309. Dazu Jugement sur la Paix Perpétuelle; XII, p. 46 und 52, 45.

52. Considérations chap. 15: De quoi peut-on s'assurer avec des gens qui n'ont aucun système fixe ... Toute cette belle doctrine des intérêts des princes est un jeu d'enfants qui fait rire les hommes sensés. — Extrait XII, p. 28 und 20. — Als Mitglieder des Völkerbundes werden die Titel der Fürsten aufgezählt, vgl. auch p. 22, 31, 38.

53. Lettres de la Montagne, Lettre VII. Oeuvres VI, p. 319.

54. Oeuvres Inédites, p. 122. — Inégalité, Dédicace I, p. 5 ... und 9 ...

55. Considérations XII. Contrat social l. III, chap. 18 note.

56. Considérations XII, Economie I, p. 401, Inégalité p. 129, Contrat social l. IV, chap. 4. Oeuvres inédites, p. 120 und 124. — Windenberger, a. a. O., p. 95. — Contrat social l. IV, chap. 8 tadelt christliche Soldaten qui savent plutôt mourir que vaincre. — Inégalité I, 10. Considérations XII.

57. Inégalité I, 404.

58. Extrait XII, 12.

59. Oeuvres inédites, p. 15.

60. Windenberger, Extraits des Manuscrits Inédits, a. a. O., p. 302 und p. 265. — p. 142 und Appendice p. 287.

61. H. Höffding, J. J. Rousseau und seine Philosophie. Stuttgart 1910[3], p. 142.

62. Über durchaus aristokratische Tendenzen J. J. Rousseaus vgl. Nourrisson, a. a. O., p. 151: Le citoyen de Genève calviniste est un privilégié. — Vgl. Oeuvres Inédites p. 322: Je vais vaincre enfin mon dégoût et écrire une fois pour le peuple.

63. Die Unterscheidung taucht schon im Discours sur l'Inégalité auf: Les citoyens voulurent garder leur liberté, les sujets ne songèrent qu'à l'ôter à leurs voisins. Vgl. Contrat Social l. I., chap. 6 note: Le vrai sens

de ce mot s'est presque entièrement effacé chez les modernes: la plupart prennent un bourgeois pour un citoyen. Nul auteur français que je sache n'a compris le vrai sens du mot citoyen.

64. Contrat Social l. II, chap. 7.

65. Emile l. V (V, 434).

66. Contrat Social l. I, chap. 8: l'obéissance à la loi qu'on s'est prescrite, est la libertè.

67. Contrat Social, l. I, chap. 5: Il serait bon d'examiner l'acte par lequel un peuple est un peuple..., I, chap. 8: l'instant qui d'un animal stupide et borné fit un être intelligent et un homme. Vgl. Emile V (V, 407).

68. Contrat Social I, 5. Je n'y vois point un peuple et son chef; c'est si l'on veut une agrégation, mais non pas une association.

69. Dreyfus, Version primitive p. 249. — Ebenda p. 262: Il y a mille manières de rassembler les hommes, il n'y a qu'une de les unir. Vgl. Contrat social I, 5.

70. Contrat social l. II, chap. 4.

71. Emile V (V, 414) und Contrat Soc. II, 4.

72. Economie politique I, 377: La vertu n'est que cette conformité de la volonté particulière à la générale. Si vous voulez que la volonté générale soit accomplie, faites régner la vertu.

73. Oeuvres Inédites p. 226f.: Ce n'est donc pas par le sentiment que les citoyens ont de leur bonheur, ni par conséquent par leur bonheur même qu'il faut juger de la prospérité de l'Etat. Anders war es noch im Discours sur l'Inégalité, wo in der Tat der Gesellschaft rein individualistische Ziele gesteckt werden (I, 110, 4 Dédicace). Der Widerspruch ist aus der absolut staatsfeindlichen Tendenz des Discours sur l'Inégalité und dem Staatsenthusiasmus des Contrat Social, in dem ja sogar die Menschenrechte fehlen, zu erklären.

74. Ec. pol. I, 375: Faudra-t-il assembler la nation à chaque événement imprévu? Il faudra l'assembler d'autant moins qu'il n'est pas sûr que sa décision fût l'expression de la volonté générale. C. Soc. II, 3 und Version primitive Edit. Dreyfus, p. 261f. Econ. pol. I, 375: Les chefs savent assez que la volonté générale est toujours pour le parti le plus favorable à l'intérêt public, c'est à dire le plus équitable, de sorte qu'il ne faut être juste pour s'assurer de suivre la volonté générale.

75. Version primitive p. 252. En effet que la voloutè générale soit dans chaque individu un acte pur de l'entendement qui raisonne dans le silence des passions, nul n'en disconviendra.

76. Version primitive p. 261: C'est là que tous les législateurs se sont perdus.

77. Econ. pol. I, 366. — Version primitive, édit. Dreyfus, p. 308. — Dagegen wieder Contrat Social I, 7, 6; II, 6; III, 1, 11. Oeuvres Inédites, p. 81 note.

78. Econ. politique I, p. 367. — Contrat Soc. I, 7. — Version primitive, Dreyfus, p. 310.

79. Econ. pol. I, 388 ... ils pourront parvenir enfin à s'identifier en quelque sorte avec ce plus grand tout, à se sentir membres de la patrie, à l'aimer de ce sentiment exquis que tout homme isolé n'a que pour soi-même ...

80. C. Soc. III, 15: Sitôt que le service public cesse d'être la principale affaire des citoyens et qu'ils aiment mieux servir de leur bourse que de leur personne, l'Etat est près de sa ruine ...

81. Ebenda.

82. Econ. pol. I, 389 f.

83. Considérations chap. XII und XIII. Oeuvres Inédites, p. 84 ein ähnliches Stufensystem für Korsika.

84 Considérations chap. XIII. Avec ce seul sentiment la législation, fût-elle mauvaise, ferait de bons citoyens ... chap. I. Oeuvres Inédites, p. 112. — Emile V (V, 433).

85. C. Soc. I, 6: L'aliénation se faisant sans réserve, l'union est aussi parfaite quel peut l'être et nul associè n'a plus rien à réclamer.

86. Oeuvres Inédites p. 224. — XI, p. 216 Rousseau juge de Jean Jacques.

6. Mably und Raynal.

1. l'Abbé de Mably, Oeuvres Complétes, Paris 1797, Tome XIX, p. 133.

2. Band XV enthält eine Abhandlung über die „Grenzen der Vernunft".

3. XIV, 39.

4. XII, 286.

5. XIV, 336. Vgl. XV, 66: Les peuples les plus célèbres ont à peine atteint à cette perfection si désirée qu'ils paraissent épuisés et tombent promptement en décadence.

6. XII, 61, Vgl. XIII, 372: Je sais que dans toutes les entreprises il faut faire sa part à la fortune et s'attendre à ses caprices, mais on en triomphera si on a soin de ne rien tenter au-dessus de ses forces.

7. XV, 207: Si vous voulez donc prévoir quelle doit être la marche des passions dans un Etat, examinez avec soin cette espèce d'instinct auquel il est accoutumé d'obéir.

8. XI, 197. Vgl. XV, 188.

9. XV, 165. XV, 198. Vgl. XII, 90; XV, 199; XV, 207; XI, 197: Au milieu même des agitations violentes qui semblaient annoncer de grands changements dans les nations, les peuples ont toujours conservé le fond de leur première manière de se gouverner. Eu voulant corriger les abus, dont ils se plaignent, ils restent opiniâtrement attachés aux principes qui les ont fait naître et qui les entretiendront.

10. XV, 203.

11. Band XV: Du Cours et de la Marche des passions dans la Sociètè. — XV, 154: Ayant tous la même raison, les mêmes sens et par conséquent les mêmes passions, pourquoi toutes les nations se

proposent-elles une espèce différente de bonheur? Si les passions ont un cours réglé pourquoi aucun peuple ne ressemble-t-il jamais à un autre?

12. XV, 159f. Vgl. ebenda p. 174.

13. XV, 163.

14. XI, 273: Les idées fondamentales du système de l'Esprit des Lois sont fausses. — XV, 305.

15. XV, 299.

16. XI, 190; XIV, 381.

17. XIV, 367: Elle nous est donnée pour devenir la cause, le principe et l'instrument du beau politique, cette harmonie des parties qui forment le caractère de la République de Sparte. — XIV, 363. Vgl. auch VIII, 280: cette harmonie qui tient toutes les parties de l'Etat dans une sorte d'équilibre et leur donne un même esprit. — XIV, 369. Vgl. XV, 201/7.

18. XIV, 362.

19. XIV, 366; XIII, 364.

20. XI, 217f.

21. XV, 226; XI, 217.

22. III, 206; III, 207; III, 206.

23. III, 198: Nous n'avons plus le courage d'aimer la liberté! Vgl. XIII, 192: Il reste toujours des ressources à un peuple qui a un caractère. Nous n'avons plus de caractère et dès lors n'est-il pas aisé de prévoir le sort qui nous attend? p. 195, 209, 219; XIII, 382 (!).

24. Vgl. XV, 224—238; dazu XII, 63; selbst die englische Verfassung ist ihm nicht sicher genug (XII, 154). XV, 243ff.; XV, 248; XII, 37: . . . abandonner la puissance législative au corps entier de la nation et confier la puissance esécutive à un plus grand nombre de magistrats.

25. IX, 44.

26. XI, 190.

27. XII, 235.

28. X. 100.

29. XI, 162; XIII, 219.

30. XV, 29; 37: dagegen erkennt X, 184 die Bedeutung der Eigenliebe für die Gesellschaft an.

31. XIV, 353f.

32. XIV, 25; XV, 402ff.

33. XIV, 394, vgl. p. 371; VIII, 299; vgl. VII. 227: Ils seront commerçants avant d'être Anglais. X, 130 Anm.: großer Exkurs gegen Handel und Reichtum. — XV: La Retraite de Mr. Necker p. 114ff. Vgl. XV, 210; VII, 210; XIV, 54.

34. XII, 323 und X, 87.

35. XIII, 16: Sans cela il ne peut avoir ni volonté ni lois ni règle, ni mouvement, qui lui appartiennent. VIII, 3; vgl. XV, 193 il fallait former une république toute guerrière, mais juste et disposée à s'ensevelir sous ses ruines plutôt qu'à reconnaître un maître.

36. X, 122: Si les citoyens ne sont préparés par leur éducation à être soldats, craignez que la vue du danger et leur inexpérience ne les consternent. Vgl. ebenda p. 125, Anm. Tout Etat où le citoyen ne veut pas prendre la peine d'être soldat, doit enfin être gouverné par des soldats ou par ceux qui ont l'art de se rendre les maîtres des armées. — VIII, Du gouvernement et des lois de la Pologne 1771, p. 133. — XIII, 449/450: Ils semblent n'avoir point compris combien le génie militaire est nécessaire à la liberté. — VIII, 132, vgl. VIII, 283. — VIII, 131. — X, 122; vgl. IX, 122: La guerre offensive doit être regardée par le législateur comme un crime et la guerre défensive comme le rempart de la République; qu'il pense donc qu'après avoir rendu les citoyens heureux par la justice, il faut en faire des soldats capables de défendre leur bonheur.

37. VI, 54; XI, 263; XIII, 177, 191 ... nous flottons dans une incertitude perpétuelle. XI, 306; XIII, 192, 195, 385: Le règne de la France, de la maison d'Autriche et de l'Angleterre est passé. XI, 304 sieht er in der Berufung der Generalstände le moyen de remonter l'âme de notre nation. Vgl. XI, 338.

38. X, 103; ebenda Anmerkung. — VIII, 131. — X, 103; vgl. XII, 42, wo Cicero und IX, 123, wo Plato zitiert wird.

39. VIII, 122. — V, 31.

40. XIII, 384. — VII, 139. — V, 8. — V, 44. — VIII, 53: cette politique de l'équilibre n'est qu'une chimère.

41. VII, 15 und 16: La France et l'Angleterre ne consultant que les convenances passagères crurent que leur volonté devait suppléer à toutes les règles de la justice et du droit des nations. On ordonne froidement à la maison de Savoie d'abondonner la Sicile pour se contenter de la Sardaigne. VI, 37: Des nations libres, peuvent-elles sans se dégrader elles-mêmes disposer d'un peuple sans son consentement et le donner à un maître comme le troupeau d'une ferme? On se demandait en vertu de quel titre l'Angleterre et les Provinces Unies s'étaient érigées en juges dans une querelle qui ne pouvait être décidée que par les lois des Espagnols. Vgl. XIII, 15f.: C'est nous qui par nos traités de partage à la fin du dernier siècle avons donné le mauvais exemple de disposer des successions et des Etats, sans le consentement des personnes qui y sont intéressées. VIII, 122.

42. Historisch-politische Zeitschrift, Politisches Gespräch I, 793 und I, 93.

43. V, 17 und 14.

44. Historisch-politische Zeitschrift I, 792.

45. XIII, Etude de la Politique, p. 162 und 147.

46. V, 16, Principes des négociations. Vgl. XIV, 53: Il ne s'agit pas d'envahir des provinces pour se rendre puissant; il y a des conquêtes qu'une ambition habile et raisonnée ne se permettra point: c'est quand elles ne se prêtent pas un secours mutuel et au contraire suscitent contre le conquérant plus d'ennemis qu'elles ne lui fournissent de moyens de les repousser ou de les vaincre. Vgl. V, 48.

47. XIV, 53. Freilich XIII, 46 nennt er Friedrich „einen gierigen Eroberer". Dagegen XIV, 25: j'ai la plus haute idée du génie, des lumières et du courage du roi de Prusse.

48. V, 332 und XIII: Le banquet des politiques, p. 95.

49. XV, 400 (mit bezug auf Gustav Adolf von Schweden gesagt) und XIII, 159.

50. XV, 167: Etant incapable de penser par elle-mème, elle est condamnée à être dans tous les temps ignorante, sotte et volage. Vgl. XIII, 209 und 424: Je ne suis pas moins ennemi que vous de cette démocratie orageuse et insensée qui confie la prospérité et le salut de l'Etat à une multitude indigente, volage, ignorante et toujurs extrême. Vgl. VIII, 229/232.

51. XII, 222. — XII, 287.

52. VIII, 118; vgl. III, 203 die Klagen, daß der dritte Stand nichts ist in Frankreich, weil niemand dazu gehören will. IX, 148 und 152.

53. VIII, 247; vgl. ebenda p. 254, wo er an Massachusetts tadelt, daß der Vollzugsrat sich alle Jahre erneuert.

54. VIII, 102. Vgl. III, 194 über die Unstetigkeit der französischen Entwicklung: ... une politique toujours incertaine, nul intérêt constant, nul caractère ... toujours gouverné au hasard par les événements ...

55. V, 305; XIII, 362. — VIII, 54. — VII, 174.

56. VII, 231. — XIII, 357; vgl. VII, 145: Telle est la politique des passions toujours occupées d'objets présents et passagers, auxquels elles sacrifient les intérêts constants et immuables des Etats. — XIII, 356; vgl. XIV, 19 fast wörtlich.

57, VI, 61 und 146. — VII, 231, dazu VII, 223: Il n'est donc pas de l'intérêt de la France d'aggraver le poids de ses dettes pour reprendre sur les Anglais des pays inutiles.

58. XIII, 355 und VII, 34/35: Il n'y a point de prince en Europe qui n'ait éprouvé combien la nouvelle considération dont la cour de Pétersbourg jouit depuis le commencement de ce siècle a diminué la sienne ... VIII, 209: Il importe donc à tous les princes du midi de renfermer cette puissance dans les limites du nord. — VIII, 70 und 214. — XIII, 355 und 365. Auch als Verbündeten gegen Österreich geschätzt. — XIII, 361: En conservant sa Silésie, il mettra notre Lorraine et notre Alsace en sûreté. Vgl. p. 385, 359.

59. XIV, p. 349ff. — XIII, 382. — VII, Droit public, p. 223.

60. X, 114, vgl. p. 118 ebenda und IX, 129.

61. IX, 129, vgl. p. 130: La France n'aurait-elle pas été trop heureuse que l'Italie, l'Empire et les Pays-Bas lui eussent été éternellement fermés? — XIV, 458. — IX, 129, vgl. VIII, 45 gegen die Verbindung der Kronen Polen und Sachsen. — V, 92.

62. X, 118 und XII, 53, vgl. ebenda p. 211.

63. XI, 333 mit deutlicher Spitze gegen die Kabinettskriege «faites pour plaire à leur maîtresse ou à leurs ministres.»

64. IX, 127.

65. Sehr anerkennende Beurteilung hat Mably bei Albert Ritter gefunden, der die „Diplomatischen Verhandlungen" 1918 bei Wilhelm Borngräber, Berlin, in einer Übersetzung herausgegeben und eingeleitet hat. Picavet, Les idéologues, p. 16 spricht von der «influence prodigieuse», die Mably gehabt habe.

66. XI, 260 zeigt eine gewisse Schwärmerei für den Gedanken, auf einer einsamen Insel in Freiheit, Gleichheit, Brüderlichkeit und ohne Privateigentum einen Staat zu errichten. Doch fügt er gleich hinzu: „wahrt mir das Geheimnis" und nennt es „eine seiner Torheiten".

67. XIII, 57, 59, vgl. XV, 39 mit der Berufung auf Sokrates und Cicero und XV, 133.

68. Raynal, Histoire philosophique et politique des deux Indes, Genf 1784, I, p. 4 und II, 236.

69. III, 21 vor allem aber V, 3, wo er einen Plan entwickelt, einige Hunderte junge Männer und Frauen hinüberzubringen, die Eingeborene heiraten sollen, damit aus der Mischung «une seule et même famille» entstehen könnte.

70. IV, 211: N'êtes-vous pas aussi injustes, aussi insensés que des sauvages portés par hasard sur vos côtes s'ils écrivaient sur le sable de votre rivage ou sur l'écorce des arbres: ce pays est à nous?

71. IV, 211 und 208, vgl III, 292: Personne en Europe n'était capable de penser qu'il pût y avoir quelque injustice de s'emparer d'un pays qui n'était pas habité par des chrétiens.

72. IV, 5 und 6. Vergleiche dazu die Ausführungen des alten Mirabeau oben Text p. 64.

73. VIII, 198: Que signifie donc le droit des gens? N'est-il que le droit des princes? VII, 203; ebenda vgl. p. 198: ce sera toujours un crime d'avoir vendu ou donné des citoyens à une puissance étrangère (Abtretung von Louisiana an Spanien 1764). De quel droit en effet un prince dispose-t-il d'un peuple qui ne consent pas à changer de maître?

74. VIII, 201/2.

75. VIII, 203/4.

76. VII, 420 und 227.

77. VIII, 392: Tel est le fruit des jalousies nationales: on compte pour une perte tout ce que gagne un voisin, pour un gain tout ce qu'on lui fait perdre. Vgl. VI, 305; auch II, 481. — II, 478: Que plutôt la voix de la philosophie et de la raison se fasse entendre des maîtres du monde... VII, 3 und V, 184. — III, 252; VII, 3; VIII, 272; V, 184, 319. — III, 216 ff. und III, 277: Il s'établit en Europe un esprit de trocs et d'echanges qui peut donner lieu à de vastes spéculations dans les têtes des particuliers: mais cet esprit est ami de la tranquillité et de la paix. Une guerre au milieu des nations commerçantes est un incendie qui les ravage toutes.

78. III, 29.

79. V, 281.

80. I, 185; II, 358 gelegentlich einer Schilderung der Lage Frankreichs bei der Thronbesteigung Ludwigs XVI.: Les forces et les trésors de la

nation avaient été prodigués par des intérêts étrangers et peut-être opposés aux nôtres. Mais qu'est-ce que l'or, qu'est-ce que le sang en comparaison de l'honneur? Nos armes autrefois si redoutées n'inspiraient plus aucun effroi. A peine nous accordait-on du courage! O splendeur, ô respect du nom francais, qu'étais-tu devenu! — V, 145 und II, 361.

81. III, 30.

82. V, 2: ... A la mesure que la distance de la capitale s'accroît, ce masque se détache. D'un hémisphère à l'autre, que devient-il? Rien.

83. V, 3, vergleiche auch seine Klagen über die Aufhebung des Edikts von Nantes und seine Folgen: Le cosmopolite dont l'âme vaste embrasse les interêts de l'espèce humaine s'en consolera peut-être. Pour le patriote, il ne cessera jamais de s'en affliger.

84. VI (chap. 12), p. 239, an Ludwig XIV. dagegen sieht er fast nur den Ehrgeiz. V, 268, vgl. auch II, 320: Louis XIV qu'on doit peut-être moins regarder comme le plus grand monarque de son siècle que comme celui qui représenta sur le trône avec le plus de dignité. Sa vanité nuisit à son ambition.

85. II, 374.

86. V (9), 1. — III (13) 99. — III (5) 100 ff. — III, 101: Il ne se mêla jamais d'affaires d'Etat que pour chansonner et dire son épigramme sur les ministres. Vgl. auch VIII (17), p. 385.

87. VIII, 384 und II, 356.

88. VIII, 120: Ce ne fut pas la fortune mais la nature même qui changea ses destinées.

89. III, 79: Cette puissance qui ne consulta jamais que son agrandissement sur les motifs de faire la guerre ou la paix. — II, 480 — II (4), 471 VI, 258 — VII, 270 — VI, 261—264.

90. VII (13), 269 f.

91. VI, 363.

92. III (5) 79 Peuples, il brisa les chaînes qu'on vous préparait. Princes de l'Empire germanique, il ne sera pas toujours. Songez à vous!

93. III (5), 78 — VII (13), 270.

7. Helvétius und Holbach.

1. De l'Esprit, Discours III, chap. XXXIV, p. 458. Vgl. II, 20, p. 198.

2. II, XXIV.

3. II, 21, p. 208/10. Vgl. p. 215: leur vanité leur fait encore regarder comme un don de la nature la supériorité que quelques-unes d'entr'elles ont sur les autres, supériorité qu'elles ne doivent qu' à la constitution politique de leur Etat.

4. III, 30 (p. 463).

5. Ebenda.

6. II, chap. 8 (p. 93).

7. II, 8 (p. 93).

8. II, 14, p. 53.

9. II, 15 (p. 161) und II, 13 (p. 134 und 140.)

10. III, 22 (p. 409) — vgl. II, 15 (p. 155): Les vices d'un peuple sont toujours cachés au fond de la législation.

11. III, 22 (p. 409).

12. II, 22 (p. 220/1): Toute l'étude des moralistes consiste à déterminer l'usage qu'on doit faire de ces récompenses et de ces punitions et des secours qu'on en peut tirer pour lier l'intérêt personnel à l'intérêt général. Cette union est le chef d'oeuvre que doit se proposer la morale. Si les citoyens ne pouvaient faire leur bonheur particulier sans faire le bien public, il n'y aurait alors de vicieux que les fous. Vgl. auch II, 15 (p. 159).

13. III, 22 (p. 409).

14. III, 21 (p. 406/7), vgl. II, 14 (p. 151) seine Definition von politischer Korruption.

15. IV, 12 (p. 580/82), vgl. III, 7 (p. 313): Ces gens sensés, ces idoles des gens médiocres sont toujours fort inférieurs aux gens passionnés et ce sont les passions fortes qui peuvent seules nous donner de cette continuité d'attention à laquelle est attachée la supériorité.

16. III, 22 (p. 413).

17. III, 30 (p. 472). Kläglich dagegen, was er über das Wesen des Genies sagt (p. 470 f.)

18. III, 6 (p. 298 f.).

19. III, 7 (p. 313, 300) und IV, 14 (p. 643).

20. II, 10 (p. 110).

21. II, 25 (p. 240 ff.), ebenda auch das Bild, wie ein Stein, der ins Wasser geworfen wird, nur einen Teil der Oberfläche bewege, also sei auch ein praktisches Handeln nur inbezug auf kleine Kreise nicht aber inbezug auf das Universum möglich. Geistestaten nahm er hier aus: ce n'est point aux dépens de ses voisins qu'un peuple acquiert des lumières.

22. III, 4 (p. 279/80).

23. II, 6 (p. 81 und 79).

24. II, 13 (p. 133). Die Beziehung zu seinem Utilitarismus ist klar: Die Interessen der Völker wandeln sich; folglich mit dem, was ihnen nützlich ist, die Tugend! p. 134.

25. II, 17 (p. 168) und II, 20 (198).

26. III, 4 (p. 278, 274, 279, 280).

* * *

27. Holbach, Politique naturelle, Londres 1773. Tome Ier, p. 8.

28. Système de la Nature I, 142.

29. Soziales System II, 13. Pol. nat. I, 10. Système de la Nature, p. 143, ... Il n'est point de patrie sans bien-être. Soz. System I, 69: Der Bürger kann das Vaterland nur im Verhältnis zu den Vorteilen lieben, welche es ihm schafft. Pol. nat. II, 93.

30. Pol. nat. I, 13.

31. Système I, chap. 9, p. 147ff. Vgl. p. 133 und 322.

32. Ebenda, p. 151.

33. Pol. nat. I, 12 und II, 94. Vgl. Soz. System I, p. 59ff. Unerträglich für unser Gefühl, p. 65. Die Glieder jeder Nation befinden sich in einem beständigen Tauschhandel (!), sie vergleichen unaufhörlich den Preis, den man von ihnen fordert, d. h. ihre Arbeit, Beistand, Wohltaten, Achtung, Schätzung, günstige oder ungünstige Gefühle mit den Vorteilen, welche man ihnen verschafft oder zu gewinnen in Aussicht stellt oder mit den Nachteilen, die man sie erfahren läßt. Milder p. 135 und 188.

34. Soz. System II, p. 73 und III, 152.

35. Pol. nat. II, p. 100 und 105; vgl. auch p. 102.

36. Pol. nat. II, 20f., ebenda p. 34. Vgl. Soz. System, p. 62 und 63: Die absolute Herrschaft tötet die Liebe zum Vaterland, die Idee des öffentlichen Wohls erregt Argwohn in ihr; es geschieht nichts für die Nation.

37. Pol. nat. I, p. 75, 85, 97, 90. Soz. System I, 101. Système, p. 141. Soz. System II, 25: Jede Regierung ist vorteilhaft, sobald sie auf das Gesetz alle Macht überträgt. Ebenda p. 41: Freiheit besteht nicht in einer vermeintlichen Gleichheit unter den Mitbürgern. Viele Bekenntnisse zum Volkssouveränitätsgedanken. Aber starke Betonung der Menschenrechte, auch des Widerstandsrechts, und Repräsentativsystem. Soz. System II, 45.

38. Soz. System II, 20. Vgl. ebenda p. X: Die Politik ist wankend und verirrt sich, wenn sie nicht durch die Tugend getragen und geführt wird. Dazu ebenda I, 108.

39. Système, p. 315: Le vertu n'est que l'art de se rendre heureux soi-même de la félicité des autres. Vgl. Pol. nat. I, 90: einen langen Exkurs über die Menschlichkeit, cette première des vertus sociales.

40. Système, p. 319. Vgl. p. 331: De tous les projets le plus impraticable pour un être qui vit en société, c'est celui de vouloir se rendre exclusivement heureux. Über seine staats- und gesellschaftsfreundliche Einstellung vergleiche auch Soz. System I, 192ff.

41. Wenn Jodl, Geschichte der Ethik I, p. 470, sagt, Holbach erwarte nichts mehr vom Staat, und p. 480 von der allgemeinen Verzweiflung und Abwendung vom Staat spricht, so kann ich dafür keine Belege entdecken.

42. Pol. nat. I, 172. Vgl. Système, p. 327. Pol. nat. I, 180f.: Les différentes classes des Citoyens doivent se balancer les unes les autres. II, 130; 154 und 242; 182.

43. Pol. nat. I, 111. Vgl. Soz. System III, 134: . . . viele Familien bilden daher eine große (Gesellschaft), welche man Nation nennt. Soz. System II, p. 52 und 51 und Pol. nat. I, p. 178, 135: . . . c'est la propriété, c'est la possession des terres qui lie l'homme à son pays et l'attache à ses concitoyens.

44. Pol. nat. I, 182 und Soz. System II, p. 52.

45. Pol. nat. I, 182.

46. Soz. System II, 31.

47. Pol. nat. I, 165: Les sujets ne sont opposés à la raison que quand les souverains se croient dispensés de leur parler raison. Ebenda II, 268: La vraie politique n'a pas besoin que l'on trompe les hommes pour les dompter.

48. Pol. nat. I, 130: Dans un Etat bien gouverné le vulgaire ou le bas peuple sera surtout l'objet des soins du monarque.

49. Pol. nat. I, 188f. und II, 125, 130. II, 268 und Soz. System III, 103/4: über staatsbürgerliche Erziehung insbesondere.

50. Pol. nat. I, 181. Vgl. Soz. System II, 156: Beinahe in jedem Lande ist man Priester, ist man adlig, ist man Beamter, ist man nicht Bürger.

51. Pol. nat. I, 204.

52. Soz. System II, 98 und Einleitung, p. XI. II, 104.

53. Pol. nat. I, 138f.: Système de la Nature, p. 142, auch Soz. System II, 160. Pol. nat. I, 130: Tout un peuple animé du même esprit que son roi, s'identifie avec lui.

54. Pol. nat. I, 140.

55. Pol. nat. II, 110 und 224: Dagegen die sehr banale Erörterung der Arten von Volkscharakteren: stolz, mutig, schüchtern, faul usw. Ebenda, p. 110.

56. Pol. nat. II, 109; I, 75.

57. Pol. nat. II, 113f. I, 78: La vénération pour l'Antiquité devient une superstition que l'on oppose sans cesse au bon sens.

58. Soz. System III, p. 4ff. und 45, wo er alle nationalen Unterschiede „auf (falsche) Meinungen und Wertungen" zurückführt, „welche selber nur das Produkt durch die Erziehung, die Religion, die Regierung überlieferter und verewigter Ideen sind" und so ziemlich jede Änderung durch Aufklärung und Gesetze für möglich hält. Vgl. auch Système, p. 145, 147. Gegen die Determination durch naturhaft gegebene Faktoren wie das Klima polemisiert er ausdrücklich. Geschichte ist ihm eine „Anhäufung von Lügen und von entstellten Tatsachen, daraus kein Nutzen entstehen kann". Soz. System III, 58. Vgl. auch was er über die eine wahre Moral sagt, „die für alle Bewohner unserer Erde dieselbe sein muß". Soz. System I, 49 und 50.

59. Pol. nat. I, 30.

60. Pol. nat. I, 31. Vgl. Soz. System I, 103: fast wörtlich, auch Pol. nat. II, 105: Les mêmes devoirs que la nature d'un être sociable et raisonnable impose à chaque homme, elle les impose à chaque peuple . . .

61. Soz. System I, 108; Pol. nat. I, 46.

62. Soz. System I, 102 und 75. Vgl. Pol. nat. II, 108: Les vertus qui nuisent au genre humain sont de fausses vertus.

63. Soz. System I, 75 und 34, 36.

64. Soz. System I, 104.

65. Pol. nat. II, 186 und Soz. System II, 20.

66. Pol. nat. I, 48: La balance du pouvoir entre les puissances est la volonté générale qui les oblige à observer les lois de l'équité . . . Ebenda, p. 32, 33.

67. Soz. System II, Kap. XII: ausgesprochenermaßen zur Bekämpfung des Machiavellismus geschrieben. Pol. nat. I, 48. Soz. System II, 130. Pol. nat. II, 118: rät zur „philosophischen Politik". Pol. nat. II, 190.

68. Pol. nat. I, 33. Vgl. Soz. System II, 114ff. Pol. nat. II, 196.

69. Pol. nat. I, 190: Il faut dans toute Nation des hommes qui la défendent, mais nul gouvernement n'est en état de les y forcer. Dagegen Soz. System II, 49; Pol. nat. I, 191: Tout citoyen doit être prêt à servir une Patrie heureuse et libre, il combattra bien mieux qu'un esclave mercenaire qui se bat pour son maître et jamais pour lui-même et pour son pays. Pol. nat. II, 101. Soz. System I, 106.

70. Pol. nat. II, 208: Des conditions imposées par la violence et l'injustice, ont-elles droit de nous lier? N'est il plus permis à la politique de rompre des engagements lorsque la fidélité à les remplir entraîne infailliblement la perte de l'Etat? Vgl. 213 und 210, wo er unter dem Einfluß der herkömmlichen Interessenlehre vor „ewigen Verträgen" warnt. p. 208 sogar die Lüge zugestanden: wenn sie den Staat rette, schände sie nicht.

71. Soz. System II, 115, ebenda als „ungerechter Krieg" aufgeführt: Krieg um Machtausdehnung, Ruhmsucht, Machterweiterung eines Souverains, dessen Interessen mit denen seines Volkes nichts gemeinsam haben! Pol. nat. II, 154 die Weltherrschaftspläne der Engländer „ungerecht und toll" genannt.

72. Pol. nat. II, 96; vgl. auch p. 193.

73. Pol. nat. II, 132, 192, 214.

74. Pol. nat. II, 192, dazu 211: Ce serait le comble de la déraison que de prétendre qu'un peuple pût être sacrifié par un Souverain à qui l'imprudence ou le caprice ont fait prendre en son nom des engagements destructeurs.

75. Pol. nat. II, 221, 216; Soz. System II, 131 f.

76. Pol. nat. II, 218.

77. Pol. nat. II, 219: L'Europe par ce système ressemble à une grande famille, dont les membres sont unis par quelques liens communs. Dazu p. 220.

8. Turgot und Condorcet.

1. Condorcet, Oeuvres complètes, A Brunswick et à Paris 1804, Tome V, Vie de Turgot, p. 318.

2. Bei Léon Say, Turgot. Les grands évrivains français, Paris 1887, p. 126 zitiert als ein Turgot zugeschriebenes und dann von den Jakobinern oft wiederholtes Wort.

3. Turgot, Oeuvres, édit. Daire Guiahamin, Paris 1844, II, p. 593.

4. II, Discours en Sorbonne (750), p. 595.

5. II, Mémoire sur les Municipalités 1775, p. 503.

6. Léon Say, a. a. O., p. 8.

7. II, 504.

8. II, 505: Les familles regardent l'exercice de l'autorité pour les contributions qui doivent servir au maintien de l'ordre public comme

la loi du plus fort à laquelle il n' y a d'autre raison de céder que l'impuissance d' y résister et que l'on peut éluder quand on en trouve les moyens. Il n'y a point d'esprit public, parce qu'il n'y à point d'intérêt visible et commun.

9. II, 505/6.

10. II, 506.

11. II, 506ff.

12. II, 508, vgl. 507: Le goût même y gagnerait comme le ton national, il deviendrait plus sévère et plus élevé, mais surtout plus tourné aux choses honnêtes. Ce serait le fruit de l'uniformité des vues patriotiques que le Conseil de l'Instruction ferait répandre dans tous les enseignements qu'on donnerait à la jeunesse. Dazu III, 549.

13. Louis René Caradeuc de La Chalotais, Essai d'éducation nationale ou Plan d'Etudes pour la Jeunesse, Genève 1763. Le bien public, l'honneur de la Nation demandant qu'on y substitue une éducation civile qui prépare chaque génération naissante á remplir avec succès les différentes professions de l'Etat (p. 2). Elle changerait en peu d'années les moeurs d'une nation entière (p. 7). Das Interessanteste, was die Abhandlung bietet, ist die charakteristische Spitze, die La Chalotais dem Begriff nationaler Erziehung gegen die Jesuiten und die klerikale Erziehung überhaupt gibt. Er fordert für den Staat das Recht zurück, seine Kinder durch seine Diener erziehen zu lassen und nicht durch einen Orden, der einen höheren Herrn habe als das Staatsoberhaupt und ein anderes Vaterland (p. 19ff.).

14. II, 548, vgl. p. 527, wo er über den Sondergeist der Städte klagt: qui tend à bien isoler chaque ville du reste de l'Etat.

15. II, 512ff.: J'appellerais un citoyen entier celui qui possèderait une propriété foncière dont le revenu suffirait à l'entretien d'une famille. (p. 514: 600 livres Einkommen als Grenze festgesetzt.) II, 511 von den Nichtgrundbesitzern: Ils n'apartiennent à ancun lieu. Mobiles comme leurs jambes ils ne s'arrêteront jamais qu' à celui où ils se trouveront le mieux. L'Etat lui-même n'a sur eux qu'un droit moral et une autorité de police. Il n'a pas le pouvoir physique de les retenir dans son sein.

16. II, Pensées et Fragments, p. 675, vgl. p. 686: Les libertés comme les propriétés sont limitées les unes par les autres. La liberté de nuire n'a jamais existé devant la conscience.

17. Zitiert bei Léon Say, a. a. O., p. 34, vgl. Oeuvres II, 503.

18. Léon Say, a. a. O., p. 204.

19. Oeuvres II, Lettres sur la Tolérance, p. 796ff.

20. II, 635: L'amour de la patrie dans les Républiques surtout rend presque impossible la destruction de la souveraineté d'une ville par des forces égales aux siennes. Beinahe bürokratisch wirkt, was er über das damals vielfach erörterte Problem der Wehrpflicht sagt. Vgl. II, Lettre sur la Milice, p. 124f.: Le royaume a besoin de défenseurs sans doute, mais s'il y a un moyen d'en avoir le même nombre et de les avoir meilleurs sans forcer personne, pourquoi s'y refuser? Il faut toujours

en revenir à la réalité.... Vgl. dagegen II, p. 638/9 wo er Mut und kriegerischen Geist als beste Gewähr der Freiheit preist.

21. II, 594, Discours en Sorbonne sur les avantages du Christianisme.

22. II, 611: O Louis! quelle majesté t'environne! Ton peuple heureux est devenu le centre de la politesse. Rivaux de Sophocle, de Ménandre, d'Horace, rassemblez-vous autour de son trône!

23. II, p. 633: Über den Einfluß des Christentums in dieser Richtung vergleiche auch II, 624 und 609: es habe den Samen ausgestreut „de cette politique moderne par laquelle tant de nations semblent ne composer qu'une vaste république.

24. II, 632, Disc. sur l'hist. universelle.

25. II, 598: L'esprit humain s'éclaire, les nations isolés se rappprochent les unes des autres ... et la masse totale du genre humain ... marche toujours quoiqu'à pas lents, à une perfection plus grande. p. 627/8.

26. II, 609 nnd 631.

27. I, 440: Le mot de nation n'a pas été jusqu'ici trop bien défini parce qu'on a souvent confondu les nations avec les corps politiques ou les Etats. Vgl. II, 617, wo er deutlich getrennt die Griechen als «nation» und als république fédérative betrachtet. II, p. 602 nennt er «la nation grecque-ce peuple de nations composé d'une foule de petits peuples!»

28. I, 440: So ernst nahm er es mit dem Sprachprinzip, daß er unter den amerikanischen Wilden „Nationen von 15—20 Mann" anerkannte. II, 629.

29. I, 440, 442: im einzelnen an Holland auseinandergesetzt.

30. II, 611 ff., Géographie politique.

31. II, p. 614. Vgl. p. 631: Ainsi entre des chaînes de montagnes, des fleuves, des mers, les petits peuples dispersés se sont réunis, fondus ensemble par des révolutions multipliées. Leurs langues, leurs moeurs ont formé par un mélange intime comme une couleur uniforme.

32. II, Géogr. pol. 617.

33. Ebenda.

34. II, 625.

35. II, 625.

36. II, 612.

37. II, 674.

38. II, 625. Vgl. II, 674: ... l'Allemagne où les princes se sont transmis la propriété de provinces entières comme si elles avaient été à eux et non aux peuples.

39. II, 673.

40. II, 806, Lettres.

41. II, 808.

42 II, 800, Lettre VIII.

43. II, 808. Vgl. p. 802: Puissent les efforts des politiques éclairés et humains détruire cette abominable idole (commerce exclusif) qui reste encore après la manie des conquêtes et l'intolérance religieuse.

44. II, 802, Lettre X vom 12. September 1770. Vgl. Léon Say, a. a. O., p. 21: Schon in einem Discours von 1749/50 ist die Trennung Amerikas von England vorausgesagt.

45. II, 810.

46. Léon Say, a. a. O., p. 9.

47. Ebenda, p. 196. Vgl. p. 9: C'est que s'il a échoué au 18e siècle, il a en vérité dominé le siècle suivant. p. 190: Dans la nuit du 4 août l'Assemblée nationale décréta la réformation des jurandes, l'apothéose de Turgot commença.

* * *

48. Vgl. über Condorcet Léon Cahen, Condorcet et la Révolution française. Paris 1904.

49. Condorcet, Oeuvres XI, 66.

50. Sur le calcul des probabilités appliqué aux décisions humaines 1785. Vgl. Cahen, a. a. O., p. 26: Condorcet pas plus que Turgot ne doute que l'économie politique puisse être une science aussi certaine que les mathématiques.

51. Zitiert bei Cahen, a. a. O., p 25. Vgl. Essai sur la Constitution et les Fonctions des Assemblées Provinciales. Oeuvres XIII, p. 229: Nous n'avous cherché dans ces réflexions . . . d'autres principes que ceux qui nous ont paru indiqués par la raison et fondés sur la nature et sur les droits de l'humanité. Ebenda spricht er davon, die Prinzipien zu entdecken d'après lesquels on peut trouver des lois justes et raisonnables qui conviennent à tous les hommes.

52. XIII, 206.

53. XI, 259.

54. XIII, 164f.: . . . qui continuent toujours de croire qu'il existe entre les Bretons et les Poitevins une telle différence de moeurs et de climats qu'ils doivent être gouvernés par des lois différentes. XII, 173: . . . les provinces . . . où l'on se sépare de la nation française au lieu de s'y réunir. Vgl. auch p. 188 und 194: Les lois, les usages constitutionnels conformes à l'esprit des provinces, ont été établis dans le 14e siècle et l'on y connaissait si bien les principes de la législation et les droits des hommes. Dazu p. 197.

55. XIII, 230ff.

56. XIII, 238.

57. X, 232—234.

58. XII, 65 und XIV, 411.

59. XII, 367f.

60. XII, 145. Vgl. ebenda p. 169.

61. XII, 172; XII, 188; Cahen, a. a. O., p. 359, aus dem dritten von fünf Mémoires entnommen, die zwar erst 1790 veröffentlicht, aber eher konzipiert sind.

62. XI, 239.

63. XII, 391.

64. IX, 219: Il n'ignore pas que dans l'état actuel de l'Europe le peuple n'est pas capable peut-être d'avoir une véritable morale, mais la stupidité du peuple est l'ouvrage des institutions sociales et des superstitions. XII, 174 und 224: ganz scharf gegen die populace, ce fléau des Etats policés, la partie la plus ignorante et la plus corrompue après les ambitieux qui s'en servent.

65. XII, 297, Lettre d'un Gentil-homme à Messieurs du Tiers Etat: Je vous regarde comme formant vraiment la nation.

66. X, 148.

67. XIII, 207.

68. X, 199.

69. X, 382.

70. XII, 159.

71. C'est l'union que nous cherchons du voeu de tous les ordres dans un seul voeu national. Zitiert bei Cahen, a. a. O., p. 108.

72. XII, 180.

73. XII, 297, vgl. XIII, 170, wo er die Gründe für überlebt erklärt, die eine ständische Scheidung in den Nationalversammlungen gerechtfertigt hätten. Ebenso XIII, 60.

74. XIII, 53: Les nobles = les hommes chargés d'une certaine fonction publique, les officiers de la nation. Vgl. Cahen, p. 106. Die Achtung vorm Adel werde bleiben, wenn sie nur les premiers des citoyens sein wollen, nicht aber, si vous voulez être un ordre toujours séparé d'eux. XIII, 57.

75. XII, 140.

76. XII, 194 C'est au gouvernement que la nation devra la restauration dout elle a conçu l'espérance, et c'est ce qui doit arriver dans toutes les monarchies européennes ... l'intérêt du souverain et du peuple est nécessairement le même; celui d'échapper au joug dont l'aristocratie les menace également. — X, 116: Aux yeux d'un prince éclairé qu'est ce donc que la puissance souveraine qu'un devoir immense? Leur intérêt personnel et la justice, leur bonheur et celui de leurs concitoyen sont liés par une chaîne indissoluble. — XII, 137, 146ff.

77. XII, 188.

78. XIII, 155 — XIII, 162ff., vgl. XII, 190: Dans un pays où il n'a jamais existé d'Assemblée nationale ...

79. XII, 188: Tous les intérêts aristocratiques ont dû se réunir contre les assemblées provinciales et prendre pour y réussir deux moyens: l'un la demande des Etats Généraux, l'autre la réclamation des privilèges particuliers aux différentes provinces.

80. XII, 188, 190.

81. XII, 162f. vgl. p. 138f. Lettre d'un Citoyen des Etats Unis à un Français 1788. Il s'agit pour vous d'être délivré de l'aristocratie ... Sie sei um so gefährlicher als — se recrutant elle-même, elle était devenue presque héréditaire.

82. X, 552 und 355. Recueil de pièces sur les protestants en France 1778.

83. X, 543ff.

84. XIV, 292. Für die spätere Zeit vgl. Cahen, a. a. O., p. 353.

85. Cahen, a. a. O., p. 338ff.

86. XIV, 286 — ebenda p. 288, vgl. Tableau, Prospectus de la 10e époque . . . pour ne point dépendre aveuglément de ceux à qui il est obligé de confier le soin de ses affaires ou l'exercice de ses droits. Zitat bei Cahen, a. a. O., p. 532.

87. XIV, 289 — ebenda p. 301.

88. XIII, 36; XII, 20ff.

89. Vgl. Cahen, a. a. O., p. 339ff. — Oeuvres XI, 246.

90. XIII, 102.

91. Cahen, a. a. O., p. 547 nennt ihn übrigens un des auteurs les moins français du 18e siècle.

92. Vgl. darüber sein «Projet d'une exposition» von 1792.

93. XII, 62 und 63.

94. XII, 64 und 66f.

95. XII, 68.

96. XII, 102: Une armée de troupes réglées est incompatible avec une constitution populaire et une infériorité possagère dans le commencement d'une guerre est un moindre mal que la servitude. — XIV, 316; XII, 103; XI, 265; XI, 264: Vom Machiavellismus sagte er, es sei eine Schande für die Vernunft, daß dieses System noch Anhänger hat. Vgl. P. Sakmann, Condorcet und der demokratische Gedanke, Preußische Jahrbücher 111, p. 423. — Cahen, a. a. O., p. 57.

97. XI, 276.

98. Cahen, a. a. O., p. 543.

9. Graf Mirabeau und der Abbé de Siéyès.

1. Faguet, 18e siècle p. 474 zitiert: «Il n'y a de mal sur la terre que parce qu'il y a des erreurs».

2. Essai sur le despotisme 1776, Paris 1821, p. 212f. Vgl. Monarchie Prussienne I, 49: Seit Utrecht habe Frankreich «son autorité nationale» verloren und seitdem noch nicht wiedergefunden. — Ebenda p. 217 und 318. — Essai p. 207: Die Stelle ist von der patriotischen Entrüstung darüber eingegeben, daß französische Kriegsschiffe 1773 auf Befehl der Engländer abgerüstet von Toulon nach Brest fahren mußten und sich in Spanien nicht aufhalten durften!

3. Essai p. 214ff.

4. Essai p. 155.

5. Ebenda p. 217 und 215.

6. Essai p. 117f. — p. 207.

7. Essai p. 306.

8. Essai p. 320.

9. Essai p. 232, vgl. p. 221: Notre enthousiasme pour nos rois, notre présomption et surtout l'ignorance si longue des droits de l'homme nous ont fait courir au-devant de nos chaînes; elles étaient déjà resserrées que nous n'avions point encore aperçu celui qui nous en chargeait.

10. Essai p. 255, vgl. p. 281. Tout dans un Etat tient à la liberté: l'instruction, les moeurs, le génie, le courage, la considération, la puissance, la richesse publique, l'honneur en un mot et ce mot renferme toutes les vertus.

11. De la Monarchie Prussienne sous Frédéric le Grand A Londres 1788, Band V, Livre 8, p. 407, vgl. Essai p. 300, wo er die Unterdrückung der Preßfreiheit „eine barbarische Politik" nennt.

12. Essai 37ff., p. 308, p. 68.

13. Mon. pruss. V, 285: Que les gouvernements étendent leurs droits jusqu'où ils voudront, mais qu'ils les déterminent, c'est le seul moyen d'inspirer au peuple le patriotisme par la confiance.

14. Faguet, a. a. O., p. 484ff., p. 491. Un peuple libre, une assemblée qui le représente pour faire la loi, un roi qui le représente pour empêcher qu'il soit asservi par cette assemblée — voilà son système.

15. Essai, 306; ihre Aufhebung durch Turgot nennt er un acte d'autorité formidable.

16. Essai, 223.

17. Essai, 225f., 229.

18. Mon. pruss. I, 133.

19. Essai, p. 76.

20. Mon. pruss. V (8) 174. — Essai, p. 78 und 77.

21. Essai, p. 77.

22. Vgl. seine eignen Worte in einem Brief an den Comte de La Marck aus dem Mai 1789: C'est avoir entrepris une fière et difficile tâche que de gravir au bien public sans ménager aucun parti, sans encenser l'idole du jour... Correspondance entre le Comte de Mirabeau et le Comte de la Marck pendant les années 1789, 90, 91, publ. par M. Ad. de Bacourt, Bruxelles 1851, p. 244.

23. Faguet, a. a. O., p. 491: Sous la magnifique ampleur et le beau développement de la forme on sent de purs raisonnements très froids. Ni son royalisme n'est du dévouement, ni son démocratisme n'est amour, sympathie ou pitié. L'emotion patriotique elle-même est rare et faible. M. E. ist das zu viel behauptet.

24. Zitiert bei Faguet a. a. O., p. 483. — Mon. pruss. V, 366.

25. Vgl. B. Erdmannsdörfer, Mirabeau, Bielefeld und Leipzig, 1900. p. 52ff.

26. Mon. pruss. V (8), p. 345.

27. Mon. pruss. I (1), p. 239/40 und Schluß des 1. Buches.

28. Mon. pruss. V (8) Conclusion, p. 404, vgl. I (1), p. 127: Il savait trop bien que la base de toute politique est une grande puissance militaire, bien constituée, bien commandée et une bonne administration intérieure.

29. Mon. pruss. I (1), p. 97f.

30. Mon. pruss. V (8) 397ff., vgl. p. 401: Une place forte, un train d'artillerie forment toujours un poids dans la balance.

31. Essai, p. 261.

32. Mon. pruss. I (1), p. 104 — V (8), p. 394f.

33. V (8) p. 369.

34. V (8) 391.

35. V (8) 364, p. 393, vgl. p. 404: La monarchie prussienne est le palladium des libertés germaniques auxquelles nous attachons la plus décisive influence sur le bien-être de l'Europe.

36. V (8) 388.

37. V (8) 374ff., 385.

38. Mon. pruss. V (8), 405.

* * *

39. Vgl. Picavet, Les idéologues, Paris 1891, p. 119. Toutefois toutes les constitutions de 1800 à 1814 furent modelées en grande partie sur ses plans et son influence s'exerça sur l'Empire comme sur la Révolution.

40. Qu'est-ce qu le tiers état? précédé de l'Essai sur les Privilèges. Ed. critique par Ed. Champion, Paris 1888, p. 67f.

41. Ebenda, p 65: Dans la première époque on conçoit un nombre plus ou moins considérable d'individus isolés qui veulent se réunir. Par ce seul fait ils forment déjà une nation; ils en ont tous les droits; il ne s'agit plus que de les exercer.

42. Ebenda, p. 69 und 68: La volonté nationale au contraire n'a besoin que de sa réalité pour être toujours légale, elle est l'origine de toute légalité.

43. p. 61, vgl. p. 63; elle n'est pas bonne cette constitution, que nous ne cessons d'envier parce qu'elle est anglaise, mais parce qu' à des défauts trop réels, elle joint des avantages précieux. Er tadelt, daß sie kein allgemeines Wahlrecht gibt!

44. p. 64.

45. p. 85: Qu'est-ce que la volonté d'une nation? C'est le résultat des volontés individuelles comme la nation est l'assemblage des individus. Vgl. p. 74: Les volontés individuelles sont les seuls éléments de la volonté commune. — p. 86. — p. 82, 86, 44.

46. p. 88: Le droit de se faire représenter n'appartient aux citoyens qu' à cause des qualités qui leur sont communes et non par celles qui les différencient. Tous dépendent de la loi, tous lui offrent leur liberté et leur propriété à protéger et c'est ce que j'appelle les droits communs des citoyens par où ils se ressemblent tous.

47. p. 65.

48. Essai, p. 4 — Tiers état, p. 54.

49. p. 28, vgl. p. 30: Qui oserait donc dire que le tiers état n'a pas en lui tout ce qu'il faut pour former une nation complète? — p. 79, 30 und 32.

50. p. 48: Il ne doit pas ignorer qu'il est aujourd'hui la réalité nationale dont il n'était autrefois que l'ombre, que pendant ce long changement la noblesse a cessé d'être cette monstrueuse réalité féodale qui pouvait opprimer impunément, qu'elle n'en est plus que l'ombre et que vainement cette ombre cherche-t-elle encore à épouvanter une nation entière.

51. p. 79 — p. 81.

52. p. 31: La représentation (des Adels) est étrangère à la nation par son principe puisque sa mission ne vient pas du peuple et par son objet, puisqu'il consiste à défendre non l'intérêt général, mais l'intérêt particulier. — Une telle classe est assurément étrangère à la nation par sa fainéantise. Vgl. p. 41: C'est ceux restes odieux de ce régime barbare que nous devons la division encore subsistante pour le malheur de la France de trois ordres ennemis l'un de l'autre.

53. p. 80.

54. p. 66: Il faut à la communauté une volonté commune, sans l'unité de volonté, elle ne parviendrait point à faire un tout voulant et agissant. Vgl. p. 31: Qu'est-ce qu'une nation? un corps d'associés vivant sous une loi commune et représentés par la même législature. — Tiers état p. 54.

55. Essai p. 9.

56. Ebenda p. 5.

57. Tiers état p. 36.

58. p. 32.

59. p. 54 vgl. p. 90: Mon rôle à moi est celui de tous les patriotes écrivains, il consiste à présenter la vérité.

60. p. 72 und 74.

61. p. 66ff., vgl. p. 35 ein nationaleres Mittel, die Miliz auszuheben, ist das allgemeine Auslosen — also ein Mittel, das die gesamte Nation zugrundelegt, nicht ein patriotischeres Mittel!

Druck von Thomas & Hubert, Weida i. Thür.

www.ingramcontent.com/pod-product-compliance
Lightning Source LLC
LaVergne TN
LVHW091727021026
849161LV00003BB/331